JPT의 달인이 되는 법
완전공략 800점

| 이치우 · 최종훈 공저 |

사람 in
커뮤니케이션

머리말

국내 유수의 기업이 입사 및 승진시 JPT(Japanese Proficiency Test)점수를 요구하고 있습니다. 이 책은 JPT 일본어 능력시험에 응시하고자 하는 수험자들을 위해 만든 교재로서 청해 문제편과 독해 문제편을 철저하게 다룬 수험 대책서입니다. 특히 이 시험은 (재)일본국제교육협회와 국제교류기금이 실시하는 일본어 능력시험과는 달리 급수별(1급부터 4급까지)로 평가하지 않고 TOEIC처럼 출제되므로 이에 대한 청해편과 독해편을 자세히 다룬 책이 거의 없었습니다. 시중에 판매되는 책은 거의 1회용에 해당되는 모의 테스트 정도에 불과한 책이나 아니면 독해편에 치중된 책이 고작이었습니다.

이 책은 3권을 통해 2,400문제(12회분에 해당됨)를 제공하고 있습니다. 그 이유는 독해 문제와 청해 문제 200문항을 95분 내에 풀어내려면 빠른 스피드와 많은 문제를 접하여 문제 유형에 익숙해질 필요가 있기 때문입니다. 그러므로 다른 수험서보다도 수험자 편에 서서 심혈을 기울여 만든 책이라고 할 수 있습니다. 또 각 권마다 연습문제와 예상문제, 그리고 모의 테스트 문제를 실어, 실제 시험과 똑같은 난이도를 그대로 적용하였습니다. 뿐만 아니라 각 파트별 공략편에서 어휘, 문법, 관용어, 의성어·의태어 등을 순차적으로 난이도를 적용하였습니다. 즉「JPT 완전공략 600점(청해 문제편·독해 문제편)」에서는 가장 기본적인 어휘와 초급 문법,「JPT 완전공략 800점(청해 문제편·독해 문제편)」에서는 일반적인 어휘와 중급 문법, 그리고「JPT 완전공략 990점(청해 문제편·독해 문제편)」에서는 만점 목표를 위한 어휘와 고급 문법을 다뤄 학습하는 데 편의를 도모하였습니다.

이 책은 세 가지 특징이 있습니다. 첫번째는 JPT 일본어 능력시험에 출제되는 문제를 토대로 하여 청해편에서는 사진 묘사 공략편, 질의 응답 공략편, 회화문 공략편, 설명문 공략편을 통해 그 문제 유형에 대한 풍부한 자료와 연습 문제를 수록하여 청해편에서의 고득점과 연결되도록 알차게 구성해 놓았습니다. 그리고 독해편에서는 정답 찾기 공략편, 오문 정정 공략편, 공란 메우기 공략편, 독해 공략편을 통해 그 문제 유형에 대한 풍부한 자료와 연습 문제를 수록하여 독해편에서의 고득점과 연결되도록 알차게 구성해 놓았습니다. 두번째는 청해편의 예상문제와 독해편의 예상문제를 수록하여 실제 시험과 똑 같은 형식으로 본인의 실력을 측정할 수 있도록 하였습니다. 뿐만 아니라 예상문제에도 상세한 풀이를 해 놓음으로써 바쁜 수험생을 위해 배려해 놓았습니다. 세번째는 지금까지 학습한 내용을 최종적으로 점검하고 본시험의 예상 점수를 확인해 볼 수 있도록, 실제 시험과 똑같이 제작된 문제를 수록하였습니다. 실전에 임하는 자세로 진지하게 풀어 보기 바랍니다.

끝으로 이 책을 만드는 데 많은 지도 편달을 해 준 여러 선생님들께 감사를 드리며, JPT 일본어 능력시험 수험생들에게 좋은 결과가 있기를 바랍니다.

CONTENTS

머리말	3
JPT일본어능력시험에 대하여	6
JPT를 잘 보는 요령	10

1 청해 문제 공략편

1. 출제 경향 분석	20
2. パートⅠ 사진묘사 공략편	23
3. パートⅡ 질의응답 공략편	43
4. パートⅢ 회화문 공략편	53
5. パートⅣ 설명문 공략편	75
6. 청해 예상문제	115

2 독해 문제 공략편

1. 출제 경향 분석	136
2. パートⅤ 정답찾기 공략편	139
3. パートⅥ 오문정정 공략편	167
4. パートⅦ 공란메우기 공략편	179
5. 문법복습테스트 (200문항)	212
7. パートⅧ 독해 공략편	255
8. 독해 예상문제	275
독해번역 및 정답	308

3 모의 테스트

	311

4 스크립트 해설 및 정답

	351

JPT 일본어능력시험에 대하여

1. 목적

JPT(Japanese Proficiency Test) 일본어능력시험은 문법이나 어휘 등 일본어 지식이 많고 적음을 측정하는 것이 아니라 언어 본래의 기능, 즉 Communication 능력을 측정하기 위한 것이다. 이를 위해 기존의 국내에서 개발된 문제와는 달리 일본 자체내에서 출제하였으며 사용 빈도가 낮고 지역적이며 관용적, 학문적 어휘는 배제하고 동경을 중심으로 한 표준어 위주로 출제된다. 이 시험은 1985년에 처음 실시되었으며, 일본 정부가 주관하는 일본어능력시험(JLPT)과는 전혀 관계가 없다.

2. 주최와 주관

시사영어사가 주최하고 국제교류진흥회가 주관한다.

3. 시험 일시·장소

시험 일시: 1월, 3월, 4월, 5월, 7월, 9월, 10월, 11월의 일요일(연 8회) 정기시험
시험 장소: 서울을 포함한 9개 지역(부산, 대구, 광주, 대전, 전주, 청주, 울산, 마산)
※ 「정기시험」이외에도 각 기업체에 대한 「특별시험」도 있으므로 필요하신 분은 주관단체에 문의바랍니다.

4. 시험 내용

청해(495점 만점/100문제 45분), 독해(495점 만점/100문제 50분) 두 분야로 구성되어 있다. 그리고 급수 없이 하나의 Test에 초급부터 고급까지의 난이도가 일정 비율로 배분되어 있는 것이 이 시험의 특징이다.

구성	유형별 내용	문항수	수험시간	배점
청해	1. 사진 묘사	20	45분	5~495점
	2. 질의 응답	30		
	3. 회화문	30		
	4. 설명문	20		
독해	5. 정답 찾기	20	50분	5~495점
	6. 오문 정정	20		
	7. 공란 메우기	30		
	8. 독해	30		
계	8개 유형	200문항	95분	10~990점

5. JPT 평가 지침

JPT에는 합격·불합격이라는 평가는 없다. 테스트는 청해와 독해의 두 종류로 나뉘어지고 각 유형별 점수를 종합해 총점이 주어지게 된다.

예를 들어 청해가 250, 독해가 240점이면 총점은 490점이 된다. 청해와 독해 각 유형별 점수는 최저점 5점에서 최고점 495점으로 5점 단위씩 되어 있으므로 총점수는 최저점 10점에서 최고점 990점이 된다.

JPT점수는 각 개인이 스스로 일본어 능력을 가늠하는 데에도 중요하지만, 각 기업체로서는 TOEIC과 마찬가지로 어느 사원이 일본 파견 근무에 적격인가 또는 일본어를 필요로 하는 부서에서 얼마만큼 능력을 발휘할 수 있을 것인지를 파악하는 데에 이용될 수 있다. 이러한 점에서 볼 때 JPT의 점수표시는 목적에 따라 이용자에게 독자적인 판단의 기준만을 제공해 주는 것이 바람직하다.

이를 위해서 다음과 같이 JPT평가 지침을 마련하였다.

등급	JPT점수	평 가 (GUIDELINE)
A	850 이상	외국인으로서 충분한 커뮤니케이션을 할 수 있는 수준이다. 자기자신이 경험한 범위내에서 모든 주제에 대해 정확하게 단어를 사용하여 토론할 수 있고, 충분한 이해와 적절하게 어울리는 표현을 구사할 수 있다. 전문적인 언어 이외에 아무런 무리가 없고, 어휘·문법·구문을 정확히 파악, 유창하게 구사할 수 있는 능력이다. 고도의 문법, 한자(2,000자 이상), 어휘(10,000어 정도)를 습득하고 있어서 사회생활뿐만 아니라 대학에서 학습 및 연구 활동을 하는 데 필요한 기본적이고 종합적인 일본어 능력을 지닌 사람으로, 일본어를 집중적으로(1일 4시간 이상) 공부한 수준이다. ※ 일본어 능력시험 1급 이상의 수준이다.
B	600 이상	어떠한 상황하에서도 적절한 커뮤니케이션을 할 수 있는 실력이다. 통상적인 회화는 완전하게 이해할 수 있고, 생소한 상황하에서도 적응이 빠르다. 어휘의 범위와 문법의 지식에 따라 전문적인 분야와 가정적이고 개념적인 주제에 대해 토론이 가능하고, 의견을 제시하고 그에 대해 뒷받침할 수 있으며, 업무상 지장은 없으나 정확함과 유창함에 개인차가 있고 문법·구문상의 오류가 나타나기도 하지만 의사소통에는 무리가 없다. 어느 정도의 고도한 문법, 한자(1,000자), 어휘(6,000어)를 습득하고, 일본어를 집중적으로 900시간 이상 학습한 정도의 수준이다. ※ 일본어 능력시험 2급 이상의 수준이다.
C	400 이상	일상생활의 욕구를 충족하고 제한된 범위내에서 커뮤니케이션이 가능하다. 통상적인 회화에서 요점을 이해하고, 응답에도 지장은 없으나 복잡한 주제에 있어서 정확한 대응이나 의사소통에는 개인차가 있다. 기본적인 문법·구문을 익히고 있어, 다소 표현력의 부족은 있어도 자기의 의사를 전할 수 있는 어휘력은 갖추고 있다. 일반적인 문법, 한자(400자 정도), 어휘(2,000어정도)를 습득하고, 일본어를 집중적으로 600시간 이상 학습한 수준이다. ※ 일본어 능력시험 3급 이상의 수준이다.
D	250 이상	일상생활에서 최소한의 커뮤니케이션이 가능하다. 간단한 회화를 할 수 있고 신변의 화제에 대해서 대응할 수 있다. 어휘·문법·구문에 있어 불충분한 것이 많지만, 상대가 외국인이라 여겨 특별한 배려를 해줄 경우에는 의사소통을 진행시킬 수 있다. 기초적인 문법, 한자(200자 정도), 어휘(1,000어 정도)를 습득하고, 일본어를 집중적으로 200시간 이상 학습한 수준이다. ※ 일본어 능력시험 4급 이상의 수준이다.
E	10 이상	독립적인 의사소통 능력이 없고 간단한 인사말들에 대답할 수 있다.

6. 응시료 및 준비물

· 응시료 :

· 준비물 : 반명함판(3×4cm) 사진 1매지참. (6개월 이내 촬영사진)

7. 결과 통보

JPT의 시험 결과는 시험 시행후 25일 컴퓨터와 ARS를 통해서 알 수 있다.
우편은 시험후 30일후에 통보된다.

8. 문의처

국제교류진흥회 Tel : 02-2742-2171
http://www.ybmsisa.co.kr/language

9. JPT실력 평가표

▶ JPT 공략 자기 진단표

JPT목표 점수	아는 문제 / 모르는 문제(문항수)	비 고
250점	0 / 200 (200문항)	
450점	55 / 145 (200문항)	* 451점
500점	68 / 132 (200문항)	
600점	95 / 105 (200문항)	
700점	122 / 78 (200문항)	* 701점
800점	149 / 51 (200문항)	* 801점
900점	176 / 24 (200문항)	* 901점
990점(만점)	200 / 0 (200문항)	

JPT공략 250점을 목표로 한다면 아는 문제가 0문항이고, 반대로 JPT공략 990점(만점)을 목표로 한다면 아는 문제가 200문항이어야 한다. 그리고 이 자기 진단표를 봐서 알 수 있듯이 450점 목표의 경우는 아는 문제가 55문항이면 되지만, 600점 목표의 경우 아는 문제가 95문항이어야 하므로 JPT목표 점수가 높으면 높을수록 아는 문제를 늘려야 한다는 어려움이 있다.

(※ 아는 문제 1문항은 4.95점, 모르는 문제 1문항은 1.2375점으로 환산하였음.)

▶JPT 공략 점수별 득점 안내

점 수	아는 문항수 / 모르는 문항수	점 수	아는 문항수 / 모르는 문항수
JPT450점	55문항 / 145문항	JPT600점	95문항 / 105문항
JPT700점	122문항 / 78문항	JPT800점	149문항 / 51문항
JPT900점	176문항 / 24문항	JPT990점	200문항 / 0문항

600점 이상을 공략하기 위해서는 95문항 이상을 정확하게 풀어야 하며, 800점 이상을 공략하기 위해서는 149문항 이상, 900점 이상을 공략하기 위해서는 176문항 이상을 정확하게 풀어야 한다. 여기서 900점을 얻기 위해서는 176문항을 정확하게 알고 있어야 하므로 당연히 모르는 문제수(24문항 30점)의 점수가 낮아진다. 그러므로 고득점이 되면 될수록 아는 문제수가 많아져야 한다는 것을 표를 통해서 알 수 있을 것이다.

(※아는 문제 1문항은 4.95점, 모르는 문제 1문항은 1.2375점으로 환산하였음.)

▶ JPT 공략 점수 분포도(아는 문제와 모르는 문제 점수 계산표)

아는 문제(%)	아는 문제와 모르는 문제 점수 계산표		합계점수	비 고
25%	아는 문제	50×4.9500 = 248점	434점	JPT완전공략 600점
	모르는 문제	150×1.2375 = 186점		
30%	아는 문제	60×4.9500 = 297점	470점	
	모르는 문제	140×1.2375 = 173점		
35%	아는 문제	70×4.9500 = 347점	508점	
	모르는 문제	130×1.2375 = 161점		
40%	아는 문제	80×4.9500 = 396점	545점	
	모르는 문제	120×1.2375 = 149점		
45%	아는 문제	90×4.9500 = 446점	582점	
	모르는 문제	110×1.2375 = 136점		
50%	아는 문제	100×4.9500 = 495점	619점	JPT완전공략 800점
	모르는 문제	100×1.2375 = 124점		
55%	아는 문제	110×4.9500 = 545점	656점	
	모르는 문제	90×1.2375 = 111점		
60%	아는 문제	120×4.9500 = 594점	693점	
	모르는 문제	80×1.2375 = 99점		
65%	아는 문제	130×4.9500 = 644점	731점	
	모르는 문제	70×1.2375 = 87점		
70%	아는 문제	140×4.9500 = 693점	767점	
	모르는 문제	60×1.2375 = 74점		
75%	아는 문제	150×4.9500 = 743점	805점	JPT완전공략 990점(만점)
	모르는 문제	50×1.2375 = 62점		
80%	아는 문제	160×4.9500 = 792점	842점	
	모르는 문제	40×1.2375 = 50점		
85%	아는 문제	170×4.9500 = 842점	879점	
	모르는 문제	30×1.2375 = 37점		
90%	아는 문제	180×4.9500 = 891점	916점	
	모르는 문제	20×1.2375 = 25점		
95%	아는 문제	190×4.9500 = 941점	953점	
	모르는 문제	10×1.2375 = 12점		
100%	아는 문제	200×4.9500 = 990점	990점	
	모르는 문제	0×1.2375 = 0점		

※ 점수는 사사오입으로 환산하였음.

JPT를 잘 보는 요령

1. 청해 문제편

> **Part I** 次の写真を見て、その内容に合っている表現を(A)から(D)の中で一つ選びなさい。
> (다음 사진을 보고 그 내용에 맞는 표현을 (A)에서 (D)중에서 하나 고르시오.)

이 문제는 Part I **사진 묘사**에 해당하는 문제로 **20문항** 출제된다. 시험 문제지에는 사진이나 그림밖에 없다. 그러므로 음성으로 아래와 같은 4개의 선택지를 남자나 여자의 음성을 듣고 그림 등에 맞는 표현 내용을 골라야 한다. 요령은 바로 사진을 보고 그 사진에 대한 설명을 짐작하면서 들으면 거의 풀 수 있다. 일반적으로 사람의 표정이나 행동, 상황 등을 판단하는 문제, 그리고 문자 정보를 보고 음성으로 풀 수 있는 능력 등, 다양한 문제가 출제되나, JPT청해 문제 중 가장 쉬운 유형이므로 이 책의 많은 문제를 풀어 보면 바로 극복할 수 있다. 참고로 **20문항에 해당하는 음성의 시간은 약 10분 내외로 1문제당 30초 정도에 해당된다.** 단순하게 4개의 선택지만 음성으로 나오므로 혼동할 염려가 없이 간단하게 풀 수 있다.

➡ 샘플 사진에는 남자와 아이가 등장한다. 그리고 남자가 아이를 안고 있는 그림이지만, 여기서 출제자가 문제를 출제한다면 어떤 식으로 출제할까, 여러 가지를 생각할 수 있다. 여자가 아이를 안고 있는지, 아이가 남자 또는 여자인지, 업고 있는지 등이다. 이는 모국어인 한국어로 들으면 간단하지만, 청해 즉 음성으로 들리기 때문에 정확한 어휘력이 없으면 어려운 문제이다. 반대로 JPT 청해 사진 묘사 공략편에 실은 어휘를 마스터해 두면 너무나도 쉬운 문제이다.

(A) 女性は子供をだっこしています。 여성은 아이를 안고 있습니다.
(B) 男性は子供をだっこしています。 남성은 아이를 안고 있습니다.
(C) 女性は子供をおんぶしています。 여성은 아이를 어부바하고 있습니다.
(D) 男性は子供をおんぶしています。 남성은 아이를 어부바하고 있습니다.

▶ 여기서의 정답은 바로 **(B)** 「남성은 아이를 안고 있습니다」가 된다.

Part II

次の言葉の返事として、もっとも適したものを(A)から(D)の中で一つ選びなさい。
(다음 말의 답변으로서 가장 적당한 것을 (A)에서 (D)중에서 하나 고르시오.)

이 문제는 PartⅡ **질의 응답**에 해당하는 문제로 **30문항** 출제된다. 시험 문제지에는 「(21)答えを答案用紙に書き入れなさい。～(50)答えを答案用紙に書き入れなさい。」라고 인쇄된 것밖에 없다. 그러므로 음성으로 여자가 문제문의 대화를 하면, 남자가 그 대화에 답하는 방식, 반대로 남자가 문제문의 대화를 하면, 여자가 그 대화에 답하는 방식을 택하고 있다. 이런 식의 문제는 JLPT(일본어 능력시험) 등 다른 시험에서는 채택하지 않는 특수한 문제형식이다. 즉, 여자가 문제문의 대화를 하면, 남자가 그에 맞는 대화를 하는 형식이지만, 여기서는 테스트이므로 틀린 것도 3가지 들어 있다. 그것도 첫번째에 정답이 오면 고르기 쉽지만, 두번째, 세번째, 네번째 어디에 올지 모르기 때문에, 이 문제 형식에 익숙해지지 않으면 듣기 시험에서 끝까지 헤매다 나왔다는 수험생이 되기 쉽다. **참고로 30문항에 해당하는 음성의 시간은 약 13분 내외로 1문제당 26초 정도에 해당된다.** 어떻게 보면 쉬운 문제같지만, 30문항이 계속해서 쉴틈없이 흘러나오므로 한번 물꼬를 잡지 못하면 헤매기 쉬운 문제형식이다.

例) どこかおいしい寿司屋を知っていますか。
　　(A)いいえ、知っていません。
　　(B)いいえ、知りません。
　　(C)はい、知ります。
　　(D)はい、知りません。

➡ 샘플 문제에는 여자의 대화(실제 시험에서 거의 여자가 먼저 대화를 함)「どこかおいしい寿司屋を知っていますか。(어디 맛있는 초밥집을 알고 있습니까?)」라고 질문을 한다. 이에 대답으로서 남자가 이 대화에 답하는 것을 고르면 되는데,「예 / 아니오」로 답해야 하는 질문이므로 두 가지 형식이 먼저 등장한다. 그러므로 수험자는「はい / いいえ」모두 대답이 가능하므로 어느 것이 정답인지 모른다. 그리고 이 문제는 어법상의 문제이므로 한국어로 생각하면 풀 수 없다. 즉 수험자는 답을 맞혔다고 생각하는 데, 실제는 정답이 아닌 경우가 된다. 이런 문제는 그대로 문자해 놓아도 맞추기가 어려운 문제이다. 그러므로 JPT친해 질의 응답 공략편에 실은 대화를 마스터해 둠과 동시에 일본어와 한국어의 표현이 다른 것도 평소에 잘 익혀 두어야 할 것이다.

(A) いいえ、知っていません。
(B) いいえ、知りません。
(C) はい、知ります。
(D) はい、知りません。

　　(A) 아니오. 알고 있지 않습니다.
　　(B) 아니오. 모릅니다.
　　(C) 예. 압니다. (어법상 틀림)
　　(D) 예. 모릅니다.

▶ 여기서의 정답은 바로 **(B)「아니오, 모릅니다」**가 된다. 그리고「예」로 답할 때는「はい、知っています。(예, 압니다(알고 있습니다))」가 된다. 즉, (C)로 답하는 수험자도 절반 이상이 될 것이다.

Part III 次の会話をよく聞いて、後の問いにもっとも適したものを(A)から(D)の中で一つ選びなさい。
(다음 회화를 잘 듣고, 나중의 질문에 가장 적합한 것을 (A)에서 (D) 중에서 하나 고르시오)

이 문제는 Part Ⅲ **회화문**에 해당하는 문제로 **30문항** 출제된다. 시험 문제지에는 대화문에 대한 질문지와 네 개의 선택지가 인쇄되어 있다. 이 문제의 형식은 JLPT(일본어능력시험) 등 각종 시험에서 다루는 형식의 테스트로 일반 수험자도 익숙해져 있는 문제이다. 남여·여남의 대화로 시작되어 보통 「남→여→남→여」나 「여→남→여→남」의 패턴을 이루고 있다. 다른 시험과 다른 특징은 질문지와 네 개의 선택지가 미리 인쇄되어 있다는 점이다. 이 점을 적극 활용하길 바란다. 또한 회화문에 대한 질문지도 하나밖에 없으므로 다른 시험과 전혀 다를 바 없다. **참고로 30문항에 해당하는 음성의 시간은 약 12분 내외로 1문제당 24초밖에 되지 않는다.** 주의해야 할 점은 일본어능력시험(JLPT)의 경우 청해 45분에 33문제, 즉 1문제당 96초인데 반해, JPT 청해(회화문)는 전혀 다른 형식을 취하고 있다는 점이다. 이는 언뜻 보기에는 차이가 없는 것 같지만, 실제로는 많은 차이가 있다. 즉 JPT 청해(회화문)에서 30문항을 약 12분 내외에 모두 풀어야 하므로 정신없이 회화문→정답의 반복이 쉴틈없이 진행된다는 점이다. 이 속도는 **일본어능력시험(JLPT)의 4배의 속도에 해당**하는 것이다. 이는 24초에 1문제씩 풀어야 한다는 상황을 잘 인식해야 이 시험에 낭패를 보지 않는다. 왜 이렇게 일본어능력시험(JLPT)과 4배의 속도차가 생기는 것일까? 이는 JPT 청해(회화문)의 대화가 짧은 것도 이유가 되지만, 가장 큰 이유는 질문과 네 개의 선택지가 미리 인쇄되어 있어, 이를 음성으로 들려 주지 않는 데에 테스트의 흐름을 빨리 하는 것이다. 그러므로 JPT 청해 테스트 수험자 대부분이 정신없이 문제를 풀다가 나왔다고 말하는 이유가 여기에 있는 것이다. 이 교재에서 많은 문제를 접해보기를 바란다.

男:田中さんはスカートが好きですか。
女:ええ、そうです。
男:ジーンズはどうですか。
女:ジーンズはちょっと…。

남 : 다나카 씨는 스커트를 좋아합니까?
여 : 예. 그렇습니다.
남 : 청바지는 어떻습니까?
여 : 청바지는 좀….

➡ 아래 부분의 질문과 4개의 선택지는 미리 인쇄되어 있으며, 음성으로 들려 주지 않는다. 일본어능력시험(JLPT)에서는 대화 시작 전에 미리 상황 설명과 문제의 질문을 들려주고, 대화가 끝나면 다시 문제의 질문과 4개의 선택지를 음성으로 들려 준 다음에 정답을 고르게 되어 있다. 이 부분이 JPT 청해(회화문)에서는 미리 인쇄되어 있어 시간 단축의 원인이 되고, 수험자는 빠른 속도로 회화문을 풀어야 한다.

田中さんは、どんな服が好きですか。

(A) ジーンズが好きです。
(B) スカートが好きです。
(C) ジーンズもスカートも好きです。
(D) ジーンズもスカートも好きではありません。

　　　(A) 청바지를 좋아합니다.
　　　(B) 스커트를 좋아합니다.
　　　(C) 청바지도 스커트도 좋아합니다.
　　　(D) 청바지도 스커트도 좋아하지 않습니다.

▶ 위의 질문에 맞는 답은 **(B)**「**스커트를 좋아합니다**」가 된다.

Part Ⅳ　次の文章をよく聞いて、後の問いにもっとも適したものを(A)から(D)の中で一つ選びなさい。
(다음 문장을 잘 듣고 나중의 질문에 가장 적합한 것을 (A)에서 (D)중에서 하나 고르시오)

이 문제는 PartⅣ **설명문**에 해당하는 문제로 **20문항** 출제된다. 시험 문제지에는 (81)~(100)번까지의 설명문에 대한 질문지와 네 개의 선택지가 인쇄되어 있다. 이 형식은 Part Ⅲ(회화문)과 똑같다. 단, JPT 청해 문제 중 가장 어려운 유형이 되는 이유는 뉴스, 일기 예보, 화재·교통 사고 등의 설명문에 대한 어휘가 어려운 점과 Part Ⅲ(회화문)형식과 똑같이 인쇄되어 있지만, 하나의 설명문에 대한 질문이 3개 또는 4개 된다는 점이다. 이는 언뜻 보기에는 별 차이가 없는 것 같이 보이지만, 실제로 수험자에게는 많은 부담을 주는 형식의 문제이다. 이 문제 형식은 일본어능력시험(JLPT)에서는 전혀 다루지 않는 문제 유형이다. 한국에서는 관광 통역 가이드 시험 일어 듣기 평가에서 40문항〈사지선다형〉으로 거의 같은 형식의 문제를 다루고 있다. 관광 통역 가이드 시험에서는 질문지에 네 개의 선택지가 인쇄되어 있지 않다는 점이 다를 뿐이다. 이 부분도 Part Ⅲ(회화문)과 같이 JPT 청해(회화문)에서는 미리 인쇄되어 있어 시간 단축의 원인이 되고, 그 만큼 수험자는 빠른 속도로 설명문을 풀어야 한다. **참고로 20문항에 해당하는 음성의 시간은 약 10분 내외로 1문제당 30초 정도에 해당된다.** 이는 미리 3개 또는 4개의 질문지와 선택지를 보려고 해도 시간상 그렇게 되지 않는다. 가장 효과적인 방법은 설명문을 정확하게 듣고, 다음에 「しつもんはちじゅういちばんに答えなさい。(질문 81번에 답하시오)」등의 아나운스의 지시에 따라 네 개의 선택지에서 답을 골라 답안지에 쓰는 것이다. 그리고 가장 어려운 것은 내용에 맞는 것, 특징 등을 물을 때, 4개의 선택지가 너무 길고 많다는 점이다. 이 책의 많은 문제를 통해 철저하게 시간 배분과 문제 형식에 익숙해지도록 해 두길 바란다. 이 교재에서는 설명문에 대한 질문 2개도 도입해 두었으므로 접근하기 쉽게 편집되어 있다.

次は質問例1番から例3番までです。
(다음은 질문 예1번에서 예3번까지입니다.)

　　李さんは区のお知らせで見た国際交流会に入りました。会費は月に５００円で月に二回地域センターに集まってお茶を飲みながらいろいろなことについて話します。その他、地域の子供達にいろいろな国の文化を紹介したり、年に二回パーティーも開いています。李さんはカナダのビジネスマンと中国人の大学院生の二人と友達になりました。二人とも日本語がぺらぺらです。来月、区の祭りがあって、会も参加することになりました。今どんなことをするか、みんなで考えているところです。

➡ 이 ○○씨는 구청의 알림에서 보았던 국제교류회에 입회했습니다. 회비는 월 500엔으로 한 달에 2번 지역센터에 모여 차를 마시면서 여러 가지 얘기를 합니다. 그밖에 지역 어린이들에게 여러 나라의 문화를 소개하거나 1년에 2번 파티도 개최하고 있습니다. 이 씨는 캐나다의 비즈니스맨과 중국인의 대학원생 두 사람과 친구가 되었습니다. 둘 다 일본어를 잘 합니다. 다음 달, 구 축제가 있어 이 모임도 참가하게 되었습니다. 지금 어떤 일을 할까, 모두 생각하고 있는 중입니다.

아래 부분의 3개 또는 4개의 질문과 각 질문에 대한 4개의 선택지는 미리 인쇄되어 있으며, 음성으로 들려 주지 않는다.

例1) 李さんはどんな会に入りましたか。 이 씨는 어떤 모임에 입회했습니까?
　　（A） 親睦会　친목회
　　（B） 懇談会　간담회
　　（C） 勉強会　스터디 그룹
　　（D） 国際交流会　국제교류회

例2) パーティーは何回開かれますか。 파티는 몇 회 개최됩니까?
　　（A） 月に１回　월 1회
　　（B） 月に２回　월 2회
　　（C） 年に１回　연 1회
　　（D） 年に２回　연 2회

例3) 来月何がありますか。 다음 달에 무엇이 있습니까?
　　（A） 区の祭り　구 축제
　　（B） 区の体育会　구 체육회
　　（C） 都の祭り　도 축제
　　（D） 都の体育会　도 체육회

▶ 위의 질문「예1」에 맞는 답은 (D), 「예2」에 맞는 답은 (D), 「예3」에 맞는 답은 (A)이다. 샘플 문제는 이 씨가 구보를 보고 입회하게 된 국제교류회에 대한 설명이다. 설명문이므로 어려운 어휘도 많이 등장하게 된다. 이 교재 JPT청해 설명문 공략편에 실은 어휘를 마스터해 두면 무난하게 풀 수 있는 문제이다.

2. 독해 문제편

Part V 下の＿＿＿＿線の言葉の正しい表記、または同じ意味のはたらきをしている言葉を(A)から(D)の中で一つ選びなさい。
(밑줄 친 말의 바른 표기 또는 같은 의미의 역할을 하고 있는 말을 (A)에서 (D)중에서 하나 고르시오.)

이 문제는 파트 Ⅴ **정답 찾기**에 해당하는 문제로 **20문항** 출제된다. 각종 시험에 출제되는 한자 읽기·한자 쓰기와 같은 의미의 문장과 같은 용법을 찾는 문제가 합쳐진 문제 형식이다. 한자 읽기에서는 촉음 「っ」의 유무, 탁음(ˇ)과 반탁음(˚)의 유무, 장단음의 유무, 숙자훈(특수 읽기) 등을 철저하게 공부해 두면 별 문제 없이 풀 수 있으며, 한자 쓰기에서는 형태가 비슷한 한자를 평소에 잘 봐 두거나 동음이의어·동훈이어를 미리 익혀두는 것이 좋다. 이 교재 JPT 정답 찾기 공략편에 실은 한자와 각종 어휘를 마스터해 두면 무난하게 풀 수 있다. **참고로 20문항을 약 6분이내에 풀도록 해야 한다.**

例1) いま<u>四時三分</u>です。
  (A) よじさんぶん (B) よじさんぷん
  (C) よんじさんふん (D) よんじさんぶん

➡ 「四時(4시)」는 「よじ」라고 읽고 「三分(3분)」은 「さんぷん」이라고 읽는다.

例2) この時計は一日に二分<u>おくれ</u>ている。
  (A) 送 (B) 後
  (C) 遅 (D) 贈

➡ ・遅れる…늦다
　・送れる…보낼 수 있다〈送る(보내다)의 가능형〉
　・後れる…기가 죽다, 뒤지다
　・贈れる…선물할 수 있다〈贈る(선물하다)의 가능형〉

例3) 晴れていても雨が降ることが<u>あります</u>。
  (A) 山田さんには子どもが五人<u>あります</u>。
  (B) あの人は背の高さが１７５センチ<u>あります</u>。
  (C) つくえの上に本が一冊<u>あります</u>。
  (D) 今まで四回引っ越したことが<u>あります</u>。

➡ 문제문은 「〜ことがある」(〜하는 경우가 있다). (D)는 「〜(た)ことがある」(〜한 적이 있다)의 뜻으로 「ある」의 용법이 같다. (A)와 (C)의 「ある」는 존재를 나타내고, (B)는 수량을 나타내는 말에 붙어 '그만한 수량이 되다〔나간다〕'

例4) 彼は頭が切れるから、社長に認められている。
　　　（A）頭の働きがよい　　　　　　　　（B）謙そんだ
　　　（C）頭にけがをしている　　　　　　（D）そん色がない

▶ 위의 질문「예1」에 맞는 답은 **(B)**,「예2」에 맞는 답은 **(C)**,「예3」에 맞는 답은 **(D)**,「예4」에 맞는 답은 **(A)**이다. 그리고「예1」은「한자 읽기」,「예2」는「한자 쓰기」,「예3」은「동일용법」,「예4」는「의미」문제이다.

Part VI パートⅥは文の中で間違っている部分を探す問題です。下に線が引いてあるA～Dの中で文法または意味が正しくないものを選んで答案用紙の記号を黒くぬりつぶしてください。
(파트Ⅵ은 문장 중에서 틀린 부분을 찾는 문제입니다. 밑줄 선이 그어져 있는 A~D 중에서 문법 또는 뜻이 바르지 않은 것을 골라 답안지의 기호를 새까맣게 칠해 주세요.)

이 문제는 PART Ⅵ **오문 정정**에 해당하는 문제로 **20문항** 출제된다. 이 문제 형식은 JPT 일본어 시험의 독특한 문제형식이지만, 엄밀하게는 パートⅦ(공란 메우기)과 별 차이가 없다. 예를 들어 아래 문제를 パートⅦ 문제 형식으로 만들면「きのう駅で田中さん_____あいましたよ。」가 된다. 그러므로 파트 Ⅵ (오문 정정)과 パートⅦ(공란 메우기)은 공통된 부분이 많게 된다. 다만, 파트 Ⅵ(오문 정정)에서 자주 출제되는 것이 한국어의 영향으로 인해 오용을 범하기 쉬운 문제가 많이 출제된다는 점이다. 이 문제 형식은 일본인이 출제하기는 어려운 문제이다. 오용 문제에서 답을 찾기 위해서는 한국어와 비슷하다고 해서 그냥 답을 고르면 거의 100% 틀리게 되어 있다. 출제자의 의도를 잘 파악하고, 신중하게 지금까지 배운 일본어다운 어휘, 문법 등을 잘 상기해서 풀면 된다. 이 교재 JPT 오문 정정 공략편에 실은「조사 오용」「활용 오용」「표현 오용」「단어 오용」을 마스터해 두면 무난하게 풀 수 있다. **참고로 20문항을 약 6분이내에 풀도록 해야 한다.**

例) きのう駅で田中さんをあいましたよ。　(어제 역에서 다나카 씨를 만났어요.)
　　(A)　　(B)　　(C)　　　　(D)

▶ 한국어「～을 만나다」를 일본어를 표현할 때, 「～に会う」라고 쓴다. 또 한국어의 영향으로 틀리기 쉬운 것으로「～に乗る(～을 타다)」등이 있다. 여기서의 정답은 **(C)**가 된다.

Part VII

パートⅦは問題の文に空欄があります。問題の空欄に入るもっとも適したものを選んで答案用紙の記号を黒くぬりつぶしてください。
(파트 Ⅶ은 문제 문에 공란이 있습니다. 문제 공란에 들어갈 가장 적당한 것을 골라 답안지의 기호를 새까맣게 칠해 주세요.)

이 문제는 파트 Ⅶ **공란 메우기**에 해당하는 문제로 **30문항** 출제된다. 각종 시험에 출제되는 평범한 형식의 문제이다. 파트 Ⅵ(오문 정정)에서 설명했듯이 이 문제 파트 Ⅶ(공란 메우기)과 파트 Ⅵ(오문 정정)에서 독해 문제 중 절반에 해당하는 50문항이 된다. 그러므로 이 교재 JPT 공란 메우기 공략편에는 조사 총정리, 필수 문형 총정리, 관용구·속담 총정리, 의성어·의태어 총정리를 해 놓았고, 이 문제 형식의 중요성을 감안하여 필수 문형 총정리 뒤에는 각권마다 200문제를 실어 놓았다. 수험자는 이것만 외워두면 된다. **참고로 30문항을 약 9분이내에 풀도록 해야 한다.**

例) この仕事もあと2、3日_____終わりそうだ。(이 일도 앞으로 2, 3일이면 끝날 것 같다)
　　(A) に　　　　　　　　　　　(B) へ
　　(C) で　　　　　　　　　　　(D) が

▶ 조사 「~で」의 뜻은 여러가지가 있다. 한국어로 해석이 안 되는 것도 많으므로 조사 총정리와 필수 문형을 마스터해서 해결하도록 하자. 여기서의 정답은 **(C)**가 된다.

Part VIII

パートⅧは文章を読んで質問に答える問題です。各文章には二つから四つの質問があります。問題の質問に一番適したものを選んで答案用紙の記号を黒くぬりつぶしてください。
(파트 Ⅷ은 문장을 읽고 질문에 답하는 문제입니다. 각 문장에는 두 개에서 네 개의 질문이 있습니다. 문제 질문에 가장 적합한 것을 골라 답안지의 기호를 새까맣게 칠해 주세요.)

이 문제는 파트 Ⅷ **독해**에 해당하는 문제로 **30문항** 출제된다. 각종 시험에 출제되는 평범한 형식의 문제이다. 표면적인 이해력보다는 일상 생활 속에서 문자를 매체로 한 정보를 빨리 그리고 정확하게 파악해야 고득점과 연결된다. 출제되는 지문은 신문에 실린 상품 광고, 제품의 사용 설명, 신청 방법, 비즈니스 편지, 안부 편지, 주식 시장 상황, 일본의 전통 행사, 환경 문제 등 다양한 분야에 걸친 지문이 선정된다. 장문 독해에서는 문제를 먼저 보고 본문을 읽는 순서를 택하는 것도 요령이다. **참고로 파트 Ⅷ(독해) 문제에 30분 이상 시간을 소요하지 않도록 주의해야 한다.** 모르는 문제가 있으면 나중으로 미루고 나머지 70문제를 모두 풀고 시간이 남으면 다시 풀도록 해야 한다.

(例1〜例3)
　わたしたちは、農業、つまり、土を耕して作物を栽培するという仕事を通して、食糧の大部分を手に入れています。
　わたしたち人間の生存にとって欠かすことのできない、穀物・野菜・果物などの生産を支えているもの、それが「土」なのです。
　ところで、土はいったい何によってできているのでしょうか。常識では、土は岩石が川の流れによってけずられたり、水や空気の作用によってくずされたりしてできた鉱物だと思われています。　①　、実際の土を調べてみると、土は単なる鉱物ではなく、　②その　中には、動植物の遺体が変化してできた物質がふくまれ、数多くの生物が住んでいることがわかります。

➡ 우리들은 농업. 즉. 토지를 경작하여 작물을 재배한다는 일을 통해 식량의 대부분을 수확하고 있습니다.
　우리들 인간의 생존에 있어 빠뜨릴 수 없는. 곡물·채소·과일 등의 생산을 지탱하고 있는 것. 그것이 「흙」인 것입니다.
　그건 그렇고 흙은 도대체 무엇으로 만들어져 있는 것일까요? 상식으로는 흙은 암석이 강의 흐름에 의해 깎여지거나 물과 공기의 작용에 의해 허물어지거나 해서 만들어진 광물이라고 생각되고 있습니다. 하지만, 실제로 흙을 조사해 보니, 흙은 단순한 광물이 아니라. 그 속에는 동식물의 시체가 변화되어 만들어진 물질이 포함되어, 수많은 생물이 살고 있다는 것을 알 수 있습니다.

例1) 　①　 に入る適当な言葉を選びなさい。
　　(A)しかし　　　　　　　　(B)たとえば
　　(C)それに　　　　　　　　(D)なぜなら

➡ ・しかし…그러나. 하지만 〈역접을 나타냄〉
　・たとえば…예를 들면
　・それに…게다가〈첨가〉
　・なぜなら…왜냐하면

例2) 　②その　 は何を指していますか。
　　(A)水　　　　　　　　　　(B)土
　　(C)空気　　　　　　　　　(D)岩石

➡ ・水…물　　　/　・土…흙
　・空気…공기　/　・岩石…암석

例3) 本文の内容と合っているものを選びなさい。
　　(A)人間にとって欠かせないのが穀物などです。
　　(B)土は単なる鉱物でできています。
　　(C)調査の結果、土の中の成分が明らかになりました。
　　(D)水や空気の作用によってくずされてできたのが岩石です。

▶ 위의 질문 「예1」에 맞는 답은 **(A)**, 「예2」에 맞는 답은 **(B)**, 「예3」에 맞는 답은 **(C)**이다.

청해 문제 공략편

출제 경향 분석

파트별 출제 경향

パートⅠ은 사진이나 표를 보면서 그에 알맞는 상황 설명이나 내용에 맞는 것을 고르는 문제로 **20문항**이다. 청해 문제의 첫 도입부로 수험자가 한국인인 점을 고려하여 의도적으로 사진과 표라는 매체를 통해 측정하므로, 응시자의 청해 문제에 대한 심적 부담을 덜어줌과 동시에 음성에 익숙해지도록 하는 문제이다. JPT 600점을 얻기 위해서는 20문항 중 아는 문제 10문항이면 되지만, **JPT 800점을 얻기 위해서는 20문항 중 아는 문제가 15문항 이상이어야 한다**. 그러나 청해 문제 중 가장 쉬운 부분이 パートⅠ(사진 묘사)이므로 여기서 가능한 한 20문항 전부 풀 수 있도록 연습해 두어야 한다.

パートⅡ는 상대방의 질문에 적절한 대답을 하거나 긍정 또는 부정을 나타내는 회화 문장을 찾는 문제로 **30문항**이다. 실생활에서 사용되는 상황 속에서 순간적인 판단력을 요구하는 것으로써 대화에 직접 참여하여 자신의 생각을 상대방에게 정확히 전달하는 능력을 평가하는 문제이다. JPT 600점을 얻기 위해서는 30문항 중 아는 문제 15문항이면 되지만, **JPT 800점을 얻기 위해서는 30문항 중 아는 문제가 22문항 이상이어야 한다**. 그러나 청해 문제 중 두 번째로 쉬운 부분이 パートⅡ(질의 응답)이므로 여기서 가능한 한 30문항 중 24문항 이상을 풀 수 있어야 한다.

パートⅢ은 두 사람의 회화(주로 남녀)를 듣고 주어진 질문에 답하는 문제로 **30문항**이다. 회화문을 듣고 그 대화가 진행되고 있는 장면이나 상황, 두 사람의 관계, 이야기의 내용 파악 등의 개괄적 또는 구체적인 정보나 사실을 정확하게 청취할 수 있는가를 측정하는 문제이다. JPT 600점을 얻기 위해서는 30문항 중 아는 문제 15문항이면 되지만, **JPT 800점을 얻기 위해서는 30문항 중 아는 문제가 22문항 이상이어야 한다**. 그러나 청해 문제 중 세 번째로 쉬운 부분이 パートⅢ(회화문)이므로 여기서 가능한 한 30문항 중 20문항 이상을 풀 수 있어야 한다.

パートⅣ는 긴 설명문을 듣고 주어진 2~4개의 질문에 답하는 문제로 **20문항**이다. 상당한 수준의 종합적인 일본어 능력을 평가하는 단계로 전체적인 내용을 파악해야 답을 풀 수 있는 문제이다. JPT 600점을 얻기 위해서는 30문항 중 아는 문제 15문항이면 되지만, **JPT 800점을 얻기 위해서는 20문항 중 아는 문제가 15문항 이상이어야 한다**. 그러나 청해 문제 중 가장 어려운 부분이 パートⅣ(설명문)이므로 여기서 가능한 한 20문항 중 절반인 10문항 이상을 풀 수 있어야 한다.

청해 문제 푸는 요령

　청해는 JPT와 일본어 능력시험(JLPT), 그리고 기타 자격 시험에서 점수 획득이 가장 어려운 분야이다. 이는 응시자의 대부분이 어휘·문법·독해에 치중되어 있기 때문이기도 하지만, 한편으로는 명확한 해답과 해결책이 있는 어휘·문법·독해에 비해, 청해 문제에는 듣기 학습에 필요한 자료나 요령이 불충분하기 때문이기도 하다. **특히, JPT시험은 일본어 능력시험의 약 30문항보다 3배가 넘는 100문항을 45분내에 풀어야 하므로 1문항당 배정 시간이 겨우 27초밖에 되지 않는다.** 게다가 테이프를 통해 들리는 음성의 속도에 맞춰 답을 써야 하므로 100문항에 대한 시간 배정을 수험자의 임의로 조절할 수 없다는 점이다. 그러므로 수험자는 사진 묘사 설명, 질의 응답, 회화문, 설명문을 듣고 바로 답을 고르지 않으면 안 되므로 시험 형식에 익숙해지는 것도 중요하고 항상 시간이 촉박하므로 바로 답을 고르는 것도 하나의 요령이다. 혹시 잘 모르는 문제가 나오면 바로 다음 문제를 위해 앞 문제에 너무 연연하지 말고 계속 끈기있게 청해 문제를 풀어 나가야 고득점과 연결이 된다. パートⅠ(사진 묘사)과 パートⅡ(질의 응답)의 두 유형에서 거의 다 풀어야 하며 パートⅢ(회화문)과 パートⅣ(설명문)에서는 가능한 한 이 책의 연습 문제, 예상문제, 모의 테스트를 통해서 고득점을 얻을 수 있도록 많은 문제를 접해 보기를 바란다.

　여기서는 JPT 수험생을 위해 청해 문제의 각 파트별 공략편을 다루었다. JPT의 고득점을 기원하면서 필자가 지금까지 자주 출제된 자료를 정리해 두었다. 많은 참고가 되기를 바란다.

パートI

사진묘사 공략편

1. 일반동사
2. 「する」/「~をする」가 붙는 동사
3. 「명사+を」/「명+になる」가 붙는 동사
4. 기타 동사
5. 명사
6. 형용동사
   ◆ 연습문제

1 일반 동사

- 味わう(あじわう)…맛보다
- 溢れる(あふれる)…넘치다
- 踊る(おどる)…춤추다

- 抱える(かかえる)…양팔로 안다
- 片付ける(かたづける)…정리하다
- 考える(かんがえる)…생각하다
- 転ぶ(ころぶ)…넘어지다

- 座り込む(すわりこむ)…주저앉다
- 楽しむ(たのしむ)…즐기다
- 連れる(つれる)…데리고 가다
- 止める(とめる)…세우다

- 眺める(ながめる)…바라보다
- 並べる(ならべる)…진열하다
- 乗せる(のせる)…태우다
- 乗り込む(のりこむ)…올라타다

- 話しかける(はなしかける)…말을 걸다
- 開く(ひらく)…열리다, 열다
- 降り出す(ふりだす)…내리기 시작하다

- 向かう(むかう)…향하다

- 痩せている(やせている)…마르다
- 喜ぶ(よろこぶ)…기뻐하다

- 預ける(あずける)…맡기다
- 浮かぶ(うかぶ)…뜨다
- 驚く(おどろく)…놀라다

- 飾る(かざる)…장식하다
- 考え込む(かんがえこむ)…생각에 잠기다
- 腰掛ける(こしかける)…걸터 앉다
- 壊れる(こわれる)…부서지다

- 積む(つむ)…쌓다
- 飛び込む(とびこむ)…뛰어들다

- 並ぶ(ならぶ)…늘어서 있다
- 握る(にぎる)…잡다
- 載せる(のせる)…올려놓다

- 引っ張る(ひっぱる)…잡아당기다
- 太っている(ふとっている)…뚱뚱하다

- 止む(やむ)…(비 등이) 그치다

2 「する」/「〜をする」가 붙는 동사

1) 「する」가 붙는 동사

- いらいらする…안절부절못하다
- くよくよする…끙끙 고민하다
- 回収する(かいしゅうする)…회수하다
- 我慢する(がまんする)…참고 견디다
- 撮影する(さつえいする)…촬영하다
- 展示する(てんじする)…전시하다
- がっかりする…실망하다
- にやにやする…히죽거리다
- 乾杯する(かんぱいする)…건배하다
- 緊張する(きんちょうする)…긴장하다
- 抵抗する(ていこうする)…저항하다
- 熱中する(ねっちゅうする)…열중하다

2) 「〜をする」가 붙는 동사

- おしゃれをする…멋을 부리다
- こままわしをする…팽이치기를 하다
- ぞうきんがけをする…걸레질을 하다
- ゴムとびをする…고무줄 놀이를 하다
- 挨拶をする(あいさつをする)…인사를 하다
- 欠伸をする(あくびをする)…하품을 하다
- 後片付けをする(あとかたづけをする)…설거지를 하다
- 居眠りをする(いねむりをする)…말뚝잠을 자다, 졸다
- 腕組みをする(うでぐみをする)…팔짱을 끼다
- 草刈りをする(くさかりをする)…풀베기를 하다
- 芝刈りをする(しばかりをする)…잔디를 깎다
- 砂遊びをする(すなあそびをする)…모래장난을 하다
- 体操をする(たいそうをする)…체조를 하다
- 立ち話をする(たちばなしをする)…서서 이야기하다
- 彫刻をする(ちょうこくをする)…조각을 하다
- 綱引きをする(つなひきをする)…줄다리기를 하다
- 手入れをする(ていれをする)…손질을 하다
- 手品をする(てじなをする)…마술을 부리다
- 縄跳びをする(なわとびをする)…줄넘기를 하다
- 拍手をする(はくしゅをする)…박수를 치다
- 万歳をする(ばんざいをする)…만세를 부르다
- 包装をする(ほうそうをする)…포장하다

3 「명사＋を」/「명사＋になる」동사

1) 「명사＋を」가 붙는 동사

- **足**を広げる(あしをひろげる)…발을 벌리다 〈りょうて(양손)〉
- 汗を拭く(あせをふく)…땀을 닦다
- 頭を下げる(あたまをさげる)…고개를 숙이다
- 頭を撫でる(あたまをなでる)…머리를 쓰다듬다
- えさをやる…먹이(모이)를 주다
- お金をおろす(おかねをおろす)…돈을 찾다
- **傘**を畳む(かさをたたむ)…우산을 접다 〈ふとん(이불을 개다)〉
- 傘を開く(かさをひらく)…우산을 펴다
- **自転車**を押す(じてんしゃをおす)…자전거를 밀다 〈ベビーカー(유모차)〉
- 洗濯物をしまう(せんたくものをしまう)…빨래를 걷다, 넣다, 보관하다
- 洗濯物を干す(せんたくものをほす)…빨래를 널다
- **掃除機**をかける(そうじきをかける)…청소기를 쓰다 〈アイロン(다리미)〉
- **外**を眺める(そとをながめる)…밖을 응시하다 〈かわ・うみ(강・바다)〉
- 雑巾を絞る(ぞうきんをしぼる)…걸레를 짜다
- つばを吐く(つばをはく)…침을 뱉다
- 鉄棒にぶら下がる(てつぼうにぶらさがる)…철봉에 매달리다
- **手**を叩く(てをたたく)… 손뼉을 치다 〈たいこ(북을 치다)〉
- 手をつなぐ(てをつなぐ)…손을 잡다
- 手を振る(てをふる)…손을 흔들다
- 電灯を付ける(でんとうをつける)…전등을 켜다
- 農薬を使う(のうやくをつかう)…농약을 사용하다
- 花をつむ(はなをつむ)…꽃을 따다
- 風船を持つ(ふうせんをもつ)…풍선을 들다
- 笛を吹く(ふえをふく)…피리를 불다
- 服を着せる(ふくをきせる)…옷을 입혀 주다
- 布団を敷く(ふとんをしく)…이불을 펴다
- 窓ガラスを拭く(まどガラスをふく)…창문을 닦다
- **水**をまく(みずをまく)… 물을 뿌리다 〈たね(씨를 뿌리다)〉
- 水をやる(みずをやる)…물을 주다
- 店を開く(みせをひらく)…가게문을 열다
- **眼鏡**を外す(めがねをはずす)…안경을 벗다 〈ベルト・ボタン・とけい(벨트・단추・시계)〉

- 目を閉じる(めをとじる)…눈을 감다
- **指輪**をはめる(ゆびわをはめる)…반지를 끼다 〈とけい・てぶくろ(시계・장갑)〉
- **両手**を上げる(りょうてをあげる)…양팔을 들다 〈ひだりあし(왼발)〉
- シャッターを下ろす(シャッターをおろす)…셔터를 내리다
- ペンキを塗る(ペンキをぬる)…페인트 칠을 하다
- マフラーをまく…머플러를 감다

2) 「명사＋になる」가 붙는 동사

- 横になる(よこになる)…드러눕다
- 横座りになる(よこずわりになる)…다리를 모아 옆으로 구부려 편하게 앉다

4 기타 동사 / 외래어

1) 기타동사

- 足を横に崩す(あしをよこにくずす)…다리를 옆으로 가지런히 하다
- 後ろに手を組む(うしろにてをくむ)…뒷짐을 지다
- **肩車**にのる(かたぐるまにのる)…목말을 타다 〈シーソー・うばぐるま(시소・유모차)〉
- 肩に担ぐ(かたにかつぐ)…어깨에 메다
- 紙袋を手に提げる(かみぶくろをてにさげる)…쇼핑백을 손에 들다
- **腰**に手を当てる(こしにてをあてる)…허리에 손을 대다 〈ひたい(이마)〉
- 滑り台で滑る(すべりだいですべる)…미끄럼을 타다
- すやすやねる…새록새록 자다
- ひじを枕にする(ひじをまくらにする)…팔꿈치를 베개삼다
- 本を小脇に抱える(ほんをこわきにかかえる)…책을 겨드랑이에 끼다
- 虫眼鏡で本を読む(むしめがねでほんをよむ)…돋보기로 책을 읽다
- 目に当てる(めにあてる)…눈에 대다
- 脇に抱え込む(わきにかかえこむ)…겨드랑이에 껴안다

2) 외래어

- ガソリン…휘발유
- ケーキ…케이크
- スポーツウェア…운동복
- チケット…티켓
- ベッド…침대
- ホーム…플랫폼
- ボート…보트

- ガラス…유리
- サンダル…샌들
- ターミナル…터미널
- ヘルメット…헬멧
- ベンチ…벤치
- ボックス…박스
- レストラン…레스토랑

5 명사

- **受付**(うけつけ)…접수
- **開館**(かいかん)…개관
- 形(かたち)…형태
- 空っぽ(からっぽ)…텅빔
- 機械(きかい)…기계
- 空港(くうこう)…공항
- 劇場(げきじょう)…극장
- 恋人(こいびと)…연인, 애인
- 高層(こうそう)…고층

- **最中**(さいちゅう)…한창임
- 種類(しゅるい)…종류
- 正面(しょうめん)…정면
- 児童(じどう)…아동
- 乗客(じょうきゃく)…승객

- **体操**(たいそう)…체조
- 店頭(てんとう)…점포 앞
- 通り(とおり)…거리
- 都心(としん)…도심

- **人形**(にんぎょう)…인형

- **履物**(はきもの)…신발의 총칭
- 売店(ばいてん)…매점
- 風景(ふうけい)…풍경
- 閉店(へいてん)…폐점
- 歩道(ほどう)…보도

- **孫**(まご)…손자
- 周り(まわり)…주위
- 右肩(みぎかた)…오른쪽 어깨
- 向こう側(むこうがわ)…건너편

- 駅員(えきいん)…역무원

- 鏡(かがみ)…거울
- 壁(かべ)…벽
- 看板(かんばん)…간판
- 興味(きょうみ)…흥미
- 景色(けしき)…경치, 풍경
- 現金(げんきん)…현금
- 高級(こうきゅう)…고급

- 祝日(しゅくじつ)…국경일
- 商店(しょうてん)…상점
- 食券(しょっけん)…식권
- 地面(じめん)…지면
- 青年(せいねん)…청년

- 手前(てまえ)…바로 앞
- 店内(てんない)…가게 안
- 都会(とかい)…도회
- 銅像(どうぞう)…동상

- 半分(はんぶん)…반
- 左肩(ひだりかた)…왼쪽 어깨
- 筆(ふで)…붓
- 方向(ほうこう)…방향

- 窓口(まどぐち)…창구
- 真ん中(まんなか)…한가운데
- 湖(みずうみ)…호수

- **様子**(ようす)…모양

- **落語**(らくご)…만담
- 廊下(ろうか)…복도

- 両方(りょうほう)…양쪽

- **案内板**(あんないばん)…안내판
- 運動場(うんどうじょう)…운동장
- 改札口(かいさつぐち)…개찰구
- 観光客(かんこうきゃく)…관광객
- 競技場(きょうぎじょう)…경기장
- 見物人(けんぶつにん)…구경꾼
- 講習会(こうしゅうかい)…강습회
- 子供服(こどもふく)…아동복
- 座布団(ざぶとん)…방석
- 植物園(しょくぶつえん)…식물원
- 新聞紙(しんぶんし)…신문지
- 時代劇(じだいげき)…시대극
- 自動車(じどうしゃ)…자동차
- 住宅街(じゅうたくがい)…주택가
- 女性用(じょせいよう)…여성용
- 専門店(せんもんてん)…전문점
- 掃除機(そうじき)…청소기
- 地下鉄(ちかてつ)…지하철
- 展望台(てんぼうだい)…전망대
- 図書館(としょかん)…도서관
- 二段式(にだんしき)…2단식
- 飛行機(ひこうき)…비행기
- 婦人服(ふじんふく)…숙녀복
- 紛失物(ふんしつぶつ)…분실물
- 歩行者(ほこうしゃ)…보행자
- 野球帽(やきゅうぼう)…야구 모자
- 遊覧船(ゆうらんせん)…유람선

- 運転手(うんてんしゅ)…운전기사
- 映画館(えいがかん)…영화관
- 歌舞伎(かぶき)…가부키 *일본 전통 민중 연극의 하나
- 休診日(きゅうしんび)…휴진일
- 車椅子(くるまいす)…휠체어
- 航空券(こうくうけん)…항공권
- 工事中(こうじちゅう)…공사중
- 作業員(さぎょういん)…작업원
- 商店街(しょうてんがい)…상점가
- 紳士服(しんしふく)…신사복
- 時刻表(じこくひょう)…시간표
- 自転車(じてんしゃ)…자전거
- 事務室(じむしつ)…사무실
- 準備中(じゅんびちゅう)…준비중
- 洗面器(せんめんき)…세면기
- 税務署(ぜいむしょ)…세무서
- 大家族(だいかぞく)…대가족
- 駐車場(ちゅうしゃじょう)…주차장
- 電信柱(でんしんばしら)…전신주
- 動物園(どうぶつえん)…동물원
- 農産物(のうさんぶつ)…농산물
- 非常口(ひじょうぐち)…비상구
- 雰囲気(ふんいき)…분위기
- 放送局(ほうそうきょく)…방송국
- 民芸品(みんげいひん)…민속 공예품
- 郵便局(ゆうびんきょく)…우체국
- 路線図(ろせんず)…노선도

6 형용동사

형용동사는 뒤에 명사가 올 때 「な+명사」의 형태로 접속하기 때문에 「な형용사」라고도 한다. 기본형은 「だ」로 끝나지만, 여기서는 사전 형태로 정리해 놓았다.

- 安全(あんぜん)…안전함
- 同じ(おなじ)…같음
- きれい…깨끗함
- 滑稽(こっけい)…우스꽝스러움
- 静か(しずか)…조용함
- 新鮮(しんせん)…신선함
- 丈夫(じょうぶ)…튼튼함
- 賑やか(にぎやか)…번화함
- 平気(へいき)…아무렇지도 않음
- 無邪気(むじゃき)…천진난만함

- 大柄(おおがら)…몸집이 큼
- 簡単(かんたん)…간단함
- 小柄(こがら)…몸집이 작음
- 豪華(ごうか)…호화로움
- 深刻(しんこく)…심각함
- 自由(じゆう)…자유로움
- 全体的(ぜんたいてき)…전체적
- 暇(ひま)…한가로움
- 無口(むくち)…말이 없음

연습문제

1. 次の写真を見て、その内容に合っている表現を(A) から(D) の中で一つ選びなさい。

例)

(A) 女性は子供をだっこしています。
(B) 男性は子供をだっこしています。
(C) 女性は子供をおんぶしています。
(D) 男性は子供をおんぶしています。

(A), (B), (C), (D)の中で(B)「男性は子供をだっこしています。」、
この文章が上の絵をもっとも適切に表現しています。
ですから、皆さんは(B) と答えるべきです。

(答) (A) Ⓑ (C) (D)

1

2

3

4

5

6

7

8

9

10

11

12

13

14

17

18

19

20

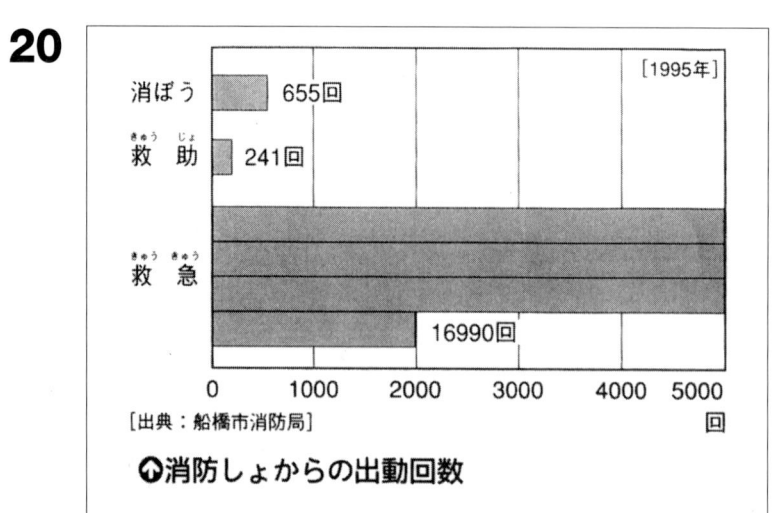

* 스크립트·해설 및 정답은 p.352에 있습니다.

パートⅡ

질의응답 공략편

1. 기본적인 회화 총정리
2. 「はい / いいえ」로 답하는 질문 총정리
3. 자주 출제되는 질의 응답 총정리
◆ 연습문제

1 기본적인 회화 총정리

01 국적을 물을 때
- 「お国はどちらですか。」「アメリカです。」(출신국은 어디입니까?/미국입니다)

02 출생지를 물을 때
- 「出身はどちらですか。」「韓国のプサンです。」(출신지는 어디입니까?/한국 부산입니다)

03 직업을 물을 때
- 「ご職業は何ですか。」「公務員です。」(직업은 무엇입니까?/공무원입니다)

04 나이를 물을 때
- 「失礼ですが、おいくつですか。」「３５歳です。」(실례지만, 나이가 어떻게 되세요?/35살입니다)

05 상대에게 이름을 물을 때
- 「あなたの名前は何と言いますか。」「李と言います。」(당신의 이름은 뭐라고 합니까?/이○○라고 합니다)

06 사람을 찾을 때
- 「鈴木先生はどの方ですか。」「鈴木先生はあの方です。」
(스즈키 선생님은 어느 분이세요?/스즈키 선생님은 저 분입니다)

07 가게에서 물건을 살 때
- 「ハンバーガーと紅茶をください。」「はい、少々お待ちください。」
(햄버거와 홍차를 주세요/예, 잠시 기다려 주세요)

08 물건을 살 때
- 「その肉をお願いします。」「はい、わかりました。」(그 고기를 부탁합니다/예, 알겠습니다)

09 가격을 물을 때
- 「これはひとついくらですか。」「それはひとつ３００円です。」
(이것은 한 개 얼마입니까?/그것은 한 개 300엔입니다)

10 물건을 고를 때
- 「ご注文は何にしますか。」「てんぷら定食にします。」(주문은 무엇으로 하겠습니까?/튀김 정식으로 하겠습니다)

11 시간을 물을 때

- 「今、何時ですか。」「今、７時３０分です。」(지금 몇 시입니까?/지금 7시 30분입니다)

12 생일을 물을 때

- 「田村さんの誕生日はいつですか。」「８月２日です。」(다무라 씨의 생일은 언제입니까?/8월 2일입니다)

13 물건이나 건물의 소재지를 물을 때

- 「トイレはどこにありますか。」「トイレは公園の中にあります。」
 (화장실은 어디에 있습니까?/화장실은 공원 안에 있습니다)

14 권유 표현

- 「今晩いっしょに食事をしませんか。」「ええ、いいですね。何時にどこで会いましょうか。」
 (오늘 밤 함께 식사를 하지 않겠습니까?/예, 좋지요. 몇 시에 어디서 만날까요?)

15 이동의 목적 표현

- 「山田さん、どうしましたか。」「会社へ忘れ物を取りに来ました。」
 (야마다 씨, 어떻게 된 겁니까?/회사에 분실물을 찾으러 왔습니다)

16 소요 시간을 물을 때

- 「駅から家までどのくらいかかりますか。」「だいたい十分ぐらいかかります。」
 (역에서 집까지 얼마나 걸립니까?/대개 10분 정도 걸립니다)

17 상대방의 의향을 물을 때

- 「コーヒーはいかがですか。」「あっ、ありがとう。いただきます。」
 (커피는 어떠세요?/아, 고마워요. 잘 마시겠습니다)

18 이동의 방법을 물을 때

- 「ここまでどうやっていらっしゃいましたか。」「バスで参りました。」
 (여기까지 어떻게 오셨습니까?/버스로 왔습니다)

19 사물이나 사람의 성격 등을 물을 때

- 「部長はどんな方ですか。」「とてもいい方ですが、少し厳しいです。」
 (부장님은 어떤 분입니까?/매우 좋은 분입니다만, 조금 엄합니다)

20 최상급 표현

- 「日本ではいつが一番寒いですか。」「２月が一番寒いです。」
 (일본에서는 언제가 가장 춥습니까?/2월이 가장 춥습니다)

2 「はい/いいえ」로 답하는 질문 총정리

01 山田さんは公務員ですか。
→ はい、そうです。
→ いいえ、ちがいます。

야마다 씨는 공무원입니까?
→ 예, 그렇습니다.
→ 아니오, 아닙니다.

02 それは山田さんのかさですか。
→ はい、これは山田さんのです。
→ いいえ、これは山田さんのではありません。

그것은 야마다 씨의 우산입니까?
→ 예, 이것은 야마다 씨의 것입니다.
→ 아니오, 이것은 야마다 씨의 것이 아닙니다.

03 冷蔵庫の中に何かありますか。
→ はい、ジュースや果物や肉などいろいろあります。
→ いいえ、何もありません。

냉장고 안에 뭔가 있습니까?
→ 예, 주스랑 과일이랑 고기 등 여러가지 있습니다.
→ 아니오, 아무것도 없습니다.

04 その小説はおもしろいですか。
→ はい、とてもおもしろいです。
→ いいえ、少しもおもしろくありません。

그 소설은 재미있습니까?
→ 예, 매우 재미있습니다.
→ 아니오, 조금도 재미있지 않습니다.

05 田中さんは山田さんより背が高いですか。
→ はい、田中さんは山田さんより背が高いです。
→ いいえ、田中さんは山田さんほど高くないです。

다나카 씨는 야마다 씨보다 키가 큽니까?
→ 예, 다나카 씨는 야마다 씨보다 키가 큽니다.
→ 아니오, 다나카 씨는 야마다 씨만큼 키가 크지 않습니다.

06 本田さんは料理が得意ですか。
→ はい、得意です。
→ いいえ、それほど得意ではありません。

혼다 씨는 요리를 잘 합니까?
→ 예, 잘합니다.
→ 아니오, 그다지 잘하지 못합니다.

07 今日少し早く帰ってもいいですか。
→ はい、いいですよ。
→ いいえ、いけません。

오늘 좀 일찍 귀가해도 됩니까?
→ 예, 좋아요.
→ 아니오, 안 됩니다.

08 アンケート用紙に名前を書かなくてもいいですか。
→ はい、書かなくてもいいです。
→ いいえ、書かなければなりません。

앙케트 용지에 이름을 쓰지 않아도 됩니까?
→ 예, 쓰지 않아도 됩니다.
→ 아니오, 써야 합니다.

09 このことを高橋さんに話した方がいいですか。 이 일을 다카하시 씨에게 말하는 것이 낫습니까?
　→ ええ、話した方がいいです。 → 예, 말하는 것이 좋습니다.
　→ いえ、話さない方がいいです。 → 아니오, 말하지 않는 것이 좋습니다.

10 あした雨が降ると思いますか。 내일 비가 내릴 거라고 생각합니까?
　→ ええ、たぶん降ると思います。 → 예, 아마 내릴 거라고 생각합니다.
　→ いえ、たぶん降らないと思います。 → 아니오, 아마 내리지 않을 거라고 생각합니다.

11 鈴木さんは韓国に行ったことがありますか。 스즈키 씨는 한국에 간 적이 있습니까?
　→ ええ、一度だけ行ったことがあります。 → 예, 한 번 간 적이 있습니다.
　→ いえ、まだ一度も行ったことがありません。 → 아니오, 아직 한 번도 간 적이 없습니다.

12 喫煙室は会社の中にありますか。 흡연실은 회사 안에 있습니까?
　→ はい、あります。 → 예, 있습니다.
　→ いいえ、ありません。 → 아니오, 없습니다.

13 山田さんは喫茶店にいましたか。 야마다 씨는 다방에 있었습니까?
　→ はい、いました。 → 예, 있었습니다.
　→ いいえ、いませんでした。 → 아니오, 없었습니다.

14 吉田さんは今朝新聞を読みましたか。 요시다 씨는 오늘 아침 신문을 읽었습니까?
　→ はい、読みました。 → 예, 읽었습니다.
　→ いいえ、読みませんでした。 → 아니오, 읽지 않았습니다.

15 もう昼ご飯を食べましたか。 벌써 점심 밥을 먹었습니까?
　→ はい、もう食べました。 → 예, 이미 먹었습니다.
　→ いいえ、まだです。これから食べます。 → 아니오, 아직입니다. 지금부터 먹을 겁니다.

16 李さんは英語がわかりますか。 이 씨는 영어를 할 줄 압니까?
　→ はい、わかります。 → 예, 압니다.
　→ いいえ、わかりません。 → 아니오, 모릅니다.

17 高橋さんはこの方を知っていますか。 다카하시 씨는 이 분을 알고 있습니까?
　→ はい、よく知っています。 → 예, 잘 알고 있습니다.
　→ いいえ、知りません。 → 아니오, 모릅니다.

18 コーヒーショップに行きましょう。　　　　커피 숍에 갑시다.
　→ はい、そうしましょう。　　　　　　　　→ 예, 그렇게 합시다.
　→ いいえ、よしましょう。　　　　　　　　→ 아니오, 그만둡시다.

19 昨日はいそがしくなかったのですか。　　어제는 바쁘지 않았습니까?
　→ はい、いそがしくありませんでした。　　→ 예, 바쁘지 않았습니다.
　→ いいえ、いそがしかったです。　　　　　→ 아니오, 바빴습니다.

20 一人でそこに行かなければいけませんか。　혼자서 거기에 가지 않으면 안 됩니까?
　→ はい、そうしなければいけません。　　　→ 예, 그렇게 하지 않으면 안 됩니다.
　→ いいえ、その必要はありません。　　　　→ 아니오, 그럴 필요는 없습니다.

3 자주 출제되는 질의 응답 총정리

01 「いただきます。」「はい、どうぞ。」
(잘 먹겠습니다/예, 어서 드십시오)

02 「そのカメラを見せてください。」「はい、どうぞ。」
(그 카메라를 보여 주세요/예, 보세요)

03 「今日は寒いですね。」「ええ、本当ですね。」
(오늘은 춥군요/예, 정말 그렇군요)

04 「どうもすみません。」「いいえ、どういたしまして。」
(정말로 미안합니다/아니오, 천만에요)

05 「体に気をつけてくださいね。」「ええ、どうもありがとう。」
(몸조심 하세요/예, 정말로 고마워요)

06 「高いですね。もっと安くなりませんか。」「お客さん、これ以上は無理ですよ。」
(비싸군요. 좀더 싸게는 안 될까요?/손님, 더 이상은 무리예요)

07 「山田さん、大丈夫ですか。」「軽い風邪ですから心配しないでください。」
(야마다 씨, 괜찮습니까?/가벼운 감기니까 걱정하지 마세요)

08 「どんなスポーツが好きですか。」「野球が好きです。」
(어떤 운동을 좋아합니까?/야구를 좋아합니다)

09 「キムさんは将来何になりたいですか。」「私は医者になりたいです。」
(김 씨는 장래 무엇이 되고 싶습니까?/나는 의사가 되고 싶습니다)

10 「部屋に入ってもいいですか。」「すみません。ちょっと待ってください。」
(방에 들어가도 됩니까?/미안합니다. 잠시 기다려 주세요)

11 「暑いですね。クーラーをつけませんか。」「はい、私がつけます。」
(덥군요. 에어컨을 켤까요?/네, 제가 켜겠습니다)

12 「お茶を入れましょうか。」「ええ、お願いします。」
(차를 낼까요?/예, 부탁드립니다)

13 「今、何をしていますか。」「部屋でテレビを見ています。」
(지금 무엇을 하고 있습니까?/방에서 텔레비전을 보고 있습니다)

14 「お姉さんはもう結婚していますか。」「ええ、去年の春に結婚しました。」
(누님은 이미 결혼했습니까?/예, 작년 봄에 결혼했습니다)

15 「お父さんはどんなご職業ですか。」「大学で歴史を教えています。」
(아버지는 어떤 직업입니까?/대학에서 역사를 가르치고 있습니다)

16 「キムさんは鈴木さんを知っていますか。」「はい、よく知っていますよ。」
(김 씨는 스즈키 씨를 알고 있습니까?/예, 잘 알고 있어요)

17 「今夜はとても冷えますね。」「ええ、たぶんあしたは雪でしょう。」
(오늘 밤은 매우 쌀쌀하군요/예, 아마 내일은 눈이 내리겠지요)

18 「外国人スピーチコンテストに参加しませんか。」「私は人前で話すのが苦手です。」
(외국인 스피치콘테스트에 참가하지 않겠습니까?/나는 남 앞에서 말하는 것이 서투릅니다)

19 「田中さんはよくテレビを見ますか。」「いいえ、見たり見なかったりです。」
(다나카 씨는 자주 텔레비전을 봅니까?/아니오, 보기도 하고 보지 않기도 합니다)

20 「この件はどうしたらいいでしょうか。」「弁護士に相談したらどうですか。」
(이 건은 어떻게 하면 좋을까요?/변호사에게 의논하면 어때요?)

연습문제

II. 次の言葉の返事として、もっとも適したものを(A)から(D)の中で一つ選びなさい。

例) どこかおいしい寿司屋を知っていますか。

　　(A) いいえ、知っていません。
　　(B) いいえ、知りません。
　　(C) はい、知ります。
　　(D) はい、知りません。

質問に対する一番いい返事は(B)「いいえ、知りません。」です。
これがもっとも適した答えですので、皆さんは(B)と答えるべきです。

(答) (A) (Ⓑ) (C) (D)

では、パートIIの問題を始めます。

1. 答えを答案用紙に書き入れなさい。
2. 答えを答案用紙に書き入れなさい。
3. 答えを答案用紙に書き入れなさい。
4. 答えを答案用紙に書き入れなさい。
5. 答えを答案用紙に書き入れなさい。
6. 答えを答案用紙に書き入れなさい。
7. 答えを答案用紙に書き入れなさい。
8. 答えを答案用紙に書き入れなさい。
9. 答えを答案用紙に書き入れなさい。
10. 答えを答案用紙に書き入れなさい。
11. 答えを答案用紙に書き入れなさい。
12. 答えを答案用紙に書き入れなさい。
13. 答えを答案用紙に書き入れなさい。
14. 答えを答案用紙に書き入れなさい。
15. 答えを答案用紙に書き入れなさい。
16. 答えを答案用紙に書き入れなさい。
17. 答えを答案用紙に書き入れなさい。
18. 答えを答案用紙に書き入れなさい。
19. 答えを答案用紙に書き入れなさい。
20. 答えを答案用紙に書き入れなさい。
21. 答えを答案用紙に書き入れなさい。
22. 答えを答案用紙に書き入れなさい。
23. 答えを答案用紙に書き入れなさい。
24. 答えを答案用紙に書き入れなさい。
25. 答えを答案用紙に書き入れなさい。
26. 答えを答案用紙に書き入れなさい。
27. 答えを答案用紙に書き入れなさい。
28. 답えを答案用紙に書き入れなさい。
29. 答えを答案用紙に書き入れなさい。
30. 答えを答案用紙に書き入れなさい。

* 스크립트·해설 및 정답은 p.355에 있습니다.

パートIII

회화문 공략편

1. 명사
2. 동사
3. 형용사
4. 형용동사
◆ 연습문제

1 명사(名詞)

1) 명사 1

- **あくび**…하품
- **あらし**…폭풍우
- **あれこれ**…여러 가지
- **いとこ**…사촌
- **うさぎ**…토끼
- **うわさ**…소문
- **おい**…조카
- **おやつ**…오후의 간식

- **あちこち**…여기 저기
- **あらすじ**…줄거리, 개략
- **いたずら**…(짓궂은) 장난
- **うがい**…양치질
- **うどん**…우동
- **えさ**…먹이, 사료
- **おかず**…반찬

- **かご**…바구니
- **かま**…솥
- **かるた**…놀이딱지
- **きっかけ**…계기
- **くぎ**…못
- **くしゃみ**…재채기
- **けた**…자릿수
- **こしょう**…후춧가루

- **かび**…곰팡이
- **かみそり**…면도칼
- **かわら**…기와
- **きれ**…조각, 토막
- **くし**…빗
- **くず**…쓰레기, 부스러기
- **げた**…왜나막신
- **ことわざ**…속담

- **さじ**…숟가락
- **しま**…줄무늬
- **しり**…엉덩이
- **しん**…심, 심지
- **じゅうたん**…융단, 카페트
- **せき**…기침
- **そで**…소매
- **そろばん**…주판

- **しっぽ**…꼬리
- **しゃっくり**…딸꾹질
- **しわ**…주름
- **じゃんけん**…가위바위보
- **すき**…틈, 빈틈
- **せりふ**…대사
- **そば**…메밀국수

- **ただ**…공짜
- **つめ**…손톱, 발톱
- **どんぶり**…덮밥

- **たんす**…장롱
- **つや**…윤, 광택

- **なぞ**…수수께끼
- にじ…무지개
- のこぎり…톱

- **はかり**…저울
- はす…연, 연꽃
- ばね…용수철
- ひじ…팔꿈치
- ひも…끈
- ふた…뚜껑, 덮개
- へい…담, 울타리
- ほうき…비, 빗자루
- ほこり…먼지
- ぼろ…누더기, 허점

- **まくら**…베개
- めまい…현기증

- **やかん**…주전자
- よそ…딴 곳, 남

- **れんが**…벽돌

- なべ…냄비
- ねじ…나사
- のり…풀

- はさみ…가위
- ばつ…벌
- ひざ…무릎
- ひとみ…눈동자
- ふすま…맹장지
- ふもと…(산)기슭
- へそ…배꼽
- ほお…뺨, 볼
- ほほ…뺨, 볼

- まぶた…눈꺼풀
- もち…떡

- やけど…화상

- ろうそく…촛불

2) 명사 2

- **合図(あいず)**…신호
- 青(あお)…파랑
- 足跡(あしあと)…발자국
- 汗(あせ)…땀
- 穴(あな)…구멍
- 脂(あぶら)…기름, 지방
- 泡(あわ)…거품
- 池(いけ)…연못
- 泉(いずみ)…샘
- 市場(いちば)…시장
- 井戸(いど)…우물
- 稲(いね)…벼
- 岩(いわ)…바위
- 魚(うお)…물고기
- 腕(うで)…팔

- 相手(あいて)…상대
- 赤(あか)…빨강
- 足下(あしもと)…발밑
- 跡(あと)…자국, 흔적
- 油(あぶら)…기름
- 雨戸(あまど)…빈지문
- 息(いき)…숨
- 石(いし)…돌
- 板(いた)…판자
- 糸(いと)…실
- 犬(いぬ)…개
- 居間(いま)…거실
- 植木(うえき)…정원수
- 牛(うし)…소
- 馬(うま)…말

- 梅(うめ)…매실
- 裏口(うらぐち)…뒷문
- 王様(おうさま)…임금님
- 大家(おおや)…집주인
- 沖(おき)…먼바다
- 鬼(おに)…도깨비
- 帯(おび)…띠
- 親指(おやゆび)…엄지손가락

- **蚊**(か)…모기
- 垣根(かきね)…울타리
- 陰(かげ)…그늘, 응달
- 貸家(かしや)…셋집
- 肩(かた)…어깨
- 方々(かたがた)…여러분
- 刀(かたな)…칼
- 片道(かたみち)…편도
- 彼女(かのじょ)…그녀
- 髪(かみ)…머리카락
- 神様(かみさま)…하느님
- 柄(がら)…무늬, 문양
- 皮(かわ)…껍질
- 革(かわ)…가죽
- 冠(かんむり)…관
- 岸(きし)…물가
- 傷(きず)…상처
- 客間(きゃくま)…객실
- 草(くさ)…풀
- 薬(くすり)…약
- 癖(くせ)…버릇
- 唇(くちびる)…입술
- 靴(くつ)…신
- 首(くび)…목
- 黒(くろ)…검정
- 具合(ぐあい)…상태
- 毛糸(けいと)…털실
- 現場(げんば)…현장
- 恋(こい)…사랑
- 氷(こおり)…얼음

- 裏(うら)…뒤
- 枝(えだ)…가지
- 大勢(おおぜい)…많은 사람
- 丘(おか)…언덕
- 夫(おっと)…남편
- 各々(おのおの)…각각
- 表(おもて)…앞면, 겉
- 御中(おんちゅう)…귀중

- 顔(かお)…얼굴
- 影(かげ)…그림자
- 貸間(かしま)…셋방
- 数(かず)…수
- 型(かた)…형, 본
- 形(かたち)…형태
- 塊(かたまり)…덩어리, 뭉치
- 鐘(かね)…종
- 株(かぶ)…포기, 주가
- 神(かみ)…신
- 雷(かみなり)…천둥, 벼락
- 彼(かれ)…그 사람
- 河(かわ)…강
- 缶詰(かんづめ)…통조림
- 黄色(きいろ)…황색
- 生地(きじ)…천
- 君(きみ)…자네, 너
- 霧(きり)…안개
- 鎖(くさり)…쇠사슬
- 薬指(くすりゆび)…약지
- 管(くだ)…관, 대롱
- 口紅(くちべに)…입술 연지
- 靴下(くつした)…양말
- 雲(くも)…구름
- 黒字(くろじ)…흑자
- 毛(け)…털
- 毛皮(けがわ)…모피
- 粉(こ)…가루
- 恋人(こいびと)…연인, 애인
- 腰(こし)…허리

- 小包(こづつみ)…소포
- 言葉(ことば)…말
- 粉(こな)…가루, 분말
- 米(こめ)…쌀
- 小指(こゆび)…새끼손가락

- **坂**(さか)…고개
- 酒場(さかば)…술집
- 酒(さけ)…술
- 皿(さら)…접시
- 座敷(ざしき)…다다미 방
- 仕方(しかた)…방법
- 舌(した)…혀
- 下町(したまち)…서민 지구
- 芝居(しばい)…연극
- 霜(しも)…서리
- 職場(しょくば)…직장
- 白(しろ)…백색
- 字引(じびき)…사전
- 巣(す)…둥지
- 姿(すがた)…모습
- 筋(すじ)…힘줄, 근육
- 砂(すな)…모래
- 隅(すみ)…구석
- 背中(せなか)…등
- 底(そこ)…바닥

- **宝**(たから)…보물
- 竹(たけ)…대나무
- 立場(たちば)…입장
- 谷(たに)…산골짜기
- 束(たば)…다발
- 球(たま)…공
- 弾(たま)…총알
- 血(ち)…피
- 月日(つきひ)…세월
- 机(つくえ)…책상
- 綱(つな)…밧줄
- 粒(つぶ)…낱알, 알

- 琴(こと)…거문고
- 子供(こども)…어린이
- 小麦(こむぎ)…소맥, 밀
- 小屋(こや)…오두막집
- 献立(こんだて)…식단

- 境(さかい)…경계
- 桜(さくら)…벚꽃
- 刺身(さしみ)…생선회
- 猿(さる)…원숭이
- 試合(しあい)…시합
- 敷地(しきち)…부지
- 支度(したく)…채비
- 品(しな)…물건, 물품
- 島(しま)…섬
- 下(しも)…아래
- 汁(しる)…즙, 국
- 城(しろ)…성
- 蛇口(じゃぐち)…수도 꼭지
- 酢(す)…식초
- 杉(すぎ)…삼목
- 鈴(すず)…방울
- 墨(すみ)…먹
- 背(せ, せい)…키
- 背広(せびろ)…신사복

- 滝(たき)…폭포
- 畳(たたみ)…다다미
- 縦(たて)…세로
- 種(たね)…씨앗
- 旅(たび)…여행
- 玉(たま)…구슬
- 卵(たまご)…계란
- 父親(ちちおや)…부친
- 次(つぎ)…다음
- 土(つち)…흙
- 翼(つばさ)…날개
- 妻(つま)…아내

- 罪(つみ)…죄
- 手品(てじな)…요술
- 手配(てはい)…수배
- 手間(てま)…품, 시간
- 寺(てら)…절
- 峠(とうげ)…고개
- 戸棚(とだな)…책장
- 虎(とら)…호랑이

- **名**(な)…이름
- 仲間(なかま)…한패, 동료
- 中指(なかゆび)…중지
- 波(なみ)…파도, 물결
- 涙(なみだ)…눈물
- 苦手(にがて)…서투름
- 布(ぬの)…피륙, 직물
- 猫(ねこ)…고양이
- 寝坊(ねぼう)…늦잠을 잠
- 野(の)…들

- **葉**(は)…잎
- 灰色(はいいろ)…잿빛
- 墓(はか)…묘, 무덤
- 歯車(はぐるま)…톱니바퀴
- 柱(はしら)…기둥
- 肌(はだ)…살갗, 살결
- 肌着(はだぎ)…내의, 속옷
- 鼻(はな)…코
- 花嫁(はなよめ)…신부
- 母親(ははおや)…모친
- 早口(はやぐち)…말이 빠름
- 腹(はら)…배
- 針(はり)…바늘, 침
- 判子(はんこ)…도장
- 場面(ばめん)…장면
- 日陰(ひかげ)…응달, 그늘
- 日付(ひづけ)…날짜
- 人々(ひとびと)…사람들

- 手首(てくび)…손목
- 手帳(てちょう)…수첩
- 手袋(てぶくろ)…장갑
- 手前(てまえ)…자기 앞
- 戸(と)…문
- 年月(としつき)…연월
- 友(とも)…벗, 친구
- 泥(どろ)…진흙

- 仲(なか)…사이
- 中味(なかみ)…알맹이
- 生(なま)…생, 날것
- 並木(なみき)…가로수
- 縄(なわ)…새끼줄
- 荷物(にもつ)…짐
- 根(ね)…뿌리
- 値段(ねだん)…값
- 寝巻(ねまき)…잠옷
- 軒(のき)…처마

- 歯(は)…이
- 灰皿(はいざら)…재떨이
- 葉書(はがき)…엽서
- 端(はし)…끝, 가
- 旗(はた)…기, 깃발
- 裸(はだか)…알몸, 맨몸
- 畑(はたけ)…밭
- 花火(はなび)…불꽃
- 羽(はね)…깃, 날개
- 幅(はば)…폭
- 林(はやし)…수풀
- 原(はら)…들판
- 針金(はりがね)…철사
- 場所(ばしょ)…장소
- 番組(ばんぐみ)…프로그램
- 額(ひたい)…이마
- 一言(ひとこと)…한마디
- 昼寝(ひるね)…낮잠

- 広場(ひろば)…광장
- 袋(ふくろ)…주머니, 어머니
- 双子(ふたご)…쌍둥이
- 筆(ふで)…붓
- 船(ふね)…배
- 仏(ほとけ)…부처
- 炎(ほのお)…불길

- **間**(ま)…사이, 틈
- 孫(まご)…손자
- 松(まつ)…소나무
- 窓口(まどぐち)…창구
- 丸(まる)…동그라미
- 実(み)…열매
- 味方(みかた)…자기편
- 湖(みずうみ)…호수
- 店屋(みせや)…가게, 상점
- 蜜(みつ)…꿀
- 港(みなと)…항구
- 見本(みほん)…견본
- 昔(むかし)…옛날
- 虫歯(むしば)…충치
- 胸(むね)…가슴
- 紫(むらさき)…보라색
- 芽(め)…싹
- 目上(めうえ)…손윗사람
- 目下(めした)…손아랫사람
- 目安(めやす)…목표, 기준
- 元(もと)…이전, 원래
- 物音(ものおと)…소리
- 森(もり)…숲

- **役目**(やくめ)…임무
- 矢印(やじるし)…화살표
- 宿(やど)…숙소, 여관
- 屋根(やね)…지붕
- 夕刊(ゆうかん)…석간
- 夕飯(ゆうはん)…저녁밥

- 笛(ふえ)…피리
- 節(ふし)…마디, 옹이
- 縁(ふち)…가장자리, 테
- 船便(ふなびん)…배편
- 星(ほし)…별
- 骨(ほね)…뼈
- 本物(ほんもの)…진짜

- 毎朝(まいあさ)…매일 아침
- 街角(まちかど)…거리, 모퉁이
- 窓(まど)…창문
- 豆(まめ)…콩
- 身(み)…몸
- 見方(みかた)…견해
- 岬(みさき)…갑, 곶
- 水着(みずぎ)…수영복
- 道順(みちじゅん)…코스
- 緑(みどり)…녹색
- 身分(みぶん)…신분
- 都(みやこ)…도시, 수도
- 虫(むし)…벌레
- 娘(むすめ)…딸
- 村(むら)…마을
- 群(むれ)…무리, 떼
- 姪(めい)…조카딸
- 飯(めし)…밥
- 目印(めじるし)…표시
- 基(もと)…근본, 근원
- 物置(ものおき)…광, 곳간
- 物事(ものごと)…사물

- 役割(やくわり)…역할
- 家賃(やちん)…집세
- 家主(やぬし)…집주인
- 湯(ゆ)…뜨거운 물
- 夕立(ゆうだち)…소나기
- 夕日(ゆうひ)…석양

- 床(ゆか)…마루
- 湯気(ゆげ)…김
- 指輪(ゆびわ)…반지
- 夜(よ, よる)…밤
- 横(よこ)…옆, 가로
- 嫁(よめ)…며느리

- **両替**(りょうがえ)…환전

- **輪**(わ)…원형
- 綿(わた)…목화, 솜
- 悪口(わるぐち)…험담, 욕*
  *「わるくち」라고도 읽는다.

- 雪(ゆき)…눈
- 指(ゆび)…손가락
- 夢(ゆめ)…꿈
- 曜日(ようび)…요일
- 夜中(よなか)…한밤중

- 両側(りょうがわ)…양쪽

- 脇(わき)…겨드랑이
- 割合(わりあい)…비율
- 我々(われわれ)…우리(들)

2 동사(動詞)

1) 동사 1

* (注)한자가 있는 경우에도 한자를 쓰지 않은 이유는 청해를 위한 어휘이기 때문임.

- **あう**…우연히 만나다
- あきる…질리다
- あこがれる…동경하다
- あっためる…따뜻하게 하다
- あてはまる…들어맞다
- あふれる…넘치다
- いたる…이르다
- いやがる…싫어하다
- うえる…주리다
- うったえる…호소하다
- うなずく…수긍하다
- うばう…빼앗다
- うらやむ…부러워하다
- おおう…뒤덮다
- おさめる…바치다
- おどかす…겁주다
- おぼれる…빠지다
- おろす…도매하다

- **かう**…동물을 기르다
- かがやく…빛나다
- かくれる…숨다
- かぐ…코로 맡다
- かせぐ…돈을 벌다
- かぶせる…씌우다
- かる…깎다
- かわく…갈증이 나다
- きる…목을 베다
- くずす…무너뜨리다
- くたびれる…지치다

- あきらめる…체념하다
- あきれる…어이없다
- あったまる…따뜻해지다
- あつかう…취급하다
- あてはめる…맞추다
- あぶる…불에 말리다
- いばる…뽐내다
- いる…지지다, 볶다
- うける…호평을 받다
- うつ…쳐없애다, 치다
- うなる…신음하다
- うらむ…원망하다
- えがく…그리다
- おこたる…게을리하다
- おとる…뒤지다
- おどろかす…놀라게 하다
- およぼす…미치다

- かかわる…관계하다
- かくす…감추다
- かく…긁다, 땀을 흘리다
- かじる…갉다
- かねる…겸하다
- からかう…놀리다
- かわいがる…귀여워하다
- きらう…싫어하다
- くさる…썩다
- くずれる…무너지다
- くだく…부수다

- くだける…깨지다
- くっつける…붙이다
- くやむ…분하게 여기다
- くるう…미치다
- くわえる…물다
- ける…차다
- こぐ…젓다
- こしらえる…만들다
- ことなる…다르다
- こぼれる…넘치다

- くっつく…달라붙다
- くむ…물을 푸다
- くりかえす…되풀이하다
- くるむ…휩감아싸다
- けずる…깎다
- こがす…태우다
- こげる…눋다
- こする…문지르다
- こぼす…흘리다
- こらえる…참다

- **さかのぼる**…거슬러 올라가다
- さく…찢다
- ささやく…속삭이다
- さそう…권하다
- さまたげる…방해하다
- しく…깔다
- したがう…따르다
- しびれる…저리다
- しぼる…물기를 짜다
- しめきる…마감하다
- しゃぶる…빨다
- すきとおる…비쳐 보이다
- すむ…맑아지다
- ずらす…비켜 놓다
- せまる…다가오다
- そる…깎다
- そろう…모두 모이다
- ぞくする…속하다

- さからう…거역하다
- さける…피하다
- さす…꽂다
- さびる…녹슬다
- さわぐ…떠들다
- しげる…무성하다
- しばる…묶다
- しぼむ…꽃이 시들다
- しまう…치우다
- しゃがむ…웅크리다
- しゃべる…지껄이다
- すすめる…권하다
- すれちがう…엇갈리다
- ずれる…빗나가다
- せめる…공격하다
- それる…빗나가다
- そろえる…한데 모으다

- **たくわえる**…저축하다
- たく…짓다
- ダブる…겹치다
- ためらう…주저하다
- だます…속이다
- ちかう…맹세하다
- ちぢむ…줄다
- ちぢれる…오그라들다
- つぐ…붓다

- たく…불을 때다
- たたく…두드리다
- たまる…괴다
- ためる…모으다
- だまる…입을 다물다
- ちぎる…약속하다
- ちぢめる…줄이다
- つかむ…붙잡다
- つながる…연결되다

- つなぐ…잇다
- つぶす…부수다
- つまずく…발이 걸려 넘어지다
- つるす…매달다
- とがる…뾰죽해지다
- とどまる…머물다
- どける…치우다

- **ながめる**…바라보다
- なぐる…때리다
- なまける…게을리하다
- にえる…삶아지다
- にぎる…쥐다
- にらむ…노려보다
- ぬう…깁다
- ねじる…비틀다
- のせる…게재하다
- のぞむ…임하다

- **はう**…기다
- はく…토하다
- はなれる…떨어지다
- はめる…끼워 넣다
- はりきる…힘이 넘치다
- ひく…차에 치다
- ひっくりかえる…뒤집히다
- ひびく…울리다
- ふくらむ…부풀어 오르다
- ふさがる…막히다, 차다
- ふざける…장난치다
- ふりむく…뒤돌아보다
- ふる…흔들다
- ぶつける…냅다 던지다
- ぶらさげる…매달다
- へだてる…갈라놓다
- ほえる…짖다
- ほほえむ…미소 짓다

- **まく**…뿌리다

- つなげる…묶다
- つぶれる…찌부러지다
- つりあう…평형을 이루다
- つる…낚다, 매달다
- ととのう…정돈되다
- どく…물러나다

- なぐさめる…위로하다
- なす…하다
- なる…열매가 열리다
- におう…향기가 나다
- にごる…흐려지다
- にる…삶다
- ぬらす…적시다
- ねらう…노리다
- のぞく…엿보다
- のる…실리다

- はがす…벗기다
- はなす…떼다
- はねる…뛰어오르다
- はやる…유행하다
- ばっする…벌하다
- ひっくりかえす…뒤집다
- ひねる…비틀다
- ふくらます…부풀리다
- ふく…닦다
- ふさぐ…막다
- ふやす…불리다
- ふるまう…행동하다
- ぶつかる…부딪치다
- ぶつ…때리다
- へこむ…움푹 들어가다
- へる…배가 고프다
- ほどく…풀다
- ほる…새기다

- またぐ…넘다, 걸치다

- まとまる…정리되다
- まねる…흉내내다
- めぐまれる…축복받다
- もうかる…벌이가 되다
- もぐる…잠겨들다
- もむ…비비다

- まとめる…정리하다
- むく…벗기다
- めぐる…돌다
- もうける…벌다
- もたれる…기대다
- もる…수북이 담다

- **やっつける**…해치우다
- ゆでる…데치다
- よこす…보내오다
- よみがえる…소생하다

- ゆずる…양보하다
- よう…취하다
- よす…그만두다

- **わびる**…사과하다

2) 동사 2

- **言い出す**(いいだす)…말을 꺼내다
- 言い付ける(いいつける)…일러바치다
- 受け取る(うけとる)…받다
- 受け持つ(うけもつ)…맡다
- 打ち合わせる(うちあわせる)…미리 의논하다
- 打ち消す(うちけす)…부정하다
- 裏返す(うらがえす)…뒤집다
- 裏切る(うらぎる)…배신하다
- 売り切れる(うりきれる)…매진되다
- 追い掛ける(おいかける)…뒤쫓다
- 追い越す(おいこす)…앞지르다
- 追い付く(おいつく)…따라잡다
- 落ち着く(おちつく)…자리잡다
- お目に掛かる(おめにかかる)…만나 뵙다
- 思い込む(おもいこむ)…믿어 버리다
- 思い付く(おもいつく)…생각이 떠오르다

- **片付く**(かたづく)…정돈되다
- 片付ける(かたづける)…치우다
- 片寄る(かたよる)…기울다
- 着替える(きがえる)…갈아입다
- 気付く(きづく)…깨닫다
- 気に入る(きにいる)…마음에 들다

- 区切る(くぎる)…구분하다
- 組み立てる(くみたてる)…조립하다
- 心得る(こころえる)…이해하다
- 腰掛ける(こしかける)…걸터 앉다
- 言付ける(ことづける)…전갈을 부탁하다

- **差し上げる**(さしあげる)…드리다
- 差し引く(さしひく)…빼다
- 仕上がる(しあがる)…완성되다
- 支払う(しはらう)…지불하다
- 背負う(せおう)…짊어지다

- **立ち上がる**(たちあがる)…일어서다
- 立ち止まる(たちどまる)…멈춰서다
- 近付く(ちかづく)…다가오다
- 近付ける(ちかづける)…가까이 하다
- 近寄る(ちかよる)…다가가다
- 付き合う(つきあう)…사귀다
- 突き当たる(つきあたる)…부딪치다
- 突っ込む(つっこむ)…처넣다
- 出合う(であう)…만나다
- 出来上がる(できあがる)…완성되다
- 出迎える(でむかえる)…마중나가다
- 通り掛かる(とおりかかる)…마침 그곳을 지나가다
- 通り過ぎる(とおりすぎる)…지나치다
- 溶け込む(とけこむ)…융합되다
- 飛び込む(とびこむ)…뛰어들다
- 飛び出す(とびだす)…뛰어나오다
- 取り上げる(とりあげる)…다루다
- 取り入れる(とりいれる)…받아들이다
- 取り替える(とりかえる)…바꾸다
- 取り消す(とりけす)…취소하다
- 取り出す(とりだす)…꺼내다

- **長引く**(ながびく)…오래 끌다
- 似合う(にあう)…어울리다
- 乗り換える(のりかえる)…갈아타다

- **話し合う**(はなしあう)…의논하다
- 話し掛ける(はなしかける)…말을 걸다
- 払い込む(はらいこむ)…불입하다
- 払い戻す(はらいもどす)…되돌려주다
- 引き受ける(ひきうける)…떠맡다
- 引き返す(ひきかえす)…되돌리다
- 引き出す(ひきだす)…꺼내다
- 引き止める(ひきとめる)…만류하다
- 引っ掛かる(ひっかかる)…걸리다
- 引っ掛ける(ひっかける)…걸다
- 引っ越す(ひっこす)…이사하다
- 引っ込む(ひっこむ)…틀어박히다
- 引っ張る(ひっぱる)…잡아 당기다

- **待ち合わせる**(まちあわせる)…만나기로 하다
- 間違う(まちがう)…틀리다
- 間違える(まちがえる)…잘못하다
- 見上げる(みあげる)…쳐다보다
- 見送る(みおくる)…배웅하다
- 見下ろす(みおろす)…내려다보다
- 見詰める(みつめる)…응시하다
- 見直す(みなおす)…재고하다
- 見慣れる(みなれる)…낯익다
- 見舞う(みまう)…문병하다
- 目指す(めざす)…노리다
- 召し上がる(めしあがる)…드시다
- 目立つ(めだつ)…눈에 띄다
- 申し上げる(もうしあげる)…말씀드리다
- 申し込む(もうしこむ)…신청하다
- 持ち上げる(もちあげる)…들어올리다
- 基づく(もとづく)…입각하다
- 物語る(ものがたる)…이야기하다

- **役立つ**(やくだつ)…도움이 되다
- 役に立つ(やくにたつ)…도움이 되다
- 横切る(よこぎる)…가로지르다
- 呼び掛ける(よびかける)…호소하다
- 呼び出す(よびだす)…불러내다

3 형용사(形容詞)

1) 형용사 1

- **あったかい**…따뜻하다
- あらい…거칠다
- あわただしい…분주하다
- おしい…아깝다

- あやしい…수상하다
- ありがたい…고맙다
- うらやましい…부럽다
- おめでたい…경사스럽다

- **かゆい**…가렵다
- きつい…꼭 끼다
- くだらない…시시하다
- くやしい…분하다

- かわいらしい…귀엽다
- くさい…냄새가 나다
- くどい…장황하다
- くわしい…상세하다

- **さわがしい**…시끄럽다
- すっぱい…시큼하다
- ずうずうしい…뻔뻔스럽다
- そうぞうしい…시끄럽다

- しつこい…집요하다
- すまない…미안하다
- ずるい…교활하다
- そそっかしい…경솔하다

- **たまらない**…견딜 수 없다
- つらい…괴롭다
- なつかしい…그립다
- はなはだしい…지나치다

- だらしない…단정하지 못하다
- とんでもない…가당찮다
- はげしい…심하다
- ばからしい…어리석다

- **まぶしい**…눈부시다
- みにくい…추하다
- めんどうくさい…귀찮다

- みっともない…꼴사납다
- めでたい…경사스럽다
- もったいない…아깝다

- **やかましい**…시끄럽다

- ゆるい…느슨하다

2) 형용사 2

- 青白い(あおじろい)…파르스름하다
- 薄暗い(うすぐらい)…어두컴컴하다
- 大人しい(おとなしい)…얌전하다
- 思い掛けない(おもいがけない)…뜻밖이다
- 黄色い(きいろい)…노랗다
- 四角い(しかくい)…네모지다
- 仕方がない(しかたがない)…하는 수 없다
- 素晴らしい(すばらしい)…훌륭하다
- 力強い(ちからづよい)…마음 든든하다
- 茶色い(ちゃいろい)…갈색이다
- 真っ白い(まっしろい)…새하얗다
- 蒸し暑い(むしあつい)…무덥다
- 申し訳ない(もうしわけない)…할 말이 없다
- 物すごい(ものすごい)…무섭다, 굉장하다

4 형용동사 (形容動詞)

1) 형용동사 1

- あいまい…애매함
- あんがい…뜻밖임
- おおざっぱ…대략적임
- おだやか…평온함
- けち…인색함
- けんそん…겸손함
- さわやか…상쾌함
- ぜいたく…사치스러움
- でたらめ…무책임함
- ななめ…비스듬함
- ばか…어리석음
- ひきょう…비겁함
- ぶっそう…뒤숭숭함
- まあまあ…그런대로임
- みじめ…비참함
- めちゃくちゃ…엉망진창임
- やっかい…귀찮음
- わがまま…제멋대로임
- スマート…세련됨

- あわれ…애처로움
- いじわる…심술궂음
- おしゃれ…멋부림
- かわいそう…가엾음
- けんきょ…겸허함
- けんめい…목숨을 걺
- しゃれ…멋부림
- そっくり…꼭 닮음
- なだらか…완만함
- のんき…무사태평함
- ばくだい…막대함
- びみょう…미묘함
- ほがらか…명랑함
- まれ…드묾
- むだ…쓸데없음
- もっとも…지당함
- ゆうゆう…넉넉함
- わずか…약간임
- ハンサム…미남임

2) 형용동사 2

- 強気(つよき)…강경함
- 楽(らく)…편안함
- 変(へん)…이상함
- 逆(ぎゃく)…거꾸로 됨

- 気楽(きらく)…속편함, 마음 편함
- 妙(みょう)…묘함
- 素直(すなお)…순진함, 순박함
- 派手(はで)…화려함, 화사함

연습문제

Ⅲ. 次の会話をよく聞いて、後の問いにもっとも適したものを(A)から(D)の中で一つ選びなさい。

例)
　　A：田中さんはスカートが好きですか。
　　B：ええ、そうです。
　　A：ジーンズはどうですか。
　　B：ジーンズはちょっと…。

Q 田中さんは、どんな服が好きですか。

　　(A) ジーンズが好きです。
　　(B) スカートが好きです。
　　(C) ジーンズもスカートも好きです。
　　(D) ジーンズもスカートも好きではありません。

質問に対する一番いい返事はB「スカートが好きです」です。

(答) (A) Ⓑ (C) (D)

では、パートⅢの問題を始めます。

1. 小型のパソコンはいくらになりましたか。

　　(A) 14万円　　　　　　　　　　(B) 16万円
　　(C) 18万円　　　　　　　　　　(D) 20万円

2. キムさんは何を思い出しましたか。

　　(A) 映画を見る場所　　　　　　(B) 友達との映画
　　(C) 映画を見る時間　　　　　　(D) 友達との約束

3. キムさんは大学のどんな学部に入りたいと思っていますか。

　　(A) 経済学部　　　　　　　　　(B) 商学部
　　(C) 文学部　　　　　　　　　　(D) 教育学部

4. 山田さんは食事はどうしていますか。

　　(A) デパートで買って食べています。　　(B) 試食品をもらって食べています。
　　(C) お弁当を買って食べています。　　　(D) 自分で作って食べています。

5. キムさんの風邪はどうですか。

    (A) 風邪で薬を飲んだらすぐ治りました。
    (B) 風邪で頭が痛いだけです。
    (C) 風邪で熱が少しあるだけで薬を飲んだら熱が下がりました。
    (D) 風邪で頭も痛いし、咳も出るし、熱もあります。

6. この店の特徴は何ですか。

    (A) 時間無制限で千円の食べ放題です。
    (B) 1時間で千円の食べ放題です。
    (C) 時間無制限で2千円の食べ放題です。
    (D) 2時間で千円の食べ放題です。

7. 男の人はこれからどうしますか。

    (A) タバコを吸います。   (B) 女の人とけんかをします。
    (C) タバコを吸いません。   (D) もう一本タバコを吸います。

8. 男の人は何について相談したのですか。

    (A) 風邪   (B) 食欲
    (C) 湿疹   (D) 病気

9. 男の人は何が買いたいですか。

    (A) かさが買いたい。   (B) ビデオテープが買いたい。
    (C) 鉛筆が買いたい。   (T) フィルムが買いたい。

10. 授業は毎日何時からですか。

    (A) 5時10分から (B) 9時10分から (C) 10時40分から (D) 12時40分から

11. 田中さんに合う仕事は次のうち、どれですか。

    (A) 保険設計士 (B) 公務員 (C) 日本語の先生 (D) 看護婦

12. 二人は今どこにいますか。

    (A) 映画館 (B) 博物館 (C) 学校 (D) 図書館

13. 女の人はこれから何をしますか。

    (A) 田中部長と話をする。   (B) 田中部長に電話を回す。
    (C) 田中部長を呼びに行く。   (D) 田中部長を客室へ案内する。

14. 男の人は本をどうしますか。

    (A) 女の人に返す。   (B) 先生に返す。   (C) 図書館に返す。   (D) 先生に借りる。

15. 女の人が怒っている本当の理由は何ですか。

    (A) 山田さんがパーティーに遅刻したから
    (B) 山田さんがパーティーに来なかったから
    (C) 山田さんが司会者なのに遅れたから
    (D) 山田さんが遅刻することを前もって知らせなかったから

16. 男の人はどんな新聞を買いますか。

    (A) スポーツ新聞   (B) 日刊スポーツ   (C) 普通の新聞   (D) 買わない

17. 一行ははどこに行きますか。

    (A) 高校   (B) 航行   (C) 皇居   (D) 公共場所

18. 金さんは何年前に日本に来ましたか。

    (A) 2年   (B) 3年   (C) 4年   (D) 5年

19. 遠藤さんはいつ退院しますか。

    (A) 1日後   (B) 1週間後   (C) 2週間後   (D) 一ヶ月後

20. 女の人はこのズボンをどう思っていますか。

    (A) 大きくて働きやすい。
    (B) 流行しているからいい。
    (C) 自分の年には合わない。
    (D) 男の人が勧めるからいい。

21. 女の人はどうして社員旅行を嫌がっていますか。

    (A) 箱根に行くから   (B) 海外に行くから
    (C) 彼氏が行かないから   (D) お金がないから

22. この対話の場所はどこですか。

    (A) 会社の受付   (B) 家庭訪問
    (C) デパートでの会話   (D) 電話でのやりとり

23. テニス大会の種目は何ですか。

(A) シングルス
(B) シングルスとダブルス
(C) ダブルスの個人戦
(D) ダブルスの団体戦

24. 女の人はどうしてビデオデッキの再生しか使っていませんか。

(A) マニュアルが難しいから
(B) マニュアルがないから
(C) 再生機能しかついてないから
(D) 録画するものがないから

25. 前田さんが区民会館に行けない理由は何ですか。

(A) 先約があるから
(B) お金がないら
(C) 体の具合が悪いから
(D) 仕事が残っているから

26. 二人はこれから何をしますか。

(A) 要らない本を捨てる。
(B) 要らない本棚を捨てる。
(C) 本棚を広い部屋に移す。
(D) 本棚を一つ買う。

27. 男の人はどの席に座りますか。

(A) 禁煙の指定席
(B) 禁煙の自由席
(C) 喫煙の指定席
(D) 喫煙の自由席

28. 昨日女の人は何を見ましたか。

(A) 大きな波と大きく見える太陽です。
(B) 恐龍の骨と小さく見える太陽です。
(C) 大きな星と恐龍の卵です。
(D) 大きな巨人と大きな船です。

29. どうしてみんな笑いましたか。

(A) 佐々木さんがおもしろいことを言ったから
(B) 佐々木さんがおかしい人だから
(C) 佐々木さんがお笑い芸人になるから
(D) 佐々木さんがテレビに出たから

30. おばさんはこれからどうしますか。

(A) 北海道で観光をして、早めに帰る。
(B) 北海道で入院中の娘に会ってすぐ帰る。
(C) 北海道で孫の顔を見て、早めに帰る。
(D) 北海道で入院中の夫に会ってすぐ帰る。

* 스크립트・해설 및 정답은 p. 359에 있습니다.

パートIV

설명문 공략편

1. 명사 / 형용동사

2. 동사

3. 형용사 / 형용동사

◆ 연습문제

1 명사(名詞) / 형용동사(形容動詞)

● 2자 한자어

    2자의 한자어는 한국어는 두 글자로 모두 표현이 되지만, 일본어에서는 「意義(いぎ)」등과 같이 2자로 나타내는 것에서 「領収(りょうしゅう)」등과 같이 6자로 나타내는 것이 있다. 즉 2자의 한자어는 5종류로 읽혀진다. 이렇게 정리함으로써 일본 한자 음을 읽을 때, 단음과 장음의 구별을 확인할 수 있다. 그리고 2자의 한자어의 음독에는 명사와 형용동사 양쪽이 있으므로 여기서는 섞어서 정리해 두었다.

1) 2문자 한자어

- **意義**(いぎ)…의의
- 意思(いし)…의사
- 意志(いし)…의지
- 位置(いち)…위치
- 有無(うむ)…유무

- 以後(いご)…이후
- 医師(いし)…의사
- 維持(いじ)…유지
- 緯度(いど)…위도

- **家具**(かぐ)…가구
- 菓子(かし)…과자
- 価値(かち)…가치
- 器具(きぐ)…기구
- 基礎(きそ)…기초
- 寄付(きふ)…기부
- 義務(ぎむ)…의무

- 過去(かこ)…과거
- 家事(かじ)…가사
- 画家(がか)…화가
- 記事(きじ)…기사
- 基地(きち)…기지
- 技師(ぎし)…기사
- 外科(げか)…외과

- **四季**(しき)…사계절
- 時期(じき)…시기
- 地味(じみ)…수수
- 祖父(そふ)…할아버지

- 指示(しじ)…지시
- 自治(じち)…자치
- 事務(じむ)…사무
- 祖母(そぼ)…할머니

- **地位**(ちい)…지위
- 地下(ちか)…지하
- 知事(ちじ)…지사
- 都市(とし)…도시

- 知恵(ちえ)…지혜
- 地区(ちく)…지구
- 弟子(でし)…제자
- 土地(とち)…땅

- **皮膚**(ひふ)…피부

- 不可(ふか)…불가

- 父母(ふぼ)…부모
- 武器(ぶき)…무기
- 無事(ぶじ)…무사함

- 不利(ふり)…불리함
- 武士(ぶし)…무사

- **無視**(むし)…무시
- 無理(むり)…무리함

- 無地(むじ)…무지
- 文字(もじ)…문자

- **予期**(よき)…예기

- 予備(よび)…예비

- **理科**(りか)…이과

2) 3문자 한자어

- **委員**(いいん)…위원
- 以降(いこう)…이후
- 以前(いぜん)…이전
- 一部(いちぶ)…일부
- 移動(いどう)…이동
- 衣服(いふく)…의복
- 以来(いらい)…이래
- 王子(おうじ)…왕자

- 意外(いがい)…의외임
- 意識(いしき)…의식
- 偉大(いだい)…위대함
- 移転(いてん)…이전
- 違反(いはん)…위반
- 依頼(いらい)…의뢰
- 英和(えいわ)…英日
- 汚染(おせん)…오염

- **絵画**(かいが)…회화
- 開始(かいし)…개시
- 価格(かかく)…가격
- 化学(かがく)…화학
- 可決(かけつ)…가결
- 下降(かこう)…하강
- 火災(かさい)…화재
- 過失(かしつ)…과실
- 果実(かじつ)…과실
- 課税(かぜい)…과세
- 家庭(かてい)…가정
- 過程(かてい)…과정
- 家内(かない)…집사람
- 可能(かのう)…가능함
- 科目(かもく)…과목
- 歌謡(かよう)…가요
- 外部(がいぶ)…외부

- 会議(かいぎ)…회의
- 家屋(かおく)…가옥
- 科学(かがく)…과학
- 架空(かくう)…가공
- 加減(かげん)…가감
- 火口(かこう)…분화구
- 火山(かざん)…화산
- 歌手(かしゅ)…가수
- 下線(かせん)…밑줄
- 加速(かそく)…가속
- 仮定(かてい)…가정
- 課程(かてい)…과정
- 加熱(かねつ)…가열
- 花瓶(かびん)…화병
- 貨物(かもつ)…화물
- 火曜(かよう)…화요일
- 我慢(がまん)…참음

- 気圧(きあつ)…기압
- 気温(きおん)…기온
- 機会(きかい)…기회
- 機関(きかん)…기관
- 危険(きけん)…위험함
- 機嫌(きげん)…심기
- 記号(きごう)…기호
- 奇数(きすう)…홀수
- 期待(きたい)…기대
- 帰宅(きたく)…귀가
- 機能(きのう)…기능
- 基本(きほん)…기본
- 許可(きょか)…허가
- 器用(きよう)…손재주가 있음
- 記録(きろく)…기록
- 議会(ぎかい)…의회
- 疑問(ぎもん)…의문
- 区域(くいき)…구역
- 苦痛(くつう)…고통
- 区分(くぶん)…구분
- 苦労(くろう)…고생
- 敬意(けいい)…경의
- 稽古(けいこ)…익힘
- 掲示(けいじ)…게시
- 経度(けいど)…경도
- 警備(けいび)…경비
- 気配(けはい)…낌새
- 下水(げすい)…하수
- 硬化(こうか)…경화
- 効果(こうか)…효과
- 講師(こうし)…강사
- 耕地(こうち)…경지
- 候補(こうほ)…후보
- 個人(こじん)…개인
- 古典(こてん)…고전
- 合理(ごうり)…합리
- 語学(ごがく)…어학

- **最後**(さいご)…최후

- 記憶(きおく)…기억
- 機械(きかい)…기계
- 期間(きかん)…기간
- 飢饉(ききん)…기근
- 期限(きげん)…기한
- 気候(きこう)…기후
- 記者(きしゃ)…기자
- 規則(きそく)…규칙
- 気体(きたい)…기체
- 記念(きねん)…기념
- 基盤(きばん)…기반
- 希望(きぼう)…희망
- 距離(きょり)…거리
- 規律(きりつ)…규율
- 議員(ぎいん)…의원
- 儀式(ぎしき)…의식
- 議論(ぎろん)…의논
- 苦心(くしん)…고심
- 工夫(くふう)…궁리
- 区別(くべつ)…구별
- 具体(ぐたい)…구체
- 景気(けいき)…경기
- 敬語(けいご)…경어
- 刑事(けいじ)…형사
- 競馬(けいば)…경마
- 経由(けいゆ)…경유
- 下車(げしゃ)…하차
- 下品(げひん)…품위가 없음
- 高価(こうか)…고가임
- 交差(こうさ)…교차
- 工事(こうじ)…공사
- 高度(こうど)…고도임
- 公務(こうむ)…공무
- 固体(こたい)…고체
- 豪華(ごうか)…호화로움
- 誤解(ごかい)…오해
- 娯楽(ごらく)…오락

- 財布(さいふ)…지갑

- 砂漠(さばく)…사막
- 作法(さほう)…범절
- 座席(ざせき)…좌석
- 四角(しかく)…모가 남
- 試験(しけん)…시험
- 資源(しげん)…자원
- 姿勢(しせい)…자세
- 思想(しそう)…사상
- 死体(したい)…사체
- 私鉄(してつ)…사철
- 指導(しどう)…지도
- 支配(しはい)…지배
- 資本(しほん)…자본
- 姉妹(しまい)…자매
- 氏名(しめい)…성명
- 主義(しゅぎ)…주의
- 首都(しゅと)…수도
- 初歩(しょほ)…초보
- 使用(しよう)…사용
- 寺院(じいん)…사원
- 事件(じけん)…사건
- 自殺(じさつ)…자살
- 自信(じしん)…자신
- 地震(じしん)…지진
- 事態(じたい)…사태
- 児童(じどう)…아동
- 地盤(じばん)…지반
- 地面(じめん)…지면
- 女子(じょし)…여자
- 水素(すいそ)…수소
- 素敵(すてき)…아주 멋짐
- 図形(ずけい)…도형
- 頭脳(ずのう)…두뇌
- 政治(せいじ)…정치
- 制度(せいど)…제도
- 政府(せいふ)…정부
- 石油(せきゆ)…석유
- 相違(そうい)…서로 다름
- 相互(そうご)…상호

- 差別(さべつ)…차별
- 左右(さゆう)…좌우
- 司会(しかい)…사회
- 市外(しがい)…시외
- 刺激(しげき)…자극
- 詩人(しじん)…시인
- 自然(しぜん)…자연스러움
- 子孫(しそん)…자손
- 指定(してい)…지정
- 支店(してん)…지점
- 市内(しない)…시내
- 紙幣(しへい)…지폐
- 死亡(しぼう)…사망
- 市民(しみん)…시민
- 車庫(しゃこ)…차고
- 主語(しゅご)…주어
- 主婦(しゅふ)…주부
- 処理(しょり)…처리
- 私立(しりつ)…사립
- 自衛(じえい)…자위
- 時刻(じこく)…시간
- 持参(じさん)…지참
- 自身(じしん)…자기
- 時速(じそく)…시속
- 自宅(じたく)…자택
- 自動(じどう)…자동
- 自慢(じまん)…자만
- 自由(じゆう)…자유로움
- 炊事(すいじ)…취사
- 数字(すうじ)…숫자
- 図鑑(ずかん)…도감
- 頭痛(ずつう)…두통
- 世紀(せいき)…세기
- 生徒(せいと)…학생
- 整備(せいび)…정비
- 整理(せいり)…정리
- 世間(せけん)…세간
- 倉庫(そうこ)…창고
- 操作(そうさ)…조작

- 掃除(そうじ)…청소
- 組織(そしき)…조직
- 祖先(そせん)…조상
- 増加(ぞうか)…증가

- **大気**(たいき)…대기
- 大使(たいし)…대사
- 逮捕(たいほ)…체포
- 大工(だいく)…목수
- 楕円(だえん)…타원
- 地域(ちいき)…지역
- 知識(ちしき)…지식
- 知人(ちじん)…아는 사람
- 地点(ちてん)…지점
- 地方(ちほう)…지방
- 追加(ついか)…추가
- 通貨(つうか)…통화
- 通路(つうろ)…통로
- 低下(ていか)…저하
- 定期(ていき)…정기
- 程度(ていど)…정도
- 当時(とうじ)…당시
- 都会(とかい)…도회
- 図書(としょ)…도서
- 道具(どうぐ)…도구
- 動詞(どうし)…동사
- 道路(どうろ)…도로
- 土曜(どよう)…토요일

- **内科**(ないか)…내과
- 日本(にほん)…일본
- 濃度(のうど)…농도

- **俳句**(はいく)…일본의 단시
- 破片(はへん)…파편
- 比較(ひかく)…비교
- 悲劇(ひげき)…비극
- 否定(ひてい)…부정
- 批判(ひはん)…비판

- 装置(そうち)…장치
- 素質(そしつ)…소질
- 粗末(そまつ)…변변치 못함

- 太鼓(たいこ)…북
- 態度(たいど)…태도
- 他人(たにん)…타인
- 代理(だいり)…대리
- 妥当(だとう)…타당함
- 遅刻(ちこく)…지각
- 地質(ちしつ)…지질
- 地帯(ちたい)…지대
- 知能(ちのう)…지능
- 地名(ちめい)…지명
- 通過(つうか)…통과
- 通知(つうち)…통지
- 都合(つごう)…사정
- 定価(ていか)…정가
- 停止(ていし)…정지
- 適度(てきど)…적당함
- 灯油(とうゆ)…등유
- 登山(とざん)…등산
- 都心(としん)…도심
- 動作(どうさ)…동작
- 同時(どうじ)…동시
- 童話(どうわ)…동화

- 日時(にちじ)…일시
- 農家(のうか)…농가

- 破産(はさん)…파산
- 梅雨(ばいう)…장마
- 被害(ひがい)…피해
- 飛行(ひこう)…비행
- 皮肉(ひにく)…빈정거림
- 秘密(ひみつ)…비밀스러움

- 費用(ひよう)…비용
- 美容(びよう)…미용
- 夫婦(ふうふ)…부부
- 付近(ふきん)…부근
- 不幸(ふこう)…불행함
- 夫妻(ふさい)…부부
- 婦人(ふじん)…부인
- 不足(ふそく)…부족
- 普段(ふだん)…평상시
- 普通(ふつう)…보통
- 布団(ふとん)…이불
- 不便(ふべん)…불편함
- 部首(ぶしゅ)…부수
- 部品(ぶひん)…부품
- 平気(へいき)…태연함
- 平和(へいわ)…평화스러움
- 保健(ほけん)…보건
- 歩道(ほどう)…보도
- 防止(ぼうし)…방지

- **毎度**(まいど)…매번
- 未満(みまん)…미만
- 無限(むげん)…무한함
- 名詞(めいし)…명사
- 毛布(もうふ)…모포

- **夜間**(やかん)…야간
- 野菜(やさい)…야채
- 有利(ゆうり)…유리함
- 輸血(ゆけつ)…수혈
- 油断(ゆだん)…방심
- 陽気(ようき)…쾌활함
- 用語(ようご)…용어
- 幼児(ようじ)…유아
- 要素(ようそ)…요소
- 用途(ようと)…용도
- 予算(よさん)…예산
- 予定(よてい)…예정
- 予報(よほう)…예보

- 美人(びじん)…미인
- 不安(ふあん)…불안함
- 不運(ふうん)…불운함
- 不潔(ふけつ)…불결함
- 符号(ふごう)…부호
- 夫人(ふじん)…부인
- 不正(ふせい)…부정함
- 付属(ふぞく)…부속
- 不断(ふだん)…부단
- 不通(ふつう)…불통
- 不平(ふへい)…불평
- 不満(ふまん)…불만
- 舞台(ぶたい)…무대
- 部分(ぶぶん)…부분
- 平野(へいや)…평야
- 豊富(ほうふ)…풍부함
- 保存(ほぞん)…보존
- 帽子(ぼうし)…모자

- 摩擦(まさつ)…마찰
- 未来(みらい)…미래
- 無数(むすう)…무수
- 名刺(めいし)…명함
- 模様(もよう)…모양

- 夜行(やこう)…야행
- 勇気(ゆうき)…용기
- 愉快(ゆかい)…유쾌함
- 輸送(ゆそう)…수송
- 容易(ようい)…용이함
- 容器(ようき)…용기
- 要旨(ようし)…요지
- 様子(ようす)…모습
- 幼稚(ようち)…유치함
- 余計(よけい)…쓸데없음
- 予測(よそく)…예측
- 余分(よぶん)…필요이상임
- 予防(よぼう)…예방

- 予約(よやく)…예약
- 余裕(よゆう)…여유

- **利益**(りえき)…이익
- 理解(りかい)…이해
- 利害(りがい)…이해
- 利口(りこう)…영리함
- 離婚(りこん)…이혼
- 理想(りそう)…이상
- 理由(りゆう)…이유
- 利用(りよう)…이용
- 礼儀(れいぎ)…예의
- 歴史(れきし)…역사
- 廊下(ろうか)…복도

- **和英**(わえい)…日英
- 話題(わだい)…화제
- 和服(わふく)…일본옷

3) 4문자 한자어

- **異常**(いじょう)…이상함
- 医療(いりょう)…의료
- 宇宙(うちゅう)…우주
- 永遠(えいえん)…영원함
- 衛生(えいせい)…위생
- 英文(えいぶん)…영문
- 栄養(えいよう)…영양
- 液体(えきたい)…액체
- 応援(おうえん)…응원
- 王女(おうじょ)…공주
- 応接(おうせつ)…응접
- 応対(おうたい)…응대
- 横断(おうだん)…횡단
- 往復(おうふく)…왕복
- 欧米(おうべい)…구미
- 応用(おうよう)…응용

- **会員**(かいいん)…회원
- 開会(かいかい)…개회
- 会館(かいかん)…회관
- 海外(かいがい)…해외
- 海岸(かいがん)…해안
- 会計(かいけい)…회계
- 解決(かいけつ)…해결
- 会合(かいごう)…회합
- 改札(かいさつ)…개찰
- 解散(かいさん)…해산
- 回数(かいすう)…횟수
- 改正(かいせい)…개정
- 快晴(かいせい)…쾌청
- 解説(かいせつ)…해설
- 改善(かいぜん)…개선
- 改造(かいぞう)…개조
- 階段(かいだん)…계단
- 開通(かいつう)…개통
- 快適(かいてき)…쾌적함
- 回転(かいてん)…회전
- 解答(かいとう)…정답
- 回答(かいとう)…회답
- 回復(かいふく)…회복
- 開放(かいほう)…개방
- 解放(かいほう)…해방
- 海洋(かいよう)…해양
- 過剰(かじょう)…과잉임
- 外交(がいこう)…외교
- 概論(がいろん)…개론
- 企業(きぎょう)…기업
- 起床(きしょう)…기상
- 規準(きじゅん)…규준

- 基準(きじゅん)…기준
- 記入(きにゅう)…기입
- 休暇(きゅうか)…휴가
- 強化(きょうか)…강화
- 教師(きょうし)…교사
- 巨大(きょだい)…거대함
- 議長(ぎちょう)…의장
- 行事(ぎょうじ)…행사
- 空想(くうそう)…공상
- 偶数(ぐうすう)…짝수
- 警官(けいかん)…경찰관
- 傾向(けいこう)…경향
- 警察(けいさつ)…경찰
- 経済(けいざい)…경제
- 継続(けいぞく)…계속
- 契約(けいやく)…계약
- 芸能(げいのう)…예능
- 下宿(げしゅく)…하숙
- 幸運(こううん)…행운
- 交換(こうかん)…교환
- 郊外(こうがい)…교외
- 光景(こうけい)…광경
- 工芸(こうげい)…공예
- 孝行(こうこう)…효행
- 交際(こうさい)…교제
- 校舎(こうしゃ)…교사
- 口実(こうじつ)…구실
- 公正(こうせい)…공정함
- 功績(こうせき)…공적
- 高層(こうそう)…고층
- 構造(こうぞう)…구조
- 紅茶(こうちゃ)…홍차
- 肯定(こうてい)…긍정
- 講堂(こうどう)…강당
- 後輩(こうはい)…후배
- 幸福(こうふく)…행복함
- 公平(こうへい)…공평함
- 紅葉(こうよう)…단풍잎
- 呼吸(こきゅう)…호흡

- 貴重(きちょう)…귀중함
- 奇妙(きみょう)…기묘함
- 給与(きゅうよ)…급여
- 競技(きょうぎ)…경기
- 恐怖(きょうふ)…공포
- 技術(ぎじゅつ)…기술
- 行儀(ぎょうぎ)…예절
- 空港(くうこう)…공항
- 苦情(くじょう)…고충
- 経営(けいえい)…경영
- 経験(けいけん)…경험
- 警告(けいこく)…경고
- 計算(けいさん)…계산
- 形式(けいしき)…형식
- 系統(けいとう)…계통
- 化粧(けしょう)…화장
- 激増(げきぞう)…격증
- 工員(こういん)…공원
- 講演(こうえん)…강연
- 公害(こうがい)…공해
- 航空(こうくう)…항공
- 貢献(こうけん)…공헌
- 攻撃(こうげき)…공격
- 広告(こうこく)…광고
- 公式(こうしき)…공식
- 後者(こうしゃ)…후자
- 香水(こうすい)…향수
- 構成(こうせい)…구성
- 光線(こうせん)…광선
- 高速(こうそく)…고속
- 交替(こうたい)…교환
- 校庭(こうてい)…교정
- 高等(こうとう)…고등
- 行動(こうどう)…행동
- 交番(こうばん)…파출소
- 鉱物(こうぶつ)…광물
- 項目(こうもく)…항목
- 考慮(こうりょ)…고려
- 故郷(こきょう)…고향

- 強引(ごういん)…강제적임
- 合計(ごうけい)…합계
- 合同(ごうどう)…합동

- **最近(さいきん)**…최근
- 再三(さいさん)…재삼
- 祭日(さいじつ)…축제일
- 最低(さいてい)…더없이 나쁨
- 災難(さいなん)…재난
- 裁判(さいばん)…재판
- 作業(さぎょう)…작업
- 財産(ざいさん)…재산
- 支給(しきゅう)…지급
- 写生(しゃせい)…사생
- 車輪(しゃりん)…바퀴
- 習字(しゅうじ)…습자
- 主人(しゅじん)…남편
- 主役(しゅやく)…주역
- 種類(しゅるい)…종류
- 将棋(しょうぎ)…장기
- 障子(しょうじ)…장지문
- 消費(しょうひ)…소비
- 正味(しょうみ)…정량
- 書籍(しょせき)…서적
- 書道(しょどう)…서도
- 書物(しょもつ)…책
- 資料(しりょう)…자료
- 自習(じしゅう)…자습
- 受験(じゅけん)…수험
- 蒸気(じょうき)…수증기
- 上下(じょうげ)…상하
- 助手(じょしゅ)…조교
- 女優(じょゆう)…여우
- 水産(すいさん)…수산
- 推定(すいてい)…추정
- 水筒(すいとう)…물통
- 水平(すいへい)…수평
- 水面(すいめん)…수면
- 数学(すうがく)…수학

- 合格(ごうかく)…합격
- 強盗(ごうとう)…강도

- 最高(さいこう)…최고임
- 最初(さいしょ)…최초
- 催促(さいそく)…재촉
- 採点(さいてん)…채점
- 才能(さいのう)…재능
- 裁縫(さいほう)…재봉
- 在学(ざいがく)…재학
- 材木(ざいもく)…재목
- 支出(ししゅつ)…지출
- 社説(しゃせつ)…사설
- 周囲(しゅうい)…주위
- 修理(しゅうり)…수리
- 手段(しゅだん)…수단
- 主要(しゅよう)…주요함
- 消火(しょうか)…소화
- 正午(しょうご)…정오
- 承知(しょうち)…알고 있음
- 勝負(しょうぶ)…승부
- 書斎(しょさい)…서재
- 書店(しょてん)…서점
- 署名(しょめい)…서명
- 書類(しょるい)…서류
- 磁石(じしゃく)…자석
- 重視(じゅうし)…중시
- 需要(じゅよう)…수요
- 定規(じょうぎ)…자
- 女王(じょおう)…여왕
- 女性(じょせい)…여성
- 水泳(すいえい)…수영
- 推薦(すいせん)…추천
- 水滴(すいてき)…물방울
- 水分(すいぶん)…수분
- 睡眠(すいみん)…수면
- 水曜(すいよう)…수요일
- 随筆(ずいひつ)…수필

- 図表(ずひょう)…도표
- 正確(せいかく)…정확함
- 制限(せいげん)…제한
- 製作(せいさく)…제작
- 生産(せいさん)…생산
- 性質(せいしつ)…성질
- 精神(せいしん)…정신
- 整数(せいすう)…정수
- 清掃(せいそう)…청소
- 生存(せいぞん)…생존
- 青年(せいねん)…청년
- 製品(せいひん)…제품
- 成分(せいぶん)…성분
- 生命(せいめい)…생명
- 成立(せいりつ)…성립
- 石炭(せきたん)…석탄
- 責任(せきにん)…책임
- 税金(ぜいきん)…세금
- 創作(そうさく)…창작
- 想像(そうぞう)…상상
- 相談(そうだん)…의논
- 送別(そうべつ)…송별
- 造船(ぞうせん)…조선

- **体育**(たいいく)…체육
- 体温(たいおん)…체온
- 退屈(たいくつ)…지루함
- 対策(たいさく)…대책
- 体制(たいせい)…체제
- 大戦(たいせん)…대전
- 大半(たいはん)…태반
- 大木(たいぼく)…대목
- 大陸(たいりく)…대륙
- 代金(だいきん)…대금
- 題名(だいめい)…제명
- 中古(ちゅうこ)…중고
- 中途(ちゅうと)…중도
- 長期(ちょうき)…장기
- 調子(ちょうし)…컨디션

- 性格(せいかく)…성격
- 清潔(せいけつ)…청결함
- 成功(せいこう)…성공
- 制作(せいさく)…제작
- 正式(せいしき)…정식임
- 清書(せいしょ)…청서
- 成人(せいじん)…성인
- 成績(せいせき)…성적
- 製造(せいぞう)…제조
- 政党(せいとう)…정당
- 性能(せいのう)…성능
- 生物(せいぶつ)…생물
- 性別(せいべつ)…성별
- 正門(せいもん)…정문
- 西暦(せいれき)…서기
- 赤道(せきどう)…적도
- 税関(ぜいかん)…세관
- 騒音(そうおん)…소음
- 葬式(そうしき)…장례식
- 相続(そうぞく)…상속
- 相当(そうとう)…상당함
- 増減(ぞうげん)…증감
- 増大(ぞうだい)…증대

- 退院(たいいん)…퇴원
- 大会(たいかい)…대회
- 体系(たいけい)…체계
- 滞在(たいざい)…체재
- 体積(たいせき)…체적
- 体操(たいそう)…체조
- 大変(たいへん)…대단함
- 太陽(たいよう)…태양
- 対立(たいりつ)…대립
- 大臣(だいじん)…대신
- 地球(ちきゅう)…지구
- 中止(ちゅうし)…중지
- 超過(ちょうか)…초과
- 調査(ちょうさ)…조사
- 貯金(ちょきん)…저금

- 著者(ちょしゃ)…저자
- 通学(つうがく)…통학
- 通行(つうこう)…통행
- 通訳(つうやく)…통역
- 提案(ていあん)…제안
- 抵抗(ていこう)…저항
- 停電(ていでん)…정전
- 適確(てきかく)…적확함
- 適当(てきとう)…적당함
- 答案(とうあん)…답안
- 統計(とうけい)…통계
- 投書(とうしょ)…투서
- 灯台(とうだい)…등대
- 当番(とうばん)…당번
- 透明(とうめい)…투명함
- 途中(とちゅう)…도중
- 同格(どうかく)…동격
- 同様(どうよう)…같음
- 努力(どりょく)…노력

- **内線**(ないせん)…내선
- 日曜(にちよう)…일요일
- 農民(のうみん)…농민
- 能率(のうりつ)…능률

- **拝見**(はいけん)…삼가 봄
- 俳優(はいゆう)…배우
- 売買(ばいばい)…매매
- 批評(ひひょう)…비평
- 表紙(ひょうし)…표지
- 風船(ふうせん)…풍선
- 普及(ふきゅう)…보급
- 平均(へいきん)…평균
- 平日(へいじつ)…평일
- 平凡(へいぼん)…평범함
- 方言(ほうげん)…방언
- 報告(ほうこく)…보고
- 宝石(ほうせき)…보석
- 包装(ほうそう)…포장

- 貯蔵(ちょぞう)…저장
- 通勤(つうきん)…통근
- 通信(つうしん)…통신
- 通用(つうよう)…통용
- 定員(ていいん)…정원
- 停車(ていしゃ)…정차
- 的確(てきかく)…적확함
- 適切(てきせつ)…적절함
- 適用(てきよう)…적용
- 統一(とういつ)…통일
- 東西(とうざい)…동서
- 当日(とうじつ)…당일
- 盗難(とうなん)…도난
- 等分(とうぶん)…등분
- 東洋(とうよう)…동양
- 同一(どういつ)…동일
- 道徳(どうとく)…도덕
- 童謡(どうよう)…동요
- 泥棒(どろぼう)…도둑

- 内容(ないよう)…내용
- 農村(のうそん)…농촌
- 農薬(のうやく)…농약

- 配達(はいたつ)…배달
- 売店(ばいてん)…매점
- 非常(ひじょう)…비상
- 評価(ひょうか)…평가
- 風景(ふうけい)…풍경
- 封筒(ふうとう)…봉투
- 閉会(へいかい)…폐회
- 平行(へいこう)…평행
- 兵隊(へいたい)…군대
- 方角(ほうがく)…방향
- 方向(ほうこう)…방향
- 方針(ほうしん)…방침
- 放送(ほうそう)…방송
- 法則(ほうそく)…법칙

- 包帯(ほうたい)…붕대
- 方面(ほうめん)…방면
- 法律(ほうりつ)…법률
- 貿易(ぼうえき)…무역
- 膨大(ぼうだい)…방대함
- 募集(ぼしゅう)…모집

- 方法(ほうほう)…방법
- 訪問(ほうもん)…방문
- 保証(ほしょう)…보증
- 冒険(ぼうけん)…모험
- 防犯(ぼうはん)…방범
- 枚数(まいすう)…매수

- **名字**(みょうじ)…성
- 矛盾(むじゅん)…모순
- 無料(むりょう)…무료
- 名作(めいさく)…명작
- 迷信(めいしん)…미신
- 名物(めいぶつ)…명물
- 迷惑(めいわく)…귀찮음

- 魅力(みりょく)…매력
- 夢中(むちゅう)…열중함
- 明確(めいかく)…명확함
- 名所(めいしょ)…명소
- 名人(めいじん)…명인
- 命令(めいれい)…명령

- **唯一**(ゆいいつ)…유일
- 有効(ゆうこう)…유효함
- 郵送(ゆうそう)…우송
- 郵便(ゆうびん)…우편
- 輸入(ゆにゅう)…수입
- 用心(ようじん)…조심
- 要点(ようてん)…요점
- 羊毛(ようもう)…양모

- 友好(ゆうこう)…우호
- 友人(ゆうじん)…친구
- 有能(ゆうのう)…유능함
- 輸出(ゆしゅつ)…수출
- 溶岩(ようがん)…용암
- 容積(ようせき)…용적
- 養分(ようぶん)…양분
- 予習(よしゅう)…예습

- **来日**(らいにち)…방일
- 領事(りょうじ)…영사
- 冷静(れいせい)…냉정함
- 冷凍(れいとう)…냉동
- 老人(ろうじん)…노인

- 漁師(りょうし)…어부
- 例外(れいがい)…예외
- 零点(れいてん)…영점
- 冷房(れいぼう)…냉방
- 労働(ろうどう)…노동

4) 5문자 한자어

- **愛情**(あいじょう)…애정
- 永久(えいきゅう)…영구함
- 営業(えいぎょう)…영업

- 一流(いちりゅう)…일류
- 影響(えいきょう)…영향

- **解釈**(かいしゃく)…해석
- 休憩(きゅうけい)…휴게
- 休講(きゅうこう)…휴강

- 外出(がいしゅつ)…외출
- 急激(きゅうげき)…급격함
- 救助(きゅうじょ)…구조

- 急速(きゅうそく)…급속함
- 休養(きゅうよう)…휴양
- 教員(きょういん)…교원
- 教授(きょうじゅ)…교수
- 共通(きょうつう)…공통
- 教養(きょうよう)…교양
- 漁業(ぎょぎょう)…어업
- 芸術(げいじゅつ)…예술
- 高級(こうきゅう)…고급임
- 公衆(こうしゅう)…공중
- 交流(こうりゅう)…교류
- 合流(ごうりゅう)…합류

- 休息(きゅうそく)…휴식
- 教育(きょういく)…교육
- 境界(きょうかい)…경계
- 競争(きょうそう)…경쟁
- 共同(きょうどう)…공동
- 行列(ぎょうれつ)…행렬
- 空中(くうちゅう)…공중
- 劇場(げきじょう)…극장
- 公共(こうきょう)…공공
- 公表(こうひょう)…공표
- 効力(こうりょく)…효력

- **最終**(さいしゅう)…최종
- 材料(ざいりょう)…재료
- 集会(しゅうかい)…집회
- 習慣(しゅうかん)…습관
- 集金(しゅうきん)…집금
- 修正(しゅうせい)…수정
- 集団(しゅうだん)…집단
- 就任(しゅうにん)…취임
- 首相(しゅしょう)…수상
- 主張(しゅちょう)…주장
- 障害(しょうがい)…장애
- 商社(しょうしゃ)…상사
- 少女(しょうじょ)…소녀
- 小説(しょうせつ)…소설
- 商店(しょうてん)…상점
- 衝突(しょうとつ)…충돌
- 商人(しょうにん)…상인
- 少年(しょうねん)…소년
- 商売(しょうばい)…장사
- 商品(しょうひん)…상품
- 消防(しょうぼう)…소방
- 正面(しょうめん)…정면
- 将来(しょうらい)…장래
- 初旬(しょじゅん)…초순
- 渋滞(じゅうたい)…정체
- 住宅(じゅうたく)…주택

- 最中(さいちゅう)…한창임
- 車掌(しゃしょう)…차장
- 収穫(しゅうかく)…수확
- 週間(しゅうかん)…주간
- 集合(しゅうごう)…집합
- 修繕(しゅうぜん)…수선
- 終点(しゅうてん)…종점
- 周辺(しゅうへん)…주변
- 手術(しゅじゅつ)…수술
- 紹介(しょうかい)…소개
- 賞金(しょうきん)…상금
- 正直(しょうじき)…정직함
- 小数(しょうすう)…소수
- 招待(しょうたい)…초대
- 焦点(しょうてん)…초점
- 消毒(しょうどく)…소독
- 承認(しょうにん)…승인
- 勝敗(しょうはい)…승패
- 賞品(しょうひん)…상품
- 小便(しょうべん)…소변
- 証明(しょうめい)…증명
- 消耗(しょうもう)…소모
- 初級(しょきゅう)…초급
- 住居(じゅうきょ)…주거
- 重態(じゅうたい)…중태
- 重大(じゅうだい)…중대함

- 重点(じゅうてん)…중점
- 住民(じゅうみん)…주민
- 重要(じゅうよう)…중요함
- 条件(じょうけん)…조건
- 乗車(じょうしゃ)…승차
- 上達(じょうたつ)…숙달됨
- 上等(じょうとう)…뛰어남
- 上品(じょうひん)…품위가 있음
- 水準(すいじゅん)…수준
- 請求(せいきゅう)…청구
- 送料(そうりょう)…송료

- 柔道(じゅうどう)…유도
- 重役(じゅうやく)…중역
- 寿命(じゅみょう)…수명
- 常識(じょうしき)…상식
- 状態(じょうたい)…상태
- 冗談(じょうだん)…농담
- 蒸発(じょうはつ)…증발
- 情報(じょうほう)…정보
- 垂直(すいちょく)…수직
- 成長(せいちょう)…성장

- **対象**(たいしょう)…대상
- 大小(だいしょう)…대소
- 中央(ちゅうおう)…중앙
- 中学(ちゅうがく)…중학
- 中心(ちゅうしん)…중심
- 中性(ちゅうせい)…중성
- 中年(ちゅうねん)…중년
- 注文(ちゅうもん)…주문
- 長所(ちょうしょ)…장점
- 調整(ちょうせい)…조정
- 長短(ちょうたん)…장단
- 長男(ちょうなん)…장남
- 提出(ていしゅつ)…제출
- 到着(とうちゃく)…도착
- 同僚(どうりょう)…동료

- 対照(たいしょう)…대조
- 代表(だいひょう)…대표
- 中間(ちゅうかん)…중간
- 駐車(ちゅうしゃ)…주차
- 忠実(ちゅうじつ)…충실함
- 中世(ちゅうせい)…중세
- 注目(ちゅうもく)…주목
- 彫刻(ちょうこく)…조각
- 長女(ちょうじょ)…장녀
- 調節(ちょうせつ)…조절
- 頂点(ちょうてん)…정점
- 通帳(つうちょう)…통장
- 登場(とうじょう)…등장
- 投票(とうひょう)…투표

- **日常**(にちじょう)…일상
- 女房(にょうぼう)…마누라
- 能力(のうりょく)…능력

- 入社(にゅうしゃ)…입사
- 農業(のうぎょう)…농업

- **表現**(ひょうげん)…표현
- 評判(ひょうばん)…평판
- 表面(ひょうめん)…표면
- 平等(びょうどう)…평등

- 標識(ひょうしき)…표식
- 標本(ひょうほん)…표본
- 評論(ひょうろん)…평론
- 包丁(ほうちょう)…부엌칼

- **優秀**(ゆうしゅう)…우수함
- 友情(ゆうじょう)…우정

- 優勝(ゆうしょう)…우승
- 有料(ゆうりょう)…유료

- 要求(ようきゅう)…요구
- 留学(りゅうがく)…유학
- 料金(りょうきん)…요금

- 要領(ようりょう)…요령
- 流行(りゅうこう)…유행
- 両方(りょうほう)…양쪽

5) 6문자 한자어

- 休業(きゅうぎょう)…휴업
- 給料(きゅうりょう)…급료
- 恐縮(きょうしゅく)…죄송함
- 強力(きょうりょく)…강력
- 牛乳(ぎゅうにゅう)…우유
- 就職(しゅうしょく)…취직
- 収入(しゅうにゅう)…수입
- 商業(しょうぎょう)…상업
- 省略(しょうりゃく)…생략
- 重力(じゅうりょく)…중력
- 上級(じょうきゅう)…상급
- 状況(じょうきょう)…상황
- 抽象(ちゅうしょう)…추상
- 中旬(ちゅうじゅん)…중순
- 入場(にゅうじょう)…입장
- 表情(ひょうじょう)…표정

- 吸収(きゅうしゅう)…흡수
- 供給(きょうきゅう)…공급
- 強調(きょうちょう)…강조
- 協力(きょうりょく)…협력
- 宗教(しゅうきょう)…종교
- 集中(しゅうちゅう)…집중
- 終了(しゅうりょう)…종료
- 症状(しょうじょう)…증상
- 重量(じゅうりょう)…중량
- 乗客(じょうきゃく)…승객
- 上京(じょうきょう)…상경
- 上旬(じょうじゅん)…상순
- 昼食(ちゅうしょく)…점심 식사
- 頂上(ちょうじょう)…정상
- 標準(ひょうじゅん)…표준
- 領収(りょうしゅう)…영수

● 3자 이상의 한자 숙어

- 衣食住(いしょくじゅう)…의식주

- 海水浴(かいすいよく)…해수욕
- 加速度(かそくど)…가속도
- 乾電池(かんでんち)…건전지
- 喫茶店(きっさてん)…다방
- 句読点(くとうてん)…구두점
- 形容詞(けいようし)…형용사
- 交差点(こうさてん)…교차로

- 座布団(ざぶとん)…방석
- 小学生(しょうがくせい)…초등학교
- 新幹線(しんかんせん)…신칸센
- 受話器(じゅわき)…수화기

- 応接間(おうせつま)…응접실

- 回数券(かいすうけん)…회수권
- 過半数(かはんすう)…과반수
- 機関車(きかんしゃ)…기관차
- 教科書(きょうかしょ)…교과서
- 蛍光灯(けいこうとう)…형광등
- 顕微鏡(けんびきょう)…현미경
- 五十音(ごじゅうおん)…오십음

- 奨学金(しょうがくきん)…장학금
- 消防署(しょうぼうしょ)…소방서
- 事務所(じむしょ)…사무소
- 助教授(じょきょうじゅ)…조교수

- 水蒸気(すいじょうき)…수증기
- 青少年(せいしょうねん)…청소년
- 扇風機(せんぷうき)…선풍기

- **大学院**(だいがくいん)…대학원
- 大部分(だいぶぶん)…대부분
- 地下水(ちかすい)…지하수
- 駐車場(ちゅうしゃじょう)…주차장
- 調味料(ちょうみりょう)…조미료
- 停留所(ていりゅうじょ)…정류소

- **日用品**(にちようひん)…일용품

- **博物館**(はくぶつかん)…박물관
- 飛行場(ひこうじょう)…비행장
- 美術館(びじゅつかん)…미술관
- 不思議(ふしぎ)…불가사의함
- 雰囲気(ふんいき)…분위기
- 方程式(ほうていしき)…방정식
- 万年筆(まんねんひつ)…만년필

- **遊園地**(ゆうえんち)…유원지
- 幼稚園(ようちえん)…유치원

- **留学生**(りゅうがくせい)…유학생
- 冷蔵庫(れいぞうこ)…냉장고

- **形容動詞**(けいようどうし)…형용동사
- 高等学校(こうとうがっこう)…고등학교
- 自然科学(しぜんかがく)…자연과학
- 人文科学(じんぶんかがく)…인문과학
- 天気予報(てんきよほう)…일기예보

- 水平線(すいへいせん)…수평선
- 正方形(せいほうけい)…정사각형

- 大統領(だいとうりょう)…대통령
- 代名詞(だいめいし)…대명사
- 地平線(ちへいせん)…지평선
- 長方形(ちょうほうけい)…직사각형
- 定期券(ていきけん)…정기권
- 動物園(どうぶつえん)…동물원

- 農産物(のうさんぶつ)…농산물

- 飛行機(ひこうき)…비행기
- 必需品(ひつじゅひん)…필수품
- 不規則(ふきそく)…불규칙함
- 不自由(ふじゆう)…부자유함
- 文房具(ぶんぼうぐ)…문방구
- 望遠鏡(ぼうえんきょう)…망원경

- 郵便局(ゆうびんきょく)…우체국
- 洋品店(ようひんてん)…양품점

- 留守番(るすばん)…빈집을 지킴

- 交通機関(こうつうきかん)…교통기관
- 四捨五入(ししゃごにゅう)…사사오입
- 社会科学(しゃかいかがく)…사회과학
- 総理大臣(そうりだいじん)…총리대신
- 百科事典(ひゃっかじてん)…백과사전

● 변형된 한자 읽기 요령

앞 뒤 소리의 영향을 받아 원래 그 한자가 가진 음(音)이 변하는 경우도 있다.

■ 공식1 「～く」→「～っ」

「～く」발음으로 끝나는 한자 뒤에 이어지는 한자의 첫소리가 「か行(か・き・く・け・こ)」일 때, 「～く」는 촉음 「～っ」로 바뀐다. **「～く」는 한국어 받침 「ㄱ」에 해당한다.** 단, 「副詞(ふくし : 부사)・告発(こくはつ : 고발)」등과 같이 예외도 있다.

学科(학과)	→	学(がく) + 科(か)	→	がっか
薬局(약국)	→	薬(やく) + 局(きょく)	→	やっきょく

1) 변형된 한자 읽기

- **学科**(がっか)…학과
- 楽器(がっき)…악기
- 学級(がっきゅう)…학급
- 国会(こっかい)…국회

- **作家**(さっか)…작가
- 借金(しゃっきん)…빚

- **直角**(ちょっかく)…직각

- **北極**(ほっきょく)…북극

- 学会(がっかい)…학회
- 学期(がっき)…학기
- 国家(こっか)…국가
- 国境(こっきょう)…국경

- 作曲(さっきょく)…작곡
- 食器(しょっき)…식기

- 直径(ちょっけい)…직경

- 薬局(やっきょく)…약국

2) 변형되지 않은 한자 읽기

- **握手**(あくしゅ)…악수
- 屋外(おくがい)…옥외

- **覚悟**(かくご)…각오
- 確実(かくじつ)…확실함
- 拡大(かくだい)…확대
- 拡張(かくちょう)…확장
- 確認(かくにん)…확인
- 確率(かくりつ)…확률
- 学習(がくしゅう)…학습
- 学年(がくねん)…학년
- 学問(がくもん)…학문
- 客席(きゃくせき)…객석

- 育児(いくじ)…육아

- 各自(かくじ)…각자
- 拡充(かくじゅう)…확충
- 各地(かくち)…각지
- 角度(かくど)…각도
- 格別(かくべつ)…특별함
- 学者(がくしゃ)…학자
- 学術(がくじゅつ)…학술
- 学部(がくぶ)…학부
- 学力(がくりょく)…학력
- 曲線(きょくせん)…곡선

- 国王(こくおう)…국왕
- 国際(こくさい)…국제
- 告発(こくはつ)…고발
- 克服(こくふく)…극복
- 穀物(こくもつ)…곡물

- 国語(こくご)…국어
- 国籍(こくせき)…국적
- 黒板(こくばん)…흑판
- 国民(こくみん)…국민
- 国立(こくりつ)…국립

- **索引**(さくいん)…색인
- 削除(さくじょ)…삭제
- 作製(さくせい)…제작
- 作物(さくもつ)…작물
- 祝日(しゅくじつ)…경축일
- 食塩(しょくえん)…식염
- 食卓(しょくたく)…식탁
- 食品(しょくひん)…식품
- 食物(しょくもつ)…음식물
- 食糧(しょくりょう)…식량
- 弱点(じゃくてん)…약점
- 速達(そくたつ)…속달
- 速度(そくど)…속도
- 速力(そくりょく)…속력

- 作者(さくしゃ)…작가
- 作成(さくせい)…작성
- 作品(さくひん)…작품
- 縮小(しゅくしょう)…축소
- 宿泊(しゅくはく)…숙박
- 職業(しょくぎょう)…직업
- 職人(しょくにん)…직인
- 植物(しょくぶつ)…식물
- 食欲(しょくよく)…식욕
- 食料(しょくりょう)…식비
- 熟語(じゅくご)…숙어
- 測定(そくてい)…측정
- 測量(そくりょう)…측량

- **直後**(ちょくご)…직후
- 直線(ちょくせん)…직선
- 直通(ちょくつう)…직통
- 得意(とくい)…뽐냄
- 特色(とくしょく)…특색
- 特定(とくてい)…특정
- 読書(どくしょ)…독서
- 独特(どくとく)…독특함

- 直接(ちょくせつ)…직접
- 直前(ちょくぜん)…직전
- 直流(ちょくりゅう)…직류
- 特殊(とくしゅ)…특수함
- 特徴(とくちょう)…특징
- 特売(とくばい)…특매
- 独身(どくしん)…독신
- 独立(どくりつ)…독립

- **拍手**(はくしゅ)…박수
- 複雑(ふくざつ)…복잡함
- 複写(ふくしゃ)…복사
- 複数(ふくすう)…복수
- 牧場(ぼくじょう)…목장

- 爆発(ばくはつ)…폭발
- 副詞(ふくし)…부사
- 復習(ふくしゅう)…복습
- 服装(ふくそう)…복장
- 牧畜(ぼくちく)…목축

- **木材**(もくざい)…목재
- 目的(もくてき)…목적
- 木曜(もくよう)…목요일

- 目次(もくじ)…목차
- 目標(もくひょう)…목표

- **役者**(やくしゃ)…배우
- 約束(やくそく)…약속
- 薬品(やくひん)…약품

- **落第**(らくだい)…낙제

- 役所(やくしょ)…관청
- 役人(やくにん)…공무원

- 録音(ろくおん)…녹음

■ **공식2** 「〜つ」→「〜っ」

「〜つ」발음으로 끝나는 한자 뒤에 이어지는 한자의 첫소리가 「か行・さ行・た行・は行」일 때, 「〜つ」는 촉음 「〜っ」로 바뀐다. 그리고 「は行」의 경우에는 「〜っ」로 바뀜과 동시에 「は行」에서 「ぱ行」으로 바뀐다. 「〜つ」는 한국어 받침 「ㄹ・ㅂ」에 해당한다.

活気(활기)	→ 活(かつ)	+ 気(き)	→	かっき
圧縮(압축)	→ 圧(あつ)	+ 縮(しゅく)	→	あっしゅく
欠点(결점)	→ 欠(けつ)	+ 点(てん)	→	けってん
活発(활발함)	→ 活(かつ)	+ 発(はつ)	→	かっぱつ

1) 변형된 한자 읽기

- **圧縮**(あっしゅく)…압축

- **活気**(かっき)…활기
- 活発(かっぱつ)…활발함
- 結果(けっか)…결과
- 結構(けっこう)…좋음
- 決心(けっしん)…결심
- 決定(けってい)…결정
- 月給(げっきゅう)…월급

- 括弧(かっこ)…괄호
- 喫茶(きっさ)…차를 마심
- 欠陥(けっかん)…결함
- 傑作(けっさく)…걸작
- 欠席(けっせき)…결석
- 欠点(けってん)…결점
- 骨折(こっせつ)…골절

- **雑誌**(ざっし)…잡지
- 失敗(しっぱい)…실패
- 出勤(しゅっきん)…출근
- 出張(しゅっちょう)…출장
- 実感(じっかん)…실감
- 実行(じっこう)…실행
- 実習(じっしゅう)…실습
- 接近(せっきん)…접근
- 率直(そっちょく)…솔직함

- 湿気(しっけ)…습기
- 執筆(しっぴつ)…집필
- 出身(しゅっしん)…출신
- 出版(しゅっぱん)…출판
- 実験(じっけん)…실험
- 実施(じっし)…실시
- 実績(じっせき)…실적
- 設計(せっけい)…설계

- **脱線**(だっせん)…탈선
- 徹底(てってい)…철저함

- **納得**(なっとく)…납득
- 熱帯(ねったい)…열대

- **発揮**(はっき)…발휘
- 発行(はっこう)…발행
- 発車(はっしゃ)…발차
- 発達(はったつ)…발달
- 発表(はっぴょう)…발표
- 必死(ひっし)…필사적임
- 物価(ぶっか)…물가
- 別荘(べっそう)…별장

- **列車**(れっしゃ)…열차

- 鉄橋(てっきょう)…철교
- 鉄砲(てっぽう)…총

- 熱心(ねっしん)…열심임
- 熱中(ねっちゅう)…열중함

- 発見(はっけん)…발견
- 発射(はっしゃ)…발사
- 発想(はっそう)…발상
- 発展(はってん)…발전
- 筆記(ひっき)…필기
- 筆者(ひっしゃ)…필자
- 物質(ぶっしつ)…물질

- 列島(れっとう)…열도

2) 변형되지 않은 한자 읽기

- **活字**(かつじ)…활자
- 活躍(かつやく)…활약
- 活力(かつりょく)…활력
- 血液(けつえき)…혈액
- 月末(げつまつ)…월말

- **撮影**(さつえい)…촬영
- 失業(しつぎょう)…실업
- 失望(しつぼう)…실망
- 失恋(しつれん)…실연
- 実現(じつげん)…실현
- 実用(じつよう)…실용
- 実例(じつれい)…실례
- 接続(せつぞく)…접속
- 説明(せつめい)…설명
- 絶滅(ぜつめつ)…절멸

- **哲学**(てつがく)…철학
- 徹夜(てつや)…철야

- 活動(かつどう)…활동
- 活用(かつよう)…활용
- 血圧(けつあつ)…혈압
- 結論(けつろん)…결론
- 月曜(げつよう)…월급

- 雑音(ざつおん)…잡음
- 湿度(しつど)…습도
- 失礼(しつれい)…실례
- 出場(しゅつじょう)…출전
- 実物(じつぶつ)…실물
- 実力(じつりょく)…실력
- 述語(じゅつご)…술어
- 設備(せつび)…설비
- 節約(せつやく)…절약
- 卒業(そつぎょう)…졸업

- 鉄道(てつどう)…철도

- 発電(はつでん)…발전
- 発明(はつめい)…발명
- 物理(ぶつり)…물리
- 発売(はつばい)…발매
- 必要(ひつよう)…필요함

■ 공식3 「~ん+は行」→「~ん+ぱ行」

「~ん」발음으로 끝나는 한자 뒤에 이어지는 한자의 첫소리가 「は行」일 때, 「は行」은 「ぱ行」으로 바뀐다. 특히 주의해야 할 점은 「は行」뿐이므로 「ば行」은 해당되지 않는다는 것이다. 「~ん」은 한국어 받침 「ㄴ·ㅁ」에 해당한다. 단, 「洗濯(せんたく : 세탁)」등과 같이 예외도 있다.

乾杯(건배) → 乾(かん) + 杯(はい) → かんぱい
憲法(헌법) → 憲(けん) + 法(ほう) → けんぽう

1) 변형된 한자 읽기

- 乾杯(かんぱい)…건배
- 散歩(さんぽ)…산책
- 審判(しんぱん)…심판
- 寸法(すんぽう)…치수
- 短編(たんぺん)…단편
- 電報(でんぽう)…전보
- 分布(ぶんぷ)…분포
- 憲法(けんぽう)…헌법
- 心配(しんぱい)…걱정스러움
- 進歩(しんぽ)…진보
- 全般(ぜんぱん)…전반
- 電波(でんぱ)…전파
- 文法(ぶんぽう)…문법

2) 변형되지 않은 한자 읽기

- 安易(あんい)…손쉬움
- 安全(あんぜん)…안전함
- 印刷(いんさつ)…인쇄
- 引退(いんたい)…은퇴
- 引力(いんりょく)…인력
- 宴会(えんかい)…연회
- 演技(えんぎ)…연기
- 演劇(えんげき)…연극
- 演習(えんしゅう)…연습
- 演説(えんぜつ)…연설
- 遠足(えんそく)…소풍
- 煙突(えんとつ)…굴뚝
- 温室(おんしつ)…온실
- 暗記(あんき)…암기
- 安定(あんてい)…안정
- 印象(いんしょう)…인상
- 引用(いんよう)…인용
- 運河(うんが)…운하
- 延期(えんき)…연기
- 園芸(えんげい)…원예
- 円周(えんしゅう)…원주
- 援助(えんじょ)…원조
- 演奏(えんそう)…연주
- 延長(えんちょう)…연장
- 恩恵(おんけい)…은혜
- 温泉(おんせん)…온천

- 温帯(おんたい)…온대
- 温度(おんど)…온도

- **間隔**(かんかく)…간격
- 換気(かんき)…환기
- 環境(かんきょう)…환경
- 歓迎(かんげい)…환영
- 観光(かんこう)…관광
- 観察(かんさつ)…관찰
- 鑑賞(かんしょう)…감상
- 関心(かんしん)…관심
- 勘定(かんじょう)…계산
- 完成(かんせい)…완성
- 完全(かんぜん)…완전함
- 乾燥(かんそう)…건조
- 寒帯(かんたい)…한대
- 官庁(かんちょう)…관청
- 監督(かんとく)…감독
- 観念(かんねん)…관념
- 看病(かんびょう)…간병
- 完了(かんりょう)…완료
- 漢和(かんわ)…옥편
- 禁煙(きんえん)…금연
- 金魚(きんぎょ)…금붕어
- 禁止(きんし)…금지
- 金属(きんぞく)…금속
- 緊張(きんちょう)…긴장
- 金融(きんゆう)…금융
- 訓練(くんれん)…훈련
- 見解(けんかい)…견해
- 謙虚(けんきょ)…겸허함
- 検査(けんさ)…조사
- 建設(けんせつ)…건설
- 県庁(けんちょう)…현청
- 見当(けんとう)…짐작
- 原因(げんいん)…원인
- 現金(げんきん)…현금
- 言語(げんご)…언어
- 現在(げんざい)…현재

- 温暖(おんだん)…온난함

- 感覚(かんかく)…감각
- 観客(かんきゃく)…관객
- 関係(かんけい)…관계
- 感激(かんげき)…감격
- 関西(かんさい)…관서
- 感謝(かんしゃ)…감사
- 感心(かんしん)…감탄함
- 患者(かんじゃ)…환자
- 感情(かんじょう)…감정
- 間接(かんせつ)…간접
- 感想(かんそう)…감상
- 観測(かんそく)…관측
- 簡単(かんたん)…간단함
- 関東(かんとう)…관동
- 感動(かんどう)…감동
- 看板(かんばん)…간판
- 管理(かんり)…관리
- 関連(かんれん)…관련
- 元日(がんじつ)…설날
- 金額(きんがく)…금액
- 金庫(きんこ)…금고
- 金銭(きんせん)…금전
- 近代(きんだい)…근대
- 筋肉(きんにく)…근육
- 金曜(きんよう)…금요일
- 軍隊(ぐんたい)…군대
- 見学(けんがく)…견학
- 健康(けんこう)…건강함
- 研修(けんしゅう)…연수
- 建築(けんちく)…건축
- 検討(けんとう)…검토
- 権利(けんり)…권리
- 限界(げんかい)…한계
- 原稿(げんこう)…원고
- 原産(げんさん)…원산
- 原始(げんし)…원시

- 現象(げんしょう)…현상
- 厳重(げんじゅう)…엄중함
- 現代(げんだい)…현대
- 原理(げんり)…원리
- 今回(こんかい)…이번
- 混合(こんごう)…혼합
- 困難(こんなん)…곤란함
- 婚約(こんやく)…약혼

- **参加**(さんか)…참가
- 産業(さんぎょう)…산업
- 算数(さんすう)…산수
- 賛成(さんせい)…찬성
- 産地(さんち)…산지
- 残念(ざんねん)…유감스러움
- 進学(しんがく)…진학
- 神経(しんけい)…신경
- 信仰(しんこう)…신앙
- 信号(しんごう)…신호
- 心身(しんしん)…심신
- 新鮮(しんせん)…신선함
- 身体(しんたい)…신체
- 診断(しんだん)…진단
- 慎重(しんちょう)…신중함
- 深夜(しんや)…심야
- 信用(しんよう)…신용
- 心理(しんり)…심리
- 親類(しんるい)…친척
- 神話(しんわ)…신화
- 巡査(じゅんさ)…순사
- 純情(じゅんじょう)…순정
- 順調(じゅんちょう)…순조로움
- 準備(じゅんび)…준비
- 人種(じんしゅ)…인종
- 神社(じんじゃ)…신사
- 人造(じんぞう)…인조
- 人命(じんめい)…인명
- 専攻(せんこう)…전공
- 選手(せんしゅ)…선수

- 現実(げんじつ)…현실
- 現状(げんじょう)…현상
- 限度(げんど)…한도
- 原料(げんりょう)…원료
- 今後(こんご)…금후
- 混雑(こんざつ)…혼잡
- 今日(こんにち)…오늘날
- 混乱(こんらん)…혼란

- 三角(さんかく)…삼각
- 参考(さんこう)…참고
- 酸性(さんせい)…산성
- 酸素(さんそ)…산소
- 山林(さんりん)…산림
- 瞬間(しゅんかん)…순간
- 真空(しんくう)…진공
- 真剣(しんけん)…진지함
- 深刻(しんこく)…심각함
- 診察(しんさつ)…진찰
- 申請(しんせい)…신청
- 心臓(しんぞう)…심장
- 寝台(しんだい)…침대
- 身長(しんちょう)…신장
- 侵入(しんにゅう)…침입
- 親友(しんゆう)…친구
- 信頼(しんらい)…신뢰
- 森林(しんりん)…삼림
- 進路(しんろ)…진로
- 循環(じゅんかん)…순환
- 順序(じゅんじょ)…순서
- 純粋(じゅんすい)…순수함
- 順番(じゅんばん)…순번
- 人工(じんこう)…인공
- 人事(じんじ)…인사
- 人生(じんせい)…인생
- 人物(じんぶつ)…인물
- 人類(じんるい)…인류
- 洗剤(せんざい)…세제
- 先日(せんじつ)…일전

- 扇子(せんす)…쥘부채
- 戦争(せんそう)…전쟁
- 選択(せんたく)…선택
- 先端(せんたん)…첨단
- 先頭(せんとう)…선두
- 専門(せんもん)…전문
- 全員(ぜんいん)…전원
- 前後(ぜんご)…전후
- 全集(ぜんしゅう)…전집
- 前進(ぜんしん)…전진
- 全部(ぜんぶ)…전부
- 損害(そんがい)…손해
- 存在(そんざい)…존재
- 損得(そんとく)…손득

- 専制(せんせい)…전제
- 先祖(せんぞ)…선조
- 洗濯(せんたく)…세탁
- 宣伝(せんでん)…선전
- 洗面(せんめん)…세면
- 線路(せんろ)…선로
- 全国(ぜんこく)…전국
- 前者(ぜんしゃ)…전자
- 全身(ぜんしん)…전신
- 全体(ぜんたい)…전체
- 全力(ぜんりょく)…전력
- 尊敬(そんけい)…존경
- 尊重(そんちょう)…존중

- **単位**(たんい)…단위
- 炭鉱(たんこう)…탄광
- 短所(たんしょ)…단점
- 誕生(たんじょう)…탄생
- 単数(たんすう)…단수
- 段階(だんかい)…단계
- 断水(だんすい)…단수
- 団体(だんたい)…단체
- 断定(だんてい)…단정
- 典型(てんけい)…전형
- 天井(てんじょう)…천정
- 天然(てんねん)…천연
- 伝記(でんき)…전기
- 電子(でんし)…전자
- 伝染(でんせん)…전염
- 電柱(でんちゅう)…전주
- 伝統(でんとう)…전통
- 電力(でんりょく)…전력

- 短期(たんき)…단기
- 単語(たんご)…단어
- 単純(たんじゅん)…단순함
- 淡水(たんすい)…민물
- 担当(たんとう)…담당
- 男子(だんし)…남자
- 男性(だんせい)…남성
- 団地(だんち)…단지
- 展開(てんかい)…전개
- 天候(てんこう)…날씨
- 点数(てんすう)…점수
- 天皇(てんのう)…천황
- 電球(でんきゅう)…전구
- 電線(でんせん)…전선
- 電池(でんち)…전지
- 電灯(でんとう)…전등
- 電流(でんりゅう)…전류

- **南極**(なんきょく)…남극
- 南北(なんぼく)…남북
- 人形(にんぎょう)…인형
- 年間(ねんかん)…연간
- 年中(ねんじゅう)…연중

- 南米(なんべい)…남미
- 人気(にんき)…인기
- 人間(にんげん)…인간
- 年月(ねんげつ)…세월
- 年代(ねんだい)…연대

- 年度(ねんど)…연도
- 年齢(ねんれい)…연령

- **範囲**(はんい)…범위
- 半径(はんけい)…반경
- 犯罪(はんざい)…범죄
- 反省(はんせい)…반성
- 判断(はんだん)…판단
- 犯人(はんにん)…범인
- 番号(ばんごう)…번호
- 番地(ばんち)…번지
- 噴水(ふんすい)…분수
- 分解(ぶんかい)…분해
- 文芸(ぶんげい)…문예
- 分数(ぶんすう)…분수
- 文体(ぶんたい)…문체
- 文明(ぶんめい)…문명
- 分量(ぶんりょう)…분량
- 変化(へんか)…변화
- 編集(へんしゅう)…편집
- 便所(べんじょ)…변소
- 本当(ほんとう)…사실
- 本部(ほんぶ)…본부

- 反映(はんえい)…반영
- 反抗(はんこう)…반항
- 判事(はんじ)…판사
- 反対(はんたい)…반대
- 半島(はんとう)…반도
- 販売(はんばい)…판매
- 万歳(ばんざい)…만세
- 噴火(ふんか)…분화
- 文化(ぶんか)…문화
- 文献(ぶんけん)…문헌
- 文章(ぶんしょう)…문장
- 分析(ぶんせき)…분석
- 文脈(ぶんみゃく)…문맥
- 分野(ぶんや)…분야
- 分類(ぶんるい)…분류
- 変更(へんこう)…변경
- 返事(へんじ)…답장
- 便利(べんり)…편리함
- 本人(ほんにん)…본인
- 盆地(ぼんち)…분지

- **満員**(まんいん)…만원
- 満点(まんてん)…만점
- 民謡(みんよう)…민요
- 面積(めんせき)…면적
- 免税(めんぜい)…면세
- 文句(もんく)…불평

- 満足(まんぞく)…만족함
- 民間(みんかん)…민간
- 免許(めんきょ)…면허
- 面接(めんせつ)…면접
- 面倒(めんどう)…성가심
- 問答(もんどう)…문답

- **乱暴**(らんぼう)…난폭함
- 連合(れんごう)…연합
- 連続(れんぞく)…연속
- 論争(ろんそう)…논쟁

- 臨時(りんじ)…임시
- 連想(れんそう)…연상
- 連絡(れんらく)…연락
- 論文(ろんぶん)…논문

동사(動詞)

1) 동사 1

「한자+ㅁ」의 꼴로 히라가나 한 자를 한자 뒤에 쓰는 단어로 대부분 5단동사이다.
즉 아래의 동사중「居る(いる : 있다)・得る(える : 얻다)・似る(にる : 닮다)・寝る(ねる : 자다)」를 제외한 동사는 모두 5단동사 활용을 한다.

- **合う**(あう)…맞다.
- 居る(いる)…있다.
- 打つ(うつ)…치다.
- 追う(おう)…쫓다.
- 折る(おる)…접다.

- **勝つ**(かつ)…이기다.
- 聞く(きく)…듣다.
- 組む(くむ)…한패가 되다.
- 込む(こむ)…붐비다.

- **咲く**(さく)…꽃이 피다.
- 差す(さす)…비치다.
- 去る(さる)…사라지다.
- 済む(すむ)…끝나다.

- **炊く**(たく)…짓다.
- 発つ(たつ)…떠나다.
- 足る(たる)…족하다.
- 突く(つく)…찌르다.
- 積む(つむ)…쌓다.
- 溶く(とく)…녹이다.
- 飛ぶ(とぶ)…날다.

- **鳴く**(なく)…울다.
- 鳴る(なる)…울리다.
- 抜く(ぬく)…뽑다.
- 寝る(ねる)…자다.

- 編む(あむ)…뜨다.
- 浮く(うく)…뜨다.
- 得る(える)…얻다.
- 押す(おす)…밀다.

- 利く(きく)…통하다, 듣다.
- 食う(くう)…먹다.
- 越す(こす)…오시다.

- 刺す(さす)…찌르다.
- 指す(さす)…가리키다.
- 吸う(すう)…빨아들이다.
- 刷る(する)…찍다.

- 抱く(だく)…안다.
- 経つ(たつ)…지나다.
- 散る(ちる)…지다.
- 次ぐ(つぐ)…뒤따르다.
- 照る(てる)…비치다.
- 解く(とく)…풀다.
- 取る(とる)…집다.

- 泣く(なく)…울다.
- 似る(にる)…닮다.
- 塗る(ぬる)…칠하다.

- 掃く(はく)…쓸다.
- 減る(へる)…줄다.
- 掘る(ほる)…파다.

- 巻く(まく)…감다.
- 向く(むく)…향하다.

- 焼く(やく)…태우다.
- 因る(よる)…의하다.

- 沸く(わく)…끓다.
- 割る(わる)…쪼개다.

- 扇ぐ(あおぐ)…부치다.
- 余る(あまる)…남다.
- 痛む(いたむ)…아프다.
- 祝う(いわう)…축하하다.
- 移す(うつす)…옮기다.
- 映る(うつる)…비치다.
- 選ぶ(えらぶ)…고르다.
- 贈る(おくる)…선물하다.
- 踊る(おどる)…춤추다.

- 返る(かえる)…되돌아가다.
- 限る(かぎる)…한정하다.
- 語る(かたる)…말하다.
- 乾く(かわく)…마르다.
- 下る(くだる)…내리다.
- 曇る(くもる)…흐리다.
- 好む(このむ)…좋아하다.
- 殺す(ころす)…죽이다.

- 探す(さがす)…찾다.
- 叫ぶ(さけぶ)…부르짖다.
- 沈む(しずむ)…가라앉다.
- 湿る(しめる)…눅눅해지다.
- 進む(すすむ)…나아가다.
- 座る(すわる)…앉다.
- 育つ(そだつ)…자라다.

- 吹く(ふく)…불다.
- 干す(ほす)…말리다.

- 増す(ます)…늘다.
- 蒸す(むす)…찌다.

- 呼ぶ(よぶ)…부르다.
- 寄る(よる)…들르다.

- 湧く(わく)…솟다.

- 遊ぶ(あそぶ)…놀다.
- 抱く(いだく)…품다.
- 祈る(いのる)…빌다.
- 映す(うつす)…비추다.
- 写る(うつる)…찍히다.
- 移る(うつる)…옮아가다.
- 拝む(おがむ)…절하다.
- 怒る(おこる)…화내다.
- 躍る(おどる)…뛰어오르다.

- 帰る(かえる)…돌아가다.
- 囲む(かこむ)…둘러싸다.
- 担ぐ(かつぐ)…지다.
- 刻む(きざむ)…잘게 썰다.
- 配る(くばる)…배포하다.
- 凍る(こおる)…얼다.
- 困る(こまる)…곤란해지다.
- 転ぶ(ころぶ)…넘어지다.

- 探る(さぐる)…탐색하다.
- 触る(さわる)…닿다.
- 示す(しめす)…나타내다.
- 救う(すくう)…구하다.
- 涼む(すずむ)…납량하다.
- 注ぐ(そそぐ)…물을 대다.

- 倒す(たおす)…넘어뜨리다.
- 頼む(たのむ)…부탁하다.
- 頼る(たよる)…의지하다.
- 造る(つくる)…만들다.
- 包む(つつむ)…싸다.
- 届く(とどく)…도착하다.

- 直す(なおす)…고치다.
- 直る(なおる)…고쳐지다.
- 流す(ながす)…흘리다.
- 並ぶ(ならぶ)…줄을 서다.
- 盗む(ぬすむ)…훔치다.
- 眠る(ねむる)…자다.
- 残る(のこる)…남다.
- 上る(のぼる)…올라가다.
- 昇る(のぼる)…뜨다.

- 計る(はかる)…헤아리다.
- 測る(はかる)…예측하다.
- 外す(はずす)…제외하다.
- 省く(はぶく)…생략하다.
- 光る(ひかる)…빛나다.
- 含む(ふくむ)…포함하다.
- 太る(ふとる)…살찌다.

- 参る(まいる)…오다. 가다.
- 学ぶ(まなぶ)…배우다.
- 守る(まもる)…지키다.
- 回す(まわす)…돌리다.
- 磨く(みがく)…닦다.
- 結ぶ(むすぶ)…매다.
- 戻す(もどす)…되돌리다.

- 雇う(やとう)…고용하다.
- 破る(やぶる)…어기다.
- 汚す(よごす)…더럽히다.

- 渡す(わたす)…건네다.

- 畳む(たたむ)…접다.
- 試す(ためす)…시험하다.
- 違う(ちがう)…다르다.
- 続く(つづく)…계속되다.
- 通す(とおす)…통하게 하다.

- 治す(なおす)…고치다.
- 治る(なおる)…낫다.
- 悩む(なやむ)…고민하다.
- 憎む(にくむ)…미워하다.
- 願う(ねがう)…바라다.
- 残す(のこす)…남기다.
- 除く(のぞく)…제거하다.
- 登る(のぼる)…오르다

- 量る(はかる)…재다.
- 挟む(はさむ)…끼우다.
- 放す(はなす)…놓다.
- 払う(はらう)…치르다.
- 拾う(ひろう)…줍다.
- 防ぐ(ふせぐ)…막다.
- 放る(ほうる)…던지다.

- 祭る(まつる)…제사지내다.
- 招く(まねく)…초대하다.
- 迷う(まよう)…망설이다.
- 回る(まわる)…돌다.
- 実る(みのる)…열매를 맺다.
- 申す(もうす)…말씀드리다.
- 戻る(もどる)…돌아오다.

- 破く(やぶく)…찢다.
- 許す(ゆるす)…허락하다.

- 渡る(わたる)…건너다.

- 笑う(わらう)…웃다.

- **争う**(あらそう)…다투다.
- 現す(あらわす)…나타내다.
- 伺う(うかがう)…여쭙다.
- 疑う(うたがう)…의심하다.
- 占う(うらなう)…점치다.

- 表す(あらわす)…나타내다.
- 著す(あらわす)…저술하다.
- 失う(うしなう)…잃다.
- 敬う(うやまう)…공경하다.
- 補う(おぎなう)…메우다.

- **傾く**(かたむく)…기울다.
- 断る(ことわる)…사절하다.

- 偏る(かたよる)…치우치다.

- **耕す**(たがやす)…경작하다.

- 戦う(たたかう)…싸우다.

- **喜ぶ**(よろこぶ)…기뻐하다.

- 承る(うけたまわる)…받다.

2) 동사 2

「한자＋ㅁㅁ」의 꼴로 히라가나 두 자를 한자 뒤에 쓰는 단어로 5단동사와 1단동사가 혼합되어 있다.

- **明ける**(あける)…새다.
- 当てる(あてる)…대다.
- 荒れる(あれる)…거칠어지다.
- 浮かぶ(うかぶ)…뜨다.
- 埋める(うめる)…묻다.
- 終える(おえる)…마치다.
- 落ちる(おちる)…떨어지다.
- 下ろす(おろす)…내리다.

- 上げる(あげる)…드리다.
- 浴びる(あびる)…들쓰다.
- 植える(うえる)…심다.
- 受ける(うける)…받다.
- 売れる(うれる)…팔리다.
- 起こる(おこる)…일어나다.
- 落とす(おとす)…떨어뜨리다.
- 降ろす(おろす)…내려 놓다.

- **代える**(かえる)…대신하다.
- 換える(かえる)…바꾸다.
- 掛かる(かかる)…걸리다.
- 欠ける(かける)…빠지다.
- 代わる(かわる)…대신하다.
- 換わる(かわる)…바뀌다.
- 決まる(きまる)…정해지다.
- 切れる(きれる)…끊어지다.
- 越える(こえる)…넘다.

- 替える(かえる)…바꾸다.
- 変える(かえる)…바꾸다.
- 掛ける(かける)…걸다.
- 枯れる(かれる)…시들다.
- 替わる(かわる)…바뀌다.
- 変わる(かわる)…변하다.
- 決める(きめる)…정하다.
- 暮れる(くれる)…저물다.
- 超える(こえる)…넘다.

- **刺さる**(ささる)…찔리다.
- 覚ます(さます)…깨우다.
- 覚める(さめる)…깨다.
- 閉める(しめる)…닫다.
- 過ぎる(すぎる)…지나다.
- 捨てる(すてる)…버리다.

- 冷ます(さます)…식히다.
- 冷める(さめる)…식다.
- 閉まる(しまる)…닫히다.
- 占める(しめる)…차지하다.
- 過ごす(すごす)…보내다.
- 責める(せめる)…책망하다.

- **散らす**(ちらす)…흩날리다.
- 詰まる(つまる)…꽉 차다.
- 積もる(つもる)…쌓이다.
- 照らす(てらす)…비추다.
- 溶ける(とける)…녹다.
- 閉じる(とじる)…닫다.
- 泊まる(とまる)…묵다.

- 漬ける(つける)…담그다.
- 詰める(つめる)…채우다.
- 連れる(つれる)…데리고 가다.
- 溶かす(とかす)…녹이다.
- 解ける(とける)…풀리다.
- 飛ばす(とばす)…날리다.
- 留まる(とまる)…머무르다.

- **無くす**(なくす)…잃다.
- 投げる(なげる)…던지다.
- 慣れる(なれる)…익숙해지다.
- 逃げる(にげる)…도망치다.
- 乗せる(のせる)…태우다.
- 延ばす(のばす)…연기하다.
- 延びる(のびる)…연기되다.

- 亡くす(なくす)…여의다.
- 鳴らす(ならす)…울리다.
- 逃がす(にがす)…놓치다.
- 抜ける(ぬける)…빠지다.
- 伸ばす(のばす)…늘리다.
- 伸びる(のびる)…자라다.
- 述べる(のべる)…말하다.

- **生える**(はえる)…나다.
- 冷やす(ひやす)…식히다.
- 更ける(ふける)…밤이 깊어지다.
- 触れる(ふれる)…닿다.

- 冷える(ひえる)…차가워지다.
- 増える(ふえる)…늘다.
- 増やす(ふやす)…늘리다.
- 減らす(へらす)…줄이다.

- **曲がる**(まがる)…방향을 돌다.
- 曲げる(まげる)…구부리다.
- 交ざる(まざる)…섞이다.
- 交じる(まじる)…섞이다.
- 交ぜる(まぜる)…섞다.
- 向かう(むかう)…향하다.
- 燃える(もえる)…타다.

- 負ける(まける)…지다.
- 混ざる(まざる)…섞이다.
- 混じる(まじる)…섞이다.
- 混ぜる(まぜる)…섞다.
- 満ちる(みちる)…가득 차다.
- 向ける(むける)…돌리다.
- 燃やす(もやす)…태우다.

- **焼ける**(やける)…불타다.

- 寄せる(よせる)…보내다.

- 沸かす(わかす)…끓이다.
- 割れる(われる)…깨지다.

- 味わう(あじわう)…맛보다.
- 預ける(あずける)…맡기다.
- 暴れる(あばれる)…날뛰다.
- 動かす(うごかす)…움직이다.
- 遅れる(おくれる)…늦어지다.
- 治める(おさめる)…수습하다. 다스리다.
- 教わる(おそわる)…배우다.

- 抱える(かかえる)…껴안다.
- 重ねる(かさねる)…포개다.
- 固まる(かたまる)…굳어지다.
- 乾かす(かわかす)…말리다.
- 苦しむ(くるしむ)…시달리다.
- 加わる(くわわる)…더해지다.
- 転がす(ころがす)…굴리다.

- 支える(ささえる)…받치다.
- 調べる(しらべる)…조사하다.
- 進める(すすめる)…전진시키다.
- 備える(そなえる)…갖추다.

- 倒れる(たおれる)…쓰러지다.
- 助かる(たすかる)…살아남다.
- 訪ねる(たずねる)…방문하다.
- 楽しむ(たのしむ)…즐기다.
- 疲れる(つかれる)…피로하다.
- 伝わる(つたわる)…전해지다.
- 勤める(つとめる)…근무하다.
- 務める(つとめる)…임무를 맡다.

- 流れる(ながれる)…흐르다.

- 挟まる(はさまる)…틈에 끼이다.
- 放れる(はなれる)…풀리다.
- 広げる(ひろげる)…넓히다.

- 分ける(わける)…가르다.

- 預かる(あずかる)…맡다.
- 与える(あたえる)…부여하다.
- 慌てる(あわてる)…당황하다.
- 薄める(うすめる)…묽게 하다.
- 収める(おさめる)…걷히다.
- 恐れる(おそれる)…무서워하다.
- 覚える(おぼえる)…익히다.

- 重なる(かさなる)…겹치다.
- 数える(かぞえる)…세다.
- 悲しむ(かなしむ)…슬퍼하다.
- 比べる(くらべる)…비교하다.
- 加える(くわえる)…더하다.
- 凍える(こごえる)…얼다.
- 転がる(ころがる)…구르다.

- 静まる(しずまる)…조용해지다.
- 優れる(すぐれる)…뛰어나다.
- 育てる(そだてる)…기르다.

- 高める(たかめる)…높이다.
- 助ける(たすける)…살리다.
- 例える(たとえる)…비유하다.
- 捕まる(つかまる)…잡히다.
- 伝える(つたえる)…전하다.
- 続ける(つづける)…계속하다.
- 努める(つとめる)…힘쓰다.
- 届ける(とどける)…보내다.

- 並べる(ならべる)…늘어놓다.

- 外れる(はずれる)…빗나가다.
- 広がる(ひろがる)…넓어지다.
- 広める(ひろめる)…넓히다.

- 深まる(ふかまる)…깊게 하다.
- 震える(ふるえる)…흔들리다.

- **任せる**(まかせる)…맡기다.
- 迎える(むかえる)…맞이하다.
- 求める(もとめる)…구하다.

- **破れる**(やぶれる)…깨지다.

- **別れる**(わかれる)…헤어지다.

- **暖まる**(あたたまる)…따뜻해지다.
- 暖める(あたためる)…따뜻하게 하다.
- 改める(あらためる)…고치다.
- 表れる(あらわれる)…나타나다.

- 含める(ふくめる)…포함하다.

- 認める(みとめる)…인정하다.
- 用いる(もちいる)…이용하다.

- 汚れる(よごれる)…더러워지다.

- 忘れる(わすれる)…잊다.

- 温まる(あたたまる)…따뜻해지다.
- 温める(あたためる)…따뜻하게 하다.
- 現れる(あらわれる)…나타나다.

3) 동사 3

「한자＋□□□」의 꼴로 히라가나 세 자를 한자 뒤에 쓰는 단어로 5단동사와 1단동사가 혼합되어 있다.

- **合わせる**(あわせる)…보태다.
- 押さえる(おさえる)…누르다.
- 散らかす(ちらかす)…어지르다.
- 捕らえる(とらえる)…잡다.
- 亡くなる(なくなる)…죽다.

- **甘やかす**(あまやかす)…응석을 받아주다.
- 確かめる(たしかめる)…확인하다.

- 浮かべる(うかべる)…띄우다.
- 済ませる(すませる)…끝내다.
- 散らかる(ちらかる)…흩어지다.
- 無くなる(なくなる)…없어지다.
- 分かれる(わかれる)…갈라지다.

- 苦しめる(くるしめる)…괴롭히다.
- 捕まえる(つかまえる)…붙잡다.

3 형용사(形容詞) / 형용동사(形容動詞)

1) 형용사 1

「한자+い」의 꼴로 히라가나 한 자「～い」를 한자 뒤에 쓰는 형용사를 정리해 두었다. 주의해야 할 것은 「濃い(こい : 짙다)」의 과거형은 「濃かった(짙었다)」로 형용사 어미 「～い」를 떼고 「～かった」로 고쳐야 한다는 것을 잊어서는 안 된다.

- 濃い(こい)…짙다.
- 丸い(まるい)…둥글다.
- 厚い(あつい)…두껍다.
- 荒い(あらい)…거칠다.
- 偉い(えらい)…위대하다.
- 固い(かたい)…단단하다.
- 硬い(かたい)…단단하다.
- 清い(きよい)…깨끗하다.
- 寒い(さむい)…춥다.
- 狭い(せまい)…좁다.
- 遠い(とおい)…멀다.
- 眠い(ねむい)…졸리다.
- 低い(ひくい)…낮다.
- 太い(ふとい)…굵다.
- 弱い(よわい)…약하다.
- 賢い(かしこい)…현명하다.
- 鋭い(するどい)…날카롭다.

- 無い(ない)…없다.
- 浅い(あさい)…얕다.
- 甘い(あまい)…달다.
- 薄い(うすい)…얇다.
- 遅い(おそい)…느리다.
- 堅い(かたい)…건실하다.
- 辛い(からい)…맵다.
- 怖い(こわい)…무섭다.
- 鈍い(にぶい)…무디다.
- 高い(たかい)…높다.
- 苦い(にがい)…쓰다.
- 速い(はやい)…빠르다.
- 深い(ふかい)…깊다.
- 細い(ほそい)…가늘다.
- 若い(わかい)…젊다.
- 汚い(きたない)…더럽다.
- 短い(みじかい)…짧다.

2) 형용사 2

「한자+～しい」의 꼴로 히라가나 두 자 이상을 한자 뒤에 쓰는 형용사에는 「～しい」로 끝나는 것이 많다.

- 欲しい(ほしい)…갖고 싶다.
- 重たい(おもたい)…묵직하다.
- 険しい(けわしい)…험하다.
- 親しい(したしい)…친하다.
- 貧しい(まずしい)…가난하다.

- 危うい(あやうい)…위태롭다.
- 苦しい(くるしい)…괴롭다.
- 恋しい(こいしい)…그립다.
- 等しい(ひとしい)…같다.
- 危ない(あぶない)…위험하다.

- 涼しい(すずしい)…시원하다.
- 悲しい(かなしい)…슬프다.
- 優しい(やさしい)…상냥하다.
- 忙しい(いそがしい)…바쁘다.
- 美しい(うつくしい)…아름답다.
- 勇ましい(いさましい)…용감하다.
- 頼もしい(たのもしい)…믿음직하다.
- 柔らかい(やわらかい)…부드럽다.
- 厚かましい(あつかましい)…뻔뻔스럽다.
- 易しい(やさしい)…쉽다.
- 細かい(こまかい)…자세하다.
- 暖かい(あたたかい)…따뜻하다.
- 難しい(むずかしい)…어렵다.
- 珍しい(めずらしい)…진귀하다.
- 恐ろしい(おそろしい)…무섭다.
- 憎らしい(にくらしい)…얄밉다.
- 恥ずかしい(はずかしい)…부끄럽다.

3) 형용동사

- 主(おも)…주됨.
- 静か(しずか)…조용함.
- 確か(たしか)…분명함, 확실함.
- 幸い(さいわい)…행복함, 다행임.
- 明らか(あきらか)…분명함, 명백함.
- 見事(みごと)…훌륭함.
- 新た(あらた)…새로움, 새로 함.
- 平ら(たいら)…평평함.
- 豊か(ゆたか)…풍부함, 유복함.
- 幸せ(しあわせ)…행복함.
- 手頃(てごろ)…적당함.
- 逆様(さかさま)…거꾸로 됨.

연습문제

Ⅳ. 次の文章をよく聞いて、後の問いにもっとも適したものを(A)から(D)の中で一つ選びなさい。

(例1～例2)

> キム・ミキョンさんは韓国語の先生で、家はソウルです。ご主人の仕事はデパートの店員です。子供は三人です。

(1) キム・ミキョンさんの仕事は何ですか。

    (A) 会社員
    (B) 先生
    (C) 公務員
    (D) 店員

(2) キム・ミキョンさんの子供は何人ですか。

    (A) 一人
    (B) 二人
    (C) 三人
    (D) 四人

上の質問(1)の答えは「B」で、(2)の答えは「C」です。

(答)　(1) (A) **(B)** (C) (D)
　　　(2) (A) (B) **(C)** (D)

では、パートⅣの問題を始めます。

1. 山田さんは朝起きて最初に何をしますか。

  (A) 食事   (B) 歯磨き
  (C) 体操   (D) お風呂

2. 授業が始まる前に何をしますか。

  (A) 宿題をする。   (B) 先生と相談し合う。
  (C) いたずらをする。   (D) 友達と話し合う。

3. 山田さんの職業は何ですか。

  (A) 生徒   (B) 会社員
  (C) 警官   (D) 先生

4. 下水処理場はどこが一番いいですか。

  (A) 山   (B) 川や海の近く
  (C) 都心   (D) 水中

5. 臭いが漏れないようにどういう処置をしていますか。

  (A) 手入れをする。   (B) ドアを閉める。
  (C) 蓋をかぶせる。   (D) カギをかける。

6. 下水処理場の上の用途として考えられるのはどれですか。

  (A) テニスコート   (B) プール場
  (C) 住宅地   (D) ゴミ処分場

7. 太郎は日曜日の朝、何をしますか。

  (A) 体操   (B) ジョギング
  (C) テニス   (D) ゴルフ

8. ある日曜日の朝、太郎は誰に会いましたか。

  (A) 一人の少女   (B) 二人の少女
  (C) 一人の少年   (D) 二人の少年

9. 太郎は彼を最初見たとき何をしましたか。

  (A) 握手をした。   (B) 一緒に走った。
  (C) 声をかけた。   (D) 何もしなかった。

10. 手紙はどこで書きましたか。

    (A) 東京のホテルで (B) 札幌のホテルで
    (C) 家で (D) 図書館で

11. 泊まったホテルについてどうだと言っていますか。

    (A) 北海道では一番だろうと言っている。
    (B) 世界では一番だろうと言っている。
    (C) 日本では一番だろうと言っている。
    (D) 東京以北では一番だろうと言っている。

12. 手紙をもらった人のふるさとはどこですか。

    (A) 東京 (B) 仙台
    (C) 札幌 (D) 大阪

13. 少年少女による殺人事件はどうだと言っていますか。

    (A) 年々増加している。 (B) 年々減っている。
    (C) 減っていない。 (D) 増加していない。

14. 少年少女による軽い非行は何ですか。

    (A) 強盗 (B) 強姦
    (C) 万引き (D) 殺人

15. 人を殺すためには何が必要だと言っていますか。

    (A) 弱い攻撃性の発動 (B) 弱い非攻撃性発動
    (C) 強い攻撃性の発動 (D) 強い非攻撃性の発動

16. 手芸クラブの活動で何を強調していますか。

    (A) けが (B) 火事
    (C) 後始末 (D) 当番

17. 火事になる用具は何ですか。

    (A) 毛糸 (B) 針
    (C) はさみ (D) アイロン

18. 後片付けの方法として何を勧めていますか。

    (A) グループごとに当番でやっていくこと
    (B) 自分の物は自分でしまうこと
    (C) 先生の指導のもとでやっていくこと
    (D) みんなで速やかに片づけること

19. この調査での夫の専用の個室はどのくらいですか。

    (A) 全部
    (B) 半数以上
    (C) 若干
    (D) 半数以下

20. 家で安らぎとして浮かんでいるのは何ですか。

    (A) テレビとビデオ
    (B) テレビとゲーム
    (C) ビデオとコンピューター
    (D) ビデオとラジオ

* 스크립트・해설 및 정답은 p. 366에 있습니다.

청해 예상문제

次の問題1番から質問100番までは聞き取りの問題です。
どの問題も1回しか言いませんから、よく聞いて答えを(A),(B),(C),(D)の中から一つ選び、それに
あたる答案用紙の記号を黒くぬりつぶしなさい。

パートⅠは写真や表を見て答えます。(A),(B),(C),(D)の文は問題用紙には書かれていません。
文は一回しか読みませんので、よく聞いてください。

Ⅰ. 次の写真を見て、その内容に合っている表現を(A)から(D)の中で一つ選びなさい。

例)

(A) 女性は子供をだっこしています。
(B) 男性は子供をだっこしています。
(C) 女性は子供をおんぶしています。
(D) 男性は子供をおんぶしています。

(A),(B),(C),(D)の中で(B)「男性は子供をだっこしています。」
この文章が上の絵をもっとも適切に表現しています。
ですから、皆さんは(B)と答えるべきです。

(答) (A) ⒝ (C) (D)

では、パートⅠの問題1番から始めます。

1

2

3

4

5

6

13

14

17

18

19

20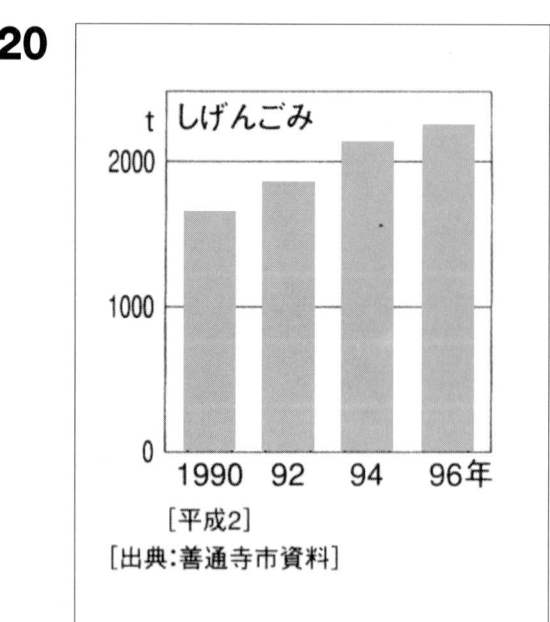

パートⅡは簡単な質問にふさわしい答えを選ぶ問題です。問題と文は問題用紙に書かれていないので、よく聞いてから答えにあたる答案用紙の記号を黒くぬりつぶしなさい。

Ⅱ. 次の言葉の返事として、もっとも適した答えを(A)から(D)の中で一つ選びなさい。

　　例) どこかおいしい寿司屋を知っていますか。
　　　　(A) いいえ、知っていません。
　　　　(B) いいえ、知りません。
　　　　(C) はい、知ります。
　　　　(D) はい、知りません。

質問に対する一番いい返事は(B)「いいえ、知りません。」です。

これがもっとも適した答えですので、皆さんは(B)と答えるべきです。

(答)　(A)　Ⓑ　(C)　(D)

では、パートⅡの問題を始めます。

21. 答えを答案用紙に書き入れなさい。
22. 答えを答案用紙に書き入れなさい。
23. 答えを答案用紙に書き入れなさい。
24. 答えを答案用紙に書き入れなさい。
25. 答えを答案用紙に書き入れなさい。
26. 答えを答案用紙に書き入れなさい。
27. 答えを答案用紙に書き入れなさい。
28. 答えを答案用紙に書き入れなさい。
29. 答えを答案用紙に書き入れなさい。
30. 答えを答案用紙に書き入れなさい。
31. 答えを答案用紙に書き入れなさい。
32. 答えを答案用紙に書き入れなさい。
33. 答えを答案用紙に書き入れなさい。
34. 答えを答案用紙に書き入れなさい。
35. 答えを答案用紙に書き入れなさい。
36. 答えを答案用紙に書き入れなさい。
37. 答えを答案用紙に書き入れなさい。
38. 答えを答案用紙に書き入れなさい。
39. 答えを答案用紙に書き入れなさい。
40. 答えを答案用紙に書き入れなさい。
41. 答えを答案用紙に書き入れなさい。
42. 答えを答案用紙に書き入れなさい。
43. 答えを答案用紙に書き入れなさい。
44. 答えを答案用紙に書き入れなさい。
45. 答えを答案用紙に書き入れなさい。
46. 答えを答案用紙に書き入れなさい。
47. 答えを答案用紙に書き入れなさい。
48. 答えを答案用紙に書き入れなさい。
49. 答えを答案用紙に書き入れなさい。
50. 答えを答案用紙に書き入れなさい。

パートⅢは会話文です。このパートでは二人の対話を一回読みます。会話は問題用紙に書かれていないので、よく聞いてください。それから、問題用紙の問題を読んでください。

Ⅲ. 次の会話をよく聞いて、後の問いにもっとも適したものを(A)から(D)の中で一つ選びなさい。

例) A：田中さんはスカートが好きですか。
　　B：ええ、そうです。
　　A：ジーンズはどうですか。
　　B：ジーンズはちょっと…。

田中さんは、どんな服が好きですか。

(A) ジーンズが好きです。
(B) スカートが好きです。
(C) ジーンズもスカートも好きです。
(D) ジーンズもスカートも好きではありません。

上の問題に合っている答えは「B：スカートが好きです。」です。では、パートⅢの問題を始めます。

51. 客が頼んだのは。

　(A) 焼き鳥　　　　　　　　(B) 焼き鳥と瓶ビール
　(C) 焼き鳥と生ビール　　　(D) 生ビール

52. 加藤さんは何時まで会社へ行かなければならないですか。

　(A) 7時　　　　　　　　　(B) 7時半
　(C) 9時　　　　　　　　　(D) 9時半

53. 何故早く帰りますか。

　(A) 台風が通ったから　　　(B) 台風が近づいているから
　(C) 洪水になったから　　　(D) 体の具合いが悪いから

54. 斎藤さんはいつアメリカに行きますか。

　(A) 今月　　　　　　　　　(B) 来月
　(C) 再来月　　　　　　　　(D) 先月

55. 王さんはどちらに似ていますか。

  (A) お母さん似   (B) お父さん似
  (C) 半分ずつ   (D) 似ていない

56. 吉野さんはなぜ早く家を出ましたか。

  (A) 家が遠いから   (B) 道が込んでいるから
  (C) 早く目が覚めたから   (D) 火曜日だから

57. 鈴木さんはいつギターを習いましたか。

  (A) 小学校の時   (B) 中学の時
  (C) 高校の時   (D) 大学の時

58. 近藤さんはどんな人ですか？

  (A) 背が低くて黒い眼鏡をかけている人
  (B) 背が低くて金色の眼鏡をかけている人
  (C) 背が高くて黒い眼鏡をかけている人
  (D) 背が高くて赤い眼鏡をかけている人

59. 明日は何時までに集合すればいいですか。

  (A) 7時   (B) 7時半
  (C) 8時   (D) 9時

60. 客はどんな席にしましたか。

  (A) 窓側の禁煙席   (B) 窓側の喫煙席
  (C) 通路側の禁煙席   (D) 通路側の喫煙席

61. 客はどうすればいいですか。

  (A) サインをすればいい。
  (B) 持ってきた判子を押せばいい。
  (C) 判子を取りに行かなければならない。
  (D) どうしようもない。

62. アパートでは犬を飼ってもいいですか。

  (A) 犬を飼ってもいい。   (B) 小さい犬ならいい。
  (C) 犬を飼ってはいけない。   (D) 予防接種をすればかまわない。

63. 金さんの下宿はどんなところですか。

    (A) 駅から近い。   (B) 日当たりが悪い。
    (C) 家賃が高い。   (D) 駅から遠い。

64. ここはどこですか。

    (A) 会社   (B) 美容院
    (C) 病院   (D) 薬局

65. 二人は何を食べることにしましたか。

    (A) 中華   (B) 洋食
    (C) 和食   (D) 韓国料理

66. 客はおつりをいくらもらえますか。

    (A) 240円   (B) 760円
    (C) 1000円   (D) もらえない

67. 男の人のテニス歴は？

    (A) 2年   (B) 3年
    (C) 7年   (D) 8年

68. 梅雨はいつ明けましたか。

    (A) 1週間前   (B) 2週間前
    (C) 三日前   (D) まだ続いている

69. 斎藤さんが探したボールペンはどこで見つかりましたか。

    (A) 机の上   (B) 机の下
    (C) 佐藤さんの手の中   (D) 見つからなかった

70. サムゲタンはどうですか。

    (A) おいしいけど、ちょっと高い。   (B) おいしくて安い。
    (C) 安いけど、まずい。   (D) 高くてまずい。

71. サッカーはどうなりましたか。

    (A) 韓国が1：0で勝った。   (B) 韓国が2：1で勝った。
    (C) 中国が1：0で勝った。   (D) 1：1で引き分け。

72. 喫煙席はどこですか。

  (A) 一階　　　　　　　　　　(B) 二階
  (C) 全館禁煙　　　　　　　　(D) 全館喫煙可

73. 二人の関係は?

  (A) 父娘　　　　　　　　　　(B) 恋人同士
  (C) 先生と学生　　　　　　　(D) 母子

74. 二人は今夜どこに行くことにしましたか。

  (A) 居酒屋　　　　　　　　　(B) カラオケ
  (C) スナック　　　　　　　　(D) 喫茶店

75. チェさんはどこに行きますか。

  (A) ソウル支社　　　　　　　(B) 東京本社
  (C) 東京支社　　　　　　　　(D) 大阪支社

76. 飲み代は誰が払いますか。

  (A) 石橋さん　　　　　　　　(B) 木村さん
  (C) 割り勘にする　　　　　　(D) つけで飲む

77. 江夏さんはどうして徹夜をしましたか。

  (A) 眠れなかったから　　　　(B) お酒を飲んだから
  (C) 報告書を書くために　　　(D) 今日早く帰るために

78. お父さんはどうして毎日残業ですか。

  (A) 残業が好きだから　　　　(B) 同僚が辞めたから
  (C) 家に早く帰りたくないから　(D) 残業手当をもらうため

79. 金さんはどうして遅れましたか。

  (A) 朝寝坊をしたので　　　　(B) バスの事故があったので
  (C) タクシーの事故があったので　(D) 地下鉄の事故があったので

80. 加藤さんはフランス語が分かりますか。

  (A) 分かる。　　　　　　　　(B) 少しなら分かる。
  (C) 全然分からない。　　　　(D) とても上手だ。

パートⅣは説明文です。このパートは短い文を一回読みます。この文は問題用紙には書かれていないので、よく聞いてください。そして、一つの文の内容について二つから四つの問題が問題用紙にあります。

Ⅳ．次の文章をよく聞いて、後の問いにもっとも適したものを(A)から(D)の中で一つ選びなさい。

(例1～2)

> キム・ミキョンさんは韓国語の先生で、家はソウルです。ご主人の仕事はデパートの店員です。子供は三人です。

(例1) キム・ミキョンさんの仕事は何ですか。
(A) 会社員
(B) 先生
(C) 公務員
(D) 店員

(例2) キム・ミキョンさんの子供は何人ですか。
(A) 一人
(B) 二人
(C) 三人
(D) 四人

上の問題「例1」に合っている答えは「B」で、「例2」に合っている答えは「C」です。
では、パートⅣの問題を始めます。

81. 事故を起こした車は何台ですか。
    (A) 3台
    (B) 4台
    (C) 5台
    (D) 6台

82. 最初に事故を起こしたのは何ですか。
    (A) バス
    (B) 乗用車
    (C) トラック
    (D) バイク

83. 途中で停まる駅は何カ所ですか。
    (A) 一カ所
    (B) 二カ所
    (C) 三カ所
    (D) 四カ所

84. 終着駅はどこですか。

（A）仙台　　　　　　　　（B）福島
（C）宇都宮　　　　　　　（D）東京

85. 食堂車は何号車ですか。

（A）2号車　　　　　　　（B）3号車
（C）4号車　　　　　　　（D）5号車

86. たばこが吸えるのは何号車ですか。

（A）2号車　　　　　　　（B）3号車
（C）4号車　　　　　　　（D）6号車

87. 福岡さんが結婚したのは、韓国に来て何年経ってからですか。

（A）1年　　　　　　　　（B）2年
（C）3年　　　　　　　　（D）4年

88. 福岡さんはどこに住んでいますか。

（A）プサン　　　　　　　（B）ソウル
（C）キョンジュ　　　　　（D）テグ

89. お正月に誰と国へ帰りますか。

（A）妻　　　　　　　　　（B）友だち
（C）妻と息子　　　　　　（D）息子

90. 福岡さんの職業は？

（A）建築家　　　　　　　（B）商社マン
（C）自営業　　　　　　　（D）銀行マン

91. 今度の台風は何号ですか。

（A）1号　　　　　　　　（B）2号
（C）5号　　　　　　　　（D）6号

92. 二十日正午現在の台風の風速は？

（A）時速10キロ　　　　　（B）時速15キロ
（C）時速20キロ　　　　　（D）時速25キロ

93. 中心付近の最大風速は？

　　　(A) 10メートル　　　　　　(B) 20メートル
　　　(C) 30メートル　　　　　　(D) 40メートル

94. 中心の気圧は？

　　　(A) 992ヘクトパスカル　　　(B) 995ヘクトパスカル
　　　(C) 998ヘクトパスカル　　　(D) 999ヘクトパスカル

95. どんな内容ですか。

　　　(A) ニューヨーク外国為替市場の株と為替
　　　(B) ロンドン外国為替市場の株と為替
　　　(C) 東京外国為替市場の株と為替
　　　(D) ソウル外国為替市場の株と為替

96. 為替は昨日に比べてどうなりましたか。

　　　(A) 5銭の円安ドル高　　　　(B) 8銭の円安ドル高
　　　(C) 5銭の円高ドル安　　　　(D) 8銭の円高ドル安

97. 明野村で満開を迎えたのは何ですか。

　　　(A) 朝顔　　　　　　　　　(B) ひまわり
　　　(C) コスモス　　　　　　　(D) 桜

98. この村が太陽の村と知られるようになった理由は？

　　　(A) 花が多いから　　　　　(B) 観光客が多いから
　　　(C) 日照時間が長いから　　(D) 太陽が近いから

99. 花はいつから植え始めましたか。

　　　(A) 7年前　　　　　　　　(B) 8年前
　　　(C) 9年前　　　　　　　　(D) 10年前

100. 八月末には何本の花が咲きますか。

　　　(A) 2万本　　　　　　　　(B) 5万本
　　　(C) 12万本　　　　　　　 (D) 22万本

* 청해예상문제 스크립트·해설 및 정답은 p. 369에 있습니다.

독해 문제 공략편

출제 경향 분석

파트별 출제 경향

パートⅤ는 일본어에서 가장 기본이 되는 한자 읽기·한자 쓰기, 같은 의미의 문장과 같은 용법을 찾는 문제의 4가지 유형의 문제로 **20문항**이다. 4가지 유형 중에서도 같은 의미의 문장의 정답 찾기가 6~9문제로 가장 많이 출제되고, 같은 용법의 정답 찾기가 2~4문제로 가장 적게 출제된다. 참고로 일본어능력시험(JLPT)에서도 한자 읽기·한자 쓰기와 같은 의미의 문장을 찾는 문제가 문자·어휘에서 출제되고 있다. 또한, 외래어의 표기가 올바른 것을 고르는 문제도 1문항정도 출제된다. 한자 읽기·한자 쓰기에서 고득점을 얻기 위해서는 '동음이의어' '동훈이어' '숙자훈(특수 읽기)' 등을 꼼꼼하게 익혀 두기를 바란다. 그리고, 같은 용법의 정답 찾기 문제는 JPT에서만 출제되는 문제형식이다. JPT 600점을 얻기 위해서는 20문항 중 아는 문제 10문항이면 되지만, **JPT 800점을 얻기 위해서는 20문항 중 아는 문제가 15문항 이상이어야 한다**. 고득점을 얻기 위해서는 パートⅤ(정답 찾기)에서 많은 점수를 확보해 놓아야 한다.

パートⅥ은 문장 속의 밑줄 친 (A), (B), (C), (D) 중에서 틀린 곳이나 부적절한 부분을 찾는 문제로 **20문항**이다. 오문 정정은 어떤 부분이 잘못되었는지를 모르고서는 정답을 찾을 수 없기 때문에 정확한 문법 지식과 어휘 지식을 갖추지 않으면 득점과 연결이 안 된다. 고득점과 연결시키기 위해서는 「~に勤める」「~で働く」「~までに」「先生になる」등과 같이 조사와 동사를 페어로 외우거나, 문법과 기능어를 확실하게 익혀 두는 것도 잊어서는 안 된다. 또한 고득점을 하기 위해서는 한국어로 해석해서 문제를 풀어서는 함정에 빠지기 쉬우므로, 일본어 그대로의 표현을 많이 알아 두어야 한다. JPT 600점을 얻기 위해서는 20문항 중 아는 문제 10문항이면 되지만, **JPT 800점을 얻기 위해서는 20문항 중 아는 문제가 15문항 이상이어야 한다**. 고득점을 얻기 위해서는 パートⅥ(오문 정정)에서 많은 점수를 확보해 놓아야 한다.

パートⅦ은 불완전한 문장을 전후 관계를 정확하게 파악하여 완전한 문장으로 완성시키는 문제로 **30문항**이다. 기본적인 문법 실력뿐만 아니라 다양한 어휘를 알아야 고득점과 연결된다. 공란 메우기는 일본어능력시험(JLPT)에서도 문법 문제와 문자·어휘 양쪽에서 출제되고 있으며 각종 시험 문제에서 반드시 나오는 형식이다. JPT 600점을 얻기 위해서는 30문항 중 아는 문제 15문항이면 되지만, **JPT 800점을 얻기 위해서는 30문항 중 아는 문제가 22문항 이상이어야 한다**. 고득점을 얻기 위해서는 パートⅦ(공란 메우기)에서 많은 점수를 확보해 놓아야 한다.

パートⅧ은 독해 문제의 골격이 되는 문제로 **30문항**이다. 독해 문제는 표면적인 이해력보다는 일상 생활 속에서 문자를 매체로 한 정보를 빨리 그리고 정확하게 파악해야만 고득점과 연결된다. 50~100자 정도의 지문을 읽고 2~4개의 질문에 답하면 되지만, 30문항의 질문에 사용되는 짧은 지문 8~10개 정도로 시간이 많이 부족하므로 질문을 먼저 정확하게 보고 지문 중에서 찾으면 고득점과 연결된다. JPT 600점을 얻기 위해서는 30문항 중 아는 문제 15문항이면 되지만, **JPT 800점을 얻기 위해서는 30문항 중 아는 문제가 22문항 이상이어야 하므로 상당히 많은 준비를 요한다**.

독해 문제 푸는 요령

　JPT시험의 독해 문제는 100문항을 50분에 풀어야 하는 부담이 있다. 그러나 실제 시험에 대비해 본 교재를 통해 철저하게 연습하면 짧은 시간내라도 자신의 실력을 충분히 발휘할 수 있다. 즉 청해 문제의 경우에는 테이프에서 흘러나오는 음성에 따라 문제를 풀어야 하므로 100문항에 대한 시간 배정을 할 수 없는 반면에 독해 문제 100문항은 수험자의 자신 있는 문제 형식부터 손을 댈 수도 있고, 아는 문제부터 풀고 시간이 남으면 나머지 문제를 푸는 식으로 각 문제에 대한 배정을 할 수 있다. **100문항을 50분내에 풀어야 하므로 1문항당 배정 시간이 청해 문제 27초보다 조금 긴 30초밖에 되지 않는다.** 뿐만 아니라 문제 171~200번까지의 30문항은 짧은 지문은 8~10개 정도를 통해 30문항을 풀어야 하므로 1문항당 1분만 잡아도 30분이 소요된다. 그러므로 독해를 제외한 정답 찾기, 오문 정정, 공란 메우기의 70문항을 나머지 20분에 풀어야 하므로 1문항당 17초밖에 되지 않는다. **독해 문제에서 고득점을 올리기 위해서는 독해 30문항과 나머지 70문항의 시간 안배가 가장 중요한 포인트가 된다.** 모의 테스트와 예상 문제를 통해 반드시 시간을 측정하면서 연습해 두는 습관이 필요하다. 특히 JPT 800점을 얻기 위해서는 아는 문제 149문항 이상이어야 하므로 독해 문제 100문항 중 아는 문제 75문항이어야 한다. 그러므로 독해 문제 중 풀기 쉬운 パートⅤ(정답 찾기)~파트Ⅶ(공란 메우기)에서 많은 득점을 내도록 충분히 연습을 해 두길 바란다. 나머지 パートⅧ(독해)은 긴 지문의 문제를 풀기 위해서 시간이 많이 요하게 되므로 이 책의 연습 문제, 예상 문제, 모의 테스트를 통해서 충분히 시간을 재면서 공부하면 충분히 공략을 할 수 있을 것이다.

　여기서는 JPT일본어 능력시험 수험생을 위해 독해 문제의 각 파트별 공략편을 다루었다. JPT의 고득점을 기원하면서 필자가 지금까지 자주 출제된 자료를 정리해 두었다. 많은 참고가 되기를 바란다.

パートV

정답찾기 공략편

1. 한자 읽기
2. 한자 쓰기
3. 외래어
4. 의미 문제
5. 동음이의어 총정리
6. 동훈이자 총정리
7. 숙자훈 총정리
◆ 연습문제

1 한자 읽기

1) 명사와 형용동사

(×)표시는 틀리게 읽기 쉬운 것을 나타낸다.

- 愛情(あいじょう)…애정
- 維持(いじ)…유지 (×) すいじ
- 印刷(いんさつ)…인쇄
- 有無(うむ)…유무 (×) ゆうむ
- 円滑(えんかつ)…원활함 (×) えんこつ
- 悪寒(おかん)…오한
- 拡張(かくちょう)…확장 (×) こうちょう
- 完遂(かんすい)…완수 (×) かんつい
- 緩和(かんわ)…완화 (×) だんわ
- 喫茶(きっさ)…차를 마심 (×) きっちゃ
- 休憩(きゅうけい)…휴게
- 群衆(ぐんしゅう)…군중
- 謙虚(けんきょ)…겸허
- 後悔(こうかい)…후회
- 行使(こうし)…행사
- 示唆(しさ)…시사 (×) ししゅん
- 執行(しっこう)…집행 (×) しつぎょう
- 若干(じゃっかん)…약간 (×) わかせん
- 順応(じゅんのう)…순응
- 崇拝(すうはい)…숭배
- 繊細(せんさい)…섬세
- 喪失(そうしつ)…상실 (×) もしつ
- 滞在(たいざい)…체재
- 建前(たてまえ)…원칙
- 超越(ちょうえつ)…초월
- 頭角(とうかく)…두각 (×) ずかく
- 破壊(はかい)…파괴
- 暴露(ばくろ)…폭로
- 偏見(へんけん)…편견
- 自ら(みずから)…스스로
- 迷惑(めいわく)…폐

- 勢い(いきおい)…기세
- 一緒(いっしょ)…함께 (×) いっちょ
- 宇宙(うちゅう)…우주
- 裏(うら)…뒤
- 演説(えんぜつ)…연설
- 汚染(おせん)…오염
- 画期的(かっきてき)…획기적
- 看板(かんばん)…간판
- 気候(きこう)…기후
- 規模(きぼ)…규모 (×) きも・きばく
- 逆(ぎゃく)…반대, 역
- 欠陥(けっかん)…결함
- 厳格(げんかく)…엄격
- 貢献(こうけん)…공헌
- 克服(こくふく)…극복
- 次第(しだい)…점차, 나름 (×) じだい
- 慎重(しんちょう)…신중 (×) しんじゅう
- 寿命(じゅみょう)…수명 (×) じゅめい
- 遂行(すいこう)…수행 (×) ついこう・ついぎょう
- 頭脳(ずのう)…두뇌 (×) とうのう
- 送迎(そうげい)…송영
- 相場(そうば)…시세
- 巧み(たくみ)…교묘함
- 秩序(ちつじょ)…질서 (×) しつじょ
- 抵抗(ていこう)…저항
- 取締役(とりしまりやく)…취체역
- 繁茂(はんも)…초목이 우거짐
- 飛躍(ひやく)…비약
- 発起(ほっき)…발기
- 魅力(みりょく)…매력 (×) みりき
- 遺言(ゆいごん)…유언

- 抑圧(よくあつ)…억압
- 余裕(よゆう)…여유
- 類似(るいじ)…유사 (×) るいに
- 冷酷(れいこく)…냉혹

- 余地(よち)…여지
- 領域(りょういき)…영역
- 留守(るす)…부재중 (×) りゅうしゅ

2) 동사

- 飽きる(あきる)…싫증나다
- 戒める(いましめる)…훈계하다
- 恨む(うらむ)…원망하다
- 襲う(おそう)…덮치다
- 訪れる(おとずれる)…방문하다
- 駆ける(かける)…달리다
- 異なる(ことなる)…다르다
- 察する(さっする)…살피다
- 添える(そえる)…첨부하다
- 遂げる(とげる)…완수하다
- 嘆く(なげく)…한탄하다
- 似る(にる)…닮다
- 省く(はぶく)…생략하다
- 触れる(ふれる)…언급하다
- 招く(まねく)…초대하다
- 催す(もよおす)…개최하다

- 浴びる(あびる)…끼얹다
- 奪う(うばう)…빼앗다
- 覆う(おおう)…덮다
- 落ち着く(おちつく)…가라앉다
- 帯びる(おびる)…띠다
- 凍える(こごえる)…얼다
- 探る(さぐる)…찾다
- 迫る(せまる)…다가오다
- 告げる(つげる)…고하다
- 伴う(ともなう)…수반하다
- 慣れる(なれる)…익숙해지다
- 除く(のぞく)…제외하다
- 踏む(ふむ)…밟다
- 混ぜる(まぜる)…섞다
- 設ける(もうける)…설치하다

3) 형용사

- 乏しい(とぼしい)…부족하다
- 醜い(みにくい)…추하다

- 険しい(けわしい)…험난하다

2 한자 쓰기

1) 명사와 형용동사

오른쪽 ( )안의 한자는 틀린 한자이다.

- 案外(あんがい)…의외로 (安外)
- 構造(こうぞう)…구조 (講造・購造・溝造)
- 緊張(きんちょう)…긴장 (緊長・緊調・緊帳)
- 構成(こうせい)…구성 (講成)
- 孤独(こどく)…고독 (弧独)
- 指図(さしず)…지시, 지휘 (指示・差図)
- 指摘(してき)…지적 (指適)
- 衝撃(しょうげき)…충격 (衡撃・衝激)
- 商売(しょうばい)…장사 (尚売)
- 睡眠(すいみん)…수면 (睡眼)
- 精巧(せいこう)…정교 (精功)
- 専門(せんもん)…전문 (専問)
- 粗末(そまつ)…허술함 (粗未)
- 特殊(とくしゅ)…특수 (特珠)
- 梅雨(つゆ)…장마 (株雨)
- 提供(ていきょう)…제공 (堤供・提共)
- 派遣(はけん)…파견 (派遺)
- 愉快(ゆかい)…유쾌 (諭快・輸快)
- 漫画(まんが)…만화 (慢画)
- 礼儀(れいぎ)…예의 (礼義)
- 引率(いんそつ)…인솔 (引卒)
- 掲載(けいさい)…게재 (掲裁・携載)
- 郊外(こうがい)…교외 (郊外)
- 購買(こうばい)…구매 (講買・構買・購売)
- 栽培(さいばい)…재배 (栽倍・裁培)
- 支度(したく)…준비, 채비 (支席)
- 始末(しまつ)…형편, 꼴 (仕末)
- 想像(そうぞう)…상상 (相像・想象)
- 準備(じゅんび)…준비 (順備)
- 清潔(せいけつ)…청결 (青潔・清喫)
- 宣伝(せんでん)…선전 (宜伝)
- 相違(そうい)…서로 다름 (想違・相偉・相異)
- 到達(とうたつ)…도달 (致達・倒達)
- 妥協(だきょう)…타협 (妄協・妥共・妥胸)
- 提案(ていあん)…제안 (堤案)
- 特徴(とくちょう)…특징 (特徵)
- 発揮(はっき)…발휘 (発輝)
- 輸送(ゆそう)…수송 (愉送・諭送・輸沒)
- 浸透(しんとう)…침투 (侵透・深透・浸到)

2) 동사

- 預ける(あずける)…맡기다 (頂ける)
- 慕う(したう)…사모하다 (暮う・墓う・募う)
- 営む(いとなむ)…영위하다 (栄む)

3) 형용사

- 涼しい(すずしい)…시원하다 (諒しい)

3 외래어 (外來語)

アイロン iron 다리미
アクセント accent 악센트
アナウンサー announcer 아나운서
アメリカ America 아메리카
アンテナ antenna 안테나
イメージ image 이미지
ウール wool 울
エプロン apron 앞치마
オイル oil 오일
オルガン organ 오르간
オートメーション automation 오토메이션

アウト out 아웃
アジア Asia 아시아
アフリカ Africa 아프리카
アルバム album 앨범
イコール equal 같음
ウーマン woman 여자
エチケット etiquette 에티켓
エンジン engine 엔진
オフィス office 사무실
オレンジ orange 오렌지
オーバーコート overcoat 오버코트

カセット cassette 카세트
カラー color 컬러
カード card 카드
ガス gas 가스
キャプテン captain 캡틴
キャンプ camp 캠프
クラシック classic 클래식
クリスマス Christmas 크리스마스
クリーム cream 크림
グラス glass 글라스
グランド grand 그랜드
ケーキ cake 케이크
ゲーム game 게임
コミュニケーション communication 커뮤니케이션
コンクリート concrete 콘크리트
コース course 코스
コート court 코트
コーヒー coffee 커피
ゴール goal 골

カバー cover 커버
カロリー calorie 칼로리
カーブ curve 커브
ガム gum 껌
キャンパス campus 캠퍼스
ギャング gang 강도
クラブ club 클럽
クリーニング cleaning 세탁
クーラー cooler 에어컨
グラフ graph 그래프
グループ group 그룹
ケース case 케이스
コピー copy 카피
コレクション collection 컬렉션
コンピューター computer 컴퓨터
コーチ coach 코치
コード code 코드
コーラス chorus 코러스

サイレン siren 사이렌
サラリーマン salaryman 샐러리맨

サラダ salad 샐러드
サンプル sample 샘플

サークル circle 서클
シャッター shutter 셔터
シリーズ series 시리즈
シーツ seat 시트
ジュース juice 주스
スイッチ switch 스위치
スキー ski 스키
スケジュール schedule 스케줄
スタイル style 스타일
スター star 스타
スチュワーデス stewardess 스튜어디스
ストッキング stocking 스타킹
スピーカー speaker 스피커
スピード speed 스피드
スーツ suit 수트
セット set 세트
センター center 센터

サービス service 서비스
ショップ shop 숍
シーズン season 시즌
ジャーナリスト journalist 저널리스트
ジーンズ jeans 청바지
スカーフ scarf 스카프
スクール school 스쿨
スケート skate 스케이트
スタンド stand 스탠드
スタート start 스타트
ステージ stage 스테이지
ストップ stop 스톱
スピーチ speach 스피치
スライド slide 슬라이드
スープ soup 수프
セメント sement 시멘트
ソファー sofa 소파

タイプライター typewriter 타이프라이터
タオル towel 타월
ダイヤル dial 다이얼
ダンス dance 댄스
チーズ cheese 치즈
テーマ theme 테마
トラック truck 트럭
トレーニング traning 트레이닝
ドライブ drive 드라이브
ドレス dress 드레스

タイヤ tire 타이어
ダイヤモンド diamond 다이아몬드
ダム dam 댐
チップ tip 팁
チーム team 팀
デート date 데이트
トランプ trump 트럼프
トンネル tunnel 터널
ドラマ drama 드라마

ナンバー number 넘버
ノック Knock 노크

ネックレス necklace 목걸이

ハイキング hiking 하이킹
ハンドル handle 핸들
バケツ bucket 물통
バッグ bag 가방
パイプ pipe 파이프
パスポート passport 여권

ハンドバッグ handbag 핸드백
バイオリン violin 바이올린
バック back 등, 배경
バランス balance 밸런스
パイロット pilot 파일럿
パターン pattern 패턴

パーセント percent 퍼센트
ビルディング building 빌딩
ピクニック picnic 피크닉
ファスナー fastener 잠그는 것
フリー free 프리
ブローチ brooch 브로치
プラットホーム platform 플랫폼
プリント print 프린트
ヘリコプター helicopter 헬리콥터
ホーム home 홈
ポスター poster 포스터

ビニール vinyl 비닐
ビール beer 맥주
ピストル pistol 피스톨
フライパン frypan 프라이팬
ブレーキ brake 브레이크
プラスチック plastic 플라스틱
プラン plan 플랜
プログラム program 프로그램
ベテラン veteran 베테랑
ボール ball 볼
ポスト post 포스트

マイク mike 마이크
マスク mask 마스크
マフラー muffler 머플러
マーケット market 마켓
メンバー member 멤버
モダン modern 모던

マイナス minus 마이너스
マスター master 마스터
マラソン marathon 마라톤
メニュー menu 메뉴
メーター meter 미터
モーター motor 모터

ユーモア humor 유머
ヨーロッパ Europe 유럽

ヨット yacht 요트

ライター lighter 라이터
ランニング running 러닝
リットル liter 리터
レジャー leisure 레저
ロッカー locker 로커

ラケット racket 라켓
リズム rhythm 리듬
レクリエーション recreation 레크리에이션
ロケット rocket 로켓
ロビー lobby 로비

ワイン wine 와인

4 의미 문제

いっしょうけんめいに 열심히	≒ 熱心に 열심히
かいしゃがつぶれた 회사가 도산했다.	≒ 倒産した 도산했다
かいしゃにつとめている 회사에 근무하고 있다	≒ かいしゃではたらいている 회사에서 일하고 있다
ごちそうさまでした 잘 먹었습니다	≒ 食べ終わりました 다 먹었습니다
ごめんください 실례합니다	≒ すみません 죄송합니다
さいふをおとす 지갑을 잃어버리다	≒ さいふをなくす 지갑을 분실하다
さしつかえない 지장없다	≒ かまわない 상관없다
さわぐ 떠들다	≒ うるさくする 시끄럽게 하다
しゅうりをする 수리를 하다	≒ なおす 고치다
しょくよくがない 식욕이 없다	≒ 何も食べたくない 아무것도 먹고 싶지 않다
じしょを見てもかまわない 사전을 봐도 상관없다	≒ じしょで調べてもいい 사전으로 찾아도 좋다
じゅうぶんだ 충분하다	≒ たりる 족하다
すいている 비어 있다	≒ 人がすくない 사람이 적다
せいぜい 기껏해야	≒ 多くても 많아도
せんげつ父に死なれた 지난 달, 아버지가 돌아가셨다	≒ 父がなくなった 아버지가 돌아가셨다
ぜったい 절대로	≒ かならず 반드시
そうとう 제법	≒ かなり 꽤
たいいんした 퇴원했다	≒ 病気が治った 병이 나았다
たいへん珍しい 매우 진귀하다	≒ あまり見ない 그다지 보지 않다
なるべく 가급적	≒ できるかぎり 될 수 있는 한
ひやす 식히다	≒ つめたくする 차갑게 하다
もうすぐおわる 곧 끝나다	≒ まだおわっていない 아직 끝나지 않았다
やすんでもいいですよ 쉬어도 좋아요	≒ 休んでください 쉬세요
ゆうべ 어젯밤	≒ きのうのよる 어젯밤
よく故障する 자주 고장난다	≒ こわれやす 고장나기 쉽다
りょうしんはでかけている 부모님은 외출했다	≒ ちちもははもいえにいない 아버지도 어머니도 집에 없다
るすだ 부재중이다	≒ うちにいない 집에 없다

5 동음이의어 (同音異義語) 총정리

- **いじ**
  - 意地…고집   意地を通す。(고집을 관철하다.)
  - 維持…유지   一家の生計を維持する。(한 집안의 생계를 유지하다.)

- **じき**
  - 時期…시기   試験の時期で忙しい。(시험 시기로 바쁘다.)
  - 磁気…자기   磁気を帯びる。(자기를 띠다.)
  - 磁器…자기   机の上に磁器が置いてある。(책상 위에 자기가 놓여져 있다.)

- **えいり**
  - 営利…영리   営利が目的の事業。(영리가 목적인 사업.)
  - 鋭利…예리함   鋭利な刃物で切りつける。(예리한 칼로 들이치다.)

- **かこう**
  - 火口…분화구   火口を見下ろす。(분화구를 내려다보다.)
  - 下降…하강   株価が下降する。(주가가 하락하다.)
  - 加工…가공   原料を加工して輸出する。(원료를 가공하여 수출하다.)

- **かせつ**
  - 仮設…가설   仮設の小屋で夏を過ごす。(가설 건물에서 여름을 보내다.)
  - 架設…가설   鉄橋の架設工事。(철교의 가설 공사.)
  - 仮説…가설   仮説を立てる。(가설을 세우다.)

- **かんご**
  - 看護…간호   徹夜で病人を看護する。(철야로 병자를 간호하다.)
  - 漢語…한어   漢語には「ご」をつける。(한어에는 'ご'를 붙인다.)

- **きせい**
  - 帰省…귀성   郷里に帰省する。(고향에 귀성하다.)
  - 規制…규제   交通規制が行われる。(교통 규제가 실시되다.)
  - 気勢…기세   数人で気勢を上げる。(몇 명이서 기세를 올리다.)
  - 既成…기성   既成の概念を打破する。(기성의 개념을 타파하다.)
  - 既製…기성   既製服で間に合わす。(기성복으로 때우다.)

- **しかく**
  - 四角…사각   物事を四角に考える。(일을 고지식하게 생각하다.)
  - 資格…자격   資格を失う。(자격을 잃다.)
  - 視覚…시각   それは視覚の差だ。(그것은 시각의 차이이다.)
  - 死角…사각   車の死角に入る。(자동차의 사각에 들다.)

- **しこう**
  - 施行…시행   この法案は来年から施行される。(이 법안은 내년부터 시행되다.)
  - 思考…사고   主観的思考。(주관적 사고.)

	志向…지향	将来の幸福を志向する。(장래의 행복을 지향하다.)
■ じたい	事態…사태	事態は楽観を許さない。(사태는 낙관을 불허한다.)
	字体…자체	字体の大きい辞典がほしい。(자체가 큰 사전을 갖고 싶다.)
	辞退…사퇴	就任を辞退する。(취임을 사퇴하다.)
■ しぼう	死亡…사망	彼はバス事故で死亡した。(그는 버스 사고로 사망했다.)
	脂肪…지방	腹に脂肪がつく。(배에 지방이 생기다.)
	志望…지망	志望する大学に入る。(지망하는 대학에 들어가다.)
■ そうさ	操作…조작	株価を操作する。(주가를 조작하다.)
	捜査…수사	捜査の手が伸びる。(수사의 손길이 뻗치다.)
■ てんか	天下…천하	天下に敵なし。(천하무적.)
	点火…점화	ロケットに点火する。(로켓에 점화하다.)
	添加…첨가	甘味を添加する。(감미를 첨가하다.)
■ ふさい	夫妻…부처	田中氏夫妻を招く。(다나카 씨 부부를 초대하다.)
	負債…부채	負債を抱えて倒産する。(부채를 안고 도산하다.)
■ ほうき	放棄…포기	遺産の相続を放棄する。(유산 상속을 포기하다.)
	法規…법규	法規に照らして処罰する。(법규에 비추어 처벌하다.)
■ ほかん	保管…보관	金庫に保管しておく。(금고에 보관해 두다.)
	補完…보완	資料を追加して年表を補完する。(자료를 추가하여 연표를 보완하다.)
■ ゆうき	勇気…용기	勇気のある人。(용기 있는 사람.)
	有機…유기	資本の有機的構成。(자본의 유기적 구성.)
■ ようご	用語…용어	用語が不適切だ。(용어가 적절하지 못하다.)
	養護…양호	養護教諭。(양호 교사.)
	擁護…옹호	憲法を擁護する。(헌법을 옹호하다.)
■ ようし	要旨…요지	演説(えんぜつ)の要旨をまとめる。(연설 요지를 간추리다.)
	用紙…용지	所定の用紙に記入する。(소정 용지에 기입하다.)
■ いしょく	衣食…의식	衣食に事欠く。(의식이 어렵다.)
	移植…이식	皮膚(ひふ)の移植手術を行う。(피부 이식 수술을 하다.)
	異色…이색	異色ある作品。(이색적인 작품.)

■ いりょう	衣料…의료	災害地に衣料品を送る。(재해지에 의료품을 보내다.)
	医療…의료	医療設備が足りない。(의료 시설이 부족하다.)
■ かいそう	回送…회송	手紙を出張先に回送する。(편지를 출장지로 회송하다.)
	回想…회상	楽しかった昔を回想する。(즐거웠던 옛날을 회상하다.)
	階層…계층	様々な階層の人。(여러 계층의 사람들.)
	改装…개장	店内を改装する。(점포 내부를 개장하다.)
	快走…쾌주	海上をヨットが快走する。(해상을 요트가 쾌주한다.)
■ かいてい	改定…개정	運賃を改定する。(운임을 개정하다.)
	改訂…개정	辞書を改訂する。(사전을 개정하다.)
	海底…해저	船が海底に沈む。(배가 바다밑에 가라앉다.)
■ がいとう	該当…해당	全項目に該当する。(전항목에 해당하다.)
	街頭…가두	街頭演説。(가두 연설.)
■ かいほう	開放…개방	門戸を広く開放する。(문호를 널리 개방하다.)
	解放…해방	奴隷を解放する運動。(노예를 해방하는 운동.)
	介抱…간호	病人を介抱する。(병자를 간호하다.)
	快方…차도	けがは快方に向かう。(부상은 차도가 있다.)
■ かんかく	感覚…감각	手足の感覚がなくなる。(손발의 감각이 없어지다.)
	間隔…간격	同じ間隔で並べる。(같은 간격으로 늘어놓다.)
■ かんしん	関心…관심	事件に関心を示す。(사건에 관심을 보이다.)
	感心…감복	出来映えに感心する。(성과에 감복하다.)
	寒心…한심	寒心にたえない非行。(한심하기 짝이 없는 비행.)
	歓心…환심	親の歓心を買う。(부모의 환심을 사다.)
■ かんせい	完成…완성	今日やっと完成した。(오늘 겨우 완성했다.)
	歓声…환성	勝利の知らせに歓声を上げる。(승리의 기별을 듣고 환성을 지르다.)
■ かんせん	感染…감염	結核に感染する。(결핵에 감염되다.)
	幹線…간선	幹線道路。(간선 도로.)
■ かんそう	乾燥…건조	空気が乾燥する。(공기가 건조하다.)
	感想…감상	感想を述べる。(감상을 말하다.)
■ かんよう	慣用…관용	慣用的な表現。(관용적인 표현.)

	寛容…관용	寛容の精神。(관용의 정신.)
■ げんてん	原点…원점	再び原点に戻って考える。(다시 원점으로 돌아가 생각하다.)
	原典…원전	原典に当たって調べる。(원전과 대조하여 조사하다.)
	減点…감점	反則を犯して減点される。(반칙을 범하여 감점당하다.)
■ こうがい	郊外…교외	郊外に住む。(교외에 살다.)
	公害…공해	騒音公害。(소음 공해.)
■ こうこう	孝行…효행	孝行な少年。(효성스런 소년.)
	高校…고교	今高校2年生だ。(지금 고등학교 2학년생이다.)
■ こうせい	公正…공정함	すべての人を公正に扱う。(모든 사람을 공정하게 다루다.)
	構成…구성	会議は4人で構成される。(회의는 4명으로 구성되다.)
■ こうそう	高層…고층	新宿に高層ビルが並んでいる。(신주쿠에는 고층 빌딩이 늘어서 있다.)
	抗争…항쟁	必死に抗争する。(필사적으로 항쟁하다.)
	構想…구상	構想を練(ね)る。(구상을 가다듬다.)
■ こうそく	高速…고속	高速で走る列車。(고속으로 달리는 열차.)
	拘束…구속	容疑者の身柄を拘束する。(용의자의 신병을 구속하다.)
■ こうたい	交替…교체	控えの選手と交替する。(대기 선수와 교대하다.)
	後退…후퇴	視力が後退する。(시력이 약해지다.)
■ こうてい	校庭…교정	校庭で遊んでいる。(교정에서 놀고 있다.)
	肯定…긍정	肯定も否(ひ)定(てい)もしない。(긍정도 부정도 하지 않다.)
■ こうとう	高等…고등	高等な技術。(고등 기술.)
	口頭…구두	口頭で報告する。(말로 보고하다.)
■ こうよう	公用…공용	公用で出張する。(공용으로 출장하다.)
	紅葉…단풍잎	紅葉を本に挟む。(단풍잎을 책에 끼우다.)
■ さいさん	再三…재삼	再三の依頼。(재삼의 의뢰.)
	採算…채산	採算が合わない。(채산이 맞지 않다.)
■ さいしん	最新…최신	最新の情報を集める。(최신 정보를 수집하다.)
	細心…세심함	細心な注意を払う。(세심한 주의를 기울이다.)

- **しきゅう**　　支給…지급　　　旅費を支給する。(여비를 지급하다.)
　　　　　　　　至急…급히　　　至急おいでください。(급히 와 주십시오.)

- **しゅうし**　　収支…수지　　　収支を合わせる。(수지를 맞추다.)
　　　　　　　　終始…시종　　　一生を研究生活に終始する。(일생을 연구 생활로 시종하다.)
　　　　　　　　修士…석사　　　彼は今修士課程だ。(그는 지금 석사 과정이다.)

- **じょうき**　　上記…상기　　　上記の通り執り行う。(상기와 같이 집행하다.)
　　　　　　　　蒸気…증기　　　蒸気を立てる。(수증기를 내다.)

- **しょうじ**　　障子…장지　　　障子を張る。(장지를 바르다.)
　　　　　　　　商事…상사　　　東京商事に勤める。(도쿄 상사에 근무하다.)

- **しょうち**　　承知…알고 있음　事前に承知していた。(사전에 알고 있었다.)
　　　　　　　　招致…유치　　　楽団を招致する。(악단을 유치하다.)

- **しんせい**　　申請…신청　　　いま旅券を申請中だ。(지금 여권을 신청 중이다.)
　　　　　　　　神聖…신성함　　神聖を汚す。(신성을 더럽히다.)

- **すいせん**　　推薦…추천　　　委員に推薦される。(위원으로 추천되다.)
　　　　　　　　水洗…수세　　　水洗便所。(수세식 변소.)

- **せいこう**　　成功…성공　　　努力して成功する。(노력해서 성공하다.)
　　　　　　　　精巧…정교한　　精巧にできた機械。(정교하게 만든 기계.)

- **せいさく**　　製作…제작　　　家具を製作する。(가구를 제작하다.)
　　　　　　　　制作…제작　　　彫刻を制作する。(조각을 제작하다.)
　　　　　　　　政策…정책　　　外交政策を打ち出す。(외교 정책을 명확히 내세우다.)

- **せいさん**　　生産…생산　　　石油を生産する。(석유를 생산하다.)
　　　　　　　　精算…정산　　　運賃を精算する。(운임을 정산하다.)

- **せいとう**　　正当…정당함　　正当に評価する。(정당하게 평가하다.)
　　　　　　　　政党…정당　　　保守政党を支持する。(보수 정당을 지지하다.)

- **せいほう**　　製法…제법　　　新しい製法を開発する。(새로운 제법을 개발하다.)
　　　　　　　　正方…정사각　　これは正方形だ。(이것은 정사각형이다.)

- **はいけい**　　拝啓…배계　　　「拝啓」から書き始める。('배계' 부터 쓰기 시작하다.)

	背景…배경	事件の政治的背景を探る。(사건의 정치적 배경을 조사하다.)
■ はんえい	反映…반영	国政に民意を反映する。(국정에 민의를 반영시키다.)
	繁栄…번영	物質的な繁栄を来す。(물질적인 번영을 가져오다.)
■ ほうさく	豊作…풍작	毎年豊作が続く。(매년 풍작이 계속되다.)
	方策…방책	これといった方策もない。(이렇다 할 방책도 없다.)
■ ほうそう	包装…포장	贈り物をきれいに包装する。(선물을 예쁘게 포장하다.)
	放送…방송	生中継で放送する。(생중계로 방송하다.)
■ ほしょう	保証…보증	この品質は保証する。(이 품질은 보증하겠다.)
	保障…보장	行き届いた社会保障。(잘 된 사회 보장.)
	補償…보상	損害を補償する。(손해를 보상하다.)
■ えんしゅう	円周…원주	円周率。(원주율.)
	演習…연습	運動会の予行演習。(운동회의 예행 연습.)
■ かいしゅう	回収…회수	アンケートを回収する。(앙케트를 회수하다.)
	改修…개수	道路の改修工事。(도로의 개수 공사.)
■ かんしゅう	慣習…관습	土地の慣習を重んずる。(그 고장의 관습을 존중하다.)
	観衆…관중	観衆が沸く。(관중이 들끓다.)
■ かんしょう	干渉…간섭	外国の干渉を受ける。(외국의 간섭을 받다.)
	鑑賞…감상	音楽を鑑賞する。(음악을 감상하다.)
	感傷…감상	落葉が感傷を誘う。(낙엽이 감상을 자아내다.)
	観賞…관상	観賞魚を飼う。(관상어를 기르다.)
■ かんりょう	完了…완료	準備が完了する。(준비가 완료되다.)
	官僚…관료	高級官僚。(고급 관료.)
■ きゅうこう	急行…급행	現場に急行する。(현장으로 급행하다.)
	休講…휴강	本日休講。(금일 휴강.)
	休校…휴교	台風のため休校になる。(태풍 때문에 휴교하게 되다.)
■ きゅうさい	救済…구제	難民を救済する。(난민을 구제하다.)
	九歳…9살	今年九歳になった。(올해 9살이 되었다.)

■ きゅうよう	休養…휴양	休養を十分にとる。(휴양을 충분히 취하다.)	
	急用…급한 용무	急用で上京する。(급한 일로 상경하다.)	
■ きょうかい	教会…교회	日曜日には教会に行く。(일요일에는 교회에 간다.)	
	境界…경계	境界を画する。(경계를 긋다.)	
	協会…협회	体育協会。(체육 협회.)	
■ きょうこう	強行…강행	計画を強行する。(계획을 강행하다.)	
	強硬…강경	強硬に反対する。(강경하게 반대하다.)	
	恐慌…공황	恐慌を来す。(공황을 초래하다.)	
■ けっしょう	結晶…결정	努力の結晶。(노력의 결정.)	
	決勝…결승	決勝に進出する。(결승에 진출하다.)	
■ こうきょう	公共…공공	公共の施設。(공공의 시설.)	
	好況…호황	市場は好況を呈する。(시장은 호황을 보이다.)	
■ こうぎょう	工業…공업	工業団地。(공업 단지.)	
	鉱業…광업	鉱業権。(광업권.)	
	興業…흥업	殖産興業。(식산 흥업.)	
■ こうしゅう	公衆…공중	公衆の利益をはかる。(공중의 이익을 도모하다.)	
	講習…강습	料理の講習を受ける。(요리 강습을 받다.)	
■ こうしょう	交渉…교섭	交渉が決裂する。(협상이 결렬되다.)	
	高尚…고상함	高尚な趣味を持つ。(고상한 취미를 가지다.)	
■ しょうてん	商店…상점	商店が立ち並ぶ。(상점이 늘어서다.)	
	焦点…초점	話題の焦点となる。(화제의 초점이 되다.)	
■ しんちょう	慎重…신중함	慎重に構える。(신중하게 준비하다.)	
	深長…심장	意味深長な言葉。(의미 심장한 말.)	
	身長…신장	身長を測る。(신장을 재다.)	
■ ちゅうせい	中世…중세	中世文学。(중세 문학.)	
	忠誠…충성	忠誠を誓う。(충성을 맹세하다.)	
■ りょうかい	了解…양해	上司の了解を得る。(상사의 양해를 얻다.)	
	領海…영해	領海を侵犯する。(영해를 침범하다.)	

6 동훈이자(同訓異字) 총정리

01 あげる　　上げる…腕前を上げる。(솜씨를 올리다.)
　　　　　　揚げる…たこを揚げる。(연을 띄우다.)
　　　　　　挙げる…手を挙げる。(손을 들다.)

02 あし　　　足…足の裏。(발바닥.)
　　　　　　脚…机の脚。(책상의 다리.)

03 あと　　　跡…足跡が残る。(발자국이 남다.)
　　　　　　後…後を任せる。(뒷일을 맡기다.)

04 あやまる　誤る…適用を誤る。(적용을 실수하다.)
　　　　　　謝る…無礼を謝る。(무례함을 사과하다.)

05 あらわす　表す…感情を表す。(감정을 나타내다.)
　　　　　　現す…姿を現す。(모습을 드러내다.)
　　　　　　著す…書物を著す。(책을 저술하다.)

06 うける　　受ける…注文を受ける。(주문을 받다.)
　　　　　　請ける…建築を請け負う。(건축을 도급맡다.)

07 おくる　　送る…郵便で送る。(우편으로 보내다.)
　　　　　　贈る…お祝いを贈る。(선물을 보내다.)

08 おこす　　起こす…朝早く起こす。(아침 일찍 깨우다.)
　　　　　　興す…産業を興す。(산업을 일으키다.)

09 おさえる　抑える…怒りを抑える。(노여움을 참다.)
　　　　　　押さえる…つぼを押さえる。(급소를 노리다.)

10 おす　　　押す…ベルを押す。(초인종을 누르다.)
　　　　　　推す…会長に推す。(회장으로 천거하다.)

11 おどる　　踊る…ダンスを踊る。(댄스를 추다.)
　　　　　　躍る…胸が躍る。(가슴이 설레다.)

12	おる	折る…木の枝を折る。(나무의 가지를 꺾다.) 織る…布を織る。(직물을 짜다.)
13	かえす	返す…本を返す。(책을 반환하다.) 帰す…家に帰す。(집으로 돌려보내다.)
14	かげ	陰…陰口をきく。(험담을 하다.) 影…影も形もない。(아무 흔적도 없다.)
15	かわく	乾く…空気が乾く。(공기가 건조하다.) 渇く…のどが渇く。(목이 마르다.)
16	こえる	越える…峠を越える。(고개를 넘다.) 超える…能力を超える。(능력이 뛰어나다.)
17	さげる	下げる…値段を下げる。(값을 내리다.) 提げる…手に提げる。(손에 들다.)
18	しめる	占める…席を占める。(자리를 차지하다.) 締める…帯を締める。(띠를 매다.) 絞める…首を絞める。(목을 조르다.) 閉める…店を閉める。(가게 문을 닫다.)
19	する	刷る…名刺を刷る。(명함을 박다.) 擦る…膝を擦りむく。(무릎이 까지다.)
20	そう	沿う…線路に沿う道。(선로를 따라 난 길.) 添う…病人に付き添う。(병자 곁에서 시중들다.)
21	そなえる	備える…台風に備える。(태풍에 대비하다.) 供える…花を供える。(꽃을 올리다.)
22	たずねる	訪ねる…知人を訪ねる。(친구를 방문하다.) 尋ねる…道を尋ねる。(길을 묻다.)
23	たつ	断つ…退路を断つ。(퇴로를 차단하다.) 絶つ…縁を絶つ。(인연을 끊다.) 裁つ…生地を裁つ。(옷감을 마르다.)

24	たつ	立つ…席を<u>立つ</u>。(자리를 뜨다.)
		建つ…家が<u>建つ</u>。(집이 세워지다.)

25	たま	玉…<u>玉</u>にきず。(옥에 티.)
		球…電気の<u>球</u>。(전기 전구.)
		弾…ピストルの<u>弾</u>。(권총알.)

26	つぐ	次ぐ…事件が相<u>次ぐ</u>。(사건이 잇따르다.)
		継ぐ…引き<u>継ぐ</u>。(이어받다.)
		接ぐ…骨を<u>接ぐ</u>。(뼈를 잇다.)

27	つつしむ	慎む…身を<u>慎む</u>。(몸을 조심하다.)
		謹む…<u>謹ん</u>で聞く。(삼가 듣다.)

28	つとめる	努める…解決に<u>努める</u>。(해결에 힘쓰다.)
		勤める…会社に<u>勤める</u>。(회사에 근무하다.)
		務める…議長を<u>務める</u>。(의장을 맡다.)

29	ととのえる	調える…費用を<u>調える</u>。(비용을 마련하다.)
		整える…調子を<u>整える</u>。(컨디션을 조절하다.)

30	なか	中…箱の<u>中</u>。(상자 속.)
		仲…<u>仲</u>がいい。(사이가 좋다.)

31	のばす	伸ばす…手足を<u>伸ばす</u>。(팔다리를 펴다.)
		延ばす…出発を<u>延ばす</u>。(출발을 연기하다.)

32	はじめ	初め…<u>初め</u>ての経験。(첫 경험.)
		始め…年の<u>始め</u>。(연도 초.)

33	はなす	離す…間を<u>離す</u>。(사이를 띄우다.)
		放す…<u>放し</u>飼い。(가축을 놓아기름.)

34	ひ	火…<u>火</u>が燃える。(불이 타다.)
		灯…街に<u>灯</u>がともる。(시가지의 등불이 켜지다.)

35	ふえる	増える…人数が<u>増える</u>。(인원수가 늘다.)
		殖える…財産が<u>殖える</u>。(재산이 늘어나다.)

36 ふく　　　　吹く…風が吹く。(바람이 불다.)
　　　　　　　噴く…山が火を噴く。(산이 불을 뿜다.)

37 へる　　　　減る…体重が減る。(체중이 줄다.)
　　　　　　　経る…年月を経る。(세월을 보내다.)

38 やぶれる　　破れる…障子が破れる。(장지가 찢어지다.)
　　　　　　　敗れる…競技に敗れる。(경기에 패하다.)

7 숙자훈(熟字訓) 총정리

01 小豆(あずき) 팥
小豆をたいてあんを作る。(팥을 삶아 소를 만들다.)

02 硫黄(いおう) 유황
この温泉は硫黄を含む。(이 온천은 유황을 함유하다.)

03 意気地(いくじ) 기개
彼は意気地のない性格だ。(그는 기개가 없는 성격이다.)

04 田舎(いなか) 시골
田舎へ帰ってのんびりと過ごす。(시골에 가서 한가롭게 지내다.)

05 海原(うなばら) 대양
ヨットが大海原を航海する。(요트가 대양을 항해하다.)

06 乳母(うば) 유모
乳母に育てられる。(유모가 길러주다.)

07 浮つく(うわつく) 마음이 들뜨다
夏休み前で気持ちが浮つく。(여름 방학 전이라 기분이 들뜨다.)

08 笑顔(えがお) 웃는 얼굴
彼女はとても笑顔が素敵だ。(그녀는 무척 웃는 얼굴이 멋지다.)

09 伯父・叔父(おじ) 백부・숙부
伯父さんの家に遊びに行く。(큰 아버지 집에 놀러 가다.)

10 乙女(おとめ) 소녀, 처녀
乙女心を揺さぶる歌。(소녀의 마음을 흔드는 노래.)

11 伯母・叔母(おば) 백모・숙모
伯母さんの手伝いをする。(큰 어머니를 거들다.)

12 お巡りさん(おまわりさん) 순경 아저씨
お巡りさんが警備にあたっている。(순경 아저씨가 경비를 맡고 있다.)

13 風邪(かぜ) 감기
風邪をひいて熱が出た。(감기에 걸려 열이 났다.)

14 **仮名(かな)** 가나
この文は漢字仮名まじり文です。(이 문은 한자와 가나를 섞어 쓴 문입니다.)

15 **為替(かわせ)** 환
郵便為替で送金する。(우편환으로 송금하다.)

16 **心地(ここち)** 기분, 느낌
恐怖で生きた心地がしなかった。(무서워서 살아있는 기분이 들지 않았다.)

17 **早乙女(さおとめ)** 모내기하는 처녀
早乙女が田植えの準備をしている。(처녀가 모내기 준비를 하고 있다.)

18 **差し支える(さしつかえる)** 지장이 있다
遊んでばかりいると勉強に差し支える。(놀고만 있으면 공부에 지장이 있다.)

19 **五月晴れ(さつきばれ)** 장마철의 갠 날씨
今日は久々の五月晴れだ。(오늘은 오랜만의 갠 날씨다.)

20 **早苗(さなえ)** 볏모
水田に早苗が植わる。(논에 볏모가 심어지다.)

21 **五月雨(さみだれ)** 음력 5월경의 장마비
五月雨の続く毎日です。(장마비가 계속되는 매일입니다.)

22 **時雨(しぐれ)** 늦가을부터 초겨울에 걸쳐 오다 말다 하는 소나기
時雨が降り出すともう秋も終わりだ。(소나기가 내리면 이젠 가을도 끝이다.)

23 **竹刀(しない)** 죽도
竹刀を振り心も体も鍛練する。(죽도를 내리치면서 마음도 몸도 단련한다.)

24 **芝生(しばふ)** 잔디
公園の芝生がきれいだ。(공원 잔디가 예쁘다.)

25 **三味線(しゃみせん)** 샤미센
三味線の伴奏で民謡を歌う。(샤미센 반주로 민요를 부르다.)

26 **砂利(じゃり)** 자갈
道路に砂利をまく。(도로에 자갈을 뿌리다.)

27 **白髪(しらが)** 백발
お父さんは白髪が多い。(아버지는 흰머리가 많다.)

28 相撲(すもう) (일본) 씨름
友達と相撲をとる。(친구와 씨름을 하다.)

29 草履(ぞうり) (일본) 짚신
草履から靴にはきかえる。(짚신에서 신으로 갈아 신다.)

30 太刀(たち) 도검
あの人には太刀打ちできない。(저 사람과는 맞설 수 없다.)

31 立ち退く(たちのく) 물러나다
ダム建設のため立ち退きを命じられた。(댐 건설 때문에 퇴거를 통보받았다.)

32 足袋(たび) 일본식 버선
和服のときは足袋をはく。(기모노일 때는 버선을 신는다.)

33 梅雨(つゆ) 장마
気象庁が梅雨明けを宣言した。(기상청이 장마가 끝났음을 선언했다.)

34 凸凹(でこぼこ) 요철
この道は凸凹が多いので危険だ。(이 길은 상당히 들쭉날쭉하므로 위험하다.)

35 名残(なごり) 여운, 자취
名残は尽きないが別れの時がきた。(석별의 정이 그지없지만 헤어질 때가 왔다.)

36 雪崩(なだれ) 눈사태
雪崩に遭い、遭難した。(눈사태를 당해 조난했다.)

37 二十歳・二十(はたち) 스무살
二十歳のお祝いをする。(스무살이 된 것을 축하하다.)

38 波止場(はとば) 부두, 선창
船は今夜、波止場に停泊する。(배는 오늘 밤 부두에 정박한다.)

39 日和(ひより) 일기, 날씨
今日は春らしいいい日和だ。(오늘은 봄같이 좋은 날씨이다.)

40 吹雪(ふぶき) 눈보라
雨がいつの間にか吹雪になっていた。(비가 어느 사이에 눈보라로 바뀌었다.)

41 土産(みやげ) 토산품, 선물
旅行の土産を持ってあいさつにいく。(여행 선물을 갖고 인사를 가다.)

42 **息子(むすこ)** 아들
   隣の息子さんは努力家だ。(옆 집 아드님은 노력가이다.)

43 **紅葉(もみじ)** 단풍잎
   紅葉のような赤いほっぺの女の子。(단풍잎처럼 뺨이 붉은 여자 아이.)

44 **木綿(もめん)** 목면
   白い木綿のハンカチを持つ。(흰 목면 손수건을 지니다.)

45 **最寄り(もより)** 가장 가까움
   最寄りの駅まで自転車で行く。(가장 가까운 역까지 자전거로 가다.)

46 **大和(やまと)** 야마토
   奈良地方一帯を昔は大和といった。(나라지방일대를 옛날에는 야마토라고 말했다.)

47 **行方(ゆくえ)** 행방
   彼の行方はだれも知らない。(그 사람의 행방은 아무도 모른다.)

48 **若人(わこうど)** 젊은이
   若人の集いに参加する。(젊은이의 모임에 참가하다.)

연습문제

パートⅤは漢字の正しい読み方・書き方や同じ意味のはたらきをしている言葉を問う問題です。
(A)～(D)の中でもっとも適当なものを選んで答案用紙の記号を黒くぬりつぶしてください。

Ⅴ. 下の＿＿＿線の言葉の正しい表記、または同じ意味のはたらきをしている言葉を(A)から(D)の中で一つ選びなさい。

例1) いま四時三分です。(한자 읽기 문제)

　　(A) よじさんぶん
　　(B) よじさんぷん
　　(C) よんじさんふん
　　(D) よんじさんぶん

*주의할 시간
・四時：よじ
・七時：しちじ
・九時：くじ

例2) この時計は一日に二分おくれている。(한자 쓰기 문제)

　　(A) 送
　　(B) 後
　　(C) 遅
　　(D) 贈

例3) 晴れていても雨が降ることがあります。(동일용법 문제)

　　(A) 山田さんには子どもが五人あります。
　　(B) あの人は背の高さが１７５センチあります。
　　(C) つくえの上に本が一冊あります。
　　(D) 今まで四回引っ越したことがあります。

・예문과 (D)의「あります」는 경험을 나타낸다.

例4) 彼は頭が切れるから、社長に認められている。(의미 문제)

　　(A) 頭の働きがよい
　　(B) 謙そんだ
　　(C) 頭にけがをしている
　　(D) そん色がない

・頭が切(き)れる：머리가 좋다, 명석하다
・頭の働きがよい：머리가 좋다
・そん色(しょく)がない：손색이 없다

(答) 例1) (A) (B) (C) (D)
　　例2) (A) (B) (C) (D)
　　例3) (A) (B) (C) (D)
　　例4) (A) (B) (C) (D)

1. 布目に合わせて縫う。

　　(A) ぬのめ
　　(B) ふめ
　　(C) ふもく
　　(D) ぬのもく

천의 올 무늬에 맞춰 꿰매다
- 布目(ぬのめ)…올 무늬
- 合(あ)わせる…맞추다
- 縫(ぬ)う…꿰매다

2. 情け深い人に会う。

　　(A) じょう
　　(B) なさ
　　(C) やさし
　　(D) あじ

인정이 많은 사람을 만나다
- 情(なさ)け深(ぶか)い…인정이 많다
- ～に会(あ)う…～을 만나다

3. 売れた金額を調べる。

　　(A) きんがく
　　(B) きんかく
　　(C) かねがく
　　(D) かねかく

팔린 금액을 조사하다
- 売(う)れる…팔리다
- 金額(きんがく)…금액
- 調(しら)べる…조사하다

4. 雨雲が空をおおう。

　　(A) あめぐも
　　(B) ううん
　　(C) あまぐも
　　(D) あめくも

비구름이 하늘을 덮다
- 雨雲(あまぐも)…비구름
- おおう(覆う)…덮다

5. 手に持っている風車が回る。

　　(A) ふうしゃ
　　(B) かざぐるま
　　(C) かぜぐるま
　　(D) かぜくるま

손에 들고 있는 바람개비가 돌다
- 「風車」「ふうしゃ」로 읽으면 「풍차」,「かざぐるま」로 읽으면 「바람개비」가 된다.
- 手(て)に持(も)つ…손에 들다
- 回(まわ)る…돌다

6. レースのcurtainがかかっています。

　　(A) カテン
　　(B) カーテン
　　(C) カトン
　　(D) カトーン

레이스가 달린 커텐이 걸려 있습니다
- カーテン(curtain)…커텐

ANSWER ▶ 1.A 2.B 3.A 4.C 5.B 6.B

준비가 되었으니까 식당에 와요
- 支度(したく)…준비, 채비

7. <u>したく</u>ができたから食堂へいらっしゃい。

    (A) 志席

    (B) 支席

    (C) 志度

    (D) 支度

목재를 수입하다
- ゆにゅう(輸入)…수입
- しゅうにゅう(収入)…수입
- りゅうにゅう(流入)…유입
- (D) 는 성립 안됨

8. 木材を<u>ゆにゅう</u>する。

    (A) 収入

    (B) 流入

    (C) 輸入

    (D) 倫入

버섯을 따러 가다
- とる(採る・取る・撮る・捕る・執る)
- 写真を撮る(사진을 찍다)
- イノシシを捕る(멧돼지를 잡다)
- 事務を執る(사무를 보다)

9. きのこ<u>と</u>りに行く。

    (A) 取

    (B) 撮

    (C) 採

    (D) 捕

보건실에서 쉬다
- ほけん(保健・保険)…보건・보험
- ほうけん(封建・奉献)…봉건・봉헌

10. <u>ほけん</u>室で休む。

    (A) 保険

    (B) 保健

    (C) 封建

    (D) 奉献

모자를 쓴 채로 상관없습니다
- 「동사의 과거형＋まま」의 꼴로 '～한 채로'

11. 帽子をかぶった<u>まま</u>でかまいません。

    (A) 帽子を脱いで入ってください。

    (B) 帽子を脱がなくてもいいです。

    (C) 帽子をかぶってはいけません。

    (D) 帽子を脱がなければなりません。

내일 파티에는 꼭 가겠습니다
- 絶対(ぜったい) : 절대로, 무슨 일이 있어도

12. 明日のパーティーには<u>ぜったい</u>行きます。

    (A) まもなく

    (B) ようやく

    (C) ひじょうに

    (D) かならず

ANSWER 7.D 8.C 9.C 10.B 11.B 12.D

13. この服は彼女のです。

    (A) 私の会社は銀行の隣にあります。
    (B) 雨の降る日は運転がむずかしいです。
    (C) 星が光っているのが見えます。
    (D) この本は山田さんのです。

이 옷은 그녀의 것입니다
- 문제문과 (D)의 「の」는 소유를 나타낸다. (A)는 「명사＋の＋명사」, (B)는 「が」의 대용, (C)는 '것'의 뜻.

14. 毎日図書館で勉強します。

    (A) パソコンで書類を作っています。
    (B) 紙で人形を作りました。
    (C) 昨日デパートで買い物をしました。
    (D) 大雪で電車が止まりました。

매일 도서관에서 공부합니다
- 문제문과 (C)의 「で」는 장소를 나타낸다. (A)는 수단・도구, (B)는 재료, (D)는 원인・이유의 뜻.

15. ごはんを食べてから散歩をします。

    (A) 食べながら
    (B) 食べたから
    (C) 食べるまえに
    (D) 食べたあとで

밥을 먹고 나서 산책을 합니다
- ～てから(～하고 나서)
- ～たあとで(～한 뒤에)

16. 過去のことは水に流して、再出発しよう。

    (A) 水できれいに洗って
    (B) なかったことにして
    (C) あるがままにして
    (D) 心にとめておいて

과거 일은 다 잊어버리고 재출발하자
- 水に流す(과거의 모든 것을 없었던 것으로 하여 더는 탓하지 않기로 하다)

17. ここはだいどころです。

    (A) 洗濯をするところです。
    (B) 体操をするところです。
    (C) 運動をするところです。
    (D) 料理を作るところです。

- 台所(だいどころ)…부엌
- 洗濯(せんたく)…세탁, 빨래
- 体操(たいそう)…체조
- 運動(うんどう)…운동
- 料理(りょうり)…요리
- ところ(所)…곳, 데, 장소

18. 今年大学を卒業したばかりです。

    (A) これはきのう買ったばかりの洋服です。
    (B) 彼女は泣かんばかりに頼んでいます。
    (C) 山田さんは毎日漫画ばかり読んでいます。
    (D) 知っているのは私ばかりです。

- 문제문과 (A)는 「동사의 과거형＋ばかり」의 꼴로 '～한지 얼마 안됨, 방금 ～함'의 뜻을 나타내며, (B)는 「부정의 조동사 ん＋ばかりに」의 꼴로 '곧 ～할 듯이', (C), (D)는 '～만, ～뿐(한정)'의 뜻.

ANSWER 13. D 14. C 15. D 16. B 17. D 18. A

- 조동사 「～(ら)れる」는 '수동, 존경, 가능, 자발'의 네가지 뜻을 갖고 있다. 문제문과 (A)는 '자발(저절로 그렇게 됨)'의 뜻을 나타내며, (B)는 '가능', (C)는 '존경', (D)는 '수동'의 뜻.

- 문제문과 (D)는 '~까지(거리상의 범위·수량의 범위)'를 나타내며, (A)는 '~까지(정도)', (B)는 '~까지, ~조차(첨가)', (C)는 「~までだ」의 꼴로 '~할 뿐이다, ~할 따름이다'의 뜻.

19. この子の将来が案じられる。

   (A) 月を見ていると、母のことが思い出される。
   (B) １２時までにたぶん行かれると思う。
   (C) 校長先生も一緒に行かれるそうだ。
   (D) 誰だってほめられればうれしい。

20. 家から駅まで４キロあります。

   (A) そんなことまで言う必要はない。
   (B) 風が吹いて雨まで降る。
   (C) いやなら、ここをやめるまでだ。
   (D) ここまでは聞こえない。

◀ANSWER 19. A 20. D

パートVI

오문정정 공략편

1. 조사 오용
2. 활용 오용
3. 표현 오용
4. 단어 오용
◆ 연습문제

1 조사 오용

01 「が」(목적어) 〈한국어의 영향〉
  子供は魚を好きです→子供は魚が好きです(아이는 생선을 좋아합니다)

02 「が」(목적어) 〈한국어의 영향〉
  休みをほしい→休みがほしい(휴가를 내고 싶다)

03 「의문사＋が」
  どちらは北の方ですか→どちらが北の方ですか(어느 쪽이 북 쪽입니까?)

04 「의문사＋が」
  どの方はあなたの先生ですか→どの方があなたの先生ですか(어느 분이 당신의 선생님입니까?)

05 「に」(존재 장소)
  私の家では犬と猫がいる→私の家には犬と猫がいる(우리 집에는 개와 고양이가 있다)

06 「に」(존재 장소)
  あそこでいる人→あそこにいる人(저기에 있는 사람)

07 「に」〈한국어의 영향〉
  タクシーを乗った→タクシーに乗った(택시를 탔다)

08 「に」(대상)
  だれを聞いても→だれに聞いても(누구에게 물어도)

09 「に」(~으로)
  三つ目の角を左を曲がる→三つ目の角を左に曲がる(세번째 모퉁이를 왼쪽으로 돌다)

10 「に」「朝・夜・昨日・明日・おととい」등 「に」를 붙이지 않음
  おとといに先生に会った→おとといに先生に会った(그저께 선생님을 만났다)

11 「に」「朝・夜・昨日・明日・おととい」등 「に」를 붙이지 않음
  かならず朝には新聞を読む→かならず朝は新聞を読む(반드시 아침에는 신문을 읽는다)

12 「に」「朝・夜・昨日・明日・おととい」등 「に」를 붙이지 않음
  きのうには寒かった→きのうは寒かった(어제는 추웠다)

13 「に」(존재 장소)
  会社で勤めている→会社に勤めている(회사에 근무하고 있다)

14 「で」(동작의 장소)

  応接間に待っている→応接間で待っている(응접실에서 기다리고 있다)

15 「で」(동작의 장소)

  工場に働いている→工場で働いている(공장에서 일하고 있다)

16 「で」(동작의 장소)

  ここにはタバコを吸ってはいけない→ここではタバコを吸ってはいけない(여기에서는 담배를 피워서는 안 된다)

17 「～中で」(～중에서)

  果物の中に→果物の中で(과일 중에서)

18 「で」〈한국어의 영향〉

  料理は自分が作る→料理は自分で作る(요리는 자기가 만든다)

19 「と」(공동 동작의 상대)

  子供はいっしょに→子供といっしょに(아이와 함께)

20 「명사＋の＋명사」〈한국어의 영향〉

  日本語勉強を始めた→日本語の勉強を始めた(일본어 공부를 시작했다)

21 「を」(통과하는 장소)

  家で出るとき→家を〔から〕出るとき(집을〔에서〕 나올 때)

22 「を」(통과하는 장소)

  左側で歩かないでください→左側を歩かないでください (좌측으로 걷지 말아 주세요)

23 「～や ～など」(나열)

  服と帽子などを買った→服や帽子などを買った (옷이랑 모자 등을 샀다)

24 「は」(대비)

  日本語は発音もやさしいが、文法は難しい→日本語は発音はやさしいが、文法は難しい
  (일본어는 발음은 쉽지만, 문법은 어렵다)

25 「も」(병렬)

  家賃も安いし、交通は便利だ→家賃も安いし、交通も便利だ(집세도 싸고 교통도 편리하다)

26 まで→までに 〈한국어의 영향〉

  8時まで家へ帰らなければならない→8時までに家へ帰らなければならない (8시까지 집에 돌아가야 한다)

27 「ばかり」(한정)

  みんな男性しかです→みんな男性ばかりです(모두 남성뿐입니다)

2 활용 오용

01 형용사의 명사 수식
大きいのかばん→大きいかばん(큰 가방)

02 형용동사의 연결형은「〜で(〜하고)」
親切とハンサムな方→親切でハンサムな方(친절하고 잘생긴 분)

03 명사＋です(〜입니다)
セーターのとなりのです→セーターのとなりです(스웨터 옆입니다)

04 형용동사＋です(〜합니다)
メロンが一番好きます→メロンが一番好きです(멜론을 제일 좋아합니다)

05 동사＋ます(〜합니다)
本を読んだり音楽を聞いたりするです→本を読んだり音楽を聞いたりします
(책을 읽기도 하고 음악을 듣기도 합니다)

06 명사＋じゃなくて(〜이 아니고)
お姉さんじゃないで友達→お姉さんじゃなくて友達(언니가 아니고 친구)

07 〜にする(〜하게 하다) 〈형용동사 연용형 접속〉
しずかくしてください→しずかにしてください。(조용히 해 주세요)

08 〜になる(〜해지다) 〈형용동사 연용형 접속〉
とてもきれいくなった→とてもきれいになった(아주 예뻐졌다)

09 〜に＋동사(〜하게 〜하다)
歌は上手では歌えない→歌は上手には歌えない (노래는 잘 부르지는 못한다)

10 「〜たい」〈동사 연용형 접속〉
私が読むたい本→私が読みたい本(내가 읽고 싶은 책)

11 「〜ながら」〈동사 연용형 접속〉
コーヒーを飲むながら新聞を読む→コーヒーを飲みながら新聞を読む(커피를 마시면서 신문을 읽는다)

12 조동사「〜(よ)う」〈접속 관계〉
時計を買ようと思う→時計を買おうと思う(시계를 사려고 생각한다)

13 형용사 어간＋かったです(～하였습니다)

4月なのにまだ寒いでした→4月なのにまだ寒かったです(4월인데도 아직 추웠습니다)

14 「ようだ」〈비유・예시・불확실한 단정〉

猫のように目をしている→猫のような目をしている(고양이 같은 눈을 하고 있다)

15 「～し」〈접속 관계〉

学校も休みし、天気もいい→学校も休みだし、天気もいい(학교도 휴일이고 날씨도 좋다)

16 「～し」〈접속 관계〉

きれいだしやすいだし→きれいだしやすいし(깨끗하고 싸서)

17 「～のに」〈접속 관계〉

映画が好きだのに→映画が好きなのに (영화를 좋아하는데도)

18 「～のに」〈접속 관계〉

外国人のによく知っている→外国人なのによく知っている(외국인인데도 잘 알고 있다)

19 「～と思います」〈접속 관계〉

初めは大変でしょうと思います→初めは大変だろうと思います(처음에는 힘들 거라고 생각합니다)

20 「～と思う」〈접속 관계〉

電気製品は安いだと思う→電気製品は安いと思う(전자 제품은 싸다고 생각한다)

3 표현 오용

01 知っている(알고 있다)

二人が離婚したこと、知りますか→二人が離婚したこと、知っていますか
(두 사람이 이혼한 것, 알고 있습니까?)

02 知っている(알고 있다)

箱の中に何が入っているか知りますか→箱の中に何が入っているか知っていますか
(상자 속에 무엇이 들어 있는지 알고 있습니까?)

03 知らない(모른다)

私だけ知っていなかったんです→私だけ知らなかったんです(저만 몰랐습니다)

04 行かない→行かなかった(미래·과거)

きのうはどこへも行かない→きのうはどこへも行かなかった(어제는 아무데도 가지 않았다)

05 ～しかいる→～しかいない

日本人の先生は一人しかいる→日本人の先生は一人しかいない(일본인 선생님은 한 명밖에 없다)

06 「～と」(～하면)〈접속 관계〉

少し行ったと、病院が見える→少し行くと、病院が見える(조금 가면 병원이 보인다)

07 「～てある」(～하여져 있다)

「本田広末」と名前が書いている→「本田広末」と名前が書いてある('혼다 히로스에'라고 이름이 쓰여져 있다)

08 「～たり ～たりする」(～하기도 하고 ～하기도 하다)

テレビを見たり音楽を聞いたりいる→テレビを見たり音楽を聞いたりしている
(텔레비전을 보기도 하고 음악을 듣기도 한다)

09 「～まま」〈동사 과거형 접속〉

眼鏡をかけてまま、顔を洗った→眼鏡をかけたまま、顔を洗った(안경을 쓴 채 세수를 했다)

10 「～あと」〈동사 과거형 접속〉

ご飯を食べてあと、散歩に出かけた→ご飯を食べたあと、散歩に出かけた(밥을 먹은 뒤 산책을 나갔다)

11 「あまり ～ない」(그다지 ～하지 않다)〈부사의 호응〉

たいへん人が多くない→あまり人が多くない(그다지 사람이 많지 않다)

12 「こと」

合格したければ勉強する<u>だ</u>→合格したければ勉強する<u>こと</u>だ (합격하고 싶으면 공부할 일이다)

13 たくさんです→たくさんいます〔多いです〕

駅は人が<u>たくさんです</u>→駅は人が<u>たくさんいます〔多いです〕</u> (역은 사람이 많습니다)

14 まだ→また

今年日本へ行ってきた。<u>まだ</u>行きたい→今年日本へ行ってきた。<u>また</u>行きたい
(올해 일본에 다녀 왔다. 또 가고 싶다)

15 「～なければならない」(～해야 한다)〈의무〉

必ず行か<u>なければなります</u>→必ず行か<u>なければなりません</u> (반드시 가야 합니다)

16 「～方」(～하는 방법)〈동사 연용형 접속〉

漢字の<u>読む方</u>を教えてください→漢字の<u>読み方</u>を教えてください (한자 읽는 법을 가르쳐 주세요)

17 「～に」(～하러)〈동사 연용형 접속〉

父はゴルフを<u>して</u>行った→父はゴルフを<u>しに</u>行った (아버지는 골프를 치러 갔다)

18 「～てほしい」(～해 주었으면 좋겠다)〈동사 て형 접속〉

静かに<u>するほしい</u>→静かに<u>してほしい</u> (조용히 해 주었으면 좋겠다)

19 「～ため」(～때문에)

地震の<u>おかげで</u>、多くの建物がこわれた→地震の<u>ため</u>、多くの建物がこわれた
(지진 때문에 많은 건물이 부서졌다)

20 「～てはじめて」(～해서야 비로소)

<u>生まれてはじめ</u>納豆を食べた→<u>生まれてはじめて</u>納豆を食べた (생전 처음으로 낫토를 먹었다)

21 多いは→多くは

参加者の<u>多いは</u>女性であった→参加者の<u>多くは</u>女性であった (참가자의 대부분은 여성이었다)

4 단어 오용

01 **借りて→貸して** 〈한국어의 영향〉
お金を彼に借りてあげる→お金を彼に貸してあげる(돈을 그에게 빌려 주다)

02 **もらう→受ける** 〈한국어의 영향〉
研修をもらうつもりだ→研修を受けるつもりだ(연수를 받을 생각이다)

03 **もらう→受ける** 〈한국어의 영향〉
病院へ行って診察をもらった→病院へ行って診察を受けた(병원에 가서 진찰을 받았다)

04 **さがして→ひいて** 〈한국어의 영향〉
辞書をさがして意味がわかった→辞書をひいて意味がわかった(사전을 찾아 뜻을 알았다)

05 **大学校→大学** 〈한국어의 영향〉
妹は大学校に通っている→妹は大学に通っている(여동생은 대학교에 다니고 있다)

06 **食べて→飲んで** 〈한국어의 영향〉
1日に3回薬を食べてください→1日に3回薬を飲んでください(하루 3번 약을 먹으세요)

07 **天気が寒い→寒い** 〈한국어의 영향〉
今日は昨日より天気が寒い→今日は昨日より寒い(오늘은 어제보다 (날씨가) 춥다)

08 **見たい→会いたい** 〈한국어의 영향〉
別れた彼女に急に見たくなった→別れた彼女に急に会いたくなった
(헤어진 그녀가 갑자기 보고 싶어졌다)

09 **どんなものも→何も (아무것도)** 〈한국어의 영향〉
どんなものも買わなかった→何も買わなかった。(아무것도 사지 않았다)

10 **何も→どれも〔全部〕**
何も値段が高い→どれも〔全部〕値段が高い(어느 것이나〔전부〕값이 비싸다)

11 **する→ひく**
ギターをする→ギターをひく(기타를 치다)

12 **자동사・타동사**
あそこに車を止まってください→あそこに車を止めてください(저기에 차를 세워 주십시오)

13 자동사・타동사

気候や食べ物が変える→気候や食べ物が変わる(기후나 음식물이 바뀌다)

14 しめる→する

マフラーをしめて行く→マフラーをして行く(머플러를 하고 가다)

15 たくさん→とても

英語を話すのがたくさん上手だ→英語を話すのがとても上手だ(영어를 하는 것이 아주 능숙하다)

16 もうすぐ→まっすぐ

道をもうすぐ行く→道をまっすぐ行く(길을 곧장 가다)

17 着たい→着せたい

子供にはいい服を着たいと思う→子供にはいい服を着せたいと思う(아이에게는 좋은 옷을 입히고 싶다)

18 やすかった→やさしかった

問題がやすかった→問題がやさしかった(문제가 쉬웠다)

19 「いる」(생물・무생물)

田舎にあるいとこから手紙がきた→田舎にいるいとこから手紙がきた
(시골에 있는 사촌으로부터 편지가 왔다)

20 ドキドキ→ガンガン

飲みすぎて頭がドキドキした→飲みすぎて頭がガンガンした(과음해서 머리가 욱신욱신했다)

21 送った→運んだ 〈관용구〉

何度も彼女の家まで足を送った→何度も彼女の家まで足を運んだ(몇 번이나 그녀 집까지 발길을 옮겼다)

22 すっかり→しっかり

彼の仕事はすっかりしている→彼の仕事はしっかりしている(그가 하는 일은 빈틈없다)

연습문제

パートⅥは文の中で間違っている部分を探す問題です。下に線が引いてあるA～Dの中で文法または意味が正しくないものを選んで答案用紙の記号を黒くぬりつぶしてください。

例) きのう 駅で 田中さんを あいましたよ。
　　　(A)　　(B)　　　(C)　　　　(D)

　　(答) (A) (B) ● (D)

Ⅵ. 下の線のAからDの中で正しくない言葉を一つ選びなさい。

1. 彼女は 週末ごとに 東京へ 行って ある。
　　(A)　　　(B)　　　(C)　　(D)

2. 今日は 空が 青いですね。ほら、遠い 山が きれいです よ。
　　　　　　(A)　　　　　　　(B)　(C)　　　　　(D)

3. あの人は 貧乏と 病気へ 耐えられなく なった のです。
　　　　　(A)　　(B)　　　(C)　　　　　(D)

4. 私の 母は 韓国人と 学校の 先生です。
　　(A) (B)　(C)　　(D)

5. 駅を 自転車で 行って、そこから 電車で 空港へ 行った。
　　(A)　(B)　　　　　(C)　　　　(D)

6. 明日まで 準備できるか できないかを 彼に 聞いてみましょう。
　　　(A)　　　　　(B)　　　　　(C)　　(D)

그녀는 주말마다 도쿄에 가 있다
・～てある→～ている(～가 있다)

오늘은 하늘이 맑군요. 저기 봐요, 멀리 보이는 산이 멋져요
・遠い山→遠くの山(멀리 보이는 산)

저 사람은 가난과 병에 견딜 수 없게 된 것입니다
・～に耐える(～에 견디다)「～へ(도착점이나 방향)」만을 나타내므로「耐える」등에 접속하지 않는다.

제 어머니는 한국인으로 학교 선생님입니다
・韓国人と→韓国人で(한국인으로)

역까지 자전거로 가서 거기서부터 전철로 공항에 갔다
・駅を行く→駅まで行く(역까지 가다)

내일까지 준비할 수 있는지를 그 사람에게 물어 봅시다
・明日まで→明日までに(내일까지) * 기한이 되기 전의 어느 시점에서 동작이 완료됨을 나타냄〈한국어의 영향〉

ANSWER ▶ 1.D 2.B 3.B 4.C 5.A 6.A

7. 日本には、最近都市の人口増加が大きな問題になっている。
   　　(A)　　　　(B)　　　　(C)　　(D)

8. このかばんは、日本へ行きましたとき、成田空港で買いました。
   　(A)　　　(B)　　　(C)　　　　　(D)

9. 飛行機が東の空で飛んでいます。
   　　　(A)(B)(C)　　(D)

10. この宿題は簡単だったから、1時間にやってしまった。
    　　　(A)　　　(B)　　　(C)　　　(D)

11. 来週までに この本を読んであります。
    　　(A)　　(B)　(C)　　(D)

12. あの人が学校を休んだのは、風邪を引いたのでなのでしょう。
    　　　　　　(A)　　(B)　　　(C)　　　(D)

13. 水族館にいろいろな種類の魚があります。
    　　　(A)　　　(B)　　(C)　　(D)

14. 彼の弟は第一大学に入りたいです。
    　(A)(B)　　(C)　　(D)

ANSWER ▶ 7. A 8. C 9. C 10. B 11. D 12. D 13. D 14. D

177

비켜 비켜. 청소를 할 수 없잖아	**15.** どいてどいて。掃除をできないじゃないの。
・掃除をできない→掃除ができない(청소를 할 수 없다)〈한국어의 영향〉	(A)　　(B)　　　(C)　　(D)

최근에는 여자까지 야구를 하게 되었습니다	**16.** このごろは女の人までに野球をやるようになりました。
・〜までに→〜まで(〜까지)〈한국어의 영향〉	(A)　　　　(B)　　(C)　　　(D)

아버지는 결혼 기념일에 레스토랑에서 어머니에게 반지를 선물했습니다	**17.** 父は結婚記念日にレストランで母から指輪を贈りました。
・〜から 〜を贈る→〜に 〜を贈る(〜에게 〜을 선물하다)	(A)　　　(B) (C)　　(D)

나는 1년전에 일본에 간 적이 있다	**18.** 私は1年前に日本に行くことがある。
・行くことがある→行ったことがある(간 적이 있다)	(A)　(B)　　(C)　　(D)

야마다 씨는 그가 범인이라고 생각하고 있는 모양이다	**19.** 山田さんは彼が犯人だと思っていようだ。
・〜ていようだ→〜ているようだ(〜하고 있는 모양이다)〈접속 관계〉	(A)　(B)　　(C)　　　(D)

더워 보여서 창문을 열어 두었는데도 아무말도 하지 않았다	**20.** 暑いそうにしていたから窓を開けてやったのに何も言わなかった。
・暑いそうに→暑そうに(더운 듯이)〈접속 관계〉	(A)　　　(B)　　(C)　　　(D)

ANSWER: 15.B 16.B 17.C 18.C 19.D 20.A

パートVII

공란메우기 공략편

1. 필수 문형 235선
2. 관용구·속담 총정리
3. 의성어·의태어 총정리
◆ 문법 테스트(200 문제)
◆ 연습문제

1 필수 문형 235선

001 **~間に** / ~동안, ~사이
- 夏休みの間に、この原稿を書き上げたいと思っている。
  (여름 휴가 동안, 이 원고를 완성하고 싶다)

002 **~あげく** / ~한 끝에
- いろいろ考えたあげく、彼と別れることにした。
  (여러 모로 생각한 끝에 그와 헤어지기로 했다)

003 **~あまり(に)** / ~한 나머지, 너무 ~하여
- 嬉しさのあまり、涙がでた。
  (너무 기뻐서 눈물이 나왔다)

004 **~以上(は)** / ~한 이상(은)
- こうなった以上は、もう他に方法はない。
  (이렇게 된 이상에는, 이젠 달리 방법이 없다)

005 **~一方(で)** / ~하는 한편(으로)
- 兄は勉強ができる一方、遊ぶことも忘れない。
  (형은 공부를 잘하는 한편(으로), 노는 것도 잊지 않는다)

006 **~一方だ** / (오직)~하기만 하다
- 今年に入り、株価は下落の一方だ。
  (올해 들어 주가는 하락 일로다)

007 **~上(に)** / ~한데다가
- 彼女は頭がいい上に、ユーモアもある。
  (그녀는 머리가 좋은 데다가 유머도 있다)

008 **~上で** / ~한 후(뒤)에, ~하는 데 있어서
- 買うか否かは、実物を見た上で決める。
  (살지의 여부는 실물을 본 뒤에 결정하겠다)
- 辞書は言葉を学習する上で、欠かせないものだ。
  (사전은 언어를 학습하는 데 있어서 빠뜨릴 수 없는 것이다)

009 **~上は** / ~한 바에는, ~한 이상은
- 韓国代表に選ばれた上は、皆様のご期待に添うべく全力を尽くします。
  (한국대표로 뽑힌 이상은, 모두의 기대에 부응하기 위해 전력을 다하겠습니다)

010 ~うちに / ~하는 동안에
- 近いうちに新しくできた図書館に行ってみるつもりです。
  (일간에 새로 생긴 도서관에 가 볼 생각입니다)

011 ~ないうちに / ~하기 전에
- あ、もう五時ですね。暗くならないうちに帰りましょう。
  (아, 벌써 5시군요. 어두워지기 전에 돌아갑시다)

012 ~得(う・え)る / ~할 수 있다
- これが今選択し得る最良の方法ではないでしょうか。
  (이것이 지금 선택할 수 있는 최선의 방법이 아닐까요?)

013 ~得(え)ない / ~할 수 없다
- 彼ほどの財力があれば、なし得ないものはないと言っていいだろう。
  (그 사람만큼의 재력이 있으면, 못 할 일은 없다고 해도 좋을 것이다)

014 ~おかげだ / ~덕분[덕택]이다
- 私が留学できたのは両親のおかげです。
  (내가 유학을 할 수 있었던 것은 부모님 덕택입니다)

015 ~おかげで / ~덕분[덕택]에
- 君が手伝ってくれたおかげで、仕事が早く片づいた。
  (자네가 도와준 덕분에 일이 빨리 매듭지어졌어)

016 ~おきに / ~걸러, ~간격으로
- この雑誌は、一ヶ月おきに発売されています。
  (이 잡지는 한 달 간격으로 발매되고 있습니다)

017 ~恐れがある / ~할 우려[염려]가 있다
- 地震の影響で津波の恐れがありますから、緊急に避難してください。
  (지진의 영향으로 해일의 우려가 있으니까, 긴급히 대피해 주십시오)

018 ~か否か / ~할지 안 할지
- 勝てるか否かは「天のみぞ知る」だよ。やってみなくちゃわからないさ。
  (이길 수 있을지는 하늘만이 안다잖아. 해 보지 않고는 모르는 거야)

019 ~限り / ~한
- 戦争が続く限り、人類の悲劇は終わらないだろう。
  (전쟁이 계속되는 한, 인류의 비극은 끝나지 않을 것이다)

020 ~ない限り / ~하지 않는 한
- 雨天でない限り、運動会は予定通り行うつもりです。
  (비가 오지 않는 한, 운동회는 예정대로 할 작정입니다)

021 **～限りでは** / ～한 바로는
- 私が診た限りでは、ただの風邪のようです。
  (제가 진찰한 바로는 단순한 감기 같습니다)

022 **～かけだ** / ～하는 중이다
- 図書館から借りた本はまだ読みかけだ。
  (도서관에서 빌린 책은 아직 읽고 있는 중이다)

023 **～かけの** / ～하다 만
- つくえの上にやりかけの仕事がたまっています。
  (책상 위에 하다 만 일이 쌓여 있습니다)

024 **～かける** / ～하다 말다, ～하려고 하다, ～하기 시작하다
- やりかけたことは、最後までやり通せ。
  (시작한 일은 끝까지 밀고 나가라)

025 **～難い** / ～하기 어렵다
- これはちょっと言葉では表し難い珍味ですなあ。
  (이건 말로는 좀 표현하기 어려운 진미군요)

026 **～がちだ** / 자주 ～하다, ～이 많다
- 疲れているときは、不注意による事故が起こりがちだ。
  (피곤할 때는 부주의에 의한 사고가 자주 일어난다)

027 **～がちの** / 자주 ～하는, ～이 많은
- 明日は午後から、曇りがちの天気になるでしょう。
  (내일은 오후부터 흐린 날씨가 될 겁니다)

028 **～(か)と思うと／～(か)と思ったら** / ～하는 듯 싶더니(곧)
- 静かなので勉強してるのかと思うと、ぐうぐう寝ていた。
  (조용해서 공부하는 듯 싶더니, 쿨쿨 자고 있었다)
- もう出かけたかと思ったら、まだ家でぐずぐずしていたのか。
  (벌써 나갔나 했더니, 아직 집에서 꾸물거리고 있었어?)

029 **～か ～ない(かの)うちに** / ～하자 곧, ～하자마자
- 彼はベットに横になるかならない(かの)うちに眠ってしまった。
  (그는 침대에 눕자마자 잠들어 버렸다)

030 **～かねない** / ～할는지 모른다, ～할 법하다
- 会社の命令に背こうものなら、首にされかねない。
  (회사 명령을 어기기라도 한다면, 해고당할지도 모른다)

031 **～かねる** / ～하기 어렵다
- あなたの意見には、どうしても賛成し兼ねます。
  (당신 의견에는 도저히 찬성하기 어렵습니다)

032 ～かのようだ / (마치)~인 듯하다
- 寒いなあ、もう３月なのに、真冬に戻ったかのようだ。
  (추워. 벌써 3월인데 한겨울로 돌아간 것 같아)

🈴「まるで・いかにも・あたかも ～かのようだ」의 꼴로 사용되는 경우가 많다.

033 ～から ～にかけて / ~에서 ~까지, ~에서 ~에 걸쳐
- ６月から７月にかけて、日本は梅雨のシーズンです。
  (6월부터 7월에 걸쳐 일본은 장마철입니다)

034 ～から言うと／～から言えば／～から言って / ~으로 보아〔보건데〕
- この成績から言うと、ソウル大学は少し無理かと思う。
  (이 성적으로 보건데, 서울대학교는 약간 무리라고 생각한다)
- 健康という観点から言えば、激しい運動は「百害あって一利なし」です。
  (건강이라는 관점에서 보면, 과격한 운동은 '백해 무익' 입니다)
- 彼の性格から言って、その程度のことでくよくよしたりしないでしょう。
  (그의 성격으로 보아, 그 정도의 일로 끙끙 앓지 않겠죠)

035 ～からこそ / ~하기 때문에
- 親は子を愛するからこそ、厳しくしかることもある。
  (부모는 자식을 사랑하기 때문에 엄하게 꾸짖는 경우도 있다)

036 ～からして / (우선) ~부터가
- あいつは言葉遣いからして生意気だ。(그녀석은 말투부터 건방지다)

037 ～からすると／～からすれば / ~에서 보면, ~으로 보면
- わが家の経済状態からすると、家を買うのは夢のまた夢だ。
  (우리 집의 경제 상태로 보면, 집을 사는 것은 야무진 꿈이다)
- 妻の立場からすれば、そう考えるのは当然でしょうね。
  (아내의 입장에서 보면, 그렇게 생각하는 것은 당연하겠지요)

038 ～からと言って / ~라고 해서
- 一度や二度、受験に失敗したからといって、しょげ込むことはない。
  (한 두번, 수험에 실패했다고 해서 기가 죽을 것은 없다)

039 ～からには / ~할 바에는, ~하는 이상은
- 共同生活をするからには、そこには最低限の規則が必要となる。
  (공동 생활을 하는 이상, 거기에는 최소한의 규칙이 필요해진다)

040 ～から見ると／～から見れば / ~으로 보면, ~와 비교하면
- 国民の目から見ると、政策不在の権力争いほど情けないものはない。
  (국민의 눈으로 보면, 정책부재의 권력 다툼만큼 한심한 것은 없다)
- 過去の記録から見れば、日本では２月が一番寒いです。
  (과거 기록과 비교하면, 일본에서는 2월이 가장 춥습니다)

041 **～から見て** / ～으로 보아
- 漢字は、その作られ方と性質から見て、大きく六つに分けられます。
  (한자는 그 만들어진 방법과 성질로 보아, 크게 6가지로 나뉘어집니다)

042 **～かわりに** / ～하는 대신에
- 僕が韓国語を教えてあげるかわりに、君が日本語を教えてくれないか。
  (내가 한국어를 가르쳐 주는 대신에, 자네가 일본어를 가르쳐 주지 않겠는가?)

043 **～気味だ** / ～하는 경향이 있다
- 彼女は離婚してから、少しヒステリー気味です。
  (그녀는 이혼한 뒤, 약간 히스테리 경향을 보입니다)

044 **～きり** / ～한 채
- 彼女はうつむいたきり、何を尋ねても一言も口を利こうとはしなかった。
  (그녀는 고개를 숙인 채, 무슨 질문을 해도 한마디 말도 하지 않으려고 했다)

045 **～きりだ** / ～했을 뿐이다, ～한 것이 마지막이다
- 田中先生とは、五年前にお会いしたきりです。
  (다나카 선생님과는 5년 전에 만난 것이 마지막입니다)

046 **～切る** / 다〔몹시〕～하다
- 何があったのか、彼はやつれ切った顔をしていた。
  (무슨 일이 있었는지, 그는 몹시 초췌해진 얼굴을 하고 있었다)

047 **～切れる** / 다 ～할 수 있다
- この海峡を泳ぎ切れる人はいないだろう。
  (이 해협을 헤엄쳐 건널 수 있는 사람은 없을 것이다)

048 **～切れない** / 다 ～할 수 없다
- 漢字が多すぎて一度には覚え切れません。
  (한자가 너무 많아 한 번에는 다 외우지 못합니다)

049 **～くせに** / ～이면서, ～인 주제에
- 彼は知っているくせに、私には知らないふりをしていた。
  (그는 알고 있으면서, 나에게는 모르는 체를 했다)

050 **～くらい〔ぐらい〕** / ～할 정도〔만큼〕, ～정도
- この本は暗記してしまうくらい何回も読んだ。
  (이 책은 외워 버릴 정도로 몇 번이나 읽었다)

051 **～くらい〔ぐらい〕だ** / ～할 정도다
- 最近恋人と別れたのでつらくて死にたいくらいです。
  (최근에 애인과 헤어져 괴로워서 죽고 싶을 정도입니다)

052 〜げ / 〜한 듯함, 〜스러움
- 彼は何やら言いたげな様子だったが、結局口を開かなかった。
  (그는 뭔가 말하고 싶은 모양이었지만, 결국 입을 열지 않았다)

053 〜こそ / 〜이야 말로
- これこそ私が長い間探し求めていたものです。
  (이것이야말로 제가 오랫동안 찾던 것입니다)

054 〜ことか / 〜했는지!, 〜한 일인가!
- 君のことをどんなに心配したことか。でも、無事でよかった。
  (자네를 얼마나 걱정했는지! 그래도 무사해서 다행이다)

  🔑 비난·영탄의 표현으로 개인적 감정을 실어 말할 때 쓰며, 「どんなに·どれほど·なんと(얼마나)」「なんど(몇 번)」등의 의문사와 호응하는 경우가 많다.

055 〜ことから / 〜로 인해, 〜하기 때문에, 〜이 원인이 되어
- この町は学生が多いことから、本屋が至るところにある。
  (이 도시는 학생이 많기 때문에 책방이 도처에 있다)

056 〜ことだ / 〜하는 것이 상책이다(좋다)
- 勝負は最後まであきらめないことだ。
  (승부는 마지막까지 포기하지 않는 것이 좋다)

057 〜ことだから / 〜일이니까, 〜하는 일이니만큼
- 遅刻常習犯の彼のことだから、今日も遅れて来るに決まっている。
  (지각상습범인 그 사람이라서, 오늘도 당연히 늦게 올 것이다)

058 〜ことなく / 〜하는 일 없이, 〜하지 않고
- 原則を変えることなく、現実に柔軟に対応することが大切だ。
  (원칙을 바꾸지 않고, 현실에 유연하게 대처하는 것이 중요하다)

059 〜ことに(は) / 〜하게도
- 悔しいことに、わずか一点差で相手チームに負けてしまった。
  (분하게도 겨우 1점차로 상대팀에게 지고 말았다)

060 〜ことになっている / 〜하게(하기로) 되어 있다
- 10人以上集まらなければこの旅行は中止することになっている。
  (10명 이상 모이지 않으면 이 여행은 중지하기로 되어 있다)

061 〜ことはない / 〜할 필요는 없다, 〜할 것은 없다
- 焦ることはない。時間はまだ十分にある。
  (초조해할 필요는 없어. 시간은 아직 충분히 있어)

062　~際 / ~때
- 非常の際には、このドアから避難してください。
  (비상시에는 이 문으로 대피해 주십시오)

063　~最中 / 한창 ~하는 중
- みんなが食事をしている最中を、突然大地震が襲った。
  (다들 한창 식사를 하고 있는데, 갑자기 큰 지진이 덮쳤다)

064　~さえ／~でさえ / ~까지, ~조차, ~마저
- 腰が痛くて、じっと寝ているのさえ辛い。
  (허리가 아파서 가만히 누워 있는 것조차 괴롭다)
- 彼の行動に、温厚なあの人でさえ怒った。
  (그의 행동에 온후한 그 사람마저 화냈다)

065　~さえ ~ば / ~만 ~하면
- あなたさえよければ、私は別にかまいません。
  (당신만 좋다면, 나는 별로 상관없습니다)

> 「명사+さえ+가정형(ば형)」, 「동사 연용형(ます형)+さえすれば」, 「형용사 어간+くさえあれば」, 「형용동사 어간+でさえあれば」 등의 꼴로 쓰인다.

066　~ざるを得ない / ~하지 않을 수 없다
- こんなに雨がひどくては、野外パーティーは中止せざるを得ない。
  (이렇게 비가 심하게 내리면, 야외파티는 중지하지 않을 수 없다)

067　~しかない / ~할 수 밖에 없다
- 人は過去には戻れない。辛くったって、前に歩くしかないんだよ。
  (사람은 과거로 돌아갈 수 없다. 괴로워도 앞으로 나아갈 수 밖에 없다)

068　~次第 / ~하는 대로, ~하는 즉시
- 調査結果が分かり次第、そちらにご報告いたします。
  (조사 결과를 아는 대로, 그 쪽으로 보고하겠습니다)

069　~次第だ / ~에 달렸다, ~따름(뿐)이다
- 君が試験に合格するかどうかは君の努力次第です。
  (자네가 시험에 합격할지는 자네 노력에 달렸습니다)

070　~次第で(は) / ~에 따라서(는)
- 君ってその日のお天気次第で、気分がころころ変わる人だね。
  (자네는 그 날의 날씨에 따라서 기분이 잘도 바뀌는 사람이군)

071　~上 / ~상
- この種の露骨な性描写は、教育上好ましくない。
  (이런 종류의 노골적인 성묘사는 교육상 바람직하지 않다)

072 ～せいか / ～탓인지
- 熱があるせいか、頭がふらふらします。
  (열이 있는 탓인지, 머리가 빙빙 돕니다)

073 ～せいだ / ～탓〔때문〕이다
- 今回のことは上司である私が判断を誤ったせいだ。
  (이번 일은 상사인 내가 판단을 잘못한 탓이다)

074 ～せいで / ～탓으로
- あの時は笑いすぎたせいで、お腹が痛くなったよ。
  (그 때는 너무 웃은 탓으로, 배가 아팠어)

075 ～たいものだ / ～하고 싶다
- もう一度、あの夢に燃えた時代に戻りたいものだ。
  (다시 한 번 그 꿈에 불타던 시절로 돌아가고 싶다)

076 ～だけあって / (과연) ～인 만큼
- 時間をかけた作品だけあって、さすがに見事なものだ。
  (시간을 들인 작품인 만큼 과연 훌륭한 물건이다)

077 ～だけに / ～인 만큼, ～이므로 더욱
- 女の子だけに、一人で外国旅行に行かせるのは心配だ。
  (여자아이인 만큼 혼자서 외국 여행을 보내는 것은 걱정스럽다)

078 たとい〔たとえ〕～ても / 설령 ～일지라도, 비록 ～하여도
- 愛しているよ。たとえ死んでも、君を離さない。
  (사랑해. 설령 죽는다 해도 널 놓지 않겠어)

079 ～(た)ところ / ～하였더니, ～하였던 바
- 友達の家へ行ったところ、あいにく留守だった。
  (친구 집에 갔더니, 마침 부재중이었다)

080 ～(た)とたん(に) / ～한 순간, ～한 찰나
- 彼は結婚したとたんに、人が変わったように横暴になった。
  (그는 결혼한 순간, 사람이 바뀐 것 처럼 난폭해졌다)

081 ～(た)ばかり / 막 ～함, ～한지 얼마 안됨
- まだ日本には来たばかりで、右も左もわかりません。
  (아직 일본에는 온지 얼마 안 되어, 똥오줌을 가릴 수 없습니다)

082 ～度(に) / ～할 때마다, ～할 적마다
- この写真を眺める度に、昔のことが思い出される。
  (이 사진을 바라볼 때마다 옛날 일이 생각난다)

083 **～だらけ** / ～투성이
- 借金だらけで、首が回りません。
  (빚더미에 쌓여 꼼짝할 수가 없습니다)

084 **～ついでに** / ～하는 김에
- 買い物に出かけたついでに、友達の家に寄ってきた。
  (쇼핑 하러 간 김에 친구 집에 들렀다 왔다)

085 **～っけ** / ～라고 했지?, ～였더라?
- 今度の試験、範囲はどこからどこまでだったっけ。
  (이번 시험 범위는 어디에서 어디까지였지?)

086 **～っこない** / ～할 리가 없다
- 君が逆立ちしたって、彼には勝てっこない。
  (자네가 발버둥쳐도 그를 이길 수 있을 리가 없다)

087 **～つつ** / ～하면서(도)
- 今は将来の再起を期しつつ、この逆境に耐えるしかない。
  (지금은 장래의 재기를 기약하면서, 이 역경을 참을 수 밖에 없다)

088 **～つつも** / ～하면서도
- いつも勉強しなければと思いつつも、つい遊んでしまう。
  (항상 공부해야지 라고 생각하면서도, 그만 놀아 버린다)

089 **～つつある** / ～하고 있는 중이다
- 今わがチームは劣勢を挽回し、優勢に転じつつある。
  (지금 우리 팀은 열세를 만회하고, 우세로 바뀌고 있다)

090 **～っぽい** / ～의 경향이 강하다
- 彼は飽きっぽい性格で、何をやっても三日坊主だ。
  (그는 싫증을 잘 내는 성격이어서 무슨 일을 해도 작심삼일이다)

091 **～て以来** / ～한 이후, ～한 지
- 子供が生まれて以来、うちの人、毎晩早く家に帰るようになりました。
  (아기가 태어난 이후, 우리 아빠는 매일밤 일찍 귀가하게 되었습니다)

092 **～てからでないと／～てからでなければ** / ～한 뒤가 아니면
- もう二、三年勉強してからでないと、彼に通訳は無理だ。
  (앞으로 2,3년 공부한 뒤가 아니면, 그에게 통역은 무리이다)
- その国の実状をこの目で確かめてからでなければ、投資するかどうか決定できない。
  (그 나라의 실상을 이 눈으로 확인하기 전에는 투자할지를 결정할 수 없다)

093 ～てしょうがない／～てしかたがない / 너무 ~하다, ~해 죽겠다

- 蚊に刺されたらしくて、首がかゆくてしょうがない。
  (모기한테 물렸는지, 목이 가려워서 죽겠어)

- 刺激のない田舎暮らしは、単調でしかたがない。
  (자극이 없는 시골 생활은 너무 단조롭다)

注 「～てしょうがない」는 대부분 「～てしかたがない」로 바꿀 수가 있지만, 「～てしかたがない」 쪽이 약간 문어체로 체념 정도가 작아 보다 냉정한 표현이 된다.

094 ～てたまらない / ~해서 견딜 수 없다, ~해 죽겠다

- 虫に刺されたところがかゆくてたまらない。
  (벌레에 물린 곳이 가려워서 견딜 수 없다)

注 「～てたまらない」는 「～てしょうがない／～てしかたがない」와 비슷하지만, 정도가 더욱 심할 때 사용한다.

095 ～てならない / ~해서 견딜 수 없다, 몹시 ~하다

- 息子の帰りが、待ち遠しくてならない。
  (아들의 귀가가 몹시 기다려진다)

096 ～てはいられない / ~하고 있을 수는 없다

- B社の倒産をひと事と笑ってはいられないよ。
  (B사의 도산을 남의 일이라며 웃고 있을 수는 없어)

097 ～て初めて / ~해서 처음으로〔비로소〕

- 日本に来て初めて刺身を食べました。
  (일본에 와서 처음으로 회를 먹었습니다)

098 ～てはならない / ~해서는 안 된다

- A国の地下核実験というあってはならないことがとうとう起こった。
  (A국의 지하 핵실험이라는 있어서는 안 될 것이 드디어 일어났다)

099 ～ということだ / ~라고 한다, ~라고 들었다

- 景気は秋あたりには回復に向かうだろうということだ。
  (경기는 가을쯤에는 회복될 거라고 한다)

100 ～と言うと / ~이라고 하면

- 京都と言うと、やはり舞妓を思い出しますね。
  (교토라고 하면, 역시 무희가 생각나는군요)

101 ～と言えば / ~이라면, ~이라고 하면

- ○○市と言えば、治安が悪く凶悪犯罪も多発していると聞いていますが。
  (○○시라고 하면, 치안이 나쁘고 흉악 범죄도 많이 발생한다고 들었습니다만)

102 ～と言ったら / ～라면, ～라고 하면
- その女性の美しさと言ったら、まるでこの世の人とは思えないほどだったよ。
  (그 여성의 아름다움을 말할 것 같으면, 마치 이 세상 사람이라고는 생각할 수 없을 정도였어)

103 ～というものだ / ～라는 것이다
- 儲けを独り占めしようなんて、虫が良すぎるというものだ。
  (이익을 혼자 독차지하다니, 너무 뻔뻔스럽다는 것이다)

  🔑 화자의 판단을 단정·강조하는 표현이다. 대개 감정적인 판단이나 주장을 강요하는 뉘앙스가 담겨 있다. 회화에서는 「～というもんだ・～ってもんだ」 등의 변화형이 사용된다.

104 ～というものではない / (반드시) ～라고 할 수는 없다
- 結婚ってものは、愛情さえあればいいってもんじゃないんだよ。
  (결혼이란, 애정만 있으면 되는 것이 아니야)

105 ～というより / ～라기보다
- 彼の場合、できないというより、むしろやろうとしないと言った方が正確だ。
  (그의 경우, 할 수 없다기보다, 오히려 하려고 하지 않는다는 것이 정확하다)

106 ～といっても / ～라(고) 해도
- 社長といっても、中小企業の社長だからたいしたことはない。
  (사장이라 해도 중소기업 사장이니까 그리 대단한 것은 아니다)

107 ～とおり(に)〔どおり(に)〕 / ～하는 대로
- 私の命ずるとおりに(命令どおりに)していれば、問題はない。
  (내가 시키는 대로 하고 있으면 문제는 없다)

108 ～とおりの〔どおりの〕 / ～하는 대로의
- お客様の御希望どおりの髪型にいたしましたが、お気に召していただけたでしょうか。
  (손님이 원하시는 대로의 머리 스타일로 했는데, 마음에 드시는지요?)

109 ～とか / ～라던가, ～던데
- 彼の話によると、晴れた日は自宅から富士山が見えるとか。
  (그의 이야기에 따르면, 맑은 날에는 자택에서 후지산이 보인다던데)

110 ～どころか / ～은커녕〔고사하고〕
- 彼女のためにしたのに、感謝されるどころか、逆に恨まれてしまった。
  (그녀를 위해서 했는데, 고마워하기는커녕, 오히려 원망을 사고 말았다)

111 ～どころではない / ～할 상황이 아니다
- こんな時は休暇どころではありません。
  (이럴 때는 휴가 운운할 때가 아닙니다)

112 〜ところに／〜ところを / 〜하는 참에, 〜하는 것을
- 人が話している<u>ところに</u>、口を挟まないでください。
  (남이 이야기하는데, 끼어들지 말아 주세요)
- 私が海で危うく溺れかけた<u>ところを</u>、助けてくれたのが今の夫なんです。
  (내가 하마터면 바다에 빠질 뻔한 걸 구해 준 이가 지금의 남편입니다)

113 〜としたら／〜とすれば / 〜라고 한다면, 〜라고 하면
- そのショーがそんなに素晴らしい<u>としたら</u>、見に行かないわけにはいかないね。
  (그 쇼가 그렇게 멋지다고 하면, 보러 가지 않을 수는 없군)
- それが本当だ<u>とすれば</u>、彼が真犯人ということになる。
  (그것이 사실이라면, 그가 진범이라는 게 된다)

114 〜として(は) / 〜으로서(는)
- 彼は弁護士<u>としては</u>一流だが、政治家としては二流だ。
  (그는 변호사로서는 일류지만, 정치가로서는 이류다)

115 〜としても / 〜라고 해도
- 仮に目的が正しい<u>としても</u>、手段を誤れば必ず失敗する。
  (설령 목적이 바르다고 해도, 방법이 잘못되면 반드시 실패한다)

116 〜と共に / 〜와 함께〔동시에〕
- 家族<u>と共に</u>暮らせる日を待ち望んでいます。
  (가족과 함께 지낼 수 있는 날을 고대하고 있습니다)

117 〜ないことには / (만약) 〜하지 않으면
- 今ここで手を打っておか<u>ないことには</u>、事態はもっと悪化するに違いない。
  (지금 여기서 손을 써 두지 않으면, 사태는 더 악화될 것임에 틀림없다)

118 〜ないことはない / 〜하지 않을 것은 없다
- やってやれ<u>ないことは</u>ありませんが、あまり気が進みません。
  (하면 못할 것은 없지만, 별로 내키지 않습니다)

119 〜ないではいられない／〜ずにはいられない / 〜하지 않을 수 없다
- 悪いこととは知りつつ、娘の日記を読ま<u>ないではいられ</u>なかった。
  (나쁜 줄 알면서 딸의 일기를 읽지 않을 수 없었다)
- 亡くなった妻のことを思い出さ<u>ずにはいられない</u>。
  (죽은 아내를 생각하지 않을 수 없다)

120 〜ながら / 〜이지만, 〜이면서도
- 微力<u>ながら</u>、できるかぎりの努力はいたす覚悟です。
  (미력하나마, 될 수 있는 한의 노력은 할 각오입니다)

121 ～など／～なんか／～なんて / ～따위, ～같은 건, ～라니

- お歳暮には、例えばビール券などを送ると喜ばれますよ。
  (세의(연말 선물)로는 예를 들어 맥주권 같은 것을 보내면 기뻐할 거예요)
- ハワイやバリ島なんかが、日本人に人気がありますね。
  (하와이나 발리 섬 같은 곳이 일본인에게 인기가 있군요)
- 学生が教師に対して暴力をふるうなんて、もってのほかだ。
  (학생이 교사에게 폭력을 휘두르다니, 당치도 않다)

122 ～に当たって／～に当たり / ～할 때에, ～에 즈음해서

- 開会に当たり、一言ご挨拶させていただきます。
  (개회에 즈음하여, 인사를 한 마디 하겠습니다)

123 ～において(は) / ～에 있어서(는), ～에서(는)

- 日本社会において最重視されるのは、「和」と言えよう。
  (일본 사회에서 가장 중시되는 것은 '화합'이라고 할 수 있을 것이다)

124 ～においても / ～에 있어서도, ～에도

- 二一世紀においても、おそらく戦争と貧困はこの地球からなくならないだろう。
  (21세기에도 아마 전쟁과 빈곤은 이 지구상에서 없어지지 않을 것이다)

125 ～における / ～에 있어서의, ～에서의

- 国際経済における基本原則は市場を通じた公正な競争だ。
  (국제 경제에서의 기본 원칙은 시장을 통한 공정한 경쟁이다)

126 ～に応じ(て) / ～에 따라, ～에 맞게

- ご予算に応じて料理を作ります。
  (예산에 맞게 음식을 만들겠습니다)

127 ～に応じた / ～에 따른, ～에 맞는

- 社員の能力や業績に応じた給料を支払う。
  (사원의 능력이나 업적에 따른 급료를 지불한다)

128 ～にかかわらず / ～에 관계없이

- 荷物は多少にかかわらず配達します。
  (짐이 많고 적음에 관계없이 배달해 드립니다)

129 ～にもかかわらず / ～임에도 불구하고

- ８０歳の老齢にもかかわらず、元気でいている。
  (80세의 고령임에도 불구하고 건강하게 있다)

130 ～に(は)かかわりなく / ～에(는) 관계〔상관〕없이

- あなたが賛成するかしないかにかかわりなく、私たちはこの方針でやります。
  (당신이 찬성하든 안하든지에 상관없이, 우리들은 이 방침대로 하겠습니다)

131 **〜に限って／〜に限り** / 〜에 한해, 〜만(은)
- 彼って忙しいときに限って、会社を休むんだね。
(그는 바쁠 때만, 회사를 쉬는군)

132 **〜に限らず** / 〜뿐만 아니라
- 外国人に限らず、日本人にとっても敬語は難しい。
(외국인 뿐만 아니라, 일본인에게도 경어는 어렵다)

133 **〜に限る** / 〜하는 것이 제일이다
- 疲れたときは何も考えず、ゆっくり休むに限ります。
(피곤할 때는 아무것도 생각하지 않고, 천천히 쉬는 것이 제일입니다)

134 **〜にかけては** / 〜에 있어서는
- あなたを愛することにかけては、私は他の誰にも負けない。
(당신을 사랑하는 것에서는, 나는 다른 누구에게도 지지 않는다)

🆙 명사 뒤에 오며 '〜의 분야에서는 대단히 뛰어나다〔자신있다・뒤지지 않는다〕'라고 할 때 쓰인다.

135 **〜にかけても** / 〜을 걸고서라도
- 命にかけても、あなたをお守りいたします。
(목숨을 걸고서라도 당신을 지켜 드리겠습니다)

🆙 명사 뒤에 오며 '〜의 분야에서는 대단히 뛰어나다〔자신있다・뒤지지 않는다〕'라고 할 때 쓰인다.

136 **〜に代わって／〜に代わり** / 〜을 대신하여
- 首相に代わって、外相が外国の来賓を出迎えた。
(수상을 대신해, 외상이 외국의 내빈을 마중나갔다)

137 **〜に関し(て)** / 〜에 관해
- 日本における留学生の生活実態に関し(て)、詳しい調査報告書が出された。
(일본에서의 유학생 생활 실태에 관해, 자세한 조사 보고서가 제출되었다)

138 **〜に関しては** / 〜에 관해서는
- このプロジェクトに関しては一切の責任は私が負っている。
(이 프로젝트에 관해서는 모든 책임은 내가 지고 있다)

139 **〜に関する** / 〜에 관한
- 最近、日本に関する書籍は多くあるが、どれも大同小異だ。
(최근 일본에 관한 서적이 많이 있지만, 어느 것이나 대동소이하다)

140 **〜に決まっている** / 반드시〔으례〕〜하기 마련이다
- 子供にそんなお菓子を見せたら、ほしがるに決まっている。
(어린이에게 그런 과자를 보이면, 틀림없이 먹고 싶어할 것이다)

141 ~に比べ(て) / ~에 비해
- 今年は天候に恵まれたおかげか、昨年に比べ(て)米が豊作だ。
  (올해는 기후의 혜택을 받은 덕분인지, 작년에 비해 쌀이 풍작이다)

142 ~に加え(て) / ~에 더해, ~한 데다
- 大企業の社員は賃金が高いのに加え(て)休暇も多い。
  (대기업 사원은 임금이 높은 데다 휴가도 많다)

143 ~応え(て) / ~에 보답하여
- 地元の声援に応え(て)、そのA校野球チームは、ついに念願の甲子園出場を果たした。
  (지역의 성원에 보답하여, 그 A고 야구팀은 마침내 염원하던 고시엔 출전을 이루었다)

144 ~に際し(て) / ~에 즈음하여, ~할 때
- 入居に際し(て)隣近所に挨拶回りをするのは日本人の習慣だ。
  (입주에 즈음하여 이웃집에 인사를 다니는 것은 일본인의 관습이다)

145 ~に際しての / ~에 있어서의, ~시의
- 受験に際しての注意事項が書いてありますから、御一読ください。
  (수험시 주의 사항이 적혀 있으니, 한 번 읽어 주세요)

146 ~に先立って／~に先立ち / ~에 앞서
- 出発に先立ち、忘れ物はないか、各自点検してほしい。
  (출발에 앞서, 잊은 물건은 없는지, 각자 점검하기 바란다)

147 ~に先立つ / ~에 앞선
- 中華料理とは、調理に先立つ下準備に時間をかけ、そして一気に作り上げる火の芸術だ。
  (중화요리란, 조리에 앞선 사전 준비에 시간을 들이고, 그리고 한번에 만들어내는 불의 예술이다)

148 ~に従い／~に従って / ~함에 따라
- 市民の自覚が高まるに従って、情報公開の要求が強まってきた。
  (시민의 자각이 높아짐에 따라, 정보 공개의 요구가 강해졌다)

149 ~にしたら／~にすれば / ~의 입장에서(는)
- 彼にしたら、あのように言うしかなかったのだろう。
  (그의 입장에서는 그 같이 말할 수 밖에 없었을 것이다)
- 教師から頭ごなしに叱られたが、僕にすれば言い分もあった。
  (선생님한테 일방적으로 야단을 맞았지만, 내 입장에서 할 말도 있었)

> 동정이나 공감의 느낌을 나타내며, 문말에는 「~だろう・~かもしれない」 등의 추량표현이 주로 온다.

150 ~にしては / ~치고는, ~에 비해서
- １２歳という年齢にしちゃ、ひねた子だねえ。
  (12살이라는 나이에 맞지 않게 영악한 아이군)

151 ～にしても / ～라 해도
- やせたいにしても、食事もしないのはよくないよ。
  (마르고 싶어도, 식사를 하지 않는 것은 좋지 않아)

152 ～にしろ／～に(も)せよ / ～라고 하더라도
- 故意ではなかったにしろ、相手にけがをさせたのだから、治療費は払うべきだ。
  (고의는 아니라 해도, 상대방에게 부상을 입혔으니까 치료비는 지불해야 한다)
- 会社を辞めるにせよ、後の計画をしっかり立ててからにしなさい。
  (회사를 그만둔다 하더라도, 앞으로의 계획을 확실히 세우고 나서 해라)

153 ～にしろ ～にしろ／～にせよ ～にせよ / ～이든 ～이든
- 本当にしろ嘘にしろ、実物を見てからのことにしよう。
  (사실이든 거짓이든, 실물을 보고 나서 하자)
- 賛成だったにせよ反対だったにせよ、一旦決まったからには、君にも従ってもらう。
  (찬성하였든 반대하였든, 일단 결정된 이상에는 당신도 따라야 한다)

154 ～に過ぎない / ～에 불과하다(지나지 않다)
- 今回発覚した政財界ぐるみの汚職事件は、氷山の一角に過ぎない。
  (이번에 발각된 정·재계가 연루된 독직 사건은 빙산의 일각에 지나지 않는다)

155 ～に相違ない / ～임에 틀림없다
- 彼の才能をもってすれば、将来成功するに相違ない。
  (그의 재능을 보면, 앞으로 틀림없이 성공할 것이다)

156 ～に沿って／～に沿い / ～에 따라
- 改革開放政策に沿って、大規模な外国資本の導入が決定された。
  (개혁 개방 정책에 따라, 대규모 해외 자본 유입이 결정되었다)

157 ～に対し(て) / ～에 대해, ～에게
- 政府は記者団に対し(て)、組閣の概要について説明した。
  (정부는 기자단에게 내각 조직 개요에 대해 설명했다)

158 ～に違いない / ～임에 틀림없다
- 今は分かってもらえなくても、いつかは君にも私の気持ちが分かる日が来るに違いない。
  (지금은 이해할 수 없어도, 언젠가 자네도 내 마음을 알 수 있는 날이 틀림없이 올 것이다)

159 ～について(は) / ～에 관해서(는), ～에 대해서(는)
- 君の功績については、僕たちも十分認めています。
  (자네의 공적에 대해서는 우리들도 충분히 인정하고 있습니다)

160 ～につき / ～당, ～이라서
- 一人につき５０円の参観料をいただきます。
  (한 사람당 50 엔의 참관료를 받겠습니다)

- 準備中につき、今しばらくお待ちください。

  (준비 중이니 잠시 기다려 주십시오)

161 ～につけ(て) / ～함에 따라, ～할 때마다

- 一人二人と友がこの世を去るにつけ、老いの寂しさを感じる。

  (하나 둘 친구가 이 세상을 떠날 때마다, 늙음의 쓸쓸함이 느껴진다)

162 ～につけ ～につけ / ～이든 ～이든, ～하거나 ～하거나

- 雨につけ風につけ、古里のことが思い出される。

  (비가 오거나 바람이 불면, 고향 생각이 난다)

163 ～につけても / ～와 관련하여

- それにつけても思い出すのは初めて東京に来た日のことだ。

  (그와 관련하여 생각나는 것은 처음 도쿄에 왔던 날이다)

164 ～につれ(て) / ～에 따라

- 年をとるにつれ、物忘れがひどくなり、朝何を食べたかさえ忘れる始末だ。

  (나이를 먹음에 따라 건망증이 심해져 아침에 무엇을 먹었는지조차 잊어버리는 꼴이다)

165 ～にとって / ～에게 있어

- 子供にとって何よりも大切なことは、親から愛されることだ。

  (아이들에게 있어 무엇보다도 중요한 것은 부모로부터 사랑을 받는 것이다)

166 ～に伴って／～に伴い / ～에 따라

- 火山の噴火に伴って土石流が発生し、次々に人家をのみこんでいった。

  (화산 분화에 따라 토석류가 발생해 잇달아 인가를 삼켜갔다)

167 ～に反し(て) / ～에 반해, ～와 달리

- 大方の予想に反して、○○党は参議院で苦戦している。

  (일반의 예상과 달리, ○○당은 참의원 선거에서 고전하고 있다)

168 ～に反する / ～에 반한

- 金になろうがなるまいが、道義に反することはしたくない。

  (돈이 되든 안되든, 도의에 반한 일은 하고 싶지 않다)

169 ～にほかならない / ～임에 틀림없다, 바로 ～이다

- 今日のわが国の繁栄は、国民のたゆまぬ努力の結果にほかならない。

  (오늘날 우리 나라의 번영은 다름아닌 바로 국민의 끊임없는 노력의 결과이다)

170 ～に基づいて／～に基づき / ～에 입각해서, ～에 의거해서

- 憲法は国の基本法で、法律は憲法に基づいて作られる。

  (헌법은 국가의 기본법이고, 법률은 헌법에 입각하여 만들어진다)

171 ～によって／～により ／ ～에 따라, ～에 의해
- 時間によって、忙しい時もあれば、暇な時もある。
  (시간에 따라, 바쁠 때도 있고, 한가할 때도 있다)

172 ～による ／ ～에 따른, ～로 인한
- 冬は火の不始末による火災が起こりやすい。
  (겨울은 불 부주의로 인한 화재가 일어나기 쉽다)

173 ～によると／～によれば ／ ～에 의하면〔따르면〕
- 天気予報によると、明日は曇りのち雨だそうです。
  (일기 예보에 따르면, 내일은 흐린 후 비가 온다고 합니다)
- 私の記憶によれば、この辺りは十年ぐらい前までは、海だったはずです。
  (내 기억에 의하면, 이 부근은 10년쯤 전에는 바다였을 것입니다)

174 ～にわたって／～にわたり ／ ～에 걸쳐
- この問題は延べ十回にわたって議論された。
  (이 문제는 연 10회에 걸쳐 논의되었다)

175 ～にわたる ／ ～에 걸친
- 十年にわたる内戦に次ぐ内戦で、国土は荒れ果てた。
  (10년에 걸쳐 계속되는 내전으로 국토는 몹시 황폐해졌다)

176 ～抜きで ／ ～을 빼고
- 感情抜きで冷静に話してください。
  (감정을 넣지 말고, 냉정하게 말해 주십시오)

177 ～ぬきでは ／ ～이 없이는
- そんなに毎日のように朝ご飯抜きでは、いつか体を壊しますよ。
  (그렇게 매일같이 아침밥을 거르면 언젠가 몸을 망칩니다)

178 ～ぬきには ／ ～이 없으면
- このプロジェクトの推進は彼抜きには考えられない。
  (이 프로젝트의 추진은 그가 없으면 생각할 수 없다)

179 ～抜きの ／ ～을 뺀, ～이 없는
- 本人の出席抜きの欠席裁判はしたくない。
  (본인의 출석없는 결석 재판은 하고 싶지 않다)

180 ～抜く ／ 끝까지 ～하다, 몹시 ～하다
- これは悩み抜いた末の結論だ。
  (이것은 고심 끝에 내린 결론이다)

181 ～の末(に)／～(た)末(に) / ～한 끝에
- 経営会議で協議の末、君を副社長に抜擢することにした。
  (경영 회의에서 협의한 끝에 자네를 부사장으로 발탁하기로 했다)
- いろいろ考えた末、進学をあきらめることにした。
  (여러 모로 생각한 끝에 진학을 포기하기로 했다)

182 ～のみならず / ～뿐만 아니라
- 私の考えは、父のみならず母にも反対された。
  (내 생각은 아버지뿐만 아니라 어머니도 반대하였다)

183 ～の下で / ～하에서, ～아래서
- 同じ屋根の下で暮らす家族ほど、大切なものはない。
  (같은 지붕 아래서 사는 가족만큼 중요한 것은 없다)

184 ～の下に / ～하에, ～아래에
- 開発という名の下に、森林が伐採され山が削られ、海が埋め立てられている。
  (개발이라는 이름 하에 산림이 벌채되고, 산이 깎이고, 바다가 매워지고 있다)

185 ～ば ～ほど / ～하면 ～할수록
- 考えれば考えるほど、わけがわからなくなる。
  (생각하면 할수록, 이유를 알 수 없게 된다)

186 ～ばかりか／～ばかりでなく / ～뿐만 아니라
- 飲み過ぎで、頭が痛いばかりか、胸もむかつく。
  (과음해서 머리가 아플뿐만 아니라, 속도 메슥거린다)
- その方法は非効率ばかりでなく、費用もかさむ。
  (그 방법은 비효율적일 뿐만 아니라, 비용도 많이 든다)

187 ～ばかりに / ～바람에, ～탓으로
- 彼は人がいいばかりに、人に騙されてばかりいる。
  (그는 사람이 좋은 탓으로 남에게 속기만 한다)

188 ～はともかく(として) / ～은 어쨌든, ～은 차치하고
- 勝敗はともかく(として)、私たちはこの試合で持てる力を出し切った。
  (승패는 차치하고, 우리들은 이 시합에서 전력을 다했다)

189 ～は別として / ～은 차치하고, ～은 별도로 하고
- この曲はメロディーは別として歌詞がいい。
  (이 곡은 멜로디는 차치하고, 가사가 좋다)

190 ～はもちろん／～はもとより / ～은 물론
- 日本の電気製品は性能はもちろん、デザイン面でも世界のトップ水準にある。
  (일본의 전기 제품은 성능은 물론, 디자인의 면에서도 세계의 톱 수준에 있다)

- 対人関係づくりが苦手なのはもとより、自分自身の意見すら持っていない若者が増えているという報告がある。

  (대인 관계가 어려운 것은 물론, 자기 자신의 의견조차 가지고 있지 않은 젊은이가 늘고 있다는 보고가 있다)

191 **～反面** / ～하는 반면
- 子育てというのは、手がかかる反面、楽しみも多い。

  (아이를 기르는 것은 힘이 많이 드는 반면, 즐거움도 많다)

주 「半面」이라고 쓰는 경우도 있다.

192 **～べきだ** / ～해야 한다
- 君が悪いんだから、四の五の言わず、謝るべきだ。

  (자네가 잘못했으니까, 이러쿵저러쿵 얘기하지 말고 사과해야 한다)

193 **～べきではない** / ～해서는 안 된다
- アジア諸国は、互いに助け合うべきであり、争い合うべきではない。

  (아시아제국은 서로 도와야지, 서로 싸워서는 안 된다)

194 **～べき** / ～해야 할
- 打つべき手はすべて打った。あとは天命を待つのみだ。

  (써야 할 방법은 모두 썼다. 나머지는 천명을 기다릴 뿐이다)

195 **～ほか(は)ない** / ～할 수 밖에 없다
- 今は再起を期して、時節到来を待つほか(は)ない。

  (지금은 재기를 기약하며, 적당한 때가 올 때까지 기다릴 수 밖에 없다)

196 **～ほどだ** / ～할 정도이다
- 恥ずかしくて、穴があったら入りたいほどだった。

  (부끄러워서 구멍이 있으면 들어가고 싶을 정도였다)

197 **～ほど** / ～할 수록
- 青年よ、大志を抱け！ 夢は大きいほどいい。

  (젊은이여, 야망을 가져라! 꿈은 클수록 좋다)

198 **～まい** / ～하지 않겠다
- 不当な待遇に、もう泣き寝入りしまいと決意した。

  (부당한 대우에 이젠 그냥 당하지 않겠다고 결심했다)

199 **～向き** / ～에게 적합함, ～에게 알맞음
- 自分向きの仕事を見つけるのが大切だ。

  (자기에게 맞는 일을 찾는 것이 중요하다)

200 **～向け** / ～용, ～을 대상으로 함
- この自動車はアジア市場向けの低燃費の小型車です。

  (이 자동차는 아시아 시장을 겨냥한 저연비의 소형차입니다)

201 〜も 〜ば 〜も／〜も 〜なら 〜も / 〜도 〜하거니와 〜도, 〜도 〜이지만 〜도

- 人間は長所もあれば短所もあるものだ。
  (인간은 장점도 있거니와 단점도 있는 법이다)
- 君も君なら、彼も彼だ。こんな小さなことで、むきになって言い争うことはないじゃないか。
  (자네도 자네지만, 그도 그다. 이런 작은 일로 화가 나서 말다툼할 건 없잖아?)

202 〜もかまわず(に) / 〜도 개의치 않고

- 愛する子の遺体を前に、母親は人目もかまわずに、泣き崩れていた。
  (사랑하는 아이의 주검을 앞에 두고, 어머니는 남의 눈도 개의치 않고 정신없이 울고 있었다)

203 〜もの / 〜걸(요), 〜거든

- 「どうして学校に行かないの。」「だってつまらないんだもの。」
  (어째서 학교에 안 가니?/하지만, 재미없는 걸)

주 주로 여성이나 아이들이 개인적인 이유를 들 때 쓰는 말로, 회화에서는 「〜もん」을 쓴다.

204 〜ものがある / 상당히 〜하다, 〜한 데가 있다

- 彼には異性ばかりか、同性をも引きつけるものがある。
  (그에게는 이성뿐만 아니라, 동성도 끄는 뭔가가 있다)

205 〜ものか / 〜할까 보냐, 〜하나 봐라

- この悔しさを忘れるものか。今度の試合では必ず勝って見せる。
  (이 치욕을 잊을까 보냐. 이번 시합에서는 반드시 이겨 보이겠다)

주 상대방의 말과 생각 등에 강하게 반대·부정할 때나, 어떤 동작·행위를 하지 않겠다는 강한 결의·항변에 쓰이는 반어적 표현으로, 회화에서는 「〜もんか／〜ものですか」를 쓴다.

206 〜ものだ / 〜하는 법이다, 〜했었지

- 人間というものは、外見だけではわからないものだ。
  (인간이라는 것은, 겉모습만으로는 알 수 없는 법이다)
- 学生時代、君とよくこの店に来たものだね。
  (학생 시절, 당신과 자주 이 가게에 왔었지)

207 〜ものではない / 〜하지 않는 법이다, 〜하는 것이 아니다

- 慣れないことはするもんじゃないなあ。
  (익숙하지 않은 일은 하는 게 아니야)

208 〜ものだから / 〜하기 때문에, 〜하니까

- 近くまで来たものですから、ちょっとお寄りしました。
  (근처까지 와서, 잠깐 들렀습니다)

주 원인·이유를 나타내는 표현으로, 예상치 못한 사정, 본의 아닌 사정을 나타낼 때 쓰거나 사과할 때 변명으로도 많이 쓰인다.

209 ～もので / ～해서

- 人身事故で電車に遅れが出た<u>もので</u>、遅刻してしまいました。

　(인명 사고로 전철의 지연이 발생해서, 지각하고 말았습니다)

210 ～ものなら / ～할 수만 있다면

- 一人で行ける<u>ものなら</u>、行ってみなさい。

　(혼자서 갈 수만 있으면 가 봐라)

주로 가능동사 뒤에 쓰여 희망이나 기대를 나타낸다. 특히 실현이 곤란한 것을 조건으로 드는 것이 특징이며, 문맥에 따라서는 빈정거림이나 반박의 표현으로 쓰일 때도 있다.

211 ～ものの / ～하지만, ～하기는 했으나

- 大学は出た<u>ものの</u>、就職難で仕事が見つからない。

　(대학은 나왔지만, 취직난으로 일을 찾지 못한다)

212 ～やら / ～인지, ～는지

- 空の雲がどこまで流れて行くの<u>やら</u>。

　(하늘의 구름이 어디까지 흘러 가는 것인지)

자문을 추량의 꼴로 불확실하게 표현하여 문장의 여운을 갖게 하는 데 쓴다.

213 ～やら ～やら / ～하며 ～하며, ～와 ～와

- 物価が高い<u>やら</u>忙しい<u>やら</u>で、日本での生活は大変だ。

　(물가가 비싸고 바쁘고 일본에서의 생활은 힘들다)

214 ～ようがない / ～할 수(도리)가 없다

- 知らないんですから、答え<u>ようがない</u>じゃありませんか。

　(모르니까, 답할 수가 없지 않습니까?)

「～よう」는 '～하는 방법'이라는 뜻으로「～かた」와 같은 용법을 나타내고, 의지형「～(よ)う」와 혼동하기 쉬우므로 주의해야 한다.

- 探し<u>よう</u>が悪いから見つからないのです。 〈동사 연용형 접속〉

　(찾는 법이 나쁘니까 발견되지 않는 것입니다)

- 探<u>そう</u>としても探せなかったのです。　〈동사 의지형 접속〉

　(찾으려고 해고 찾을 수 없었습니다)

215 ～(よ)うではないか / ～하세, ～하자

- 両国の友好のために、乾杯し<u>ようではありませんか</u>。

　(두 나라의 우호를 위해서 건배를 합시다)

제안·권유의「～ませんか」와 같은 의미지만, 연설이나 선전, 불특정 다수의 사람에게 제안하고 행동을 불러 일으킬 때 쓴다.

216 ～よう(に) / ～하도록, ～하기를

- 病気が治る<u>ように</u>治療を続けている。

　(병이 낫도록 치료를 계속하고 있다)

217 ~(よ)うものなら / ~할 것 같으면
- 会社の方針に反対しようものなら、即刻首にされかねない。
  (회사의 방침에 반대라고 할 것 같으면, 즉시 해고될지도 모른다)

🈁 동사의 의지형에 붙어 극단적인 경우를 가정하고 그것이 실현되면 형편상 큰일 난다는 뜻으로 화자의 감정이 강하게 나타나는 표현이다.

218 ~わけがない / ~할 리가 없다
- 彼はけちだから、こんな寄付に協力してくれるわけがないよ。
  (그는 구두쇠니까, 이런 기부에 협력해 줄 리가 없어)

219 ~わけだ / ~한 셈이다, ~할만도 하다, ~하는 것이다
- 以上述べてきたような理由で、残念ながら進学を断念したわけです。
  (이상 말해 온 이유로, 유감이지만 진학을 단념한 것입니다)

220 ~わけではない / ~하는 것은 아니다
- 金が惜しくて言うわけじゃないが、返すあてはあるのかい。
  (돈이 아까워 말하는 것은 아니지만, 갚을 가망은 있나?)

221 ~わけにはいかない / ~할 수는 없다
- 明日は試験がありますから、学校を休むわけにはいかない。
  (내일은 시험이 있으니까 학교를 쉴 수는 없다)

222 ~割りに(は) / ~에 비해서(는)
- ここは銀座一の高級料理店だが、値段のわりにおいしくないねえ。
  (여기는 긴자 최고의 고급 음식점인데, 가격에 비해서 맛있지 않군)

223 ~をきっかけに(して)／~をきっかけとして / ~을 계기로
- 何をきっかけに、水泳を始められたのですか。
  (무엇을 계기로 수영을 시작하셨습니까?)

224 ~を契機に(して)／~を契機として / ~을 계기로
- A銀行の倒産を契機にして、各地で取り付け騒ぎが起こった。
  (A은행의 도산을 계기로 각지에서 예금 인출 소동이 일어났다)

225 ~を込めて / ~을 담아, ~을 기울여
- 母は私たちのために、いつも心を込めて弁当を作ってくれた。
  (어머니는 우리들을 위해서 항상 정성을 다해 도시락을 싸 주었다)

226 ~を中心に(して)／~を中心として / ~을 중심으로
- どこの国でも自分の国を中心に、世界地図が書いてあるね。
  (어느 나라든 자기 나라를 중심으로 세계 전도가 그려져 있군)

227 ～を通じて／～を通して / ～을 통해
- インターネットを通じてのコミュニケーションには、やはり限界がある。
  (인터넷을 통한 커뮤니케이션에는 역시 한계가 있다)
- 友人を通して今の妻と知り合いました。
  (친구를 통해 지금의 아내를 알게 되었습니다)

228 ～を問わず / ～을 불문하고
- 古今東西を問わず、親が子を思う情に変わりはない。
  (동서고금을 불문하고, 부모가 자식을 생각하는 정은 변함없다)

229 ～を抜きにして(は) / ～을 빼고(는)
- 妻の協力を抜きにしては、私は何一つできなかったと言えるだろう。
  (아내의 협력없이 나는 무엇 하나 할 수 없었다고 말할 수 있을 것이다)

230 ～は抜きにして / ～은 빼고〔생략하고〕
- 冗談や揚げ足取りは抜きにして、お互い真剣に話し合おうよ。
  (농담이나 말꼬리는 잡지말고, 서로 진지하게 얘기하자)

231 ～をはじめ(として) / ～을 비롯하여
- 社長をはじめ全役員出席の上、会長解任を決議した。
  (사장을 비롯하여 전임원이 출석해 회장 해임을 결의했다)

注 「～をはじめて」라고 쓰지 않으므로 주의해야 한다.

232 ～をはじめとする / ～을 비롯한〔위시한〕
- 紫式部の源氏物語をはじめとする平安文学は、和風文化の源となっている。
  (무라사키시키부의 겐지 이야기를 비롯한 헤이안 문학은 일본 문화의 근원이 되고 있다)

233 ～をめぐって／～をめぐり / ～을 둘러싸고
- 原発の賛否をめぐって、議論が白熱している。
  (원자력 발전의 찬반을 둘러싸고, 논쟁이 격렬해지고 있다)

234 ～をめぐる / ～을 둘러싼
- 工事入札をめぐる贈収賄事件が明るみに出た。
  (공사 입찰을 둘러싼 뇌물 증수 사건이 밝혀졌다)

235 ～を基に(して) / ～을 기초로(해서)
- この映画は実際に起こった冤罪事件を基にして制作された。
  (이 영화는 실제로 일어난 무고 죄 사건을 기초로 해서 제작되었다)

2 관용구/속담 총정리

1. 관용구(慣用句)

- 愛想がいい(あいそがいい) — 붙임성이 있다, 상냥하다
- 相づちを打つ(あいづちをうつ) — 맞장구를 치다
- 顎を出す(あごをだす) — 맥빠지다, 지쳐버리다
- 足が棒になる(あしがぼうになる) — 너무 걸어서 다리가 뻣뻣해지다
- 足を洗う(あしをあらう) — 발을 빼다, 손을 씻다
- 足を奪われる(あしをうばわれる) — 발이 묶이다, 교통이 두절되다
- 足を伸ばす(あしをのばす) — 발을 뻗치다
- 足を運ぶ(あしをはこぶ) — 몸소 가다
- 足を引っ張る(あしをひっぱる) — 물고 늘어지다
- 味もそっけもない(あじもそっけもない) — 멋대가리가 없다
- 頭が上がらない(あたまがあがらない) — 고개를 못들다
- 頭が堅い(あたまがかたい) — 완고하다, 융통성이 없다
- 頭が切れる(あたまがきれる) — 두뇌가 명석하다
- 頭が下がる(あたまがさがる) — 감복하다
- 頭に来る(あたまにくる) — 약이 오르다, 화가 치밀다
- 頭を抱える(あたまをかかえる) — 골치를 썩이다
- 頭を使う(あたまをつかう) — 머리를 쓰다
- 当てにならない(あてにならない) — 믿을 수 없다
- 生きがいい(いきがいい) — 싱싱하다
- 息を呑む(いきをのむ) — 바짝 긴장하다
- 板につく(いたにつく) — 몸에 배어 어울리다

- 後ろ指を指される(うしろゆびをさされる)　　욕을 얻어먹다

- 腕を振るう(うでをふるう)　　실력을 발휘하다

- 腕を磨く(うでをみがく)　　실력을 기르다

- 大目に見る(おおめにみる)　　너그럽게 봐 주다

- お世話になる(おせわになる)　　신세를 지다

- 同じ釜の飯を食う(おなじかまのめしをくう)　　한 솥밥을 먹다

- 思いも寄らない(おもいもよらない)　　상상조차 못하다

- 顔が利く(かおがきく)　　알려져 있다

- 顔が立つ(かおがたつ)　　면목이 서다

- 顔を出す(かおをだす)　　출석하다, 나오다

- 影も形もない(かげもかたちもない)　　아무 흔적도 없다

- 肩が凝る(かたがこる)　　어깨가 뻐근하다

- 肩を並べる(かたをならべる)　　어깨를 겨루다

- 肩を持つ(かたをもつ)　　편을 들다

- 雷が落ちる(かみなりがおちる)　　불호령이 내리다

- 体を壊す(からだをこわす)　　건강을 해치다

- 気が置けない(きがおけない)　　마음을 놓을 수 있다

- 気が重い(きがおもい)　　마음이 무겁다, 우울하다

- 気が気でない(きがきでない)　　안절부절 못하다

- 気が進む(きがすすむ)　　마음이 내키다

- 口が酸っぱくなる(くちがすっぱくなる)　　입이 닳다

- 口車に乗る(くちぐるまにのる)　　감언이설에 속다

- 口を入れる(くちをいれる)　　말참견하다

- 口を利く(くちをきく)　　말하다, 지껄이다

- 首にする(くびにする)　　해고하다

- 声をかける(こえをかける)　　말을 붙이다

- 心を奪う(こころをうばう)　　　마음을 빼앗다
- 胡麻をする(ごまをする)　　　아첨하다
- 先を争う(さきをあらそう)　　　선두를 다투다
- さじを投げる(さじをなげる)　　　가망이 없어 포기하다
- しっぽを出す(しっぽをだす)　　　발각되다
- 雀の涙(すずめのなみだ)　　　쥐꼬리만큼
- 住めば都(すめばみやこ)　　　정들면 고향
- 高くつく(たかくつく)　　　비싸게 치이다
- 棚に上げる(たなにあげる)　　　젖혀 놓다, 내버려두다
- 手が空く(てがあく)　　　일손이 비다
- 手が掛かる(てがかかる)　　　손이 많이 가다
- 手が切れる(てがきれる)　　　관계가 끊어지다
- 手が足りない(てがたりない)　　　일손이 모자라다
- 猫を被る(ねこをかぶる)　　　얌전한 체하다, 시치미를 떼다
- 根も葉もない(ねもはもない)　　　밑도 끝도 없다
- 念を押す(ねんをおす)　　　다짐하다
- 喉から手が出る(のどからてがでる)　　　몹시 탐이 나다
- 歯が立たない(はがたたない)　　　당해낼 도리가 없다
- 鼻に掛ける(はなにかける)　　　잘난 체하다
- 腹を立てる(はらをたてる)　　　화를 내다
- 骨が折れる(ほねがおれる)　　　힘이 들다
- 骨を折る(ほねをおる)　　　몹시 애를 쓰다
- 水に流す(みずにながす)　　　다 잊기로 하다
- 水を差す(みずをさす)　　　방해하다
- 耳にたこができる(みみにたこができる)　　　귀에 못이 박히다
- 耳を傾ける(みみをかたむける)　　　주의해서 잘 듣다

- 胸が一杯になる(むねがいっぱいになる)　　　　가슴이 벅차다
- 目に余る(めにあまる)　　　　눈꼴사납다
- 目もくれない(めもくれない)　　　　거들떠보지도 않다
- 指折り数える(ゆびおりかぞえる)　　　　손꼽아 헤아리다
- 頭を痛める(あたまをいためる)　　　　골치를 앓다, 속을 썩이다
- 頭を絞る(あたまをしぼる)　　　　머리를 짜내다
- 当てが外れる(あてがはずれる)　　　　기대가 어긋나다
- 合わせる顔がない(あわせるかおがない)　　　　대할 면목이 없다
- 口を割る(くちをわる)　　　　자백하다
- 腰が低い(こしがひくい)　　　　겸손하다
- 尻が軽い(しりがかるい)　　　　몸가짐이 헤프다
- 手に余る(てにあまる)　　　　힘에 부치다, 처치 곤란하다
- 途方にくれる(とほうにくれる)　　　　어찌할 바를 모르다
- 腹を割る(はらをわる)　　　　속을 털어 놓다
- 目が高い(めがたかい)　　　　감식력이 뛰어나다
- 元も子も無くなる(もともこもなくなる)　　　　이익은 고사하고 본전까지 날리다

2. 속담(ことわざ)

- 青葉に塩(あおばにしお)　　　　풀이 죽음, 기운이 꺾임
- 朝飯前(あさめしまえ)　　　　식은 죽 먹기, 누워서 떡먹기
- 後の祭り(あとのまつり)　　　　소 잃고 외양간 고치기, 행차 뒤의 나팔
- 雨降って地固まる(あめふってじかたまる)　　　　비 온 뒤에 땅이 굳는다
- 石の上にも三年(いしのうえにもさんねん)　　　　참고 견디면 성공할 날이 있다, 고생 끝에 낙이 온다
- 石橋を叩いて渡る(いしばしをたたいてわたる)　　　　돌다리도 두드려 보고 건넌다
- 急がば回れ(いそがばまわれ)　　　　급할수록 돌아가라

- 言わぬが花 (いわぬがはな)   입 밖에 내어 말하지 않는 편이 오히려 낫다
- 猿も木から落ちる (さるもきからおちる)   원숭이도 나무에서 떨어진다
- 塵も積もれば山となる (ちりもつもればやまとなる)   티끌 모아 태산
- 灯台下暗し (とうだいもとくらし)   등잔 밑이 어둡다
- 泣き面に蜂 (なきつらにはち)   엎친 데 덮친다, 설상 가상
- 火のない所に煙は立たぬ (ひのないところにけむりはたたぬ)   아니 땐 굴뚝에 연기나랴
- 馬子にも衣装 (まごにもいしょう)   옷이 날개
- 焼け石に水 (やけいしにみず)   언 발에 오줌누기, 한강에 돌 던지기
- 安物買いの銭失い (やすものがいのぜにうしない)   싼 게 비지떡
- 売り言葉に買い言葉 (うりことばにかいことば)   오는 말에 가는 말
- 鬼の居ぬ間に洗濯 (おにのいぬまにせんたく)   무서운 사람이 없는 동안에 마음놓고 쉼
- 郷に入っては郷に従え (ごうにいってはごうにしたがえ)   로마에 가면 로마법에 따르라
- 蛙の子は蛙 (かえるのこはかえる)   그 아비에 그 자식, 콩 심은 데 콩 난다

3 의성어/의태어 총정리

「サラサラと」는 사물의 소리를 표현한 의성어(擬声語)이고, 모양을 표현한 의태어(擬態語)가 아니다. 또한 의태어는 일반적으로 히라가나(平仮名)로 쓴다. 여기서는 전부 히라가나(平仮名)로 표기하였다.

- **ああんああん** : 〈입을 크게 벌리고 우는 모양. 특히 아이가 우는 모양〉 엉엉. 앙앙.

- **あたふた** : 〈침착성을 잃고 당황하는 모양〉 허둥지둥.

- **いそいそ** : 〈기쁜 일이 있어 동작이 들뜬 모양〉 부랴부랴. 허겁지겁.

- **うじうじ** : 〈결단을 내리지 못하고 주저하는 모양〉 꾸물꾸물.

- **うつらうつら** : 〈선잠이 들거나 졸려서 깜빡깜빡 조는 모양〉 꾸벅꾸벅.

- **うろちょろ** : 〈침착하지 못하고 공연히 우왕좌왕 돌아다니는 모양〉 우왕좌왕.

- **おどおど** : 〈두렵거나 자신이 없어서 침착하지 못한 모양〉 벌벌. 주뼛주뼛.

- **おろおろ** : 〈불안하거나 놀라서 어찌할 바를 몰라 당황하는 모양〉 허둥지둥.

- **からから** : 〈몹시 목이 마른 모양〉 바삭바삭.

- **がやがや** : 〈여러 사람이 떠들썩하게 이야기하는 모양〉 왁자지껄. 와글와글.

- **くすくす** : 〈웃음을 억지로 참고 연속적으로 웃는 모양〉 낄낄. 킥킥.

- **くだくだ** : 〈같은 말을 몇번이나 장황하게 늘어놓는 모양〉 장황하게.

- **くらくら** : 〈현기증이 나는 모양〉 아찔아찔. 어찔어찔.

- **ぐうぐう** : 〈몹시 배가 고파 뱃속에서 소리가 나는 모양〉 쪼르륵쪼르륵.

- **ぐんぐん** : 〈힘차게 진행하거나 성장하는 모양〉 부쩍부쩍. 쑥쑥.

- **ぐんと** : 〈단번에 힘을 주거나 전보다 훨씬 달라진 모양〉 힘껏. 쑥.

- **けらけら** : 〈높은 목소리로 가볍게 웃는 모양〉 깔깔.

- **げらげら** : 〈큰 소리로 웃는 모양. 「けらけら」보다 무겁고 큰 느낌〉 껄껄.

- **げんなり** : 〈싫증이 나거나 낙심·피로 등으로 기력을 잃은 모양〉 녹초가 됨.

- **こそこそ** : 〈남의 눈을 피해 은밀하게 행동하는 모양〉 살금살금. 소곤소곤.

- **ごほん** : 〈한번 또는 여러번 크게 기침하는 소리〉 콜록(콜록). ＝ごほんごほん

- さっと ： 〈재빨리 일어서는 모양〉 냉큼.

- さっと ： 〈재빨리 행동하는 모양〉 획하니. 싹.

- さらりと ： 〈담백하여 사물에 구애됨이 없는 성격〉 깨끗이. 선뜻.

- しくしく ： 〈심하지 않으나 은근히 켕기듯이 아픈 모양〉 쌀쌀.

- しくしく ： 〈코를 훌쩍이며 조용히 우는 모양〉 훌쩍훌쩍.

- しょんぼり ： 〈풀이 없이 기가 죽은 모양〉 멍하니. 풀이 죽어.

- じゃぶじゃぶ ： 〈물을 세차게 휘젓거나 건너는 모양〉 철벅철벅. 철벙철벙.

- すくすく ： 〈아기가 건강하게 잘 자라는 모양〉 쑥쑥. 무럭무럭.

- すたすた ： 〈총총걸음으로 걷는 모양〉 총총걸음(으로).

- すっきり ： 〈아픈 곳이 없이 몸이 가뿐하고 산뜻한 모양〉 개운함.

- すやすや ： 〈편하게 잠이 든 모양〉 새근새근.

- すんなり ： 〈몸매가 날씬하고 매끈하여 스타일이 좋은 모양〉 날씨한. 늘씬한.

- ずきずき ： 〈상처나 종기 따위가 쑤시며 아픈 모양〉 욱신욱신.

- せかせか ： 〈동작이 성급하여 침착하지 못한 모양〉 성급하게.

- ぞくぞく ： 〈한기가 스며들어 추운 모양〉 오싹오싹. 으슬으슬.

- だらだら ： 〈질력이 나도록 지루하게 오래 지속되는 모양〉 질질. 장황하게.

- ちゅうちゅう ： 〈입을 작게 오므리고 연달아 빠는 모양〉 쭉쭉.

- ちょこちょこ ： 〈종종걸음으로 걷는 모양〉 종종걸음(으로).

- つるつる ： 〈겉이 매끄러운 것을 훌쩍훌쩍 먹는 모양〉 후루룩.

- とぼとぼ ： 〈힘없이 걷는 모양〉 터벅터벅.

- どたばた ： 〈소란스럽게 떠들거나 뛰어다니는 모양〉 우당탕.

- どっと ： 〈여럿이 한꺼번에 소리내거나 밀어닥치는 모양〉 우르르.

- どやどや ： 〈여럿이 떼지어 소란스럽게 드나드는 모양〉 우르르.

- にやにや ： 〈마음속으로 생각하면서 연속적으로 웃음을 띠는 모양〉 히쭉히쭉. 싱글싱글.

- のそのそ ： 〈동작이 둔하고 느리게 행동하는 모양〉 느릿느릿.

- はあはあ ： 〈입을 벌리고 연달아 가쁘게 숨을 내쉬는 모양〉 헉헉.

- はきはき ：〈태도가 분명한 모양〉또렷또렷. 시원시원.

- はっと ：〈갑자기 놀라는 모양〉깜짝.

- ばたばた ：〈바쁘게 움직여 침착하지 못한 모양〉(발을) 동동.

- ばりばり ：〈단단한 물건을 깨무는 소리〉우드득으드득.

- ぱくり ：〈한입에 먹는 모양〉덥석. 꿀꺽.

- ひやひや ：〈간담이 서늘하거나 마음을 졸이며 조마조마한 모양〉조마조마.

- ひらり ：〈가볍게 뛰어오르거나 뛰어내리는 모양〉훌쩍.

- ひりひり ：〈피부나 점막이 어떤 자극을 받아 아픈 모양〉얼얼. 따끔따끔.

- ぴょんぴょん ：〈연속적으로 가볍게 뛰는 모양〉깡충깡충.

- ふうふう ：〈입을 오므리고 연달아 숨을 내쉬는 모양〉후후.

- ぶうぶう ：〈연실 불평・불만이나 잔소리를 하는 모양〉투덜투덜. 툴툴.

- ふっと ：〈아무런 이유도 없이 갑자기 무슨 일이 일어나는 모양〉문득. 갑자기.

- ぶるぶる ：〈춥거나 무서워서 떠는 모양〉벌벌. 부들부들.

- ぷかぷか ：〈연기를 연달아 내뿜으며 세차게 담배를 피우는 모양〉뻑뻑.

- ぷんぷん ：〈몹시 화를 내거나 냄새가 나는 모양〉뽀로통.

- へとへと ：〈몹시 피로하여 기진맥진하고 녹초가 된 모양〉녹초가 됨.

- ぺらぺら ：〈계속해서 잘 지껄여대는 모양. 특히 외국어를 유창하게 하는 모양〉술술. 줄줄.

- ぼんやり ：〈뚜렷하지 않고 어렴풋한 모양. 우두커니 있는 모양〉멍하니. 멍청하게.

- まごまご ：〈형편을 몰라 우물쭈물 행동하는 모양〉우물쭈물. 우물우물.

- むかむか ：〈구역질이 나서 속이 울컥거리는 모양〉메슥메슥. 울컥

- むっと ：〈갑자기 화가 치밀어 오르거나 열기나 냄새로 숨이 막힐 듯이 답답한 모양〉불끈. 후텁지근.

- もぐもぐ ：〈입을 다물고 음식을 씹는 모양〉우물우물.

- わあわあ ：〈심하게 계속 우는 모양〉엉엉.

- わくわく ：〈기쁨・기대・걱정 따위로 가슴이 설레이는 모양〉두근두근.

- わんわん ：〈심하게 우는 모양〉엉엉.

문법테스트 (200문제)

問題の文に空欄があります。問題の空欄に入るもっとも適したものを選んで答案用紙の記号を黒くぬりつぶしてください。

일단 계약서에 사인을 한 이상, 자네 책임은 피할 수 없어
· ～以上(は) (～한 이상(은))

1. 一旦契約書にサインをした以上、君の責任は _____ 。
　(A) 避けたい
　(B) 避けられない
　(C) 避けた
　(D) 避けるしかない

여럿이서 잘 생각한 후에 대답하려고 합니다
· ～上で (～한 후[뒤]에) 〈동사 과거형 접속〉

2. みんなでよく考えた _____ 、お答えしようと思います。
　(A) なかで
　(B) そとで
　(C) もとで
　(D) うえで

그는 온몸이 상처투성이가 되어 돌아왔다
· ～だらけ (～투성이) 〈명사 접속〉
· 体中 (からだじゅう : 온몸)

3. 彼は体中傷 _____ で帰ってきた。
　(A) まま
　(B) ぬき
　(C) だらけ
　(D) ずくめ

교토에 가는 김에 친구 집에 들를 생각입니다
· ～ついでに (～하는 김에) 〈동사 사전형・과거형 접속〉

4. 京都へ行く _____ 、友達の家へ寄るつもりです。
　(A) ばかりに
　(B) ついでに
　(C) ところに
　(D) とおりに

실행할 수 없는 계획을 세워도 소용없다
· ～得(え)ない (～할 수 없다) 〈동사 연용형 접속〉

5. 実行し _____ 計画を立てても無駄だ。
　(A) やすい
　(B) っこない
　(C) 得ない
　(D) かねない

ANSWER: 1.B 2.D 3.C 4.B 5.C

212

6. お前が一人前になれたのは、一体誰の _____ と思っているんだ。

    (A) うえだ
    (B) せいだ
    (C) ためだ
    (D) おかげだ

> 네가 한 사람의 몫을 할 수 있게 된 것이 과연 누구 덕이라고 생각해?
> ・～おかげだ(～덕분〔덕택〕이다)

7. 東大に合格した彼に、私は感動を _____ いられなかった。

    (A) 覚えては
    (B) 覚えずには
    (C) 覚えなくては
    (D) 覚えないのは

> 동경대에 합격한 그에게 나는 감동을 하지 않을 수 없었다
> ・～ないではいられない／～ずにはいられない(～하지 않을 수 없다)

8. 三分 _____ 電車が通ります。

    (A) たびに
    (B) おきに
    (C) までに
    (D) ずつに

> 3분 간격으로 전철이 다닙니다
> ・～おきに(～걸러, ～간격으로)

9. この地球上の生物は、植物 _____ 動物 _____ 、水と空気がなければ生きてゆけない。

    (A) にしよう　にしよう
    (B) にせよ　　にせよ
    (C) にすれば　にすれば
    (D) にして　　にして

> 이 지구상의 생물은 식물이든 동물이든, 물과 공기가 없으면 살아갈 수 없다
> ・～にしろ ～にしろ／～にせよ ～にせよ(～이든 ～이든)

10. 彼は口が軽いから、彼に話すと秘密が漏れる _____ 。

    (A) おそれもある
    (B) わけがない
    (C) ことである
    (D) しだいである

> 그는 입이 가벼워서, 그에게 얘기하면 비밀이 샐 우려도 있다
> ・～恐れがある(～할 우려〔염려〕가 있다)

11. やる _____ 、状況いかんにかかっている。

    (A) や否や
    (B) か否かは
    (C) からには
    (D) からといって

> 할지 안 할지는 상황 여하에 달려 있다
> ・～か否か(～할지 안 할지) 〈동사 사전형 접속〉

ANSWER ▶ 6.D 7.B 8.B 9.B 10.A 11.B

한번 쓰고 버리는 소비문화가 바뀌지 않는 한, 쓰레기문제가 근본적으로 해결되는 일은 없을 것이다 ・〜ない限り（〜하지 않는 한）	**12.** 使い捨ての消費文化が変わらない限り、ゴミ問題が根本的に解決されることは _____。 　(A) あるだろう 　(B) ないだろう 　(C) あるかもしれない 　(D) ならないだろう
이 고기는 좀 썩어가고 있는 것 같애 ・〜かける（〜하다 말다, 〜하려고 하다, 〜하기 시작하다）〈동사 연용형 접속〉	**13.** この肉はちょっと腐り _____ いるみたいよ。 　(A) 終わって 　(B) きって 　(C) だして 　(D) かけて
타고 난 성격이 그렇게 간단히 바뀔 수 있나 ・〜ものか（〜할까 보냐, 〜하나 봐라）	**14.** 持って生まれた性格が、そう簡単に変わる _____。 　(A) ものか 　(B) ようだ 　(C) ことか 　(D) ばかりか
그는 수영은 물론 스포츠라면 무엇이든지 잘한다 ・〜はもちろん／〜はもとより（〜은 물론）	**15.** 彼は、水泳は _____、スポーツなら何でもできる。 　(A) もとより 　(B) もとには 　(C) もとまで 　(D) もとでは
자기 뜻에 반하는 것은 뭐라 하든 따를 마음은 없다 ・〜に反する（〜에 반한）	**16.** 自分の意に _____ ことは、何と言われようと従う気はない。 　(A) よる 　(B) 基づく 　(C) 反する 　(D) 先立つ
이 논문이 완성된 것은 선생님의 도움이 있었기 때문입니다 ・〜にほかならない（〜임에 틀림없다, 바로 〜이다）	**17.** この論文ができあがったのは、先生のお力添えがあったからに _____。 　(A) かかわらない 　(B) ほかならない 　(C) ともなわない 　(D) かぎらない

ANSWER　12.B 13.D 14.A 15.A 16.C 17.B

18. あまりにも悲惨なので涙も出ない _____ だ。

    (A) とき
    (B) ため
    (C) ほど
    (D) あまり

너무나도 비참하여 눈물도 나오지 않을 정도다
・〜ほどだ(〜할 정도이다)

19. 一人暮らしは生活が不規則に _____ がちだ。

    (A) なり
    (B) なる
    (C) し
    (D) する

독신 생활은 불규칙적인 생활이 되는 일이 많다
・〜がちだ(자주 〜하다, 〜이 많다) 〈동사 연용형 접속〉

20. 良き _____ 悪しき _____ 、親は巣立っていく子供を見守ることしかできない。

    (A) にあり　　にあり
    (B) につき　　につき
    (C) につけ　　につけ
    (D) にして　　にして

좋든 싫든, 부모는 슬하를 떠나는 아이를 지켜볼 수 밖에 없다
・〜につけ 〜につけ(〜이든 〜이든, 〜하거나 〜하거나)

21. 教育という名 _____ 体罰を行う教師が、今も後を絶たない。

    (A) とあって
    (B) のあげく
    (C) といえば
    (D) のもとに

교육이라는 이름 하에 체벌을 가하는 교사가 지금도 끊이지 않는다
・〜の下に(〜하에, 〜아래에)

22. この仕事が任せられる者 _____ 、彼しかないね。

    (A) からいえば
    (B) からいって
    (C) というと
    (D) というより

이 일을 맡길 수 있는 사람이라면, 그 사람밖에 없어
・〜と言うと(〜이라고 하면)

23. 親に心配を _____ と思い、何も話さないでおいた。

    (A) かけまい
    (B) かけそう
    (C) かけよう
    (D) かけさせる

부모에게 걱정을 끼치지 않겠다고 생각해, 아무말도 하지 않았다
・〜まい(〜하지 않겠다) 〈5단동사는 종지형, 1단동사는 연용형 접속〉

ANSWER 18. C 19. A 20. C 21. D 22. C 23. A

주택 문제는 차치하고, 일본인의 생활수준은 구미와 같은 정도가 되었다고 할 수 있을 것이다
- ～は別として(～은 차치하고, ～은 별도로 하고)

24. 住宅問題は _____、日本人の生活水準は欧米並になったと言えるだろう。

(A) おろか
(B) とりわけ
(C) とくに
(D) 別として

가볍고 해외 여행에 적합한 가방을 찾고 있는 것입니다
- ～向き(～에게 적합함, ～에게 알맞음)

25. 軽くて海外旅行 _____ のカバンを探しているんです。

(A) 向き
(B) 向いて
(C) 向こう
(D) 向かって

하나 해결했나 싶으면 또 하나, 계속 문제가 나온다
- ～(か)と思うと／～(か)と思ったら(～하는 듯 싶더니 곧)

26. 一つ _____ かと思うと、また一つと、次から次に問題が出てくる。

(A) 解決し
(B) 解決する
(C) 解決した
(D) 解決して

답을 다 쓰자마자, 시험관의 '그만' 이라는 소리가 났다
- ～か ～ない(かの)うちに(～하자 곧, ～하자마자)

27. 解答を書き終えるか _____ かのうちに、試験官の「そこまで」という声がした。

(A) 終える
(B) 終えない
(C) 終えている
(D) 終えていない

회사의 영업 실적이 좋든 나쁘든 상관없이, 최소한의 생활이 가능한 임금은 보장받고 싶다
- ～に(は)かかわりなく(～에(는) 관계〔상관〕없이)

28. 会社の業績の良し悪しに _____、最低限の生活ができる賃金は保障してもらいたい。

(A) かかわり
(B) 限らず
(C) かかわりなく
(D) したがわず

ANSWER 24. D 25. A 26. C 27. B 28. C

29. 旅先では飲み水に注意しなさい。そうしないと、食あたりを起こし＿＿＿＿。

　　(A) かねる
　　(B) すぎる
　　(C) かねない
　　(D) すぎない

여행지에서는 식수에 주의해라. 그렇게 하지 않으면 식중독에 걸릴지도 모른다
・〜かねない(〜할지 모른다, 〜할 법하다)〈동사 연용형 접속〉

30. 実施に＿＿＿＿費用はどうするつもりですか。

　　(A) 先立つ
　　(B) 関する
　　(C) 基づく
　　(D) 沿った

실시에 앞서 드는 비용은 어떻게 할 생각입니까?
・〜に先立つ(〜에 앞선)

31. 老後のことを考えると、不安は＿＿＿＿一方だ。

　　(A) 募る
　　(B) 募った
　　(C) 募りよう
　　(D) 募りそう

노후를 생각하면, 불안이 더해갈 뿐이다
・〜一方だ((오직)〜하기만 하다)〈동사 사전형 접속〉

32. 会議は始まった＿＿＿＿で、まだ本題には入っていないよ。

　　(A) ほど
　　(B) うち
　　(C) ばかり
　　(D) かぎり

회의는 방금 시작되어, 아직 본론으로는 들어가지 않았어
・〜(た)ばかり(막 〜함, 〜한지 얼마 안됨)〈동사 과거형 접속〉

33. 気候から＿＿＿＿、北海道の方が北京より寒いんじゃないかと思える。

　　(A) 言おう
　　(B) 言え
　　(C) 言うと
　　(D) 言ったものの

기후로 보아, 홋카이도가 북경보다 춥지 않을까 여겨진다
・〜から言うと／〜から言えば／〜から言って(〜으로 보아〔보건데〕)

34. 何事であれ＿＿＿＿からでないと、事の是非は分からない。

　　(A) 実践し
　　(B) 実践する
　　(C) 実践した
　　(D) 実践して

무슨 일이든 실천한 뒤가 아니면, 일의 옳고 그름은 알 수 없다
・〜てからでないと／〜てからでなければ(〜한 뒤가 아니면)

ANSWER ▶ 29. C 30. A 31. A 32. C 33. C 34. D

전쟁 중에는 피아노 연습은 생각도 못하고, 음악을 들을 수도 없었다
• ～どころではなく(～은 생각도 못하고)

35. 戦争中はピアノの練習 _____ ではなく、音楽を聞くこともできなかった。
　(A) べき
　(B) はず
　(C) あまり
　(D) どころ

감기에 걸렸을 때는 약을 먹고 푹 자는 것이 제일이다
• ～に限る(～하는 것이 제일이다)〈동사 사전형 접속〉

36. 風邪を引いたときは、薬を飲んでぐっすり _____ に限ります。
　(A) 寝
　(B) 寝る
　(C) 寝て
　(D) 寝た

좀 더 대사에 감정을 넣어 다시 읽어 주지 않을래?
• ～を込めて(～을 담아, ～을 기울여)

37. もう少しセリフに感情を _____ 、読み直してくれないか。
　(A) 通して
　(B) 通じて
　(C) 込めて
　(D) 問わず

이 작품은 아내의 협조가 있었기 때문에 완성된 것입니다
• ～からこそ(～하기 때문에)

38. この作品は、妻の協力があった _____ 完成したのです。
　(A) からこそ
　(B) どころか
　(C) といったら
　(D) からさえ

분하고 자기가 한심해서 눈물이 나왔다
• ～やら ～やら(～하며 ～하며, ～와 ～와)

39. 悔しい _____ 自分が情けない _____ で涙が出てきた。
　(A) も　　も
　(B) や　　や
　(C) など　など
　(D) やら　やら

예상했던 대로의 결과가 나왔다
• ～とおりの〔どおりの〕(～하는 대로의)

40. 予想した _____ の結果になった。
　(A) はず
　(B) べき
　(C) よう
　(D) とおり

41. 患者の立場から _____、薬の成分は何か、副作用はどうか、無関心ではいられない。

   (A) いると
   (B) あると
   (C) すると
   (D) くると

환자의 입장에서 보면, 약 성분이 무엇인지, 부작용은 어떤지에 무관심일 수는 없다
• ~からすると／~からすれば(~에서 보면, ~으로 보면)

42. ビザの申請に _____ のご注意をいたします。

   (A) 関して
   (B) 際して
   (C) 面して
   (D) 対して

비자 신청시의 주의사항을 말씀드리겠습니다
• ~に際しての(~에 있어서의, ~시의)

43. こんなに安い _____、きっと偽物に違いないよ。

   (A) からに
   (B) からには
   (C) かぎりに
   (D) かぎりでは

이렇게 싸니까, 분명 가짜임에 틀림없어
• ~から(に)は(~할 바에는, ~하는 이상은)

44. 犯人グループの1人は、逃げ遅れてうろうろしている _____ 捕まった。

   (A) うえに
   (B) ものを
   (C) ばかりに
   (D) ところを

범인 그룹의 한 사람은 미처 도망치지 못하고 어정거리다가 잡혔다
• ~ところに／~ところを(~하는 참에, ~하는 것을)

45. うちの父は日頃優しい _____、怒るとこわい。

   (A) 反対
   (B) 反面
   (C) 部分
   (D) 半分

우리 아버지는 평소에는 친절한 반면, 화나면 무섭다
• ~反面(~하는 반면)

46. 外見 _____、まともな職業に就いている人とは思えませんでした。

   (A) から見て
   (B) だけあって
   (C) ばかりに
   (D) をもとに

외관으로 봐서 건실한 직업에 종사하고 있는 사람이라고는 생각할 수 없었습니다
• ~から見て(~으로 보아)

ANSWER ▶ 41.C 42.B 43.B 44.D 45.B 46.A

이 차는 기름을 먹지 않는 대신에, 속도를 낼 수 없는 것이 맹점이다
- ~かわりに(~하는 대신에) 〈동사 사전형과 부정형 접속〉

47. この車はガソリンを食わない _____ 、スピードが出せないのが難点だ。
 (A) かたちに
 (B) ところに
 (C) かわりに
 (D) とおりに

이 건에 대해, 자네의 솔직한 의견을 들려 줘
- ~について(は)(~에 관해서(는), ~에 대해서(는))

48. この件に _____ 、君の率直な意見を聞かせてくれ。
 (A) とって
 (B) して
 (C) したがって
 (D) ついて

취직하고부터는 운동 부족 탓인지 약간 살이 찌는 것 같다
- ~気味だ(~하는 경향이 있다) 〈동사 연용형 접속〉

49. 就職してからは、運動不足のせいか、少し _____ 気味だ。
 (A) 太り
 (B) 太る
 (C) 太った
 (D) 太って

그녀는 미국에 간 채, 아무 연락도 없었다
- ~きり(~한 채) 〈동사 과거형 접속〉

50. 彼女はアメリカに _____ きり、何の音沙汰もなくなった。
 (A) 行き
 (B) 行く
 (C) 行った
 (D) 行って

약한 개일수록 잘 짖는다
- ~ほど(~할수록)

51. 弱い犬 _____ よく吠える。
 (A) しか
 (B) ほど
 (C) のみ
 (D) ばかり

그는 좀 너무 제멋대로여서, 나는 도저히 함께 사귈 수가 없군요
- ~切れない(다 ~할 수 없다) 〈동사 연용형 접속〉

52. ちょっと彼は自分勝手すぎて、僕はとても付き合い _____ ませんね。
 (A) しまい
 (B) あがり
 (C) かね
 (D) きれ

ANSWER: 47.C 48.D 49.A 50.C 51.B 52.D

53. 事情も知らない _____、他人のことに口を挟むな。

 (A) ゆえに
 (B) ために
 (C) からに
 (D) くせに

사정도 모르면서 다른 사람 일에 끼어들지 마
- ~くせに(~이면서, ~인 주제에)

54. 入試も近いし、俺だって _____ ばかりはいられないよ。

 (A) 遊び
 (B) 遊ぶ
 (C) 遊んだ
 (D) 遊んで

입시도 가까워오고 나도 놀고만 있을 수는 없어
- ~てはいられない(~하고 있을 수는 없다)

55. 食事の前には、手 _____ 洗いなさい。

 (A) だけ
 (B) ぐらい
 (C) ほど
 (D) ばかり

식사 전에는 손 정도는 씻어라
- ~くらい〔ぐらい〕(~할 정도〔만큼〕, ~정도)

56. 男は何やら意味 _____ げな笑いを浮かべて、僕を見ていた。

 (A) あり
 (B) ある
 (C) あった
 (D) あって

남자는 뭔가 의미있는 듯한 웃음을 띄우면서 나를 보고 있었다
- ~げ(~한 듯함, ~스러움)
〈동사 연용형 접속〉
〈형용사・형용동사 어간에 접속〉

57. それはいい考えだ。早速やろう _____。

 (A) まいか
 (B) じゃないか
 (C) ともする
 (D) ともしない

그거 좋은 생각이다. 즉시 하자
- ~(よ)うではないか(~하세, ~하자)

58. 「どうぞよろしくお願いします。」「いいえ、こちら _____ 。」

 (A) さえ
 (B) ほど
 (C) こそ
 (D) まで

아무쪼록 잘 부탁드립니다 / 아니오, 저야말로
- ~こそ(~야말로)

ANSWER ▶ 53. D 54. D 55. B 56. A 57. B 58. C

실력이 충분한 그 사람이니만큼 합격할 것임에 틀림없다 ・~ことだから(~일이니까, ~하는 일이니만큼)	**59.** 実力充分の彼のこと _____ 、合格するに違いない。 (A) だから (B) だったり (C) だとしても (D) なのに
옛날의 교사는 더 위엄이 있었지 ・~ものだ(~하는 법이다, ~했었지)	**60.** 昔の教師というのは、もっと威厳があった _____ 。 (A) ものか (B) ものだ (C) ことか (D) ことだ
일본에서는 자동차는 왼쪽으로 통행하게 되어 있다 ・~ことになっている(~하게[하기로] 되어 있다)	**61.** 日本では車は左側を通行する _____ 。 (A) きらいがある (B) にかたくない (C) ことになっている (D) に決まっている
이 자료에 따르면, 이 나라의 채무 총액은 GNP의 약 반에 달하고 있다 ・~によると／~によれば(~에 의하면[따르면])	**62.** この資料に _____ 、この国の債務総額はＧＮＰの約半分に達している。 (A) とって (B) よれば (C) 基づいて (D) すれば
어째서 결혼 안하니?／하지만, 적당한 사람이 없는 걸 ・~もの(~걸(요), ~거든)	**63.** 「どうして結婚しないの。」「だって、適当な相手がいないんだ _____ 。」 (A) わけ (B) とか (C) こと (D) もの
누구나 실수는 있으니, 그리 화낼 것도 없다 ・~ことはない(~할 필요는 없다, ~할 것은 없다)	**64.** 誰にも間違うことはあるんだし、そんなに怒る _____ 。 (A) ことはある (B) こともない (C) ことでもない (D) ことではある

ANSWER 59. A 60. B 61. C 62. B 63. D 64. B

65. 他人のいいところを見るべきであって、あら探しを _____ 。

　　(A) するべし
　　(B) すべきではない
　　(C) するはずがない
　　(D) するに決まっている

다른 사람의 좋은 점을 봐야지, 흠을 찾아서는 안 된다
- ～べきではない(～해서는 안 된다)

66. 心からお二人の前途を祝福します。いつまでも変わる _____ お幸せに。

　　(A) わけなく
　　(B) ほどなく
　　(C) ことなく
　　(D) ものなく

진심으로 두 분의 앞날을 축복합니다. 언제까지 변함없이 행복하시기를
- ～ことなく(～하는 일 없이, ～하지 않고)

67. 何か困った _____ は、いつでも連絡してください。

　　(A) 中
　　(B) 際
　　(C) 間
　　(D) 上

뭔가 곤란할 때는 언제든지 연락해 주십시오
- ～際(～일 때)

68. 彼女は、友だちに _____ 知らせずに住所を移した。

　　(A) かぎり
　　(B) こそ
　　(C) ほど
　　(D) さえ

그녀는 친구에게조차 알리지 않고 주소를 옮겼다
- ～さえ／～でさえ(～까지, ～조차, ～마저)

69. したくなくても、_____ ざるを得ないことはあるものだ。

　　(A) する
　　(B) した
　　(C) せ
　　(D) し

하고 싶지 않아도, 해야 하는 일이 있는 법이다
- ～ざるを得ない(～하지 않을 수 없다)

70. ここまで来たら、最後まで _____ 。

　　(A) やるしかない
　　(B) やらせないだろう
　　(C) やるべきではない
　　(D) やらせるわけがない

여기까지 왔으니까, 마지막까지 할 수 밖에 없다
- ～しかない(～할 수 밖에 없다)
  〈동사 사전형 접속〉

ANSWER ▶ 65. B 66. C 67. B 68. D 69. C 70. A

자세한 정보가 들어오는 대로 알려드리겠습니다
- ~次第(~하는 대로, ~하는 즉시) 〈동사 연용형 접속〉

71. 詳しい情報が _____ 次第、お知らせします。
(A) 入り
(B) 入る
(C) 入った
(D) 入って

아버지는 직업 관계상, 지방을 여행하는 경우가 많다
- ~上(~상)

72. 父は仕事の関係 _____、地方を旅行することが多い。
(A) 上
(B) 際
(C) 下
(D) 中

기분탓인지, 문 밖에 누가 있는 것 같은 느낌이 듭니다
- ~せいか(~탓인지)

73. 気の _____、ドアの外に誰かいるような気がします。
(A) すえに
(B) せいか
(C) 最中
(D) うえで

아이들에게 인기가 있는 운동은 축구를 비롯한 단체 구기종목입니다
- ~をはじめとする(~을 비롯한〔위시한〕)

74. 子供たちに人気があるスポーツは、サッカーを _____ とするグループ球技です。
(A) おかげ
(B) ともに
(C) はじめ
(D) おそれ

나이를 먹어도 젊은 마음만큼은 계속 유지하고 싶다
- ~たいものだ(~하고 싶다) 〈동사 연용형 접속〉

75. 年をとっても、心の若さだけは保ち続けたい _____ だ。
(A) もの
(B) わけ
(C) こと
(D) はず

교토는 과연 긴 역사를 가진 고도인 만큼 명승 고적에는 부족함이 없다
- ~だけあって((과연) ~인 만큼)

76. 京都はさすが長い歴史を持った古都 _____、名所古跡には事欠かない。
(A) あげく
(B) だけあって
(C) あまり
(D) にしては

ANSWER 71.A 72.A 73.B 74.C 75.A 76.B

77. 君の留学に先立って、話しておく _____ ことがある。

    (A) べし
    (B) べき
    (C) べく
    (D) べからざる

자네의 유학에 앞서 말해 두어야 할 것이 있다
• ～べき(～해야 할)

78. 社長命令とあっては、従わない _____ 。

    (A) のわけだ
    (B) のはわけがない
    (C) わけではない
    (D) わけにはいかない

사장님의 명령이니, 따르지 않을 수 없다
• ～わけにはいかない(～할 수는 없다)

79. _____ 冗談でも、言っていいことと悪いことがある。

    (A) しかし
    (B) ただし
    (C) もはや
    (D) たとえ

설령 농담이라도 해서 좋은 것과 나쁜 것이 있다
• たとい〔たとえ〕～ても(설령 ～일지라도, 비록 ～하여도)

80. 先生に電話した _____ 、あいにく不在でした。

    (A) ところ
    (B) からに
    (C) ばかりに
    (D) だけに

선생님께 전화했더니, 공교롭게도 부재중이었습니다
• ～(た)ところ(～하였더니, ～하였던 바)〈동사 과거형 접속〉

81. 彼女は研究者で _____ のみならず立派な教育者でもある。

    (A) あって
    (B) ある
    (C) あり
    (D) あるまい

그녀는 연구자일 뿐만 아니라 훌륭한 교육자이기도 하다
• ～のみならず(～뿐만 아니라)

82. なにぶん外は大雪な _____ 、出かけることもできません。

    (A) わけですから
    (B) ものですから
    (C) ようですから
    (D) ことですから

여하튼 바깥은 눈이 많이 오기 때문에, 외출할 수도 없습니다
• ～ものだから(～하기 때문에, ～하니까)

ANSWER 77. B 78. D 79. D 80. A 81. C 82. B

이런 몰상식한 짓을 하는 쪽도 하는 쪽이지만, 시키는 쪽도 시키는 쪽이다
- ～も ～ば ～も／～も ～なら ～も(～도 ～하거니와 ～도, ～도 ～이지만 ～도)

83. こんな非常識極まりないことを、する方もする _____ 、させる方もさせる方だ。

(A) と
(B) では
(C) なら
(D) にして

그녀는 시합을 거듭할 적마다 실력이 향상되고 있다
- ～度(に)(～할 때마다, ～할 적마다) 〈동사 사전형 접속〉

84. 彼女は試合を重ねる _____ 腕が上がっている。

(A) ほかに
(B) とおりに
(C) たびに
(D) とおりに

환경문제를 비롯하여 남북문제 등, 이 지구에는 해결해야 할 숙제가 많이 있다
- ～をはじめ(として)(～을 비롯하여)

85. 環境問題 _____ 南北問題など、この地球には様々な解決すべき難題がある。

(A) をめぐって
(B) において
(C) にとって
(D) をはじめ

너희 집, 분명히 채소 가게라고 했지?
- ～っけ(～라고 했지?, ～였더라?)
- 君んち:「君のうち」의 축약형

86. 君んち、確か八百屋 _____ 。

(A) から
(B) やら
(C) だっけ
(D) ことか

다시 한 번 태어날 수만 있으면, 나는 여자로 태어나고 싶군
- ～ものなら(～할 수만 있다면) 〈가능동사 접속〉

87. もう一度生まれ変われる _____ 、僕は女に生まれ変わりたいね。

(A) ものでは
(B) ものの
(C) ものなら
(D) ものには

88. _____ 約束は、最初からしないことだ。

    (A) 守るほかはない
    (B) 守れっこない
    (C) 守るしかない
    (D) 守るまでもない

지킬 수 없는 약속은 처음부터 하지 않는 것이 상책이다
- ～っこない(～할 리가 없다) 〈동사 연용형 접속〉

89. 妻は航海の無事を _____ つつ、夫の船出を見送った。

    (A) 祈り
    (B) 祈ら
    (C) 祈る
    (D) 祈って

아내는 무사한 항해를 기원하면서, 남편의 출항을 배웅했다
- ～つつ(～하면서(도)) 〈동사 연용형 접속〉

90. 年をとって人の名前を _____ なった。

    (A) 忘れっぽく
    (B) 忘れ気味に
    (C) 忘れつきに
    (D) 忘れにくく

나이를 먹어 사람 이름을 잘 잊어버리게 되었다
- ～っぽい(～의 경향이 강하다) 〈명사・동사 연용형 접속〉

91. 日本に _____ 以来、１０年たってしまいました。

    (A) 来て
    (B) 来た
    (C) 来る
    (D) 来よう

일본에 온 지 10년 지나 버렸습니다
- ～て以来(～한 이후, ～한 지)

92. 日本と大陸の間には二千年に _____ 交流の歴史がある。

    (A) かける
    (B) わたる
    (C) あたる
    (D) かぎる

일본과 대륙 사이에는 2천 년에 걸친 교류의 역사가 있다
- ～にわたる(～에 걸친)

93. 雨が降って試合が中止になったので、腹が立って _____ 。

    (A) できない
    (B) いられない
    (C) しょうがない
    (D) はいけない

비가 내려 시합이 중지되었기 때문에 화가 나 죽겠다
- ～てしょうがない／～てしかたがない(너무 ～하다, ～해 죽겠다)

ANSWER 88. B 89. A 90. A 91. A 92. B 93. C

그런 소장의 입장에서, 자살이 고작 회사에 대한 항의였는지도 모른다
- ～にしたら／～にすれば(～의 입장에서(는))

94. そんな所長 ＿＿＿＿、自殺が精一杯の会社に対しての抗議だったのかもしれない。

    (A) にしたら
    (B) によって
    (C) にしては
    (D) に際して

가나는 물론, 한자 읽기 쓰기를 가르치는 유치원도 있다고 합니다
- ～はもちろん／～はもとより(～은 물론)

95. 仮名 ＿＿＿＿、漢字の読み書きを教える幼稚園もあるそうです。

    (A) かえって
    (B) にもまして
    (C) はもちろん
    (D) につき

아프고서야 비로소 건강의 고마움을 알았다
- ～て初めて(～해서 처음으로[비로소])

96. 病気になって ＿＿＿＿、健康のありがたさを知った。

    (A) はじめ
    (B) はじめで
    (C) はじめて
    (D) はじめると

남에게 속는 일이 있어도, 남을 속이는 일은 있어서는 안 된다
- ～てはならない(～해서는 안 된다)

97. 人に騙されることがあっても、人を騙すようなことは ＿＿＿＿ ならない。

    (A) あり
    (B) あっては
    (C) あったら
    (D) あると

야마다 씨는 매우 머리가 좋은 사람이라고 들었습니다
- ～ということだ(～라고 한다, ～라고 들었다)

98. 山田さんはとても頭のいい人だ ＿＿＿＿ です。

    (A) らしいもの
    (B) らしいこと
    (C) というもの
    (D) ということ

99. そんなことを言ったら、彼女が怒る _____ よ。

　　(A) わけだ
　　(B) わけがない
　　(C) にすぎる
　　(D) にすぎない

그런 말을 하면, 그녀가 화낼만도 해
・~わけだ(~한 셈이다, ~할만 도 하다, ~하는 것이다)

100. あの娘の美しさと _____ 、まるで絵から抜け出たようだ。

　　(A) したら
　　(B) 言ったら
　　(C) あったら
　　(D) なったら

저 처녀의 아름다움을 말할 것 같으면, 마치 그림에서 나온 것 같다
・~と言ったら(~라면, ~라고 하면)

101. 学校の成績も大切だが、勉強だけできればいいという _____ でもなかろう。

　　(A) はず
　　(B) もの
　　(C) こと
　　(D) だけ

학교 성적도 중요하지만, 공부만 잘하면 되는 것도 아닐 것이다
・~というものではない((반드시) ~라고 할 수는 없다)

102. 彼女は美人と _____ 、むしろチャーミングな女性と言った方がぴったりだね。

　　(A) したら
　　(B) いったら
　　(C) しても
　　(D) いうより

그녀는 미인이라기보다, 오히려 매혹적인 여성이라고 말하는 것이 딱 맞네
・~というより(~라기보다)

103. 昔のことと _____ そんなに古いことではありません。

　　(A) しては
　　(B) もなると
　　(C) きては
　　(D) いっても

옛날이라고 해도 그렇게 오랜 된 것은 아닙니다
・~といっても(~라(고) 해도)

ANSWER ▶ 99. A 100. B 101. B 102. D 103. D

히라가나나 가타카나는 한자를 기초로 해서 만들어졌다
- ～を基に(して) (～을 기초로 (해서))

104. ひらがなやカタカナは漢字を _____ 作られた。
   (A) めぐって
   (B) はじめとして
   (C) 通じて
   (D) もとにして

네 생각대로 하면 돼
- ～とおり(に)〔どおり(に)〕(～하는 대로)

105. 君の考え _____ すればいいんだよ。
   (A) どおりに
   (B) ように
   (C) ままに
   (D) ところに

신문에 따르면 또 공공 요금이 오른다던데
- ～とか(～라던가, ～던데)

106. 新聞によると、また公共料金が上がる _____ 。
   (A) とか
   (B) やら
   (C) だの
   (D) かい

구로이와 씨는 여성으로서 처음 복지국장에 취임했다
- ～として(は) (～으로서(는))

107. 黒岩さんは女性 _____ 初めて福祉局長に就任した。
   (A) に限って
   (B) からいって
   (C) として
   (D) をのぞいて

바로 답장을 보내려고 생각하면서도, 그만 늦어지고 말았다
- ～つつも(～하면서도) 〈동사 연용형 접속〉

108. すぐにお返事しようと _____ つつも、つい遅くなってしまった。
   (A) 思う
   (B) 思わ
   (C) 思い
   (D) 思って

1,2학년생은 차치하고, 3학년생이 되면 수험공부로 바빠서 클럽활동을 할 상황이 아니다
- ～どころではない(～할 상황이 아니다)

109. 1、2年生は別として、3年生ともなれば受験で忙しくてクラブ活動 _____ 。
   (A) どころではない
   (B) というものだ
   (C) に限る
   (D) に相違ない

ANSWER: 104. D 105. A 106. A 107. C 108. C 109. A

110. いい _____ 来たね。ちょうど一杯やってたところだ。
   (A) ところに
   (B) ばかりに
   (C) だけに
   (D) とおりに

좋을 때 왔어. 마침 한 잔 하던 참이야
• ~ところに／~ところを(~하는 참에, ~하는 것을)

111. 行ける _____ 、明日しかないんだけど、それでいい？
   (A) とはいえ
   (B) ものなら
   (C) としたら
   (D) ものの

갈 수 있다면, 내일밖에 없는데, 그래도 괜찮아?
• ~としたら／~とすれば(~라고 한다면, ~라고 하면)

112. 親の気持ち _____ 言えば、血を分けた自分の子供ほど大切なものはない。
   (A) へ
   (B) に
   (C) で
   (D) から

부모의 기분으로 보면, 피를 나눈 자기 자식만큼 소중한 것은 없다
• ~から言うと／~から言えば／~から言って(~으로 보아[보건대])

113. たとえ試験に落ちた _____ 、これまでの勉強が無駄になるわけではない。
   (A) からには
   (B) としても
   (C) になっても
   (D) によっても

설령 시험에 떨어졌다고 해도 지금까지 한 공부가 헛된 건 아니다
• ~としても(~라고 해도)

114. 社会 _____ 女性の地位の向上は、今後一層進むだろう。
   (A) に対する
   (B) に反する
   (C) に関する
   (D) における

사회에서의 여성 지위의 향상은 앞으로 더 추진될 것이다
• ~における(~에 있어서의, ~에서의)

ANSWER 110.A 111.C 112.D 113.B 114.D

딱딱한 인사는 생략하고, 만사 제쳐놓고, 우선 한 잔
- ～は抜きにして(～은 빼고〔생략하고〕)

115. 堅苦しい挨拶は_____、何はさておき、まず一杯。
　　(A) ともかく
　　(B) もちろん
　　(C) ぬきにして
　　(D) おろか

일본에서는 결혼과 동시에 퇴직하는 여성이 아직 많다
- ～と共に(～와 함께〔동시에〕)

116. 日本では、結婚_____退職する女性はまだ多い。
　　(A) と共に
　　(B) について
　　(C) としたら
　　(D) にしても

경험을 통해 얻은 지혜가, 학식보다 낫다는 것은 결코 진귀한 것이 아니다
- ～を通じて／～を通して(～을 통해)

117. 経験を_____得た智恵が、学識に勝ることは決して珍しいことではない。
　　(A) 込めて
　　(B) 通して
　　(C) はじめ
　　(D) もとに

실제로 지내 보지 않으면, 그 나라의 좋고 나쁨을 알 수 없다
- ～ないことには((만약)～하지 않으면)

118. 実際に暮らして_____ことには、その国のよさも悪さもわからない。
　　(A) みた
　　(B) みる
　　(C) みない
　　(D) みなかった

그는 일단 결심하면, 곧바로 하지 않고는 못배기는 성격이다
- ～ないではいられない／～ずにはいられない(～하지 않을 수 없다)

119. 彼は一旦思い立ったら、すぐにせず_____いられない性分だ。
　　(A) とも
　　(B) をも
　　(C) には
　　(D) では

이번 회담을 계기로 양국의 협력 태세는 한층 강화되었다
- ～を契機に(して)／～を契機として(～을 계기로)

120. 今回の会談を_____両国の協力態勢は一一層強化された。
　　(A) 契機として
　　(B) ぬきにして
　　(C) よそに
　　(D)ものともせずに

ANSWER: 115.C 116.A 117.B 118.C 119.C 120.A

121. 若いお母さん _____ の育児書が、飛ぶように売れている。

    (A) 向いて
    (B) 向かって
    (C) 向こう
    (D) 向け

젊은 어머니를 대상으로 한 육아서가 날개 돋히듯 팔리고 있다
・〜向け(〜용, 〜을 대상으로 함)

122. あなたの顔 _____ 見たくもないわ。

    (A) だけに
    (B) なんか
    (C) ばかり
    (D) ところ

당신의 얼굴 같은 거, 보기도 싫어
・〜など／〜なんか／〜なんて(〜따위, 〜같은 건, 〜라니)

123. この子ったら、さっきまで泣いてたか _____ 、もう笑ってるわ。

    (A) のように
    (B) のごとく
    (C) と思ったら
    (D) とはいえ

이 아이는 조금 전까지 우는 듯 싶더니 벌써 웃고 있어
・〜(か)と思うと／〜(か)と思ったら(〜하는 듯 싶더니 (곧))

124. 急ぐ _____ 、家の鍵をかけるのを忘れてきてしまった。

    (A) 末
    (B) ためで
    (C) あまり
    (D) おかげで

너무 서두른 나머지, 문 잠그는 것을 잊고 와 버렸다
・〜あまり(に)(〜한 나머지, 너무 〜하여)

125. 残念 _____ 当校は予選で落ちて、決勝に出られなかった。

    (A) ながら
    (B) ごとき
    (C) かぎり
    (D) ゆえ

유감이지만 나는 예선에서 떨어져 결승에 나갈 수 없었다
・〜ながら (〜이지만, 〜이면서도)

126. 八百屋では野菜 _____ 、果物なども取り扱っている。

    (A) かかわりなく
    (B) を問わず
    (C) にもまして
    (D) ばかりでなく

채소 가게에서는 야채뿐만 아니라, 과일 등도 취급하고 있다
・〜ばかりか／〜ばかりでなく(〜뿐만 아니라)

ANSWER 121. D 122. B 123. C 124. C 125. A 126. D

어린이 1명당 아동수당이 매달 6천 엔 나옵니다
- 〜につき(〜당, 〜이라)

127. 子供一人に _____ 児童手当が毎月６千円出ます。

　　(A) つき
　　(B) かけ
　　(C) とって
　　(D) わたり

졸업에 즈음해서 모두 기념문집이라도 만들지 않겠습니까?
- 〜に当たって／〜に当たり(〜할 때에, 〜에 즈음해서)

128. 卒業に _____ 、みんなで記念文集でも作りませんか。

　　(A) うけて
　　(B) あたって
　　(C) わたって
　　(D) かけて

그는 직업상으로는 엄한 사람이지만, 사생활에서는 좋은 아버지이다
- 〜において(は)(〜에 있어서(는), 〜에서(는))

129. 彼は仕事の上では厳しい人だが、私生活に _____ 、良きパパである。

　　(A) おいては
　　(B) あっては
　　(C) いては
　　(D) なっては

일본인은 모두 고양이를 좋아하는 것은 아닙니다
- 〜わけではない(〜하는 것은 아니다)

130. 日本人はすべての人が、猫が好きな _____ じゃないんです。

　　(A) こと
　　(B) の
　　(C) もの
　　(D) わけ

건강을 위해서는 체력에 맞게 운동하는 것이 중요하다
- 〜に応じ(て)(〜에 따라, 〜에 맞게)

131. 健康のためには、体力に _____ 運動することが大切だ。

　　(A) 応じて
　　(B) つけて
　　(C) 実現して
　　(D) 比較して

내가 알고 있는 바로는 그녀는 아직 독신일 겁니다
- 〜限りでは(〜한 바로는)

132. 私の知っている _____ では、彼女はまだ独身のはずです。

　　(A) だけ
　　(B) 気味
　　(C) 限り
　　(D) 次第

133. もう日も _____ かけている。道を急ごう。

 (A) 沈み
 (B) 沈む
 (C) 沈んだ
 (D) 沈んで

벌써 해가 지려고 해. 길을 서두르자
- ～かける(～하다 말다, ～하려고 하다, ～하기 시작하다) 〈동사 연용형 접속〉

134. うちの子に _____ 、そんな悪いことをするはずがない。

 (A) 限って
 (B) よって
 (C) おいて
 (D) くらべ

우리 아이만은 그런 나쁜 짓을 할 리가 없다
- ～に限って／～に限り(～에 한해, ～만(은))

135. この交流 _____ 、庶民の暮らしを留学生に知ってもらいたいと思う。

 (A) を通じて
 (B) に応じて
 (C) をもとに
 (D) に基づき

이 교류를 통해, 서민의 생활을 유학생이 알아 주었으면 한다
- ～を通じて／～を通して(～을 통해)

136. 子供の頃から _____ 、世の中、ずいぶん豊かになったものだ。

 (A) いると
 (B) なると
 (C) 見ると
 (D) 置くと

어릴 때와 비교하면, 세상이 아주 풍요로워졌다
- ～から見ると／～から見れば(～으로 보면, ～와 비교하면)

137. あの人は野生動物の生態研究に _____ 、知る人ぞ知る第一人者だ。

 (A) かけると
 (B) かければ
 (C) かけては
 (D) かけるなら

그 사람은 야생 동물의 생태 연구에서는, 아는 사람은 다 아는 제일인자다
- ～にかけては(～에 있어서는)

138. あの家庭は夫が遊び好きな _____ 、妻はしっかり者だ。

 (A) ほどか
 (B) 以上で
 (C) までか
 (D) 一方で

그 가정은 남편이 놀기 좋아하는 한편, 아내는 건실한 사람이다
- ～一方(で) (～하는 한편(으로))

ANSWER ▶ 133. A 134. A 135. A 136. C 137. C 138. D

당신이 없는 매일이 얼마나 쓸쓸했는지!
- ~ことか(~했는지!, ~한 일인가!)

139. あなたのいない毎日が、どれほど寂しかった _____ 。

(A) ことか
(B) ばかりか
(C) ものか
(D) ほどか

회사의 신용을 걸고서라도, 그 같은 뒷담합은 하지 않는다고 단언합니다
- ~にかけても(~을 걸고서라도)

140. 会社の信用に _____ 、そのような裏談合はしていないと断言します。

(A) たる
(B) かわり
(C) 加えて
(D) かけても

21세기는 구미를 대신해, 아시아가 세계를 리드하는 시대가 열릴 것이다
- ~に代わって／~に代わり(~을 대신하여)

141. 21世紀は欧米 _____ 、アジアが世界をリードする時代の幕開けとなるだろう。

(A) につれて
(B) にかえて
(C) について
(D) にかわって

이 가게는 싼데다가 맛있어서 망년회 장소로는 안성맞춤이다
- ~上(に)(~한데다가)

142. この店は安い _____ うまいので忘年会の会場にはうってつけだ。

(A) うえに
(B) ものの
(C) だけに
(D) あげく

정부는 비리 사건의 진상에 관해, 국회에서 조사 보고를 명백히 하겠다고 표명했다
- ~に関し(て)(~에 관해)

143. 政府は汚職事件の真相 _____ 、国会で調査報告を明らかにすると表明した。

(A) にとって
(B) に際して
(C) によって
(D) に関して

144. 彼は失業中だし、旅行する余裕なんてないに＿＿＿＿＿＿。

(A) 決めた
(B) 決まった
(C) 決めている
(D) 決まっている

그는 실업중이라, 여행다닐 여유 따위는 없을 것이 뻔하다
• ～に決まっている(반드시〔으례〕 ～하기 마련이다)

145. 過ちから学ぶことがなければ、再び同じ過ちを＿＿＿＿＿＿かねない。

(A) 繰り返し
(B) 繰り返す
(C) 繰り返した
(D) 繰り返して

과오에서 배움이 없으면, 다시 같은 과오를 반복할지도 모른다
• ～かねない(～할는지 모른다, ～할 법하다)〈동사 연용형 접속〉

146. 男に＿＿＿＿＿＿女の方が、生命力が強いと言われている。

(A) しらべ
(B) くらべ
(C) よって
(D) はじめ

남자에 비해 여자 쪽이, 생명력이 강하다고 흔히 말한다
• ～に比べ(て)(～에 비해)

147. この決算書は項目が整理されていないの＿＿＿＿＿＿計算も間違いだらけだ。

(A) によって
(B) に応じて
(C) に対して
(D) に加えて

이 결산서는 항목이 정리되어 있지 않은 데다, 계산도 오류 투성이다
• ～に加え(て)(～에 더해, ～한 데다)

148. 山田選手はみんなの期待に＿＿＿＿＿＿、見事決勝に進出した。

(A) 関して
(B) あって
(C) 至って
(D) こたえて

야마다 선수는 모두의 기대에 보답하여, 멋지게 결승전에 진출했다
• ～応え(て)(～에 보답하여)

149. 人が話している＿＿＿＿＿＿に、横から口を挟まないでください。

(A) 中
(B) ところ
(C) 最中
(D) うち

다른 사람이 한창 얘기하고 있는 중에, 옆에서 끼어들지 마세요
• ～最中(한창 ～하는 중)

| 출국할 때, 세관에서 소지품 검사를 받았다
・〜に際し(て)(〜에 즈음하여, 〜할 때)	**150.** 出国する ＿＿＿＿＿、税関で所持品の検査を受けた。 　　(A) に対して 　　(B) にとって 　　(C) に際して 　　(D) によって
내일 결승전에 앞서, 다시 한번 작전에 대해 의견 통일을 하고 싶다 ・〜に先立って／〜に先立ち(〜에 앞서)	**151.** 明日の決勝戦に ＿＿＿＿＿、もう一度、作戦について意思統一を図りたい。 　　(A) すれば 　　(B) しては 　　(C) 先立ち 　　(D) ひきかえ
상류로 감에 따라, 강 폭은 좁아지고, 흐름도 빨라졌다 ・〜に従い／〜に従って(〜에 따라)	**152.** 上流に行く ＿＿＿＿＿、川幅が狭くなり、流れも急になってきた。 　　(A) にとって 　　(B) に関して 　　(C) に対して 　　(D) に従って
당신 덕분에 아무렇지도 않게 거짓말을 할 수 있는 여자가 됐어 ・〜おかげで(〜덕분(덕택)에)	**153.** あなたの ＿＿＿＿＿、平気で嘘がつける女になれたわ。 　　(A) ためで 　　(B) おかげで 　　(C) うえで 　　(D) もので
스키는 처음이라고 들었는데, 그에 비해서 상당히 잘 타지 않나? ・〜にしては(〜치고는, 〜에 비해서)	**154.** スキーは初めてだと聞いていたが、それ ＿＿＿＿＿、なかなかうまく滑るじゃないか。 　　(A) にしては 　　(B) わりに 　　(C) にとっては 　　(D) については
월급이 대폭적으로 줄었기 때문에 본인 스스로 퇴직했을 따름입니다 ・〜次第だ(〜따름(뿐)이다)	**155.** 給料が大幅に減ったので、自分から ＿＿＿＿＿次第です。 　　(A) 退職する 　　(B) 退職した 　　(C) 退職しよう 　　(D) 退職される

156. 冗談 ＿＿＿＿＿、ほどがある。口を慎め。

(A) どころか
(B) ばかりか
(C) とすると
(D) にしても

농담이라 해도 정도가 있다. 입 조심해
・〜にしても（〜라 해도）

157. 非難は ＿＿＿＿＿、中止することはできない。

(A) あるにもせよ
(B) ないにもせよ
(C) あるべきではないが
(D) ないのみならず

비난은 있다 하더라도, 중지할 수는 없다
・〜にしろ／〜に（も）せよ（〜라고 하더라도）

158. 教室を ＿＿＿＿＿ とたんに、先生とぶつかった。

(A) 飛び出す
(B) 飛び出した
(C) 飛び出すか
(D) 飛び出そう

교실을 뛰쳐나간 순간, 선생님과 부딪쳤다
・〜(た)とたん(に)（〜한 순간, 〜한 찰나）〈동사 과거형 접속〉

159. 英語が話せるとは言っても、簡単な会話ができるに ＿＿＿＿＿。

(A) すぎる
(B) すごす
(C) すぎない
(D) すごさない

영어를 할 줄 안다고 해도, 간단한 회화를 할 줄 아는 것에 불과하다
・〜に過ぎない（〜에 불과하다〔지나지 않다〕）

160. 何事も当初の基本計画 ＿＿＿＿＿、進めてほしい。

(A) によって
(B) について
(C) にわたって
(D) にそって

어떤 일이든 당초의 기본 계획에 따라, 진행하길 바란다
・〜に沿って／〜に沿い（〜에 따라）

161. 目上 ＿＿＿＿＿ 敬語を使うのは、ひとり日本だけの社会習慣ではない。

(A) にとって
(B) に際して
(C) に対して
(D) に当たって

손윗사람에게 경어를 쓰는 것은 단지 일본만의 사회 관습이 아니다
・〜に対し(て)（〜에 대해, 〜에게）

ANSWER ▶ 156. D 157. A 158. B 159. C 160. D 161. C

그래 그래, 잊기 전에 말해 둘게
· ～ないうちに(～하기 전에)

162. そうそう、_____ うちに話しておこう。

(A) 忘れる

(B) 忘れてしまう

(C) 忘れない

(D) 忘れないでおく

이런 한밤중에 전화를 하는 것은 시골에 계신 할아버지임에 틀림없다
· ～に相違ない(～임에 틀림없다)

163. こんな夜中に電話をかけてよこすのは、田舎のおじいさんに_____。

(A) ほかない

(B) 相違ない

(C) すぎない

(D) 越したことはない

내가 할 수 있는 일은 기꺼이 하겠습니다
· ～得(う・え)る(～할 수 있다) 〈동사 연용형 접속〉

164. 私が_____ 得る限りのことは、喜んでいたしましょう。

(A) でき

(B) できる

(C) できた

(D) できて

일본인이라도 해서, 제대로 경어를 쓸 수 있다고는 할 수 없다
· ～からと言って(～라고 해서)

165. 日本人だ_____、正しく敬語が使えるとは限らない。

(A) といえば

(B) としたら

(C) からして

(D) からといって

딸의 신상에 뭔가 좋지 않은 일이 있음에 틀림없다
· ～に違いない(～임에 틀림없다)

166. 娘の身に何かよくないことがあったに_____。

(A) 過ぎない

(B) 違いない

(C) 限る

(D) 越したことはない

그녀는 몸이 약하고 병에 잘 걸려 학교를 자주 쉰다
· ～がちだ(자주 ～하다, ～이 많다) 〈명사・동사 연용형 접속〉

167. 彼女は体が弱く_____ がちで、よく学校を休む。

(A) 病気

(B) 病気の

(C) 病気な

(D) 病気に

ANSWER 162. C 163. B 164. A 165. D 166. B 167. A

168. 面会謝絶に＿＿＿＿＿、入室はお断りします。

　　(A) つき
　　(B) とり
　　(C) ついて
　　(D) とって

면회 사절이라 입실은 안 됩니다
• ～につき(～당, ～이라)

169. 多少品質に問題があっても、安く＿＿＿＿＿あれば何でもいいです。

　　(A) さえ
　　(B) こそ
　　(C) すら
　　(D) だけ

품질에 약간 문제가 있어도, 싸기만 하면 뭐든지 괜찮습니다
• ～さえ ～ば(～만 ～하면)

170. ときどき国に＿＿＿＿＿たまらなくなることがある。

　　(A) 帰って
　　(B) 帰れて
　　(C) 帰りたくて
　　(D) 帰らせて

가끔 고향으로 돌아가고 싶어 견딜 수 없는 경우가 있다
• ～てたまらない(～해서 견딜 수 없다, ～해 죽겠다)

171. 現代人に＿＿＿＿＿パソコンや携帯電話などは、今やなくてはならない必需品だ。

　　(A) ついて
　　(B) つれて
　　(C) とって
　　(D) 対して

현대인에게 있어 컴퓨터나 휴대폰 등은 바야흐로 없어서는 안되는 필수품이다
• ～にとって(～에게 있어)

172. 経済の成長に＿＿＿＿＿、通貨を切り上げることになった。

　　(A) して
　　(B) なって
　　(C) そって
　　(D) 伴い

경제 성장에 따라 통화를〈평가〉절상하게 되었다
• ～に伴って／～に伴い(～에 따라)

173. 会社が命じたこと＿＿＿＿＿、彼は独断で交渉を進めた。

　　(A) にひきかえ
　　(B) に反して
　　(C) に加えて
　　(D) に基づいて

회사가 명령한 것을 어기고, 그는 독단으로 교섭을 추진했다
• ～に反し(て)(～에 반해, ～와 달리)

ANSWER ▶ 168. A 169. A 170. C 171. C 172. D 173. B

분실물은 본인의 것인지 확인한 뒤가 아니면 건네 줄 수 없다
・〜てからでないと／〜てからでなければ（〜한 뒤가 아니면）

174. 落とし物は、本人のものかどうか確認してからでなければ _____。

(A) できない
(B) なれない
(C) もらえる
(D) 渡せない

뭐든지 자기 생각대로 될 거라고 여긴다면 큰 착각이라는 것이다
・〜というものだ（〜라는 것이다）

175. 何でも自分の思い通りになると思ったら、大間違いという _____ だ。

(A) もの
(B) ほう
(C) ひと
(D) ところ

자네 협조를 얻을 수 없는 이상, 이 계획은 단념할 수밖에 없어
・〜上は（〜한 바에는, 〜한 이상은）

176. 君の協力が得られない _____、この計画はあきらめるしかない。

(A) うえは
(B) せいか
(C) ものの
(D) ものか

이 사진을 볼 적마다 당시의 일이 생각나 견딜 수 없다
・〜てならない（〜해서 견딜 수 없다, 몹시 〜하다）

177. この写真を見るにつけ、当時のことが思い出されて _____。

(A) すまない
(B) かまわない
(C) ならない
(D) はいけない

기후나 풍토에 따른 식문화가 성장한다
・〜に応じた（〜에 따른, 〜에 맞는）

178. 気候や風土に _____ 食文化が育つ。

(A) つけた
(B) 反した
(C) 応じた
(D) こたえた

내일 어린회의 소풍은 날씨에 관계없이 실시합니다
・〜にかかわらず（〜에 관계없이）

179. 明日の子供会の遠足は、天候に _____ 行います。

(A) よると
(B) よったら
(C) かかわり
(D) かかわらず

ANSWER: 174.D 175.A 176.A 177.C 178.C 179.D

180. 法律的見地から ＿＿＿ 責任はなくても、道義的責任は免れない。

    (A) いれば
    (B) すれば
    (C) あれば
    (D) くれば

법률적 견지에서 보면, 책임은 없어도 도의적 책임은 피할 수 없다
・～からすると／～からすれば(～에서 보면, ～으로 보면)

181. 目標に ＿＿＿ まっすぐに進んでいるときが幸せな時だ。

    (A) あって
    (B) のって
    (C) むかって
    (D) あたって

목표를 향해 똑바로 나아갈 때가 행복한 때다
・～にむかって(～을 향해)

182. 働ける ＿＿＿ 働いておいたほうがいい。

    (A) ところに
    (B) うちに
    (C) あとに
    (D) なかに

일할 수 있을 동안에 일해 두는 것이 좋다
・～うちに(～하는 동안에)

183. 実践に ＿＿＿ 、更にその結果を踏まえ、しかる後に是非を判断する。

    (A) 限って
    (B) 反し
    (C) 対して
    (D) 基づき

실천을 토대로 하고, 나아가 그 결과에 근거를 두고, 그런 뒤에 시비를 판단한다
・～に基づいて／～に基づき(～에 입각해서, ～에 의거해서)

184. 辞書は学習の効果を高める ＿＿＿ 、利用価値が非常に高い。

    (A) なかで
    (B) もとで
    (C) そとで
    (D) うえで

사전은 학습 효과를 높이는 데 있어서 이용가치가 매우 높다
・～上で(～하는 데 있어서)

185. この件は話し合い ＿＿＿ 解決しよう。

    (A) にとって
    (B) について
    (C) において
    (D) によって

이 건은 서로 얘기해서 해결하자
・～によって／～により(～에 따라, ～에 의해)

ANSWER 180. B 181. C 182. B 183. D 184. D 185. D

1945년이라면, 일본이 패전한 해이군요
• ～と言えば(～이라면, ～이라고 하면)

186. 1945年と＿＿＿＿＿、日本が敗戦した年ですね。
　　(A) よれば
　　(B) いえば
　　(C) よって
　　(D) いって

살아 있는 한, 선생님께 입은 은혜를 잊는 일은 없습니다
• ～限り(～한)

187. 生きている＿＿＿＿＿、先生から受けた御恩は忘れることはありません。
　　(A) あまり
　　(B) かぎり
　　(C) ばかり
　　(D) までに

세일즈맨에 의한 방문판매에는 트러블이 매우 많다
• ～による(～에 따른, ～로 인한)

188. セールスマンに＿＿＿＿＿訪問販売にはトラブルがたいへん多い。
　　(A) よる
　　(B) 基づく
　　(C) 反する
　　(D) 先立つ

교섭의 진전 상황으로 보아, 오늘 밤이 고비가 될 것이다
• ～から言うと／～から言えば／～から言って(～으로 보아〔보건대〕)
• 山場(やまば : 고비)

189. 交渉の進展状況＿＿＿＿＿、今夜が山場になるだろう。
　　(A) からには
　　(B) から言って
　　(C) からというもの
　　(D) からと言って

일기 예보에 따르면, 오늘은 저녁 때부터 비가 온다고 합니다
• ～によると／～によれば(～에 의하면〔따르면〕)

190. 天気予報に＿＿＿＿＿、今日は夕方から雨になるそうです。
　　(A) よると
　　(B) おいて
　　(C) 限って
　　(D) 反して

방금 관동 남부 일대에 걸쳐, 진도 5의 지진이 발생했습니다
• ～にわたって／～にわたり(～에 걸쳐)

191. ただ今、関東南部一帯に＿＿＿＿＿、震度五の地震がありました。
　　(A) かかって
　　(B) つれて
　　(C) 従って
　　(D) わたって

ANSWER 186. B 187. B 188. A 189. B 190. A 191. D

192. 急ぎますので、挨拶＿＿＿＿＿用件だけ言います。

　　(A) しないで
　　(B) しても
　　(C) 抜いて
　　(D) 抜きで

급하므로 인사는 생략하고 용건만 말하겠습니다
・〜抜きで(〜을 빼고)

193. あいつときたら、人にさんざん迷惑を＿＿＿＿＿末に、礼も言わずに出て行った。

　　(A) かけて
　　(B) かける
　　(C) かけた
　　(D) かけ

그 녀석은 남에게 몹시 폐를 끼친 끝에 인사도 하지 않고 나갔다
・〜の末(に)　/〜(た)末(に)(〜한 끝에)〈명사+の, 동사 과거형 접속〉

194. 先生の熱心な指導の＿＿＿＿＿で練習した結果、県大会まで進むことができた。

　　(A) もと
　　(B) した
　　(C) まえ
　　(D) うしろ

선생님의 열성적인 지도 하에서 연습한 결과, 현대회까지 나갈 수가 있었다
・〜の下(もと)で(〜하에서, 〜아래서)

195. 足跡が大きい＿＿＿＿＿、どうやら犯人は男らしい。

　　(A) ことに
　　(B) ことから
　　(C) ことだから
　　(D) ことなく

발자국이 큰 걸 보니, 아무래도 범인은 남자인 것 같다
・〜ことから(〜로 인해, 〜하기 때문에, 〜이 원인이 되어)

196. 疲れた時はね、何も考えないでゆっくり休む＿＿＿＿＿。

　　(A) ほどだ
　　(B) はずだ
　　(C) ことだ
　　(D) わけだ

피곤할 때는 아무것도 생각하지 말고 푹 쉬는 것이 상책이다
・〜ことだ(〜하는 것이 상책이다〔좋다〕)

그녀는 일본 정치에 관한 지식이 풍부하다
- ～に関する (～에 관한)

197. 彼女は日本の政治に _____ 知識が豊かだ。

(A) 伴う
(B) 関する
(C) 従う
(D) よる

잘못을 고치는 것은 빠르면 빠를수록 좋다
- ～ば ～ほど (～하면 ～할수록)

198. 誤りを正すのは、早ければ早い _____ いい。

(A) より
(B) ほど
(C) ことに
(D) かぎり

하기에 따라서 빨리 될 수도 있고 늦게 될 수도 있다
- ～次第で(は) (～에 따라서(는))

199. やり方 _____ で、早くもできれば遅くもできる。

(A) 通り
(B) かたわら
(C) まま
(D) 次第

그녀는 아름다울 뿐만 아니라, 마음씨도 곱고 게다가 총명하다
- ～ばかりか／～ばかりでなく (～뿐만 아니라)

200. 彼女は美しい _____ 、心もやさしく、しかも、聡明である。

(A) どころか
(B) ばかりに
(C) ばかりか
(D) せいか

＊ 문법보강문제 200 문항 푸느라 고생하셨지요?
JPT시험에서 좋은 성적을 기대합니다.

ANSWER: 197. B 198. B 199. D 200. C

연습문제

パートⅦは問題の文に空欄があります。問題の空欄に入るもっとも適したものを選んで答案用紙の記号を黒くぬりつぶしてください。

例) この仕事もあと2、3日 _____ 終わりそうだ。
    (A) に   (B) へ   (C) で   (D) が

(答) (A) (B) ● (D)

Ⅶ. 下の_____線に入る適当な言葉を(A)から(D)の中で一つ選びなさい。

1. 今日は寒い _____ 早く帰りましょう。
   (A) から
   (B) ので
   (C) なので
   (D) でも

오늘은 추우니까 빨리 돌아갑시다
・~から(~하니까)
〈주관적 사실을 나타냄〉
・~ので(~이므로)
〈객관적 사실을 나타냄〉

2. この建物は、なんだか少し嫌な気が _____ 。
   (A) 出る
   (B) する
   (C) 入る
   (D) される

이 건물은 왠지 좀 기분나쁜 생각이 든다
・「(어떤) 생각이 들다」는「気がする」이다.「気が入る」라고 하지 않도록.

3. 今朝散歩をして _____ 、山田さんに会った。
   (A) いれば
   (B) いたら
   (C) いるなら
   (D) いながら

오늘 아침 산책을 하고 있을 때, 야마다 씨를 만났다
・~たら(~하였더니)〈확정의 순접 조건〉

4. このスカーフが _____ 三枚千円です。
   (A) お手上げ
   (B) 根回し
   (C) ちりとり
   (D) よりどりみどり

이 스카프가 마음대로 골라잡아 세 장에 천 엔입니다
・よりどりみどり…마음대로 골라잡음
・お手上げ(おてあげ)…속수무책, 항복
・根回し(ねまわし)…사전 교섭
・ちりとり…쓰레받기

ANSWER ▶ 1.A 2.B 3.B 4.D

어느 농가도 벼 수확 때는 고양이의 손이라도 빌리고 싶을 만큼 매우 바쁘다
- 猫の手も借りたいほど(고양이의 손이라도 빌리고 싶을 만큼 매우 바쁨)

5. どこの農家も、稲の刈り入れ時(どき)には _____ の手も借りたいほどの忙しさだ。

 (A) 犬
 (B) 猫
 (C) 猿
 (D) 人

실패는 항상 있는 법이다
- つねに…항상
- つまり…즉
- ついに…마침내
- もっぱら…오로지
- 失敗(しっぱい)…실패

6. 失敗は _____ あるものだ。

 (A) つねに
 (B) つまり
 (C) ついに
 (D) もっぱら

자네를 걱정하기 때문에 충고하고 있는 것이네
- ~ばこそ(~이기에)
- 心配(しんぱい)する…걱정하다
- 注意(ちゅうい)する…충고하다

7. 君のことを _____ こそ、注意しているんです。

 (A) 心配しまい
 (B) 心配したら
 (C) 心配しよう
 (D) 心配すれば

이 꽃은 어쩌면 이렇게 예쁠까
- なんて(어쩌면 그렇게)〈의문・영탄의 뜻〉 ~だろう(~일 것이다, ~일까)

8. この花は _____ きれいなんだろう。

 (A) どう
 (B) なんで
 (C) なんて
 (D) どうして

우승은 말할 것도 없고 입상마저 불안한 기록이다
- ~はおろか(~은 물론(이고), ~은 고사하고)
- 優勝(ゆうしょう)…우승
- 入賞(にゅうしょう)…입상
- おぼつかない…불안하다
- 記録(きろく)…기록

9. 優勝は _____ 入賞もおぼつかない記録だ。

 (A) おろか
 (B) むしろ
 (C) きわみ
 (D) あげく

10. 大急ぎでかばんを受け取るなり、_____ と桟橋にかけおりました。

　　(A) くずくず
　　(B) はらはら
　　(C) こっそり
　　(D) あたふた

11. その本を完成するのはいつのこと _____ 。

　　(A) ものを
　　(B) やら
　　(C) ものか
　　(D) ことか

12. もう泣くのはおやめ、いくら _____ ところで、死んだ息子は帰ってこない。

　　(A) 泣く
　　(B) 泣き
　　(C) 泣いて
　　(D) 泣いた

13. 日本に行くのは今回が _____ です。

　　(A) 始め
　　(B) 初めて
　　(C) 最高
　　(D) 最中

14. あの子は親が教育熱心な _____ 、あまり勉強ができない。

　　(A) かぎりに
　　(B) かわりに
　　(C) だけに
　　(D) わりに

ANSWER ▶ 10.D 11.B 12.D 13.B 14.D

그는 지금 외출해서 연락을 취할 수가 없습니다
- ~ようがない(~할 수〔도리〕가 없다)〈동사 연용형 접속〉
- ただ今(いま)…지금
- 連絡(れんらく)を取(と)る…연락을 취하다

그는 숱한 시련을 이겨내고, 전보다 늠름해졌다
- ~にもまして(~보다도 (더), ~이상으로)
- 幾多(いくた)…많음, 숱한
- 試練(しれん)…시련
- ~を乗(の)り越(こ)える…~을 뛰어넘다〔극복하다〕
- たくましい…늠름하다

그의 이야기는 너무 웃겨서 배가 아플 정도였다
- 「おかしい」는 「이상하다」라고 흔히 번역되는데 「우습다, 웃기다」라고 해야 할 때도 있다
- 痛(いた)くなる…아프다(아파지다)
- ~ほどだ…~할 정도다

기간갱신을 허가할 만한 해당 이유가 인정되지 않는다
- ~に足る(~할 만한)
- 期間更新(きかんこうしん)…기간갱신
- 許可(きょか)する…허가하다
- 相当(そうとう)の理由(りゆう)…해당 이유
- ~を認(みと)める…~을 인정하다

천재라고 불리는 사람의 행동에는 우리 같은 평범한 사람이 이해하기 어려운 데가 있다
- ~ものがある(상당히 ~하다, ~한 데가 있다)
- 天才(てんさい)…천재
- 行動(こうどう)…행동
- 凡人(ぼんじん)…범인
- 理解(りかい)する…이해하다
- ~がたい…~하기 어렵다
  〈동사 연용형 접속〉

15. 彼はただ今出かけていて、連絡の＿＿＿＿んです。

 (A) 取るはずがない
 (B) 取りようがない
 (C) 取るまでもない
 (D) 取らないほうがいい

16. 彼は幾多の試練を乗り越え、前＿＿＿＿もましてたくましくなった。

 (A) で
 (B) に
 (C) から
 (D) まで

17. 彼の話はおかしくて、おかしくて＿＿＿＿が痛くなるほどだった。

 (A) 顔
 (B) 目
 (C) 頭
 (D) おなか

18. 期間更新を許可するに＿＿＿＿相当の理由が認められない。

 (A) する
 (B) おる
 (C) たる
 (D) ある

19. 天才と言われる人の行動には、私たち凡人が理解しがたい＿＿＿＿。

 (A) ことがある
 (B) ことができる
 (C) ものがある
 (D) ものを

ANSWER 15. B 16. B 17. D 18. C 19. C

20. アメリカは、日本とはくらべものに _____ ほど、広い国です。

    (A) ならない
    (B) なる
    (C) しない
    (D) する

미국은 일본과는 비교가 안 될 정도로 넓은 나라입니다
- ～ほど(～할 정도로)
- 比(くら)べ物(もの)にならない…비교가 안 되다
- 広(ひろ)い…넓다

21. 日光の猿軍団の芸に観客(かんきゃく)は _____ 笑って手を叩(たた)いている。

    (A) ぐるぐる
    (B) げらげら
    (C) げろげろ
    (D) げーげー

닛코오(日光)의 원숭이군단의 재주에 관객은 깔깔 웃으며 손뼉을 치고 있다
- ぐるぐる…빙글빙글
- げろげろ・げーげー…음식물을 토하는 모양을 나타낼 때 쓰임
- 猿軍団(さるぐんだん)…원숭이군단
- 芸(げい)…재주

22. 喉が痛くて、食事 _____ 水を飲むのも辛いんだ。

    (A) ところが
    (B) どころか
    (C) ところで
    (D) ところを

목이 아파서, 식사는커녕 물 마시는 것도 괴롭다
- ～どころか(～은커녕〔고사하고〕)
- 喉(のど)が痛(いた)い…목이 아프다(*首が痛い〈한국어 영향〉)
- 辛(つら)い…괴롭다

23. 中学生 _____ 、親と対立することもよくあります。

    (A) ともなると
    (B) というより
    (C) ともあれ
    (D) ともすると

중학생이 되면 부모와 대립하는 경우도 자주 있습니다
- ～ともなると／～ともなれば(～이라도 되면)
- 中学生(ちゅうがくせい)　중학생
- 親(おや)…부모
- 対立(たいりつ)する…대립하다
- よく…자주, 종종

24. 何かの時にその特技が役立つことがある _____ 。

    (A) ものだ
    (B) ことだ
    (C) ほかだ
    (D) しかだ

무슨 일이 있을 때에 그 특기가 도움이 되는 법이다
- ～ものだ(～하는 법이다, ～했었지)
- 特技(とくぎ)…특기
- 役立(やくだ)つ…도움이 되다

ANSWER 20. A 21. B 22. B 23. A 24. A

25. いかなる天才 _____、人知れぬ努力はしているものだ。

(A) だに
(B) であれ
(C) だと
(D) にして

어떤 천재라도 남모르는 노력은 하고 있는 것이다
- ～で(は)あれ((비록)～이라도)
- いかなる…어떤, 여하한
- 人知(ひと)れぬ…남모르는
- 努力(どりょく)する…노력하다

26. 君は何かに _____ 僕に辛く当たるが、何か僕に恨みでもあるのかい。

(A) かけて
(B) つけて
(C) かわり
(D) 加えて

자네는 무슨 일이 있을 때마다 나한테 심하게 구는데, 나에게 무슨 원한이라도 있나?
- ～につけ(て)(～에 따라, ～할 때마다)
- 辛(つら)い…가혹하다
- 当(あ)たる…대하다
- 恨(うら)み…원한
- ～かい…～냐, ～니 〈친밀감을 가지고 물을 때 씀〉

27. フライパンをたわしで _____ こすってはきずがつきます。

(A) ごしごし
(B) こくん
(C) ごくごく
(D) ころころ

후라이팬을 수세미로 박박 문지르면 흠집이 납니다
- こくん…꿀꺽
- ごしごし…북북, 박박
- ごくごく…벌컥벌컥, 꿀꺽꿀꺽
- ころころ…대굴대굴
- たわし…솔솔, 수세미
- こする…문지르다
- 傷(きず)がつく…흠집이 나다

28. 親に向かってそんなことを言う _____。

(A) までじゃない
(B) ことではない
(C) ようじゃない
(D) ものではない

부모에게 그런 말을 하는 게 아니다
- ～ものではない(～하지 않는 법이다, ～하는 것이 아니다)
- ～に向(む)かって…～을 향해, ～에게

29. 医者ではある _____、僕の専門は牛や馬でしてね。

(A) ものの
(B) どころか
(C) ばかりか
(D) ものには

의사이기는 하지만, 내 전문은 소나 말이라서요
- ～ものの(～하지만, ～하기는 했으나)
- 医者(いしゃ)…의사
- ～ではある…～이기는 하다
- 専門(せんもん)…전문

ANSWER: 25. B 26. B 27. A 28. D 29. A

30. _____ 下暗しで、東京に住む人は案外東京について知らないものだ。

　　(A) ロウソク
　　(B) 灯台
　　(C) 電球
　　(D) 机上

'등잔 밑이 어둡다' 라는 말대로 동경에 사는 사람은 의외로 동경에 대해서 모르는 법이다
- 灯台(とうだい)…등대
- 案外(あんがい)…의외로
- 電球(でんきゅう)…전구
- 机上(きじょう)…탁상

ANSWER ▶ 30. B

パートⅧ

독해 공략편

1. 접속사 총정리
2. 부사 총정리
◆ 연습문제

1 접속사(接続詞) 총정리

- いわゆる…소위, 이른바
- さて…그건그렇고
- したがって…따라서
- そのうえ…게다가, 그 위에
- それにしては…그렇긴 해도
- ただし…단
- だけど…그렇지만
- ところで…그런데
- なぜなら…왜냐하면
- むしろ…오히려
- かえって…도리어
- しかも…더구나
- すなわち…즉
- それなら…그렇다면
- それはそうと…그건 그렇고
- たとえば…예를 들어
- つまり…즉, 다시 말하면
- なお…또한
- ならびに…및
- もしくは…또는, 혹은

부사(副詞) 총정리

- 相変(あいか)わらず…변함없이
- あくまで…어디까지나
- 案外(あんがい)…의외로
- いきなり…갑자기
- いずれ…어쨌든, 어차피
- 一応(いちおう)…일단
- 一段(いちだん)と…한층
- 一斉(いっせい)に…일제히
- 一体(いったい)…도대체
- 一般(いっぱん)に…일반적으로
- いつても…언제라도
- いつまでも…언제까지나
- 今(いま)に…아직도
- いわば…말하자면
- うんと…잔뜩, 훨씬
- おおよそ…대강, 대략
- 思(おも)わず…무의식중에
- かえって…도리어, 오히려
- がっかり…실망하는 모양
- ぎっしり…가득, 잔뜩
- 偶然(ぐうぜん)…우연히
- こっそり…살금살금, 살짝
- 再三(さいさん)…재삼, 여러 번
- さきほど…조금 전에
- さっさと…빨랑빨랑, 지체없이
- さっぱり…후련한 모양
- ざっと…대충, 대강
- 至急(しきゅう)…지급
- 始終(しじゅう)…시종
- しみじみ…진실로, 진지하게
- じき…곧, 바로
- じっと…가만히, 물끄러미
- 実(じつ)は…실은

- あいにく…공교롭게
- 改(あらた)めて…다시
- あんまり…별로, 너무
- いくぶん…어느 정도, 조금
- いちいち…일일이
- 一時(いちじ)…한 때
- 一度(いちど)…일시에
- 一層(いっそう)…한층 더
- 一旦(いったん)…일단
- いつか…언젠가, 조만간에
- いつの間(ま)にか…어느샌가
- 今(いま)にも…당장에라도
- いよいよ…드디어
- うっかり…깜빡
- 大(おお)いに…크게
- おそらく…아마.
- およそ…대략, 대강
- かなり…상당히, 꽤
- きちんと…정확히, 깔끔히
- くれぐれも…아무쪼록
- 結局(けっきょく)…결국
- ごく…극히
- 幸(さいわ)いに…다행히
- さすが…과연, 정말이지
- 早速(さっそく)…곧, 즉시
- さらに…더욱 더
- しいんと…쥐죽은듯이
- しきりに…자꾸만, 번번히
- しばしば…자주, 종종
- じかに…직접, 곧바로
- 実際(じっさい)…실제로
- 実(じつ)に…실로
- 少(すく)なくとも…적어도

- 少(すこ)しも…조금도
- すっと…불쑥, 쓱
- すべて…모두, 전부
- ずらり…즐비하게, 죽
- せっかく…모처럼
- せめて…적어도
- ぜひとも…꼭
- そういえば…그러고 보니
- 相当(そうとう)…상당히
- そっと…살짝, 가만히
- それぞれ…각각
- 大層(たいそう)…매우
- 大変(たいへん)…매우
- 確(たし)か…아마
- 直(ただ)ちに…곧
- たちまち…금세, 갑자기
- たっぷり…많이, 듬뿍
- たまたま…때마침, 가끔
- だいぶん…제법
- 着々(ちゃくちゃく)…착착
- 遂(つい)に…드디어, 마침내
- 常(つね)に…늘
- とっくに…훨씬 전에, 벌써
- とにかく…어쨌든
- どうか…제발, 부디
- どうせ…어차피
- どんどん…자꾸
- なにしろ…어쨌든
- なんでも…무엇이든지
- なんとか…어떻게 좀
- なんとも…뭐라고도, 참으로
- 残(のこ)らず…남김없이
- 初(はじ)めて…처음으로
- ばかに…몹시
- 非常(ひじょう)に…상당히
- ひとまず…우선, 일단
- ぴたり…딱, 뚝
- 再(ふたた)び…두 번

- すっきり…상쾌한 모양
- 既(すで)に…이미
- ずうっと…쭉, 계속
- せいぜい…기껏, 고작
- せっせと…열심히, 부지런히
- 絶対(ぜったい)に…절대로
- 全然(ぜんぜん)…전혀
- そうっと…살짝, 가만히
- そっくり…전부
- そのうち…가까운 시일 안에
- 続々(ぞくぞく)…속속
- 大抵(たいてい)…대개
- 絶(た)えず…끊임없이
- 多少(たしょう)…다소
- ただ…오직, 다만
- たった…단지, 단
- たとえ…설령, 비록
- 大体(だいたい)…대체로
- 近々(ちかぢか)…머지않아
- ちゃんと…빈틈없이, 정확히
- 次々(つぎつぎ)…잇달아
- できれば…가능하면
- 突然(とつぜん)…돌연
- ともかく…하여간, 어쨌든
- どうしても…무슨 일이 있어도
- どっと…우르르, 한꺼번에
- なお…여전히, 더욱
- なにぶん…아무래도, 여하튼
- なんで…왜
- なんとなく…왠지 모르게
- にわかに…갑자기
- のんびり…태평스럽게
- 果(は)たして…과연
- ばったり…딱
- 一通(ひととお)り…대충
- ひとりでに…저절로, 자연히
- ぴったり…꼭, 딱
- ふと…문득, 갑자기

- ほぼ…거의, 대강
- 本来(ほんらい)…본래, 원래
- まあまあ…어하튼, 그런대로
- 正(まさ)に…바로
- 全(まった)く…전혀
- 万一(まんいち)…만일
- 皆(みな)…모두
- めいめい…각기, 각각
- めったに…거의, 좀처럼
- もしかすると…어쩌면
- 最(もっと)も…가장
- やがて…이윽고
- やたらに…함부로
- 要(よう)するに…요컨데
- よけい…더욱
- わりと…비교적

- 本当(ほんとう)に…정말로
- ぼんやり…멍하니
- まさか…설마
- ますます…점점, 더욱더
- まるで…마치
- 自(みずか)ら…몸소
- むしろ…오히려
- めっきり…뚜렷이, 제법
- もしかしたら…어쩌면, 혹시
- もしも…만약
- もともと…원래
- やたらと…함부로
- やや…약간, 좀
- ようやく…간신히, 가까스로
- わざと…일부러
- わりに…비교적

연습문제

パートⅧは文章を読んで質問に答える問題です。各文章には二つから四つの質問があります。問題の質問に一番適したものを選んで答案用紙の記号を黒くぬりつぶしてください。

(例1～例3)

> わたしたちは、農業、つまり、土を耕して作物を栽培するという仕事を通して、食糧の大部分を手に入れています。わたしたち人間の生存にとって欠くことのできない、穀物・野菜・果物などの生産を支えているもの、それが「土」なのです。
> ところで、土は、いったい何によってできているのでしょうか。常識では、土は岩石が川の流れによってけずられたり、水や空気の作用によってくずされたりしてできた鉱物だと思われています。　①　　実際の土を調べてみると、土は単なる鉱物ではなくて、②その中には、動植物の遺体が変化してできた物質がふくまれ、数多くの生物が住んでいることがわかります。

例1.　①　に入る適当な言葉を選びなさい。

　　(A) しかし
　　(B) たとえば
　　(C) それに
　　(D) なぜなら

例2. ②そのは何を指していますか。

　　(A) 水
　　(B) 土
　　(C) 空気
　　(D) 岩石

例3. 本文の内容と合っているものを選びなさい。

　　(A) 人間にとって欠かせないのが穀物などです。
　　(B) 土は単なる鉱物でできています。
　　(C) 調査の結果、土の中の成分が明らかになりました。
　　(D) 水や空気の作用によってくずされてできたのが岩石です。

　　(答) 例1 (A) (B) (C) (D)
　　　　例2 (A) (B) (C) (D)
　　　　例3 (A) (B) (C) (D)

Ⅷ. 下の文を読んで、後の問いにもっとも適した答えを(A)から(D)の中で一つ選びなさい。

(1～2)

> 風が吹いてきて、帽子を飛ばされてしまいました。それをとりに行こうとしたら、石につまずいて、転んでしまいました。このように困ったことが起こったときに、その上にもっと運の悪いことが重なることを、『泣きっ面を　①　がさす』と言います。
> 悲しくて、泣いているときに、その　②　をハチにさされるようなものだからです。簡単に『泣きっ面に　①　』とも言います。

1. ①　に入る適当な言葉を選びなさい。

    (A) 蜂
    (B) ハエ
    (C) 蚊
    (D) 虫

2. ②　に入る適当な言葉を選びなさい。

    (A) 額
    (B) 顔
    (C) 鼻
    (D) 目

(3～5)

　あるとき、山に住むネズミが、町に住むネズミを自分の家に呼んで、ごちそうすることになりました。
　町のネズミは、____①____ 山へ出かけていきました。
　「ようこそ。さあ、どっさり食べてゆっくりしておくれ。」と、山のネズミは言いました。
　けれども、町のネズミは出されたものが木の葉や草の根ばかりなので、がっかりしました。
　町のネズミは、一晩泊まっただけで町に帰りました。
　こんどは、町のネズミが山のネズミを家に呼びました。山のネズミは、町のネズミの家のものすごいごちそうに驚きました。
　そして、何日もおいしいごちそうを楽しみました。
　____②____、そんな楽しい日が続いていたある日、恐ろしいことが起きたのです。
　おっかないネコがきて、ネズミたちを追いかけ回したのです。
　山のネズミは、立派なごちそうはなくても、安全なわが家が一番いいと言って、山へ帰っていきました。

・うきうきする(신이 나서 마음이 들떠 있다)

3. ____①____ に入る適当な言葉を選びなさい。

　　(A) うとうとして
　　(B) おどおどして
　　(C) はらはらして
　　(D) うきうきして

4. ____②____ に入る適当な言葉を選びなさい。

　　(A) ところが
　　(B) ならびに
　　(C) それなら
　　(D) あるいは

5. この文章のタイトルとして適当なものはどれですか。

　　(A) 山のネズミと町のネコ
　　(B) 町のネズミと町のネコ
　　(C) 山のネズミと町のネズミ
　　(D) 山のネズミと町のネコ

(6〜8)

> 　機械時計の出現が人々の暮らしや労働に与える最も大きな影響は、不定時法から定時法への転換である。不定時法というのは、簡単にいえば、日の出から日没までの昼間の時間、および日没から日の出までの夜の時間を、それぞれ六等分ないし一二等分して計算する方法である。　①　、昼間と夜の単位時間は、春分と秋分の日を除くと、季節と緯度によって異なるわけである。この太陽と自然的時間に応じて設定された不定時法は、農業を生活の基礎とする社会に最も適した制度であった。　②　、機械時計が作る時間は、人工の平等な時間である。季節や場所に関係なく、昼も夜も、単位時間の長さは同じで変わらない。これを定時法というが、不定時法から定時法へ変わるにつれて、人々の生活は人工の時間によって管理され支配されてゆくのである。

6. 　①　に入る適当な言葉を選びなさい。

(A) すなわち
(B) したがって
(C) たとえば
(D) というのは

・したがって(따라서)

7. 　②　に入る適当な言葉を選びなさい。

(A) そのうえ
(B) おまけに
(C) ところが
(D) ちなみに

・ところが(그런데)

8. 本文の内容と合っているものを選びなさい。

(A) 現代では定時法から不定時法に変わりつつある。
(B) 機械時計が作る時間は、人工の平等な時間ではない。
(C) 不定時法とは昼間と夜の単位時間は同じで変わらない。
(D) 農業を生活の基礎とする社会では不定時法が適していた。

ANSWER ▶ 6.B 7.C 8.D

(9～10)

> 船は走っています。走るというよりも ① 滑って行くのです。まるで平らな湖です。子どもたちは私を忘れてデッキにいます。私にはそう珍しい葦の湖ではありませんが、子どもは夢中です。私は船室のいすにかけていて気をもみます。だから、「だいじょうぶよおばさま、ここに動かないで腰かけてますから。」と言うばかりです。「子どもはいいですな、何にでも一生懸命になれて」

・つるつる〈주르르, 미끈미끈〉〈잘 미끄러지는 모양〉

9. ① に入る適当な言葉を選びなさい。

　(A) めきめき
　(B) つるつる
　(C) くるくる
　(D) どしどし

10. おばさんは何をうらやましがっていますか。

　(A) 子どもが珍しい葦の湖を眺めているから
　(B) 子どもがデッキで腰かけているから
　(C) 子どもは何にでも一生懸命になれるから
　(D) 子どもが船室のいすにかけているから

(11~13)

　27日午後2時40分ごろ、三重県鈴鹿市柳町の①水田にヘリコプターが墜落した。
　この事故で、ヘリコプターは大破し、搭乗者6人が同市内の病院に収容されたが、機長が全身打撲で間もなく死亡、5人が足首を骨折するなどの重傷を負った。
　現場は近鉄柳駅南約200メートルの水田地帯。三重県警鈴鹿署や運輸省航空局などの調べでは、ヘリコプターは同日午後2時21分、名古屋空港を出発し、伊勢湾上空を飛行中、操縦が利かなくなり、午後2時40分ごろ、「田んぼへ不時着する」と連絡が入ったという。
　事故直前、墜落現場から北へ約五・五キロ離れた三重県四日市市塩浜の民家の屋根に、同機のものと見られる金属部品が二個落下しており、同署は尾部のモーターが故障したのが、墜落の原因とみて調べている。
　同機は民間用の開発試験機で、性能試験飛行のため、計測機器を付け、伊勢湾周辺を1時間半ほど飛行する予定だった。運輸省航空局は事故原因解明のため調査官3人を派遣し、28日朝から現場検証を始める。
　墜落現場から50メートルほど離れた建設中の民家で作業をしていた大工長谷川さん)は「低い音をたててヘリが近くの電線に触れるほどの低い高度で飛んできたので、変だなと思った瞬間、円を描くようにして機体が数回回転して墜落した。　　②　　というものすごい衝撃音だった」と驚いていた。

〈어구해설〉
- 水田：すいでん(논)
- 大工：だいく(목수)
- 操縦が利かない：そうじゅうがきかない(조종이 말을 듣지 않다)
- 重傷を負う：じゅうしょうをおう(중상을 입다)
- 屋根：やね(지붕)

11. 本文の内容と合っているものはどれですか。

　(A) 事故の原因はモーターの故障と断定した。
　(B) 目撃者は大きな工具屋である。
　(C) 目撃者は具体的に事故当時の様子を覚えている。
　(D) 目撃者は子供である。

・田圃(たんぼ)…そ

12. ①水田とは何ですか。

 (A) 水が溜まっている畑

 (B) 雨が降った後の畑

 (C) 塩田

 (D) 田圃

13. ___②___ に入る適当な言葉として適当な擬声語はどれですか。

 (A) ごーん

 (B) どーん

 (C) かーん

 (D) かちーん

(14～15)

> 拝啓 秋冷の候、ますますご清祥のことと、お慶び申し上げます。
> 　さて、このたび私の結婚に際しましては、ご丁寧なお祝いをお送りいただき、誠にありがとうございました。
> 〈中略〉
>
> まずはお礼まで

14. 今、季節は何ですか。

 (A) 春

 (B) 夏

 (C) 秋

 (D) 冬

15. 手紙を書いた目的は何ですか。

 (A) 結婚お祝いのお礼

 (B) 結婚お祝い

 (C) 結婚の知らせ

 (D) 病気のお見舞い

ANSWER: 12.D 13.A 14.C 15.A

(16〜17)

> 国際天文学連合（IAU）は26日付の回報で、熊本県のアマチュア天文家、宇都宮章吾さん（44）が新すい星を見つけたと発表、「宇都宮・ジョーンズすい星」と命名した。日本人の新すい星発見は1997年10月の宇都宮さん自身の発見以来3年ぶり。
> 　新すい星は12月下旬に約6等級まで明るくなる見込みだが、肉眼ではほとんど見えない。宇都宮さんとニュージーランドのアマチュア天文家ジョーンズさんが今月、前後して見つけていた。

16. 宇都宮さんが発見したのは何ですか。

　　(A) 水生
　　(B) 水素
　　(C) 水星
　　(D) 彗星

17. 「宇都宮・ジョーンズ」と命名した理由は何ですか。

　　(A) 宇都宮でジョーンズさんが発見したから
　　(B) 宇都宮さんとジョーンズさんが共同で発見したから
　　(C) 宇都宮さんとジョーンズさんが同じ日発見したから
　　(D) 二人がそれぞれほぼ同じ時期に発見したから

(18~21)

〈어구해설〉
- 二人部屋(ふたりべや) : 둘이 한 방을 쓰는 것.
- 備(そな)え付(つ)けになっている : 비치되어 있다.
- しまう : 넣다. 집어넣다. 「~てしまう」와 혼동하지 않도록.
- 他人(ひと)のもの : 「他人」은 「たにん」이라고 읽기도 하지만, 「남」이라는 뜻으로 쓰 일 때는 「ひと」라고 읽는 것이 좋다.
- 缶(かん)ジュース : 한국어의 「음료수」중 「캔에 들어 있는 것」을 「缶ジュース」라고 한다. 「飲料水(いんりょうすい)」라고 하면 문자 그대로 「마시는 물」을 가리키므로 유의하도록. 캔이나 페트병 등에 들어 있는 모든 음료수를 통틀어서 「のみもの」라고 한다.

　　韓国に留学中の吉田さんは、ある大学の近くで下宿していた。その下宿は韓国人と外国人が混じって生活している。吉田さんは韓国人の金さんと同室になった。その部屋は二人部屋だったのだ。部屋には小さな冷蔵庫が一つ備え付けになっており、二人は共同で使うようになっている。共同と言っても、二人で金を出し合って買い物をするのではなく、①それぞれ自分で買ったものをしまっていた。
　　ある日、学校から帰った吉田さんは、自分の缶ジュースがなくなったのに気がついた。翌日、日本人留学生に「　②　の金さんが時々私の缶ジュースを飲んでしまう。自他のものを区別できない人と同じ部屋になってしまって困っている。」と不満をもらした。すると、その友だちは「私も似たような経験がある。」といって、最初は自分も誤解したが、後で分かってみると、韓国人は自分のものと他人のものを区別しない人が多い。きっとあなたが金さんのものを勝手に使っても怒ったりはしないだろうと言って、金さんの立場を説明してくれた。それを聞いて、吉田さんは「なるほど。そんなこともあるのかな。」と納得したそうだ。

18. どんな内容ですか。

　(A) 韓国人の習慣
　(B) 韓国人と日本人の習慣の相違
　(C) 日本人留学生の不満
　(D) 韓国人の日本人に対する不満

19. 本文の内容と合っているものはどれですか。

　(A) 金さんはいつもいつも吉田さんのジュースを飲む。
　(B) 吉田さんは時々金さんのジュースを飲む。
　(C) 韓国人は皆、自他のものが 区別できない。
　(D) 日本人が自分のものを黙って使っても怒らない韓国人が多い。

20.　①　の下線部はどういう意味ですか。

　(A) 自分で買ったものは自分の冷蔵庫に入れていた。
　(B) 自分で買ったものは自分で処理していた。
　(C) 自分で買ったものは勝手に捨てた。
　(D) 二人とも自分で買ったものを同じ冷蔵庫に入れていた。

ANSWER ▶ 18. B 19. D 20. D

21. ② に入る言葉として正しいものはどれですか。

　　(A) 敵
　　(B) ライバル
　　(C) 相棒
　　(D) 宿敵

・相棒(あいぼう): 원래 앞뒤에서 가마 등을 메는 짝을 가리키는 말로, 어떤 일이나 행동을 같이 하는 상대・동료・짝을 말한다.

(22～23)

> 東京タワーでもっとも大切なのは塔の上の方の部分です。ここからテレビジョンの電波を出し、またそのほか警察や消防車などのための特別の電波も出しています。
> 　テレビ塔の足と足の間はそれぞれ８０メートルも　①　、４本の足の間に５階だての大きなビルディングが建てられています。そのビルディングの中には、テレビやラジオの機械などを見せる科学館もあります。そのほか食堂や売店などもあって、まるでデパートのようです。

22. ① に入る言葉として正しいものを選びなさい。

　　(A) なって
　　(B) して
　　(C) あって
　　(D) いて

23. 本文の内容と合っているものはどれですか。

　　(A) 警察官はいつも塔の周りを守っている。
　　(B) 塔の一番上から見ると消防車も見える。
　　(C) デパートにならって東京タワーを作った。
　　(D) 東京タワーで一番大切な所は塔の上の方だ。

ANSWER ▶ 21.C 22.C 23.D

(24~26)

> 少年少女期以降の視聴者にとって、テレビは、その内容によって毒にもなれば薬にもなる情報である。これを教育的に、好ましい人間性の育成に役立てるように工夫されるべきである。現在は暴力番組 ① 、低俗なバラエティ番組、いいかげんなワイドショー、興味本位で扇情的なドキュメンタリー番組など、子どもの人格形成や価値観の形成に好ましくない番組があまりに氾濫している。
>
> 今や、テレビ、ビデオ、コミックスなどマスメディアが青少年の人格形成に及ぼす影響は、学校教育などに比べて圧倒的に大きい。文部科学省もこの現実を直視し、その対応を工夫する必要がある。

・〜に限らず(〜뿐만 아니라)

24. ① に入る言葉として正しいものを選びなさい。

(A) に限って
(B) に限らず
(C) に加えて
(D) に先立って

25. 主に何について述べていますか。

(A) ワイドショーの影響
(B) コミックスの影響
(C) ビデオの影響
(D) テレビの影響

26. 本文の内容と合っているものはどれですか。

(A) テレビは見ない方がいい。
(B) 好ましくない番組がたくさんある。
(C) マスメディアの影響はあまり大きくない。
(D) 内容が悪くても情報のために見た方がいい。

(27〜30)

　日本人の誰かに「自然の色は何色か。」と尋ねたとき、いったいどんな色を答えるだろうか。わたしは、よく学生に質問してみるのだが、常にいちばん多い答えは、緑である。緑に　①　多いのが、青である。このことは何を意味しているだろうか。

　まず、自然界を彩る緑とは何か。それは、植物の葉の色である。日本人が「自然の色は？」と聞かれて、真っ先に緑を思い浮かべるのは、つまり、日本の山野にいかに植物が多いかの現れである。

　日本人の間には、「自然」という言葉を、「植物のあること」の同義語として考える無意識の習慣さえあるように感じられる。

　近ごろ話題の「自然の保護」にしても、たいていの場合、植物の保護をさしており、自然を破壊するということは、ほかならぬ植物の群落などをだめにすることを言っている場合が多いのではないだろうか。

　また、都会暮らしのわたしたちが農村へ行くと、水田や畑に、稲やいろいろな野菜などの作物が育っているのを見かける。それは決して天然のままの風景ではない。農民によって、長年にわたって作り出された人工風景にほかならないはずである。それにもかかわらず、わたしたちは、それをながめて、のどかな自然の美しさを満喫したなどと称している。　②　、緑さえあれば、何でも自然だと思い込んでしまう先入見が、日本人には根強いのであって、結局、それだけ、日本の風土と植物との縁は深いのである。

　次に、多くの日本人が、自然の色として、緑の次に青を思い浮かべるのは、いったい何を意味しているのか、青は晴れた空であり、同時に、澄んだ水の色である。つまり日本列島に晴れた日が多く、同時に、きれいな水が豊富にあることを示していると思う。

　水に関連して、水蒸気の存在もあげなければならない。日本の自然を表して、よく歌の文句にも、「山紫に水清く」ということばが登場する。山が紫とは、いったいどういうことだろうか。それは、山はだを覆っている植物の緑の上に、もう一つの別の要素が加わったものなのである。その別の要素というのは、水蒸気を正体とするかすみである。日本の気候が湿潤であることの証拠と言えよう。

　植物と水、この二つは、人間の生命をささえるために、最低限に不可欠な資源である。これが豊かにあることは、日本列島が、人間の暮らしにとって恵まれた土地であることを示しているものである。

・～に次(つ)いで…～に 이어 *
  '앞의 것 다음으로'라는 뜻을
  나타냄

・つまり(즉, 결국)

27. ＿＿①＿＿ に入る言葉として正しいものを選びなさい。

　　(A) 代わって
　　(B) 次いで
　　(C) ひきかえ
　　(D) にもまして

28. ＿＿②＿＿ に入る言葉として正しいものを選びなさい。

　　(A) むしろ
　　(B) しかも
　　(C) および
　　(D) つまり

29. 上の文章の表題として次のどれが適当ですか。

　　(A) 日本の気候
　　(B) 日本の自然
　　(C) 日本の資源
　　(D) 自然の色

30. 本文の内容と合っているものはどれですか。

　　(A) 日本の風土と植物との縁は深い。
　　(B) 自然の色は青である。
　　(C) 自然界を彩るのは稲や野菜である。
　　(D) 水田や畑の作物も天然のままの風景だ。

연습문제 독해번역

(1~2)

바람이 불어와서 모자가 날아가버렸습니다. 그것을 잡으려 가려고 했더니, 돌에 걸려 넘어지고 말았습니다.

이와 같이 곤란한 일이 일어났을 때에, 그 위에 더욱 운이 나쁜 일이 겹치는 것을, "설상가상"이라고 합니다.

슬퍼서 울고 있을 때에 그 얼굴을 벌이 쏘는 것과 같은 것이기 때문입니다. 간단하게 "설상가상"이라고도 합니다.

(3~5)

어느 때, 산에 사는 쥐가 도시에 사는 쥐를 자기 집에 초대하여 음식을 대접하게 되었습니다.

도시 쥐는 신이 나고 마음이 들떠 산으로 찾아갔습니다.

'어서 오세요. 어서 많이 드시고 천천히 쉬다 가세요'라고 산 쥐는 말했습니다.

그렇지만, 도시 쥐는 차려진 것이 나뭇잎과 풀뿌리뿐이라서 실망했습니다. 도시 쥐는 하룻밤만 묵고 도시로 돌아갔습니다.

이번에는 도시 쥐가 산 쥐를 집으로 초대했습니다. 산 쥐는 도시 쥐가 사는 집의 무척 맛있는 음식에 깜짝 놀랐습니다.

그리고, 며칠이고 맛있는 음식을 즐겼습니다.

그런데, 그런 즐거운 날이 계속되던 어느 날, 무서운 일이 일어났습니다. 무서운 고양이가 와서 쥐들을 뒤쫓아다녔습니다.

산 쥐는 맛있는 음식은 없어도 안전한 우리 집이 가장 좋다고 말하고 산으로 돌아갔습니다.

(6~8)

기계시계의 출현이 사람들의 생활과 노동에 주는 가장 큰 영향은 부정시법에서 정시법으로의 전환이다. 부정시법이란 간단히 밀하면 일출에서 일몰까지의 낮 시간, 및 일몰에서 일출까지의 밤 시간을, 각각 6등분 내지 12등분해서 계산하는 방법이다. 따라서, 낮과 밤의 단위시간은 춘분과 추분의 날을 제외하면, 계절과 위도에 따라 달라지는 것이다. 이 태양과 자연적 시간에 따라 설정된 부정시법은 농업을 생활의 기초로 하는 사회에 가장 적합한 제도였다. 그런데, 기계시계가 만드는 시간은 인공의 평등한 시간이다. 계절과 장소에 관계없이, 낮도 밤도, 단위시간의 길이는 같고 변함없다. 이것을 정시법이라고 하지만, 부정시법에서 정시법으로 바뀜에 따라 사람들의 생활은 인공의 시간에 따라 관리되고 지배되어 가는 것이다.

(9~10)

배는 달리고 있습니다. 달린다고 하기보다는 주르르 미끄러져갑니다. 마치 평평한 호수입니다. 어린이들은 도취되어 배의 갑판에 있습니다. 내가 보기에는 그렇게 희귀한 갈대 호수가 아니지만, 어린이들은 열중입니다. 나는 선실 의자에 걸터 앉아 있으면서 애태우고 있습니다. 그러니까, '괜찮아요 아줌마, 여기에 움직이지 않고 앉아 있으니까요'라고 말할 뿐입니다. '어린이는 좋겠군요. 무슨 일이라도 집중해서 열심히 할 수 있으니까'.

(11~13)

２７일 오후 ２시 ４０분경, 미에현 스즈시카시(三重県鈴鹿市) 야나기쵸(柳町)의 논에 헬리콥터가 추락했다.

이 사고로 헬리콥터는 대파되고 탑승자 6명이 동 시내의 병원에 수용되었지만, 기장이 전신타박으로 곧 사망하고, 5명이 발목이 골절되는 등의 중상을 입었다.

현장은 긴테쓰(近鉄) 야나기(柳)역 남쪽 약 ２００미터 지점에 있는 논지대. 미에현(三重県)경 스즈시카(鈴鹿)서와 운수성 항공국 등의 조사로는 헬리콥터는 이날 오후 ２시 ２１분, 나고야(名古屋) 공항을 출발하여 이세만(伊勢湾) 상공을 비행중 조종이 말을 듣지 않게 되어 오후 ２시 ４０분경「논에 불시착한다」는 연락이 들어왔다고 한다.

사고직전, 추락현장으로부터 북쪽으로 약 5.5킬로 떨어진 미에현 욧카이치시(四日市市) 시오하마(塩浜)에 있는 민가의 지붕에 사고 비행기의 것으로 보이는 금속부품이 두 개 떨어져 있어, 동 경찰서는 꼬리부분의 모터가 고장난 것이 추락의 원인으로 보고 조사하고 있다.

이 비행기는 민간용의 개발시험기로, 성능시험비행을 위해 계측기기를 장착하고 이세만 주변을 1시간 반 정도 비행할 예정이었다. 운수성 항공국은 사고원인 해명을 위해 조사관 3명을 파견하여 ２８일 아침부터 현장검증을 시작한다.

추락현장으로부터 5킬로 정도 떨어진 건설중인 민가에서 작업을 하고 있던 목수 (하세가와 씨)는「낮은 음을 내면서 헬기가 근처에 있는 선선에 낳을 정도의 낮은 고도로 날아왔기 때문에 이상하다고 생각한 순간, 원을 그리듯이 기체가 몇 번 회전하면서 추락했다. 쾅하는 엄청난 충격음이었다」고 말해 놀라움을 금치 못했다.

(14~15)

차가운 가을 날씨에 더욱 건승하심을 경하드립니다.

이번에 저희 결혼 때 귀중한 하례품을 보내주셔서 진심으로 감사드립니다.

〈중략〉

우선 서면으로 감사의 말씀을 올립니다.

(16~17)

국제천문학연합(ＩＡＵ)은 ２６일자 회보에서, 구마모토현(熊本県)의 아마츄어천문가, 우쓰노미야쇼고(宇都宮章吾) 씨(４４)가 신혜성을 발견했다고 발표, 「우쓰노미야·존즈혜성」이라고 명명했다. 일본인의 신혜성 발견은 １９９７년 １０월의 우쓰노미야 씨 자신이 발견한 뒤 3년만이다.

신혜성은 12월 하순에 약 6등급까지 밝아질 전망이지만, 육안으로는 거의 보이지 않는다. 우쓰노미야 씨와 뉴질랜드의 아마츄어 천문가 존즈 씨가 이번 달에 거의 같은 시기에 발견했다.

(18～21)

한국에 유학중인 요시다 씨는 어느 대학교 근처에서 하숙하고 있었다. 그 하숙은 한국인과 외국인이 섞여서 생활하고 있다. 요시다 씨는 한국인인 김 씨와 같은 방을 쓰게 되었다. 그 방은 두 사람이 쓰는 방이었던 것이다. 방에는 작은 냉장고가 한 대 비치되어 있어서 두 사람은 공동으로 쓰게 되어 있다. 공동이라고 해도 둘이서 돈을 같이 내서 물건을 사는 것이 아니라, 각각 자기가 산 것을 넣어 두고 있었다.

어느 날 학교에서 돌아온 요시다 씨는 자신의 캔음료수가 없어진 것을 알았다. 다음 날 일본인 유학생에게「룸메이트인 김 씨가 가끔 내 캔음료수를 마신다. 자기 것과 남의 것을 구별할 줄 모르는 사람과 같은 방을 쓰게 되어 난처하다」고 불만을 털어놓았다. 그러자, 그 친구는「나도 비슷한 경험이 있다」고 하며 처음에는 자기도 오해했지만, 나중에 알고 보니 한국사람은 자기 것과 남의 것을 구별하지 않는 사람이 많다. 틀림없이 네가 김 씨의 것을 마음대로 써도 화를 내거나 하지는 않을 것이라며 김 씨의 입장을 설명해 주었다. 그 말을 듣고 요시다 씨는「아, 그렇군. 그럴 수도 있는 건가?」하며 납득했다고 한다.

(22～23)

동경타워에서 가장 중요한 것은 탑 위 쪽 부분입니다. 여기에서 텔레비전 전파를 보내고, 또한 그 외에 경찰과 소방차 등을 위한 특별 전파도 발하고 있습니다.

텔레비전탑의 다리와 다리 사이는 각각 80미터나 되어 4개의 다리 사이에 5층짜리 커다란 빌딩이 세워져 있습니다. 그 빌딩 속에는 텔레비전과 라디오의 기계 등을 보여주는 과학관도 있습니다. 그 외에 식당과 매점 등도 있어 마치 백화점과 같습니다.

(24～26)

소년소녀기 이후의 시청자에게 있어 텔레비전은 그 내용에 따라 독이 될 수도 있거니와 약도 된다는 정보이다. 이것을 교육적으로 바람직한 인간성의 육성에 도움이 되게끔 궁리해야 한다. 현재는 폭력프로뿐만 아니라, 저속한 버라이어티프로, 엉터리 와이드쇼, 흥미본위로 선정적인 다큐멘터리프로 등, 아이들의 인격형성과 가치관의 형성에 바람직하지 않은 프로가 너무 많이 범람하고 있다.

바야흐로, 텔레비전, 비디오, 코믹스 등 매스미디어가 청소년의 인격형성에 미치는 영향은 학교교육 등에 비해 압도적으로 크다. 문부과학부도 이 현실을 직시하고, 그 대응을 궁리할 필요가 있다.

(27～30)

일본인 누군가에게'자연색은 무슨 색인가?'라고 질문했을 때, 도대체 어떤 색을 대답할까? 나는 학생에게 자주 질문해 보는데, 항상 가장 많은 답은 녹색이다. 녹색 다음에 많은 것이 청색이다. 이것은 무엇을 의미하고 있는 것일까?

우선, 자연계를 채색하는 녹색이란 무엇인가? 그것은 식물의 잎 색깔이다. 일본인이'자연색은?'이라고 질문을 받았을 때 제일 먼저 떠올리는 것은, 즉 일본의 산과 들에 얼마나 식물이 많은가의 결과이다.

일본인 사이에는'자연'이라는 말을'식물이라는 것'의 동의어로서 생각하는 무의식의 습관조차 있는 것 같이 느껴진다. 최근 화제의'자연보호'를 보더라도 대개의 경우, 식물보호를 가리키고 있고, 자연을 파괴한다는 것은 다름아닌 식물의 군락 등을 못쓰게 하는 것을 말하고 있는 경우가 많지 않을까?

또한, 도회지 생활을 하는 우리들이 농촌에 가면 논과 밭에 벼와 여러 채소 등의 작물이 자라고 있는 것을 발견한다. 그것은 결코 천연 그대로의 풍경이 아니다. 농민에 의해 오랜 세월에 걸쳐 만들어진 인공풍경임에 틀림없을 터이다. 그럼에도 불구하고, 우리들은 그것을 바라보고 한가로운 자연의 아름다움을 만끽했다는 등으로 말하고 있다. 즉, 녹색만 있으면 뭐든지 자연이라고 굳게 믿어버리는 선입견이 일본인에게는 뿌리 깊은 것이어서, 결국 그만큼 일본의 풍토와 식물과의 인연은 깊은 것이다.

다음에 대부분의 일본인이 자연색으로서 녹색 다음에 청색을 떠올리는 것은 도대체 무엇을 의미하고 있는 것인가? 청색은 맑게 갠 하늘이고, 동시에 맑은 물색이다. 즉 일본열도에 맑게 갠 날이 많고, 동시에 깨끗한 물이 풍부하다는 것을 나타내고 있다고 생각한다.

물과 관련해서 수증기의 존재도 들어야 한다. 일본의 자연을 나타내고, 자주 노래의 문구에는'산 자색에 물 맑고'라는 말이 등장한다. 산이 자색이란 도대체 무슨 뜻일까? 그것은 산의 표면을 덮고 있는 식물의 녹색 위에 또 하나의 다른 요소가 가미된 것이다. 그 다른 요소란 수증기를 정체로 하는 안개이다. 일본의 기후가 습윤하다는 것의 증거라고 할 수 있을 것이다.

식물과 물, 이 두 가지는 인간의 생명을 지탱하기 위해서 최소한으로 불가결한 자원이다. 이것이 풍부하게 있다는 것은 일본열도가 인간의 생활에 있어서 혜택받은 땅이라는 것을 나타내고 있는 것이다.

독해 예상문제

パートVは漢字の正しい読み方・書き方や同じ意味のはたらきをしている言葉を問う問題です。
(A)～(D)の中でもっとも適当なものを選んで答案用紙の記号を黒くぬりつぶしてください。

例1) いま四時三分です。(한자 읽기 문제)

 (A) よじさんぶん
 (B) よじさんぷん
 (C) よんじさんふん
 (D) よんじさんぶん

例2) この時計は一日に二分おくれている。(한자 쓰기 문제)

 (A) 送
 (B) 後
 (C) 遅
 (D) 贈

例3) 晴れていても雨が降ることがあります。(동일용법 문제)

 (A) 山田さんには子どもが五人あります。
 (B) あの人は背の高さが１７５センチあります。
 (C) つくえの上に本が一冊あります。
 (D) 今まで四回引っ越したことがあります。

例4) 彼は頭が切れるから、社長に認められている。(의미 문제)

 (A) 頭の働きがよい
 (B) 謙そんだ
 (C) 頭にけがをしている
 (D) そん色がない

(答) 例1 (A) ⬤(B) (C) (D)
  例2 (A) (B) ⬤(C) (D)
  例3 (A) (B) (C) ⬤(D)
  例4 ⬤(A) (B) (C) (D)

V. 下の＿＿＿線の言葉の正しい表記、または同じ意味のはたらきをしている言葉を(A)から(D)の中で一つ選びなさい。

101. 自分の潔白を主張する。

　　(A) けつはく
　　(B) けつばく
　　(C) けっぱく
　　(D) けっぴゃく

자신의 결백을 주장하다
・潔白(けっぱく)…결백
・自分(じぶん)…자신
・主張(しゅちょう)する…주장하다

102. 広い野原で走り回る。

　　(A) やげん
　　(B) のはら
　　(C) のばら
　　(D) のげん

넓은 들판에서 뛰어 다니다
・野原(のはら)…들판
・広(ひろ)い…넓다
・走(はし)り回(まわ)る…뛰어 다니다, 돌아 다니다

103. 土地が不毛の砂漠に変わった。

　　(A) とち
　　(B) どち
　　(C) とじ
　　(D) どじ

땅이 불모의 사막으로 변했다
・土地(とち)…땅, 토지
・不毛(ふもう)の砂漠(さばく)…불모의 사막
・変(か)わる…변하다

104. 子どもの穏やかな寝顔に心がなごむ。

　　(A) にぎ
　　(B) こま
　　(C) おだ
　　(D) かろ

아이가 조용하게 잠자는 얼굴에 마음이 온화해진다
・穏(おだ)やかな…온후한, 평온한
・賑(にぎ)やかな…번화한
・細(こま)やかな…자상한
・軽(かろ)やかな…가뿐한
・寝顔(ねがお)…잠든 얼굴
・心(こころ)が和(なご)む…마음이 온화해지다

105. 彼は今までとは逆な立場をとった。

　　(A) ぎゃく
　　(B) きゃく
　　(C) さかさま
　　(D) さかさ

그는 지금까지와는 반대의 입장을 취했다
・逆(ぎゃく)な…반대의
・立場(たちば)をとる…입장을 취하다

ANSWER ▶ 101. C 102. B 103. A 104. C 105. A

달력이 벽에 걸려 있습니다
- カレンダー(calendar)…켈린더, 달력
- 壁(かべ)にかける…벽에 걸다
- ～てある…～하여져 있다 〈타동사+てある〉

106. calendarが壁にかけてあります。

    (A) カレンダ

    (B) カレンダー

    (C) カーレンダ

    (D) カーレンダー

선생님의 지시에 따라 전원 청소를 하다
- 指図(さしず)…지시, 지휘
- 指示(しじ)…지시
- 指導(しどう)…지도
- 指揮(しき)…지휘
- 全員(ぜんいん)で…전원
- 掃除(そうじ)…청소
- ～に従(したが)って…～에 따라

107. 先生のさしずにしたがって全員で掃除をする。

    (A) 指示

    (B) 指図

    (C) 指導

    (D) 指揮

자신의 진가를 (남이) 알아주어서 기뻤다
- しんか: 真価(진가)
  深化(심화)
  進化(진화)
  臣下(신하)
- ～てもらう…～해 받다 * 즉 '남이 나에게 ～해 주다'의 일본적인 표현
- 嬉(うれ)しい…기쁘다

108. 自分のしんかを分かってもらってうれしかった。

    (A) 進化

    (B) 深化

    (C) 臣下

    (D) 真価

학교측과 학생측의 의견을 절충한 안이 제출되었다
- 学校側(がっこうがわ)…학교측
- 生徒(せいと)…학생
- 意見(いけん)…의견
- 折衷(せっちゅう)する…절충하다
- 案(あん)を出(だ)す…안을 내다 〔제출하다〕

109. 学校側と生徒側の意見をせっちゅうした案が出された。

    (A) 接衷

    (B) 折衰

    (C) 接衰

    (D) 折衷

일본인은 전철 안에서도 만화를 읽고 있다
- 漫画(まんが)…만화
- ～でも…～에서도

110. 日本人は電車の中でもまんがを読んでいる。

    (A) 慢画

    (B) 漫画

    (C) 満画

    (D) 漂画

ANSWER 106.B 107.B 108.D 109.D 110.B

111. この映画はとてもおもしろそうです。

    (A) 今年の冬は暖かいそうです。
    (B) 山田さんもまったく知らないそうです。
    (C) お金はなさそうです。
    (D) 山田さんはテニスが上手だそうです。

이 만화는 무척 재미있을 것 같습니다
'형용사・형용동사의 어간, 동사의 연용형'에 붙어 '~할 것 같다' 라는 양태・불확실한 추측을 나타내고, '형용사・형용동사・동사의 기본형'에 붙어 '~(라)고 한다' 라는 전문을 나타낸다.

112. お金はこれでじゅうぶんです。

    (A) たりません。
    (B) いっぱいです。
    (C) たります。
    (D) ふそくです。

돈은 이것으로 충분합니다
・十分・充分(じゅうぶん)だ…충분하다
・足(た)りる…족하다
・一杯(いっぱい)だ…가득하다
・不足(ふそく)だ…부족하다

113. 私は水泳が大好きです。

    (A) 私はあそぶことが大好きです。
    (B) 私はなくことが大好きです。
    (C) 私はおよぐことが大好きです。
    (D) 私はあらうことが大好きです。

나는 수영을 무척 좋아합니다
・水泳(すいえい)…수영
・~が大好(だいす)きだ…~을 무척 좋아하다
・遊(あそ)ぶ…놀다
・泣(な)く…울다

114. お茶でも飲みましょうか。

    (A) お金でも買えないものがこの世にある。
    (B) あの人は現在政界でも活躍している。
    (C) 見かけは立派でも中身はよくない。
    (D) 今日デパートにでも行って買ってこよう。

차라도 마실까요?
문제문과 (D)의 「~でも」는 '~이라도' 의 뜻을 나타내며, (A)는 「수단・재료의 で+も」 의 꼴로 '~으로도', (B)는 「장소의 で+も」 의 꼴로 '~에서도', (C)는 「형용동사의 연용형 で+も」의 꼴로 '~하여도' 의 뜻.

115. ごめんなさい。

    (A) 家を出ようとしています。
    (B) これからごはんを食べます。
    (C) しゃざいします。
    (D) しゃしんをとります。

용서하세요
・謝罪(しゃざい)する…사죄하다
・家(いえ)を出(で)る…집을 나서다
・~(よ)うとする…~하려고 하다 〈동사 의지형 접속〉
・これから…지금부터
・ご飯(はん)を食(た)べる…밥을 먹다
・写真(しゃしん)を撮(と)る…사진을 찍다

ANSWER 111.C 112.C 113.C 114.D 115.C

사무실도 깨끗이 해 두었습니다
- きれいにする…깨끗이 하다
- 支度(したく)する…준비[채비]하다
- 用意(ようい)する…준비하다
- 掃除(そうじ)する…청소하다
- 洗濯(せんたく)する…세탁[빨래]하다

하루종일 도쿄 시내를 구경했습니다
- 見物(けんぶつ)する…구경하다
- 観光(かんこう)する…관광하다
- 観賞(かんしょう)する…감상하다
- 取材(しゅざい)する…취재하다
- 一日中(いちにちじゅう)…하루종일

이 가방은 어머니의 것입니다
문제문과 (C)에 쓰인 「の」는 인칭 뒤에 쓰여 '누구의 것'이라는 소유의 뜻을 나타낸다. 나머지는 명사의 역할을 하는 준체조사로 '의 것'의 뜻.

야마다 씨는 다음 주 귀국한답니다
문제문과 (C)는 「帰る(돌아가[오]다)」〈5단동사〉, (A)는 「買う(사다)」의 가능형 「買える(살 수 있다)」, (B)는 「変える(바꾸다)」, (D)는 「換える(교환하다, 바꾸다)」의 뜻.

그 회사는 드디어 도산했다
- つぶれる…도산하다, 부서지다
- 倒産(とうさん)する…도산하다
- 回復(かいふく)する…회복하다
- 挑戦(ちょうせん)する…도전하다
- 逃亡(とうぼう)する…도망하다
- とうとう…드디어, 마침내

116. じむしつもきれいにしておきました。

(A) したくして
(B) よういして
(C) そうじして
(D) せんたくして

117. 一日中東京市内をけんぶつしました。

(A) 観光しました
(B) 勉強しました
(C) 鑑賞しました
(D) 取材しました

118. このかばんは母のです。

(A) 一度冷凍したのはおいしくない。
(B) 歩くのはつらいです。
(C) あなたのはどれですか。
(D) この黒いのはだれのかさですか。

119. 山田さんは来週国へかえるそうです。

(A) あの店では安くかえる。
(B) 思いきってヘアスタイルをかえる。
(C) 家に早くかえるつもりです。
(D) 物を売ってお金にかえる。

120. あの会社はとうとうつぶれた。

(A) 倒産した
(B) 回復した
(C) 挑戦した
(D) 逃亡した

ANSWER 116. C 117. A 118. C 119. C 120. A

パートⅥは文の中で間違っている部分を探す問題です。下に線が引いてあるA～Dの中で文法または意味が正しくないものを選んで答案用紙の記号を黒くぬりつぶしてください。

例) きのう<u>駅</u><u>で</u>田中さん<u>を</u>あいました<u>よ</u>。
　　　 (A)　 (B)　　　 (C)　　　　　　(D)

　(答) (A) (B) Ⓒ (D)

Ⅵ. 下の線のAからDの中で正しくないものを一つ選びなさい。

121. この<u>机</u>は<u>鉄</u>で <u>出来って</u>いる<u>ので</u>頑丈です。
　　　 (A)　　 (B)　 (C)　　　　 (D)

이 책상은 철로 되어 있어서 튼튼합니다
- 「出来って」→「出来て」〈활용 오용〉 *「出来る」〈上一段活用動詞이므로 음편이 일어나지 않음〉
- 頑丈(がんじょう)だ…튼튼하다, 실팍하다

122. 英語の<u>授業</u>は102<u>号室</u><u>で</u>9時半<u>で</u>始まります。
　　　　 (A)　　　　 (B)　 (C)　　　 (D)

영어수업은 102호실에서 9시반에 시작됩니다
- ～で(～에서)〈장소〉 ～に(～에)〈시간〉〈조사 오용〉
- ～に始(はじ)まる…～에 시작되다
- ～号室(ごうしつ)…～호실
- 9時半(くじはん)…9시 반

123. 海<u>では</u>多<u>い</u>人が海水浴<u>を</u> <u>楽しんで</u>いました。
　　　 (A)　 (B)　　　　　　 (C)　 (D)

바다에서는 많은 사람이 해수욕을 즐기고 있었습니다
- 多(おお)い人→多くの人(많은 사람)〈한국어의 영향〉
- 海水浴(かいすいよく)…해수욕
- 楽(たの)しむ…즐기다

124. <u>遠い</u> <u>に</u>見える<u>のが</u>有名<u>な</u>富士山です。
　　　 (A)　 (B)　　　 (C)　　　 (D)

멀리 보이는 것이 유명한 후지산입니다
- 遠(とお)いに見える→遠くに見える(멀리 보이다)
- 有名(ゆうめい)な…유명한
- 富士山(ふじさん)…후지산 * 휴화산으로 높이는 3,776m

ANSWER ▶ 121. C 122. D 123. B 124. A

그 아이는 커서 과학자가 되었습니다 • ～がなる→～になる(～이 되다)〈한국어의 영향〉 • 大(おお)きくなる…자라다 • 科学者(かがくしゃ)…과학자	**125.** あの子は大きくなって科学者がなりました。 　　　　(A)　　(B)　　　　(C)　　　(D)
큰 애가 9살이고 작은 애는 5살입니다 • 下の子も→下の子は(작은 애는)〈어법상〉 • ～歳(さい)…～살, ～세 • 上(うえ)の子(こ)…큰 애 • 下(した)の子(こ)…작은 애	**126.** 上の子が9歳で、下の子も5歳です。 　　　　(A)　(B)　　(C)　　　　(D)
어느날 어떤 사람이 우리집을 찾아왔습니다 • どの→ある(어느) *불특정한 사람이나 사물을 가리킬 때 쓰는 「어느～」는 「どの～」가 아니라 「ある～」를 써야 한다. 예) ある日、ある人があるところで…。(어느 날 어떤 사람이 어느 곳에서…) • 家(いえ)を訪(たず)ねる…집을 방문하다	**127.** ある日、どの人が私の家を訪ねてきました。 　　　　(A)　　　(B)　　(C)　　　(D)
요리가 맛있어도 과식하지 않도록 하는 것이 좋아요 • ～過ぎる(너무 ～하다)〈동사의 연용형, 형용사・형용동사의 어간 접속〉〈활용 오용〉 • ～ようにする…～하도록 하다 • ～(た)ほうがいい…～하는 것이 낫다〈동사 과거형 접속〉	**128.** 料理がおいしくても食べる過ぎないようにした方がいいですよ。 　　　　　　(A)　　　　(B)　　　　(C)　　　　(D)
저금을 찾기 위해서는 비밀번호를 외워야만 한다 • 貯金を探す→貯金を引き出す〔下ろす〕(저금을 찾다)〈한국어의 영향〉 *'비밀번호'를 「秘密番号(ひみつばんごう)」라고 하지 않고 「暗証番号(あんしょうばんごう)」라고 하는 점에 유의. 또한 「暗号番号」라는 표현도 쓰지 않음 • 覚(おぼ)える…외우다	**129.** 貯金を探すためには暗証番号を覚えなければならない。 　　　　　(A)　　　　　(B)　　　　(C)　　　(D)

ANSWER 125. A 126. D 127. B 128. B 129. A

130. 銀行の案内係は親切に私が分かるまで説明して上げました。
　　　　　　(A)　　　　　(B)　　　　　(C)　　　　　(D)

은행의 안내원은 친절하게 내가 알 때까지 설명해 주었습니다
- ～て上げました→～てくれました(～해 주었습니다)〈한국어의 영향〉 *내가 남에게 주는 것은「上げる」이고, 남이 나에게 주는 것은「くれる」이다.
- 親切(しんせつ)に…친절하게
- ～まで…～할 때까지 *「～ときまで」라고 표기하지 않음.

131. 彼女は腕がいいから、そんなものは絶対ないはずです。
　　　　　　(A)　　　　(B)　　　　　(C)　　　　(D)

그녀는 솜씨가 좋으니까 그런 일은 절대로 없을 것입니다
- そんなことはない(그렇지 않다, 그런 일은 없다)〈한국어의 영향〉
- 腕(うで)がいい…솜씨가 좋다
- 絶対(ぜったい)…절대로
- ～はずだ…～일 것이다

132. せっかくだから今日は何かおいしいことでも食べましょうか。
　　　　　　(A)　　　　　　(B)　　　　(C)　　　　(D)

모처럼인데 오늘 뭐 맛있는 거라도 먹을까요?
- こと→もの〈한국어 영향〉 * 사물을 가리킬 때는「もの」를 쓴다. 따라서「맛있는 것」은「おいしいもの」라고 해야 한다.
- せっかくだから…모처럼이니까
- ～ましょうか …～할까요?〈권유・제안〉

133. にこにこしているのをみると、何かいいものでもあったようですね。
　　　　　(A)　　　　(B)　　　　　(C)　　　　　(D)

싱글벙글하고 있는 걸 보니 뭔가 좋은 일이라도 있는 모양이군요
- もの→こと〈한국어 영향〉 * 일・사건 등을 가리킬 때는「こと」를 쓴다. 따라서「좋은 일」은「いいこと」라고 해야 한다.
- にこにこする…싱글벙글하다
- ～でも…～라도
- ～ようだ…～인 모양이다〈양태〉

아무리 시간이 정확한 사람이라도 때로는 늦잠을 자는 일이 있다
- ~ことがある (~할 때[경우]가 있다)
- ~ものがある (~하는 데가 있다)
- いくら ~でも…아무리 ~라도
- 朝寝坊(あさねぼう)をする…늦잠을 자다

134. いくら時間に正確な人でもたまには朝寝坊をするものがある。
　　　　　(A)　　　　(B)　　(C)　　　　　　　　　　(D)

초등학교 때는 종종 친구와 싸움을 하곤 했다
- (~た)ものだ (~하곤 했다) 〈과거의 습관·회상〉
- 小学校(しょうがっこう)…초등학교
- よく…종종, 곧잘
- 喧嘩(けんか)をする…싸움을 하다

135. 小学校のときはよく友だちと喧嘩をしたことだ。
　　　　　(A)　　　　　(B)　　　(C)　　　　　(D)

누가 뭐라고 해도 내가 알 바가 아니다
- 知ったことではない (알 바(가) 아니다) 「私の」의 「の」는 주격조사
- ~(よ)うが…~하든 〈동사 의지형 접속〉

136. 誰が何と言おうが、私の知ったものじゃない。
　　　　　(A)　　(B)　　　　(C)　　　(D)

말을 할 때는 분명히 말하지 않으면 안 된다
- ことを言う→ものを言う (말을 하다) * 일본어 특유의 표현으로 「もの」를 사용해서 표현하는 것이 있다. 예)ものをいう(말을 하다) ものの見方(사물을 보는 방법, 시각)
- ~なければならない…~하지 않으면 안 된다 〈의무〉

137. ことを言うときははっきり言わなければならない。
　　　　　(A)　　　　(B)　　　　(C)　　　　　(D)

아무리 프로라도 그런 어려운 일은 저도 할 수 없습니다
- いくら~でも (아무리 ~라도)
- 私(わたし)にはできない…저는 할 수 없다

138. いくらプロにも、そんな難しいことは私にもできません。
　　　　　　(A)　　(B)　　　　　　(C)　　　(D)

139. 日本では仕事が終わった後、会社の人と飲むに行くことが多い。
　　　　(A)　　　　　　　　　　　　(B)　　　(C)　　　(D)

일본에서는 일이 끝난 후에 회사 사람들과 술마시러 가는 일이 많다
- ~に(~하러) 〈동사 연용형 접속〉 예)買いに行く(사러 가다) 見に行く(보러 가다) 食べに行く(먹으러 가다) 勉強をしに行く(공부를 하러 가다)

140. 彼女は両親が反対したでもかかわらず彼と結婚した。
　　　　(A)　　　　　　(B)　　　(C)　(D)

그녀는 부모가 반대했는데도 불구하고 그와 결혼했다
- ~にもかかわらず…~에도 불구하고
- 両親(りょうしん)…부모
- 反対(はんたい)する…반대하다
- ~と結婚(けっこん)する…~와 결혼하다

ANSWER 139. C 140. B

パートⅦは問題の文に空欄があります。問題の空欄に入るもっとも適したものを選んで答案用紙の記号を黒くぬりつぶしてください。

例) この仕事もあと2、3日_____終わりそうだ。
　　　(A) に
　　　(B) へ
　　　(C) で
　　　(D) が

(答) (A) (B) (●) (D)

Ⅶ. 下の_____線に入る適当な言葉を(A)から(D)の中で一つ選びなさい。

141. 彼は家族の見守る中で_____を迎えた。
　　　(A) 生涯
　　　(B) 一生
　　　(C) 最後
　　　(D) 最期

142. 人類は他の動物を_____進化した。
　　　(A) 尻目に
　　　(B) 馬鹿にして
　　　(C) 気にして
　　　(D) まねて

143. 砂漠では_____雨が降らない。
　　　(A) めったに
　　　(B) しかし
　　　(C) それで
　　　(D) 時々

144. こんなことは子供 _____ 知っている。

(A) だけに
(B) でさえ
(C) でこそ
(D) ばかりか

이런 것은 아이들조차 알고 있다
- ～さえ／～でさえ(～까지, ～조차, ～마저)
- ～だけに(～인 만큼)
- ～ばかりか(～뿐만 아니라)
- 知(し)っている…알고 있다

145. 彼は社長にはいつも _____ を使う。

(A) おべっか
(B) おへそ
(C) 頭
(D) お金

그는 사장에게는 항상 아첨을 한다
- おべっかを使(つか)う(아첨을 하다) *「おべっかをする」라고 하지 않도록.
- おへそ…배꼽
- 頭(あたま)を使(つか)う…머리를 쓰다

146. _____、ここに来るのが遅すぎたようだ。

(A) どうして
(B) どうやら
(C) なぜ
(D) なんだか

아무래도 여기에 온 것이 너무 늦은 것 같다
- どうやら ～ようだ(아무래도 ～한[인] 것 같다)
- なんだか…왠지, 어쩐지
- 遅(おそ)すぎる…너무 늦다 *「형용사·형용동사의 어간, 동사의 연용형＋すぎる」의 꼴로 '너무[지나치게] ～하다'

147. 父が生きていたらどんなに _____。

(A) 喜ぶことでしょう
(B) 喜びました
(C) 喜びません
(D) 喜ぶはずがない

아버지가 살아 계셨다면 얼마나 기뻐하셨을까
- どんなに ～でしょう(얼마나 ～할까(일까))
- 喜(よろこ)ぶ…기뻐하다
- ～はずがない…～할 리가 없다
- 生きている…살아 있다
- ～たら…～하면, ～더니

148. 彼は _____ 友だちと喧嘩をするので困る。

(A) めっきり
(B) しょっちゅう
(C) もう
(D) 全然

그는 노상 친구와 싸움을 하기 때문에 곤란하다
- しょっちゅう…노상, 항상
- めっきり…부쩍
- 全然(ぜんぜん)～ない…전혀 ～하지 않다
- 喧嘩(けんか)をする…싸움을 하다
- 困(こま)る…곤란해지다

ANSWER ▶ 144. B 145. A 146. B 147. A 148. B

287

위험물을 가지고 들어오면 곤란하다
- A가 위험물을 가지고 들어온다. A가 이러한 행동을 하면 B는 곤란하다. 이런 경우에 일본어에서는 수동형을 써서 간단히 표현한다. 「A가危険物を持ち込む。Bは困る。→ (BはAに)危険物を持ち込まれては困る」
- 「たまらない(견딜 수 없다)」는 「困る(곤란해지다)」보다 곤란한 정도가 더 강하다.

그녀는 기뻐서 껑충껑충 뛰었다
- ぴょんぴょん…껑충껑충
- すいすい…〈자동차 등이 막힘없이 잘 빠질 때〉
- ぽんと…툭(~하다)
- ぴゅー…〈바람이 강하게 부는 소리를 나타낼 때〉
- 嬉(うれ)しい…기쁘다
- 跳(と)び上(あ)がる…뛰어 오르다

그의 얼굴을 보고 번쩍하고 떠오르는 것이 있었다
- はっと…번쩍, 퍼뜩
- ほっとする…안심하다
- ぱんと…퍽(빵)하고
- はたと…탁하고
- 顔(かお)を見(み)る…얼굴을 보다
- ひらめく…번쩍이다, (번쩍) 떠오르다

어리석은 인간은 지구를 핵무기로 엉망으로 만들려 하고 있다
- めちゃめちゃにする…엉망으로 만들다
- きらきら…반짝반짝
- めっきり…부쩍
- めったに ~ない…좀처럼 ~하지 않다
- 愚(おろ)かな…어리석은
- 人間(にんげん)…인간
- 地球(ちきゅう)…지구
- 核兵器(かくへいき)…핵무기

149. 危険物を持ち込まれては _____ 。
(A) こたえられない
(B) 応じない
(C) たまらない
(D) うれしい

150. 彼女はうれしくて _____ 跳び上がった。
(A) ぴょんぴょん
(B) すいすい
(C) ぽんと
(D) ぴゅー

151. 彼の顔を見て _____ ひらめいた。
(A) ほっと
(B) はっと
(C) ぱんと
(D) はたと

152. 愚かな人間は地球を核兵器で _____ しようとしている。
(A) めちゃめちゃに
(B) きらきらに
(C) めっきり
(D) めったに

ANSWER 149. C 150. A 151. B 152. A

153. この作品はどうやら _____ を入れなければだめみたいだ。

　　(A) 足
　　(B) 手
　　(C) 腕
　　(D) 顔

이 작품은 아무래도 손을 봐야 할 것 같다
- 手を入れる…고치다, 손을 보다
- 作品(さくひん)…작품
- どうやら…아무래도
- ～なければだめだ…～하지 않으면 안 된다
- ～みたいだ…～할 것 같다

154. 母はいつも子供のいたずらに _____ いる。

　　(A) 足を入れて
　　(B) 手を入れて
　　(C) 手を焼いて
　　(D) 胸を焼いて

엄마는 항상 아이들의 장난에 애를 먹고 있다
- 手(て)を焼(や)く…애를 먹다
- 手(て)を入(い)れる…고치다, 손질하다
- いつも…항상, 늘
- いたずら…못된 장난

155. _____ とはいうけれど、どうしてあんな人と結婚したのだろう。

　　(A) あばたもえくぼ
　　(B) 花よりだんご
　　(C) 弱り目にたたりめ
　　(D) 色眼鏡で見る

제 눈에 안경이라고는 하지만 왜 저런 사람하고 결혼했을까?
- あばたもえくぼ…제 눈에 안경
- 花(はな)よりだんご…금강산도 식후경
- 弱(よわ)り目(め)にたたりめ…설상가상
- 色眼鏡(いろめがね)で見(み)る…색안경을 끼고 보다

156. 年を _____ せいか、最近度忘れが激しくなった。

　　(A) 取った
　　(B) 食べた
　　(C) 飲んだ
　　(D) 入った

나이를 먹은 탓인지 요즘 깜빡하는 일이 많아졌다
- 年(とし)を取(と)る…나이를 먹다 *속된 표현으로「年(とし)を食(く)う」라고도 하지만「年(とし)を食(た)べる」라고는 하지 않는다.
- ～せいか…～탓인지
- 度忘(どわす)れ…깜빡 잊음
- 激(はげ)しい…심하다

157. 彼女は _____ 困難を克服して立派な人になった。

　　(A) すべて
　　(B) あらゆる
　　(C) いわゆる
　　(D) いろいろ

그녀는 모든 곤란을 극복하고 훌륭한 사람이 되었다
- あらゆる…모든
- いわゆる…이른바, 소위
- すべて…모두
- いろいろ…여러 가지
- 困難(こんなん)を克服(こくふく)する…곤란을 극복하다

ANSWER 153. B 154. C 155. A 156. A 157. B

그는 초등학교 때 배운 것은 거의 기억하지 못한다
- ほとんど…거의
- とても…무척, 매우
- 非常(ひじょう)に…상당히, 몹시
- なるべく…되도록
- 小学校(しょうがっこう)…초등학교
- 習(なら)う…배우다
- 覚(おぼ)える…외우다, 기억하다

158. 彼は小学校の時に習ったことは _____ 覚えていない。

(A) とても
(B) 非常に
(C) なるべく
(D) ほとんど

대통령을 태운 비행기는 머지않아 하네다공항에 도착하겠습니다
- 間(ま)もなく…머지 않아
- すぐ…곧, 바로
- 間(ま)を置(お)いて…사이를 두고
- しばらく…잠시
- 大統領(だいとうりょう)…대통령
- ～を乗(の)せる…～을 태우다
- 飛行機(ひこうき)…비행기
- 空港(くうこう)に到着(とうちゃく)する…공항에 도착하다

159. 大統領を乗せた飛行機は _____ 羽田空港に到着します。

(A) すぐ
(B) 間を置いて
(C) まもなく
(D) しばらく

매일 같은 차내방송을 들어야 하는 승객은 견딜 수 없다
- たまらない…견딜 수 없다
- 悲(かな)しい…슬프다
- 嬉(うれ)しい…기쁘다
- 毎日(まいにち)…매일
- 同(おな)じ…같은
- 車内放送(しゃないほうそう)…차내방송
- ～ばかり…～만
- 聞(き)かされる…(듣고 싶지 않은데 억지로) 들어야 한다
- 乗客(じょうきゃく)…승객

160. 毎日同じ車内放送ばかり聞かされる乗客は _____ 。

(A) たまらない
(B) こたえない
(C) 悲しい
(D) うれしい

161. 自由貿易に反対する人の主張は _____ 認められなかった。

(A) つねに
(B) つまり
(C) ついに
(D) いよいよ

자유무역에 반대하는 사람의 주장은 끝내 인정되지 않았다
- 遂(つい)に…드디어, 끝내
- 常(つね)に…항상
- つまり…즉, 결국
- いよいよ…마침내 〈기대했던 것이 다가오는 모양〉
- 自由貿易(じゆうぼうえき)…자유 무역
- 反対(はんたい)する…반대하다
- 主張(しゅちょう)…주장
- 認(みと)められる…인정되다

162. 川で泳いでいた少年は足にけいれんでも起こしたのか急に _____ し始めた。

(A) あっぷあっぷ
(B) あべこべ
(C) どきどき
(D) どぎまぎ

강에서 헤엄치고 있던 소년은 다리에 경련이 일어났는지 갑자기 허우적거리기 시작했다
- あっぷあっぷ…허우적허우적
- あべこべ…반대, 거꾸로
- どきどき…두근두근
- どぎまぎ…허둥지둥, 갈팡질팡
- 泳(およ)ぐ…헤엄치다
- 少年(しょうねん)…소년
- けいれんを起(お)こす…경련을 일으키다
- 急(きゅう)に…갑자기
- ~始(はじ)める…~하기 시작하다 〈동사의 연용형 접속〉

163. いくら新婚さんでも、皆の前で _____ するのはよくない。

(A) いらいら
(B) うろうろ
(C) うずうず
(D) いちゃいちゃ

아무리 신혼부부라도 여러사람 앞에서 지나친 애정표현을 하는 것은 좋지 않다
- いちゃいちゃする(남녀가 지나칠 정도로 서로 애정표현을 하는 것을 말한다)
- いらいら…안절부절
- うろうろ…어슬렁어슬렁
- うずうずする…근질근질하다
- いくら ~でも…아무리 ~라도
- 新婚(しんこん)さん…신혼 부부
- 皆(みな)…모두, 여러 사람

164. 高速道路の渋滞にドライバーは _____ した表情だ。

(A) すっきり
(B) あっさり
(C) うんざり
(D) がっちり

고속도로가 막혀서 운전기사는 지긋지긋한 표정이다
- うんざりする…지긋지긋하다
- すっきり…산뜻이, 말쑥히
- あっさり…깨끗이
- がっちり…다부지게
- 高速道路(こうそくどうろ)の渋滞(じゅうたい)…고속도로의 정체
- 表情(ひょうじょう)…표정

ANSWER ▶ 161. C 162. A 163. D 164. C

그의 실력은 죽죽 늘고 있다
- ぐんぐん…죽죽
- がくんと…〈갑자기 떨어지는 모양〉
- せいせいする…기분이 상쾌하다
  例) 借金を返してやっとせいせいした。
- ぐいぐい…〈어떤 일을 힘있게 하는 모양〉 例) ラッシュ時の電車はぐいぐい押されて苦しい。
- 実力(じつりょく)…실력
- 伸(の)びる…늘다

165. 彼の実力は _____ 伸びている。
(A) がくんと
(B) ぐんぐん
(C) せいせい
(D) ぐいぐい

그는 만물박사이기 때문에 모르는 것이 있으면 무엇이든지 물으면 된다
- なんでも屋(や)…만물박사
- わからず屋(や)…벽창호
- やかまし屋(や)…불평쟁이
- 八百屋(やおや)…야채 가게
- 何(なん)でも…무엇이든지

166. 彼は _____ だから分からないことがあったら何でも聞けばいい。
(A) わからず屋
(B) なんでも屋
(C) やかまし屋
(D) 八百屋

뛰어난 재능과 노력이 어울려 이 연구가 완성되었다
- ～と ～(と)が 相まって(~와 ~이 어울려)
- すぐれた才能(さいのう)…뛰어난 재능
- 努力(どりょく)…노력
- 研究(けんきゅう)…연구
- 完成(かんせい)する…완성되다

167. すぐれた才能と努力とが _____ 、この研究が完成した。
(A) あざむいて
(B) あいまって
(C) あたいして
(D) あてがって

그는 입이 가볍기 때문에 비밀을 지킬 수 없다
- 口(くち)が軽(かる)い…입이 가볍다
- 口(くち)が重(おも)い…입이 무겁다
- 口(くち)がかたい…입이 무겁다

168. 彼は口が _____ から秘密が守れない。
(A) 安い
(B) 軽い
(C) 重い
(D) かたい

ANSWER 165. B 166. B 167. B 168. B

169. 彼はニュースを _____ なり、家を飛び出していった。

　　(A) 聞く
　　(B) 聞いて
　　(C) 聞いた
　　(D) 聞きそう

그는 뉴스를 듣자마자, 집을 뛰쳐나갔다
- ～なり(～하자마자, ～한 순간) 〈동사 사전형 접속〉
- ニュースを聞(き)く…뉴스를 듣다
- 家(いえ)を出(で)る…집을 나서다

170. 君は関係ないからこの件から _____ を引いた方がいい。

　　(A) 鼻
　　(B) 顔
　　(C) 手
　　(D) 足

자네는 관계없으니까 이 일에서 손을 떼는 게 좋아
- 手(て)を引(ひ)く…손을 떼다
- 足(あし)を洗(あら)う…(나쁜 일에서) 발을 빼다, 손을 씻다
- 関係(かんけい)ない…관계없다
- ～(た)ほうがいい…～하는 것이 낫다 〈동사의 과거형 접속〉

ANSWER 169. A 170. C

パートⅧは文章を読んで質問に答える問題です。各文章には二つから四つの質問があります。問題の質問に一番適したものを選んで答案用紙の記号を黒くぬりつぶしてください。

(例1～例3)

> わたしたちは、農業、つまり、土を耕して作物を栽培するという仕事を通して、食糧の大部分を手に入れています。わたしたち人間の生存にとって欠くことのできない、穀物・野菜・果物などの生産を支えているもの、それが「土」なのです。ところで、土は、いったい何によってできているのでしょうか。常識では、土は岩石が川の流れによってけずられたり、水や空気の作用によってくずされたりしてできた鉱物だと思われています。___①___、実際の土を調べてみると、土は単なる鉱物ではなくて、②その中には、動植物の遺体が変化してできた物質がふくまれ、数多くの生物が住んでいることがわかります。

例1. ___①___ に入る適当な言葉を選びなさい。

  (A) しかし
  (B) たとえば
  (C) それに
  (D) なぜなら

例2. ②そのは何を指していますか。

  (A) 水
  (B) 土
  (C) 空気
  (D) 岩石

例3. 本文の内容と合っているものを選びなさい。

  (A) 人間にとって欠かせないのが穀物などです。
  (B) 土は単なる鉱物でできています。
  (C) 調査の結果、土の中の成分が明らかになりました。
  (D) 水や空気の作用によってくずされてできたのが岩石です。

  (答) 例1 **(A)** (B) (C) (D)
     例2 (A) **(B)** (C) (D)
     例3 (A) (B) **(C)** (D)

VIII. 下の文を読んで、後の問いにもっとも適した答えを(A)から(D)の中で一つ選びなさい。

(171～173)

　気象庁は20日午後零時50分、台風第5号に関する情報を発表した。
　ところで、今年から発生する台風の名前は、アジア太平洋地域の14カ国が順番で名前を付けることになった。世界気象機構(WMO)などで作る台風委員会で決まったことである。
　ダムレイ(象)はカンボジア、ロンワン(龍王)は中国、キロギ(雁)は北朝鮮、ケミ(蟻)は韓国の呼び名。19日午前に発生した台風5号はテンビン(天秤)で、初の日本名となった。日本名は今後、ヤギ、ウサギと星座名が続く。
　台風は今までは米国名だった。とかく米国の顔色をうかがうといわれる日本だが、サミットを前に台風名では「自立」したのである。テンビンの被害が少ないことを祈りたい。

〈어구해설〉
- 順番(じゅんばん)で：번갈아서
- 天秤(てんびん)：저울
- 顔色をうかがう：눈치를 살피다.
- とかく：이러쿵 저러쿵

171. どんな内容ですか。

　(A) 台風の情報
　(B) 台風名の重要性
　(C) 台風名の付け方の変更
　(D) 日本人の自立性

172. 筆者は今まで台風名が米国名だったことをどう思っていますか。

　(A) とてもよかったと思う。
　(B) あまり好ましくないと思う。
　(C) 絶対あってはならないことだと思う。
　(D) どうでもいいことだと思う。

173. 今年から台風名はどう決めますか。

　(A) アジア各国が順番に決めます。
　(B) 日本が決めます。
　(C) アメリカが決めます。
　(D) アジア太平洋各国が順番に決めます。

ANSWER ▶ 171.C 172.B 173.D

(174～176)

海外で紛争や災害が起きた時、日本の非政府組織（NGO）がすぐに支援活動に出られる新しいシステムが、来年に稼働する見込みだ。外務省の予算から初動資金を提供するこの制度は、企業も技術面でNGOを支えるという。「ジャパンプラットフォーム」と名付けられる予定で、約10団体が「NGOユニット」を結成して準備を進めている。資金力が弱い日本のNGOは、今までは緊急時の支援が出遅れたため、いち早く現地入りする欧米勢の下請け的な仕事しかやっていないことが少なくない。　①　、民間や政府の協力システムが出来たため、有事の際、いち早く支援に出ることで、日本の国際貢献の舞台が広がることが期待される。

174. どんな内容ですか。

　　(A) 日本のNGOの海外での活動ぶり
　　(B) NGO活動への政府の支援
　　(C) アメリカのNGO活動ぶり
　　(D) NGOの支援団体

175. 本文の内容と合っているものを選びなさい。

　　(A) 日本のNGOの活動はすばらしかった。
　　(B) 日本のNGOの活動は欧米より出遅れることが多かったので、得をした。
　　(C) 日本のNGOはこれから活動の場が広がることが予想される。
　　(D) 日本のNGOは今後、自力で海外支援活動をする。

176. 　①　に入る言葉として適当なものはどれですか。

　　(A) それで
　　(B) ところで
　　(C) しかし
　　(D) その上

〈어구해설〉
- 現地入りする : 현지에 들어가다
- 欧米勢(おうべいぜい) : 구미 세력
- 名付ける : 이름을 짓다. 이름을 붙이다

(177〜179)

> 確認[対策]しても正常に戻らず、セットの故障と考えられる場合は電源プラグをコンセントから抜き、お買い上げになった販売店または最寄りの当社サービス窓口(別添サービスネットワーク参照)に次の事項をご連絡ください。
> ●購入して1年以内の場合は、保証書を提出してください。
> ・お名前、住所、連絡先電話番号
> ・型名：VTR G700
> ・故障の内容…できるだけ詳しくお知らせください。
> ・お買い上げ年月日
> ・ご自宅までの道順と目標/ご希望訪問日時

177. これは何ですか。

　　(A) 保証書
　　(B) サービスの依頼
　　(C) 注意書
　　(D) 説明書

178. 故障と考えられる場合はどうすればいいですか。

　　(A) 電源プラグを抜いてサービス店に持っていく。
　　(B) 販売店に持っていく。
　　(C) 近くのサービス窓口に持っていく。
　　(D) 近くのサービス窓口に連絡する。

179. 連絡するとき、書かなくてもいいのは何ですか。

　　(A) 名前
　　(B) 住所
　　(C) 値段
　　(D) 自宅までの道順

(180〜181)

> 近くまで来たのでちょっと立ち寄った。
> 留守なので帰る。また来るよ。
> 　　　　　一太郎

180. これは何ですか。

(A) お礼の葉書
(B) 訪ねた相手がいなかったときのメモ
(C) 待ち合わせした人へのメモ
(D) 宅急便屋のメモ

181. 来た目的は何ですか

(A) 用事があるので
(B) ビジネスで
(C) 挨拶に
(D) 特に用はない

(182～183)

> 　1603年から1867年までを江戸時代と言います。将軍が江戸にいて、日本全体を治めていました。そのころ武士の子どもは藩の学校などで勉強していましたが、町人の子どもはどんな所で勉強したのでしょうか。
> 　それは寺子屋という所です。寺子屋というのは子どもに勉強させる所です。江戸時代以前は、お寺で教育をしました。　①　勉強する子どもを「寺子」と言いました。それから「寺子屋」という名ができたのです。

182. 　①　に入る適当な言葉を選びなさい。

　　(A) ところで
　　(B) そこで
　　(C) なぜなら
　　(D) しかし

- そこで…거기서
- ところで…그건 그렇고
- なぜなら…왜냐하면
- しかし…그러나

183. 本文の内容と合っているものを選びなさい。

　　(A) 江戸時代の武士の子どもは寺子屋で勉強していた。
　　(B) 江戸時代の町人の子どもは寺で勉強していた。
　　(C) 江戸時代の武士の子どもは藩の学校などで勉強していた。
　　(D) 江戸時代の町人の子どもは神社で勉強していた。

(184～185)

> ただ今から、おとといの土曜日に開かれた交通委員会の報告をします。交通委員会では、二つの大きな議題について話し合われました。一つは、先月の目標についての反省で、もう一つは、今月の目標についてでした。

184. 二つの議題は何ですか。

   (A) 今月の目標の点検と来月の目標
   (B) 先月の目標の点検と今月の目標
   (C) 先月の目標についての反省と今月の目標
   (D) 先月の目標についての反省と来月の目標

185. 交通委員会はいつ開かれましたか。

   (A) おととい
   (B) あさって
   (C) 昨日
   (D) 今日

(186～189)

> 米政府当局者は19日未明(日本時間同日午後1時過ぎ)、中東で行われている米国、イスラエル、パレスチナ自治政府の三首脳による中東和平交渉が長引いていることを理由に、クリントン大統領が訪日を24時間程度遅らせる見通しになったことを明らかにした。
>
> 大統領は、当初予定していた東京訪問を懸念し、沖縄サミット(主要国首脳会議)が開かれる沖縄へ直接向かう。20日に東京の迎賓館で予定されていた森首相との日米首脳会談は、早くても21日以降に沖縄で行われる見通しとなった。
>
> クリントン大統領は当初、20日に東京入りし、森首相との会談に臨んだ後、その日のうちに沖縄入りする予定だった。しかし中東平和交渉は、「パレスチナ最終地位交渉」基本合意の内容をめぐってイスラエル、パレスチナが合意に応じないため土壇場で長引き、大統領の訪日に影響を及ぼす形となった。

〈어구해설〉
- 未明(みめい)…미명, 새벽
- 和平(わへい)…평화
- 明(あき)らかにする…밝히다
- 見通(みとお)し…전망
- 影響を及ぼす(えいきょうをおよぼす)…영향을 미치다
- 土壇場(どたんば)…마지막(단계)

186. どんな内容ですか。

(A) 中東和平交渉の重要性
(B) 米大統領の沖縄入り
(C) 日米首脳会談の変更
(D) 沖縄サミットの変更

187. アメリカ大統領の訪日が変更した理由は何ですか。

(A) 中東和平交渉が決裂したから
(B) 中東和平交渉が長引いたから
(C) 日本政府が反対したから
(D) 日米首脳会談が延期されたから

188. 日米首脳会議はどこで行われる見込みですか。

(A) 東京で
(B) 沖縄で
(C) アメリカで
(D) 取り止めになる

ANSWER ▶ 186. C 187. B 188. B

189. 中東和平交渉はどの段階で長引きましたか。

(A) 最初から

(B) 途中で

(C) 最後の段階で

(D) 終わった段階で

(190～192)

> おじさん、2月になってすっかり寒くなりましたが、お元気ですか。
> わたくしの家では、両親をはじめ、みんな元気ですからご安心ください。わたくしは、学校の宿題で「新聞のできあがるまで」という作文を書きたいと思います。それでおじさんの勤めていらっしゃる新聞社を見せていただきたいと思うのですが、10月7日土曜日の午前中のご都合はいかがでしょうか。お返事をお待ちしています。

190. この手紙は次のどれにあたりますか。正しいものを一つ選びなさい。

　　(A) お願いをする手紙
　　(B) 来てもらうための手紙
　　(C) あいさつの手紙
　　(D) 謝りの手紙

191. おじさんはどこに勤めていますか。

　　(A) 銀行
　　(B) 出版社
　　(C) 新聞社
　　(D) 放送局

192. どうしておじさんの会社を訪問したいのですか。

　　(A) おじさんの立派な会社を見るため
　　(B) 学校の宿題をするため
　　(C) 両親に見に行って来るように言われたため
　　(D) 久しぶりにおじさんに会うため

(193～194)

> パネルやケースは、時々やわらかい布でからぶきしてください。シンナーやアルコールなどの揮発性のものを用いると表面が浸され、外装ムラや文字が消えたりすることがありますから絶対に使わないでください。
>
> また、スプレー式の殺虫剤などもかからないようにご注意ください。

193. これは何ですか。

    (A) 保証書

    (B) 商品の広告

    (C) 注意書

    (D) 説明書

194. パネルが汚れたらどうすればいいですか。

    (A) シンナーで丹念に拭く。

    (B) サービスセンターに持っていく。

    (C) 濡れた布できれいに拭く。

    (D) 乾いた布できれいに拭く。

〈어구해설〉
- からぶき(乾拭き)…마른 헝겊으로 닦는 것, 마른 걸레질
- むら…얼룩

(195～196)

> ___①___ 時下ますますご清祥のこととお慶び申し上げます。
>
> 先日はご多忙のところ、当会の学会にご出席いただき、誠にありがとうございました。
>
> 〈中略〉
>
> まずは書中を持ってお礼申し上げます。
>
> 敬具

195. これは何ですか。

(A) お礼の葉書
(B) 暑中お見舞い
(C) 残暑見舞い
(D) 学会の案内

196. ___①___ に入る言葉として適当なものはどれですか。

(A) 拝啓
(B) 謹言
(C) 早々
(D) 拝具

〈어구해설〉
・建設省(けんせつしょう)…건설부
・運輸省(うんゆしょう)…교통부

・司直(しちょく)…사직

(197～200)

　建設省が1993年に自粛を決めた天下りが復活し、同省所管の公益法人などを迂回させる形で再就職を組織的に斡旋していた問題で、木村建設相は一日、閣議後の会見で、「そういう仕組みは知らなかった。」と述べ、実態調査に乗り出す考えを示した。
　木村建設相は「退職後二年経過した人にまで、役所が再就職をあっせんすることが認められているのか、権限があるか、調べてみたい」と話した。
　一方、木村建設相は、元建設相A被告の汚職事件に絡み、建設省幹部が贈賄側の○○建設に「天下りを検討する」などと答えていたことが新たに判明したことについて、「幹部から出された上申書では、そういう説明はなかった。これ以上は、司直の手で事件が確認されれば、対処したい」と述べ、捜査状況を見守る姿勢を示した。

197. どんな内容ですか。

　(A) 運輸省の人事問題
　(B) 建設省の人事問題
　(C) 日本の建設業の近況
　(D) 建設相の就任式

198. 建設相は人事不正について知っていましたか。

　(A) 知っていた。
　(B) 知らなかった。
　(C) 知っていたが、白を切った。
　(D) 分からない。

199. 「天下り」とは何ですか。

　(A) 天から雷が落ちること
　(B) 空から雨が降ること
　(C) 役人の地位が下がること
　(D) 役人が官庁を退職した後、かかわりのあった団体や企業の高い地位につくこと

ANSWER 197. B 198. B 199. D

200. 建設相は建設省幹部の汚職事件にどう対処しますか。

 （A）直ちに解雇する。

 （B）状況をみて大目に見る。

 （C）捜査の結果を見て決める。

 （D）目をつぶる。

ANSWER ▶ 200. C

독해 예상문제 번역

(171~173)

기상청 20일 오후 0시 50분, 태풍 제5호에 관한 정보를 발표했다.

그런데, 금년부터 발생하는 태풍의 이름은 아시아태평양지역의 14개국이 번갈아서 이름을 붙이게 되었다. 세계기상기구(WMO) 등으로 이루어지는 태풍위원회에서 결정된 사항이다.

다무레이(象)는 캄보디아, 롱왕(龍王)은 중국, 기러기(雁)는 북한, 개미(蟻)는 한국의 명칭이다. 19일 오전에 발생한 태풍 5호는 템빙(저울)으로 최초의 일본명이 되었다. 일본명은 앞으로, 야기(양), 우사기(토끼) 등 별자리명이 이어진다.

태풍은 지금까지는 미국명이었다. 이러쿵저러쿵 미국의 눈치를 살핀다는 말을 듣는 일본이지만, 정상회담을 앞두고 태풍명에서는 「자립」한 것이다. 템빙의 피해가 적기만을 바랄 뿐이다.

(174~176)

해외에서 분쟁이나 재해가 일어났을 때, 일본의 비정부조직(NGO)이 곧 지원활동에 나갈 수 있는 새로운 시스템이 내년에라도 가동할 전망이다. 외무성의 예산으로 초동자금을 제공하는 이 제도는 기업도 기술면에서 NGO를 지원한다고 한다. '재팬 플랫 홈'이라고 이름지어질 예정으로, 약 10개 단체가 'NGO유니트'를 결성하고 준비를 추진하고 있다. 자금력이 약한 일본의 NGO는 지금까지는 긴급시의 지원이 늦었기 때문에 일찍 현지에 들어가는 구미세의 하청같은 일밖에 하지 못한 일이 적지 않다. 그러나, 민간과 정부의 협력시스템이 생겼기 때문에 유사시에 일찍 지원에 나섬으로써 일본의 국제공헌의 무대가 넓어질 것이 기대된다.

(177~179)

확인[대책]해도 정상으로 돌아오지 않고, 세트의 고장이라고 생각되는 경우는 전원플러그를 콘센트에서 빼고 구입하신 판매점 또는 가까운 당사 서비스창구(별첨 서비스 네트워크 참조)에 다음사항을 연락하십시오.

● 구입한지 1년 이내의 경우는 보증서를 제출하십시오.
· 성함, 주소, 연락처 전화번호
· 형식명 : VTR G700
· 고장내용…가능한 한 상세히 알려 주십시오.
· 구입연월일
· 자택까지 가는 길과 목표가 되는 곳/희망 방문일시

(180~181)

근처에 왔다가 잠깐 들렸다. 집에 없어서 돌아 간다. 또 올게.

이치타로

(182~183)

1603년부터 1867년까지를 에도(江戶)시대라고 합니다. 장군이 에도에 있고, 일본 전체를 다스리고 있었습니다. 그 무렵 무사 자녀는 번의 학교 등에서 공부하고 있었습니다만, 상인의 자녀는 어떤 곳에서 공부했을까요?

그것은 데라코야(寺子屋)라는 곳입니다. 데라코야란 자녀에게 공부를 시키는 곳입니다. 에도시대 이전에는 절에서 교육을 했습니다. 거기서 공부하는 아이들을 '데라코'라고 했습니다. 그리고 나서 '데라코야'라는 이름이 생겼습니다.

(184~185)

지금부터 그저께 토요일에 열린 교통위원회의 보고를 하겠습니다. 교통위원회에서는 두개의 커다란 의제에 관해 논의되었습니다. 하나는 지난 달의 목표에 관한 반성이고, 또 하나는 이번 달의 목표에 관해서였습니다.

(186~189)

미정부 당국자는 19일 새벽(일본시간 동일 오후 1시 넘어), 중동에서 벌어지고 있는 미국, 이스라엘, 팔레스티나 자치정부 등 3정상에 의한 중동평화협상이 오래 걸리는 것을 이유로 클린턴대통령이 방일을 24시간 정도 늦추게 되었다는 것을 밝혔다.

대통령은 당초 예정했던 동경방문을 염려하여 오키나와(沖繩)서미트가 열리는 오키나와로 직접 향한다. 20일에 동경의 영빈관에서 열릴 예정이던 모리(森)수상과의 일미정상회담은 빨라도 21일 이후에 오키나와에서 열릴 것으로 보인다.

클린턴대통령은 당초, 20일에 동경에 가서, 모리수상과의 회담에 임한 후, 그날로 오키나와에 갈 예정이었다. 그러나 중동평화협상은 「팔레스티나 최종지위협상」기본합의의 내용을 둘러싸고 이스라엘, 팔레스티나가 합의에 응하지 않기 때문에 마지막 단계에서 오래 끌게 되어 대통령의 방일에 영향을 미치는 꼴이 되었다.

(190~192)

아저씨, 2월이 되어 몹시 추워졌습니다만, 안녕하신지요?

저희 집에서는 부모님을 비롯하여 모두 건강하므로 안심하십시오. 저는 학교 숙제로 '신문이 완성될 때까지'라는 작문을 쓰고 싶습니다. 그래서 아저씨가 근무하고 계신 신문사를 구경해 보고 싶습니다만, 10월 7일 토요일 오전 중의 형편은 어떠신지요? 답장을 기다리겠습니다.

(193~194)
　패널과 케이스는 가끔 부드러운 마른 헝겊으로 닦아 주십시오. 시너와 알콜 등 휘발성이 있는 것을 사용하면 표면이 젖어서 외장이 얼룩지거나 문자가 지워지는 수가 있으므로 절대로 사용하지 마십시오.
　또, 스프레이식의 살충제 등도 묻지 않도록 주의하십시오.

(195~196)
배계 일익 건승하심을 경하드립니다.
지난번엔 바쁘신 중에도 저희 학회에 참석해 주셔서 대단히 감사합니다.

〈중략〉

우선은 서면으로 답례인사를 드립니다.
　　　　　　　　　　　　　　　　　　　　경구

(197~200)
　건설부가 1993년에 자숙하기로 결정한 낙하산인사가 부활되어 건설부 소관의 공익법인 등을 우회시키는 형식으로 재취직을 조직적으로 알선한 문제로 기무라(木村)건설부장관은 1일, 각의후에 가진 회견에서「그러한 구조는 몰랐다」고 밝히고 실태조사에 착수할 생각임을 보였다.
　기무라건설부장관은「퇴직후 2년 경과한 사람에게까지 관청이 재취직을 알선하는 일이 인정되는지, 권한이 있는지 조사하겠다」고 말했다.
　한편, 기무라건설부장관은 전 건설부장관인 A피고의 비리사건에 연루되어 건설부간부가 뇌물을 증여한 쪽인 ○○건설에「낙하산인사를 검토하겠다」는 등으로 대답한 것이 새로이 판명된 점에 대하여「간부로부터 제출된 상신서에서는 그러한 설명은 없었다. 이 이상은 사직(司直)당국의 손으로 사건이 확인되면 이에 대처하겠다」고 밝히고 수사상황을 지켜보겠다는 자세를 보였다.

　＊한국에서 흔히 일본의 행정부를 가리킬 때「~성」이라고 하는데, 이는 일본어의「~省(しょう)」를 그대로 우리말로 읽은 것은 잘못된 것이다. 우리나라의 행정부는「~부」이므로 일본어를 우리말로 번역할 때는「건설부(建設省)」「교육부(文部省)」「교통부(運輸省)」등으로 해야 한다.
　또한,「建設相(けんせつしょう)」「文部相(もんぶしょう)→文部科学相(もんぶかがくしょう)」「運輸相(うんゆしょう)」은「건설상」「문부과학상」「운수상」등으로 해서는 안되며,「건설부장관」「교육부장관」「교통부장관」등으로 번역해야 한다.
　이와 함께 미국의 행정부도 일본식 번역인「국무성(国務省)」이 아니라「국무부」라고 해야 한다.

모의 테스트

次の質問1番から質問100番までは聞き取りの問題です。
どの問題も1回しか言いませんから、よく聞いて答えを(A), (B), (C), (D)の中から一つ選び、
それにあたる答案用紙の記号を黒くぬりつぶしなさい。

Ⅰ. 次の写真を見て、その内容に合っている表現を(A)から(D)の中で一つ選びなさい。

(例)

(A) 女性は子供をだっこしています。

(B) 男性は子供をだっこしています。

(C) 女性は子供をおんぶしています。

(D) 男性は子供をおんぶしています。

(A), (B), (C), (D) の中で(B)「男性は子供をだっこしています。」
この文章が上の絵をもっとも適切に表現しています。
ですから、皆さんは(B)と答えるべきです。

(答)（A）(Ⓑ)（C）（D）

1

2

3

4

5

6

7

8

9

10

11

12

13

14

15

16

17

18

19

20

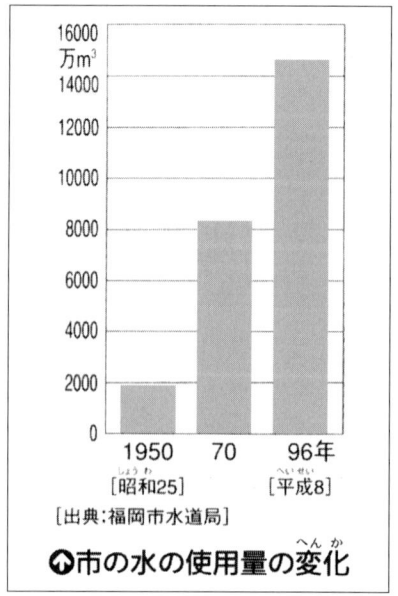

⬆市の水の使用量の変化
［出典：福岡市水道局］

II. 次の言葉の返事として、もっとも適した答えを(A)から(D)の中で一つ選びなさい。

例) どこかおいしい寿司屋を知っていますか。
　　(A) いいえ、知っていません
　　(B) いいえ、知りません。
　　(C) はい、知ります。
　　(D) はい、知りません。

質問に対する一番いい返事は(B)「いいえ、知りません。」です。
これがもっとも適した答えですので、皆さんは(B)と答えるべきです。

(答) (A) ⒝ (C) (D)

21. 答えを答案用紙に書き入れなさい。
22. 答えを答案用紙に書き入れなさい。
23. 答えを答案用紙に書き入れなさい。
24. 答えを答案用紙に書き入れなさい。
25. 答えを答案用紙に書き入れなさい。
26. 答えを答案用紙に書き入れなさい。
27. 答えを答案用紙に書き入れなさい。
28. 答えを答案用紙に書き入れなさい。
29. 答えを答案用紙に書き入れなさい。
30. 答えを答案用紙に書き入れなさい。
31. 答えを答案用紙に書き入れなさい。
32. 答えを答案用紙に書き入れなさい。
33. 答えを答案用紙に書き入れなさい。
34. 答えを答案用紙に書き入れなさい。
35. 答えを答案用紙に書き入れなさい。
36. 答えを答案用紙に書き入れなさい。
37. 答えを答案用紙に書き入れなさい。
38. 答えを答案用紙に書き入れなさい。
39. 答えを答案用紙に書き入れなさい。
40. 答えを答案用紙に書き入れなさい。
41. 答えを答案用紙に書き入れなさい。
42. 答えを答案用紙に書き入れなさい。
43. 答えを答案用紙に書き入れなさい。
44. 答えを答案用紙に書き入れなさい。
45. 答えを答案用紙に書き入れなさい。
46. 答えを答案用紙に書き入れなさい。
47. 答えを答案用紙に書き入れなさい。
48. 答えを答案用紙に書き入れなさい。
49. 答えを答案用紙に書き入れなさい。
50. 答えを答案用紙に書き入れなさい。

Ⅲ. 次の会話をよく聞いて、後の問いにもっとも適したものを(A)から(D)の中で一つ選びなさい。

例) A：田中さんはスカートが好きですか。
　　B：ええ、そうです。
　　A：ジーンズはどうですか。
　　B：ジーンズはちょっと…。

　　　　　田中さんは、どんな服が好きですか。
　　　　　(A) ジーンズが好きです。
　　　　　(B) スカートが好きです。
　　　　　(C) ジーンズもスカートも好きです。
　　　　　(D) ジーンズもスカートも好きではありません。

　　　上の質問に合っている答えは「B：スカートが好きです。」です。
　　　では、パートⅢの問題を始めます。

(51) 長谷川さんはどうしてお腹が痛くなったと思いますか。

　　(A) 下痢で
　　(B) 食中毒で
　　(C) 胃もたれで
　　(D) 盲腸炎で

(52) 二人は何時に会いますか。

　　(A) 午前6時
　　(B) 午後6時
　　(C) 午後7時
　　(D) 午後8時

(53) 吉田さんは家事が嫌いでしたか。

　　(A) とても嫌いだった。
　　(B) 少し嫌いだった。
　　(C) 好きだった。
　　(D) まあまあだった。

(54) ブラウンさんの国はどこですか。

　　(A) アメリカ
　　(B) イギリス
　　(C) 中国
　　(D) フランス

(55) 妹の職業は何ですか。

　　(A) 会社員
　　(B) 学生
　　(C) 銀行マン
　　(D) 公務員

(56) 新宿に行くにはどうすればいいですか。

　　(A) 急行に乗る。
　　(B) 特急に乗る。
　　(C) 各駅停車に乗る。
　　(D) 準急に乗る。

(57) 森さんは何をしますか。
　　(A) ゴルフ
　　(B) ゴルフとサッカー
　　(C) サッカー
　　(D) ゴルフと水泳

(58) 金さんはどこへ何しに行きますか。
　　(A) 秋葉原へ買い物に
　　(B) 新宿へ買い物に
　　(C) 成田へ買い物に
　　(D) 成田へ友だちを迎えに

(59) 鈴木さんのうちから学校までどのぐらいかかりますか。
　　(A) 歩いて10分
　　(B) バスで10分
　　(C) バスで30分
　　(D) 自転車で30分

(60) 今は何時ですか。
　　(A) 午前8時50分
　　(B) 午前9時10分
　　(C) 午後2時50分
　　(D) 午後3時10分

(61) 中西さんはどんなお酒を飲みますか。
　　(A) 焼酎
　　(B) 日本酒と焼酎
　　(C) ビールと焼酎
　　(D) ビールと日本酒

(62) 名波さんはどのチームを応援しますか。
　　(A) 巨人
　　(B) 阪神
　　(C) ヤクルト
　　(D) 巨人さえ負ければいい

(63) 現在は西暦何年ですか。
　　(A) 1993年
　　(B) 1994年
　　(C) 2000年
　　(D) 2001年

(64) 金さんは昨日どうして欠席しましたか
　　(A) 朝寝坊をしたので
　　(B) 体の具合いが悪かったので
　　(C) 風邪を引いたので
　　(D) 事故があったので

(65) 大平さんはどこへ何の目的で行きましたか。
　　(A) 慶州へ仕事に
　　(B) 慶州へ観光に
　　(C) ソウルへ仕事に
　　(D) プサンへ観光に

(66) ソンさんが遅くなった理由は何ですか。
　　(A) 道に迷ったので
　　(B) 朝寝坊をしたので
　　(C) 交通事故があったので
　　(D) 電車を乗り間違えたので

(67) 客はどんな部屋に泊りますか。
　　(A) シングルルーム
　　(B) ツインルーム
　　(C) ダブルルーム
　　(D) 家族ルーム

(68) 野中さんはどの人ですか。
　　(A) 歌を歌っている人
　　(B) 歌いながら踊っている人
　　(C) 踊っている人
　　(D) お酒を飲んでいる人

(69) チェさんが大家から入居を断られる理由は何ですか。
　　(A) 家賃が払えないから
　　(B) 日本語が話せないから
　　(C) 外国人だから
　　(D) 永住権がないから

(70) 朴さんは週何日働けますか。
　　(A) 二日間
　　(B) 三日間
　　(C) 四日間
　　(D) 五日間

(71) 郵便局はどこにありますか。
　　(A) 駅の東口を出て左側
　　(B) 駅の東口を出て右側
　　(C) 駅の西口を出て左側
　　(D) 駅の西口を出て右側

(72) 薬はいつ飲みますか。
　　(A) 起きたあと
　　(B) 食事の前
　　(C) 寝る前
　　(D) 食事のあと

(73) 山本さんがサッカーをやらない理由は何ですか。
　　(A) 卓球が好きだから
　　(B) 体力が落ちたから
　　(C) 体を動かすのが面倒だから
　　(D) ネットがないから

(74) 東京とソウルとどちらのほうが交通事故が多いですか
　　(A) 東京
　　(B) ソウル
　　(C) 件数は変わらない
　　(D) 事故率は変わらない

(75) 韓国の人口はどのくらいですか。
　　(A) 8千万人
　　(B) 4千万人
　　(C) 4千5百万人
　　(D) 5千万人

(76) 中村さんはどんな家が好きですか。
　　(A) 一戸建て
　　(B) マンション
　　(C) アパート
　　(D) どっちでもかまわない

(77) 金さんは学園祭の時何をやりますか。
　　(A) 焼きそば屋
　　(B) 焼肉屋
　　(C) キムチを作る
　　(D) 何もやらない

(78) 遠藤さんの夢は何ですか。

　　(A) お金をためて金持ちになること
　　(B) 仕事をやめて世界一週すること
　　(C) 定年後、世界中を旅行すること
　　(D) 定年後、家族と幸せに暮すこと

(79) 清水さんの家までどのくらいかかりますか。

　　(A) 急行で30分
　　(B) 特急で40分
　　(C) 各駅停車で40分
　　(D) 各駅停車で1時間

(80) 東京日本語学校はどうですか。

　　(A) 授業料が安い。
　　(B) 授業料が高くて出席はしなくてもいい。
　　(C) 授業料が高くて出席は厳しい。
　　(D) 授業料が高くて、月曜日から土曜日まで授業がある。

TEST

IV. 次の文章をよく聞いて、後の問いにもっとも適した答えを(A)から(D)の中で一つ選びなさい。

(例1〜2)

> キム・ミキョンさんは韓国語の先生で、家はソウルです。ご主人の仕事はデパートの店員です。
> 子供は三人です。

例1) キム・ミキョンさんの仕事は何ですか。

　　(A) 会社員
　　(B) 先生
　　(C) 公務員
　　(D) 店員

例2) キム・ミキョンさんの子供は何人ですか。

　　(A) 一人
　　(B) 二人
　　(C) 三人
　　(D) 四人

　　　上の質問「例1」に合っている答えは「B」で、「例2」に合っている答えは「C」です。
　　　では、パートIVの問題を始めます。

(81) どんな内容ですか。

　　(A) 去年の交通事故死者数
　　(B) 今年の交通事故死者数
　　(C) 去年の人口増加率
　　(D) 今年の人口増加率

(82) 先月31日の交通事故死者数は何人ですか。

　　(A) 30人
　　(B) 35人
　　(C) 40人
　　(D) 45人

(83) 交通事故死者数が一番多いのはどこですか。

　　(A) 千葉県
　　(B) 愛知県
　　(C) 埼玉県
　　(D) 東京都

(84) 交通事故死者数が5000人を突破した時期は、去年に比べてどうですか。

　　(A) 3日早い。
　　(B) 5日早い。
　　(C) 3日遅い。
　　(D) 5日遅い。

(85) みんなで行ったところはどこですか。

 (A) 日光
 (B) 箱根
 (C) 水戸
 (D) 熱海

(86) その日の天気はどうでしたか。

 (A) 晴れ
 (B) 曇り
 (C) 雨
 (D) 雪

(87) どんな内容ですか。

 (A) 電車の到着駅の案内
 (B) 急行電車の出発案内
 (C) バスの到着案内
 (D) バスの出発案内

(88) この電車の終点はどこですか。

 (A) 桜上水
 (B) 八王子
 (C) 下高井戸
 (D) 新宿

(89) どうして降りるとき、気をつけなければならないですか。

 (A) 階段があるから
 (B) すべるから
 (C) ホームがこんでいるから
 (D) 電車とホームの間が広く開いているから

(90) 終点まで早く行くにはどうすればいいですか。

 (A) この電車で行く。
 (B) 下高井戸で急行に乗り換える。
 (C) 桜上水で急行に乗り換える。
 (D) 八王子で急行に乗り換える。

(91) どんな内容ですか。

 (A) ノーベル平和賞の受賞
 (B) ノーベル化学賞の受賞
 (C) ノーベル物理学賞の受賞
 (D) ノーベル医学賞の受賞

(92) 受賞者の職業は何ですか。

 (A) 東京大学教授
 (B) 京都大学教授
 (C) 筑波大学教授
 (D) 筑波大学名誉教授

(93) 受賞者はどんな姿で現れましたか。

 (A) 正装で
 (B) 和服で
 (C) 普段着で
 (D) 下着で

(94) 受賞者の自宅はどこですか。

 (A) 東京
 (B) 京都
 (C) 大阪
 (D) 横浜

(95) どんな内容ですか。

 (A) 今シーズンのセ・リーグの順位決定方式
 (B) 来シーズンのセ・リーグの順位決定方式
 (C) 日本シリーズの順位決定方式
 (D) サッカーのJリーグの順位決定方式

(96) 順位決定の際に最優先とするのは何ですか。

(A) 勝利数
(B) 勝率
(C) 敗戦数
(D) ホームラン数

(97) プレーオフは何試合ですか。

(A) 1試合
(B) 3試合
(C) 5試合
(D) 7試合

(98) 今日までの天気はどうでしたか。

(A) 雨だった。
(B) 雪だった。
(C) 晴れだった。
(D) 晴れ時々くもりだった。

(99) 関西地方の明日の天気はどうなりますか。

(A) 雨が降る所が多い。
(B) 晴れのち曇り。
(C) 雪が降る所が多い。
(D) 台風が強く吹く。

(100) 関東地方の明後日の天気はどうなりますか。

(A) 午前中は晴れ、午後から曇り
(B) 午前中が晴れ、午後から雨
(C) 午前から雨
(D) 午前から雪

V. 下の_____線の言葉の正しい表記、または同じ意味のはたらきをしている言葉を(A)から(D)の中で一つ選びなさい。

(101) こんな連中に政権を握られては困る。
  (A) ねんちゅう
  (B) ねんじゅう
  (C) れんちゅう
  (D) つれなか

(102) 強弱をつけて歌う。
  (A) きょうじゃく
  (B) ぎょうじゃく
  (C) こうじゃく
  (D) こうやく

(103) 地震で津波が襲った。
  (A) つなみ
  (B) つは
  (C) しんなみ
  (D) しんぱ

(104) 新しい作業にとりかかる。
  (A) さくぎょう
  (B) さくきょう
  (C) さぎょう
  (D) さくごう

(105) 仕事の中止を通告する。
  (A) ちゅうこく
  (B) つうこく
  (C) ちゅこう
  (D) つこう

(106) showerを浴びてからご飯を食べます。
  (A) サワ
  (B) サワー
  (C) シャワ
  (D) シャワー

(107) 一りんの花がいている。
  (A) 厘
  (B) 輪
  (C) 林
  (D) 倫

(108) とうとう彼のしょうたいがばれた。
  (A) 招待
  (B) 正体
  (C) 小隊
  (D) 小体

(109) 彼は強敵をやぶった。
  (A) 破
  (B) 敗
  (C) 薮
  (D) 部屋

(110) 十年前に別れた友だちとさいかいした。
  (A) 最下位
  (B) 西海
  (C) 再開
  (D) 再会

(111) 今日は時間が<u>ない</u>です。
　　(A) かならずわすれ<u>ない</u>でください。
　　(B) ボールペンが<u>ない</u>から、書けません。
　　(C) これはおいしく<u>ない</u>です。
　　(D) 彼女はこ<u>ない</u>と思います。

(112) 図書館<u>に</u>新聞があります。
　　(A) 私の姉は今日本<u>に</u>います。
　　(B) 娘が大学生<u>に</u>なりました。
　　(C) へやをきれい<u>に</u>してください。
　　(D) 先生<u>に</u>本をあげました。

(113) <u>たいへんめずらしい</u>とけいです。
　　(A) あまり見ないとけいです。
　　(B) なかなかいいとけいです。
　　(C) とてもたかいとけいです。
　　(D) あまりたかくないとけいです。

(114) なんだか<u>気分が悪い</u>んです。
　　(A) 天気が悪いんです。
　　(B) 体の調子がよくないんです。
　　(C) なんとなくさびしいんです。
　　(D) 歯がとても痛いんです。

(115) 火の不始末<u>から</u>火事になった。
　　(A) 経営不振<u>から</u>工場が閉鎖された。
　　(B) 信号が赤<u>から</u>青に変わった。
　　(C) 先生<u>から</u>辞書を貸していただいた。
　　(D) 彼は朝<u>から</u>晩まで勉強しています。

(116) 彼女は今月で教師を<u>やめます</u>。
　　(A) 私はお酒を<u>やめる</u>ことにしました。
　　(B) タバコは<u>やめた</u>ほうがいいですよ。
　　(C) 私は今の会社を<u>やめる</u>つもりです。
　　(D) 風邪を引いてしまって旅行を<u>やめた</u>。

(117) 私は<u>しごと</u>が大好きです。
　　(A) 私は<u>はたらく</u>ことが大好きです。
　　(B) 私は<u>あそぶ</u>ことが大好きです。
　　(C) 私は<u>まなぶ</u>ことが大好きです。
　　(D) 私は<u>やすむ</u>ことが大好きです。

(118) <u>ごめんください</u>。
　　(A) ごめんなさい。
　　(B) 申し訳ありません。
　　(C) すみません。
　　(D) ありがとう。

(119) <u>彼女は彼と結婚することにしました</u>。
　　(A) 彼女と彼は結婚しています。
　　(B) 彼は彼女にプロポーズをしました。
　　(C) 彼女は彼と結婚しようと思っています。
　　(D) 彼は彼女と結婚する気がありません。

(120) 彼は酒<u>ばかり</u>飲んでいます。
　　(A) これは昨日買った<u>ばかり</u>の服です。
　　(B) 30人<u>ばかり</u>の学生が参加しました。
　　(C) 今、出発した<u>ばかり</u>です。
　　(D) 妹は泣いて<u>ばかり</u>います。

VI. 下の_____線のA、B、C、Dの中で正しくない言葉を一つ選びなさい。

(121) 私は卒業<u>したら</u>あの会社<u>に</u> <u>入る</u> <u>たい</u>です。
　　　　　　(A)　　　　　(B) (C)　 (D)

(122) <u>こちら</u>は田<u>中</u>です。ただ今留守<u>に</u>して<u>あります</u>。
　　　(A)　　　　 (B)　　　　　　　(C)　　(D)

(123) 先生は山田さん<u>に</u>放課後研究室<u>に</u>来る<u>ことに</u>言った。
　　　　　　　　(A)　　　　　(B)　　　(C) (D)

(124) 彼女<u>が</u>今何<u>が</u>一番欲し<u>がっている</u>か<u>教えて</u>ください。
　　　　(A)　　(B)　　　　(C)　　　　(D)

(125) 外国人<u>にあって</u>漢字<u>を</u>覚える<u>の</u>は<u>たいへん</u>です。
　　　　　(A)　　　　(B)　　　(C)　　(D)

(126) 富士山<u>に</u> <u>行った</u>こと<u>を</u>忘れること<u>を</u>できません。
　　　　　(A)　(B)　　　(C)　　　　　(D)

(127) 私<u>が</u>出かけている 間<u>で</u>友だち<u>が</u>訪ねて<u>きました</u>。
　　　(A)　　　　　　(B)　　　(C)　　　(D)

(128) 日本<u>では</u>電車<u>が</u>とても便利<u>な</u> みたい<u>です</u>。
　　　　　(A)　　(B)　　　　　(C)　　　(D)

(129) 寝巻き<u>を</u> 着る<u>まま</u>、外<u>へ</u>出<u>ない</u>ほうがいいですよ。
　　　　　(A) (B)　　(C)　　(D)

(130) 後<u>で</u>食べます<u>から</u>、そのまま<u>で</u>して<u>おいて</u>ください。
　　　(A)　　　　(B)　　　　　(C)　　(D)

(131) 今日は忙しいので明日出直して ください。
　　　　　(A)　　　(B)　　　(C)　　　(D)

(132) 長い冬が終わって春になったら花が 咲く。
　　　　(A)　　(B)　　　　(C)　　　　(D)

(133) 約束の場所に つけばみんな集まっていた。
　　　　(A)　(B) (C)　　　　(D)

(134) やさしくて親切な彼がまさかそんな態度をとるまい。
　　　　(A)　　(B)　　(C)　　　　　　(D)

(135) この絵を描いたのは7歳だけの女の子だ そうです。
　　　　　(A)　　　　(B)　　　(C)　(D)

(136) 彼の素晴らしい芸にみんな驚いた ばかりでした。
　　　(A)　　　　(B)　　　(C)　(D)

(137) このパンは今出来ただけなのでとてもおいしいです。
　　　　　(A)　　(B)　(C)　　　(D)

(138) 女の子にそんないたずらをすると先生に叱れるよ。
　　　　(A)　　　　(B)　(C)　　　(D)

(139) 明日は当番だから6時に起きないば学校に遅れる。
　　　　　(A)　　　(B)　　(C)　(D)

(140) 先生が私の書いた作文を褒めてあげました。
　　　　(A) (B)　　(C)　　　　(D)

Ⅶ. 下の_____線に入る適当な言葉を(A)から(D)の中で一つ選びなさい。

(141) ここは少し、変な臭いが_____。
   (A) する
   (B) でる
   (C) 出かける
   (D) 入る

(142) 服からハンドバッグ、靴に_____、景子が新しいものを使っていることはほとんどなかった。
   (A) いたりで
   (B) いたっては
   (C) いたっても
   (D) いたるまで

(143) 今日習ったことは_____忘れないようにしてください。
   (A) とても
   (B) 非常に
   (C) なるべく
   (D) ほとんど

(144) _____道が分からなかったら交番で聞いてください。
   (A) もしもし
   (B) もし
   (C) ひょっとすると
   (D) たとえば

(145) いくら頑張っても日本語が_____上手になりません。
   (A) なかでも
   (B) なかなか
   (C) はたして
   (D) いろいろ

(146) 人生の中で失敗は_____あるものだ。
   (A) つねに
   (B) つまり
   (C) ついに
   (D) もっぱら

(147) 丘の上で風車が _____ 回っている。
- (A) ぐるぐる
- (B) ぐんぐん
- (C) ぐらぐら
- (D) くりくり

(148) わたしは、母の考え方に _____ 賛成ではない。
- (A) ぜひ
- (B) もっぱら
- (C) つくづく
- (D) 必ずしも

(149) 転職を考えるが、給料が安いので二の足を _____ いる。
- (A) 置いて
- (B) 踏んで
- (C) 並んで
- (D) 走って

(150) その事件に検察庁も _____ しまった。
- (A) 声を上げて
- (B) 音を上げて
- (C) 足を上げて
- (D) 腕を上げて

(151) 子どもたちがよくできるのでお母さんまで _____ 。
- (A) 耳が痛い
- (B) 歯が立たない
- (C) 目がない
- (D) 鼻が高い

(152) 高いものや値打ちのあるものをあげてもその価値が分からないことを _____ という。
- (A) 猫に真珠
- (B) 豚に真珠
- (C) 猫の額
- (D) 借りてきた猫

(153) 最近はあまりにも忙しくて猫の_____も借りたいほどだ。
　　(A) 頭
　　(B) 目
　　(C) 手
　　(D) 口

(154) 後で後悔しない_____、若いうちに学べ。
　　(A) ためで
　　(B) ようで
　　(C) ためか
　　(D) ように

(155) 国の内外_____、環境問題は避けて通れない政策課題となっている。
　　(A) からして
　　(B) に対して
　　(C) を問わず
　　(D) までもなく

(156) 今年は天候が_____のために作物の出来がよくない。
　　(A) 不純
　　(B) 不順
　　(C) 変動
　　(D) 未知

(157) ヘアスタイルを規制するのは時代の流れに_____している。
　　(A) 呼応
　　(B) 巡航
　　(C) 同行
　　(D) 逆行

(158) 俗語を_____使うのはよくないことだ。
　　(A) 一斉に
　　(B) むやみに
　　(C) なるべく
　　(D) 丹念に

(159) この道は大通りなので車が _____ 通っている。

　　(A) ひっきりなしに
　　(B) たまに
　　(C) むやみに
　　(D) 一斉に

(160) 誕生日のごちそうにみんな _____ いる。

　　(A) 鼻を高くして
　　(B) 口を出して
　　(C) 舌鼓をうって
　　(D) 顎をうって

(161) 新人をスターにするにはCMを _____ 考えられません。

　　(A) ぬきにしては
　　(B) かわきりに
　　(C) はじめ
　　(D) めぐって

(162) 彼は見違えるほど _____ やせてしまった。

　　(A) げっそり
　　(B) ふっくらと
　　(C) きっちり
　　(D) けらけら

(163) 驚いた _____ 、真犯人は被害者の妻だった。

　　(A) ために
　　(B) ことには
　　(C) ばかりに
　　(D) からには

(164) 病状は回復に向かい _____ ので、ご安心ください。

　　(A) がちな
　　(B) がたい
　　(C) つつある
　　(D) きれない

(165) 大晦日の12時には除夜の鐘が _____ と鳴る。
　　(A) かんかん
　　(B) かちかちん
　　(C) ごーごー
　　(D) ごーん

(166) 彼は能力はあるが、協調性がなく、私には扱い _____ 存在だ。
　　(A) かねる
　　(B) かねない
　　(C) きれる
　　(D) たがる

(167) 父は久しぶりにおいしい料理を作ろうと _____ によりをかけている。
　　(A) 首
　　(B) 足
　　(C) 手
　　(D) 腕

(168) 君に協力しないこと _____ ないが、ただし、いくつか条件がある。
　　(A) と
　　(B) も
　　(C) から
　　(D) まで

(169) 瓜のつるには _____ はならぬ。
　　(A) かぼちゃ
　　(B) きゅうり
　　(C) なすび
　　(D) メロン

(170) 新人賞獲得を _____ 、その若手小説家はめきめきと頭角を現してきた。
　　(A) おいて
　　(B) 限りに
　　(C) きっかけにして
　　(D) かわきりにして

TEST

VIII. 下の文を読んで、後の問いにもっとも適した答えを(A)から(D)の中で一つ選びなさい。

(171~173)

> 全国20の活火山の活動状況を24時間態勢で集中監視するため、気象台は今年度中に、札幌、仙台、東京、福岡の4カ所に「火山監視・情報センター」を設置する方針を固めた。併せて、地下のマグマの動きをとらえる全地球測位システム(GPS)などの観測網も充実させる方針だ。
>
> 各地方気象台や測候所での火山監視や、大学など研究機関の観測データなどを同センターに集約することで、噴火予知や防災情報の精度向上を狙う。今年は北海道の有珠(うす)山、伊豆諸島、三宅島の雄山(おやま)が噴火するなど火山活動が活発化しており、観測態勢の強化が急務と判断した。
>
> 日本には現在86の活火山があるが、このうち気象台が常時観測しているのは20に過ぎない。
>
> ＿＿①＿＿、多くの測候所や地方気象台では、火山活動を監視する火山担当者は1人しかいないのが現状だ。監視センターの新設で、時間帯によっては担当者不在という「空白」が解消される。

(171) どんな内容ですか。

- (A) 火山活動の情報
- (B) 地震発生の知らせ
- (C) 火山活動を監視する機構の設置
- (D) 地震予防センターの設置

(172) 本文の内容と合っているものはどれですか。

- (A) 活火山はすべて気象台が常時監視している。
- (B) 観測所によっては、火山活動を監視する担当者が一人もいない時もある。
- (C) 今年に入って火山活動は小康状態になっている。
- (D) 日本の火山活動の観測体制は十分整っている。

(173) ＿＿①＿＿ に入る言葉として適当なものはどれですか。

- (A) しかも
- (B) しかし
- (C) それで
- (D) そして

(174~176)

> 　第一新聞社は15日、電話による全国世論調査を実施した。森内閣の支持率は21%で、前回調査（7月）の29%から低落した。逆に、不支持率は56%（前回51%）に増えた。
>
> 　就任から4カ月余りたった森首相の存在感は「増してきた」が15%にとどまり、「そうは思わない」が73%と大きく上回った。また、森内閣について「長続きするとは思わない」は76%と高く、有権者の厳しい視線をうかがわせている。
>
> 　森内閣の支持率は、発足直後の4月調査は41%だったが、周辺国に波紋を起こした「神の国」発言後の5月調査では19%に急落した。総選挙直後の前回は29%とやや好転したものの、今回再び低下したことになる。
>
> 　内閣支持率が　①　した要因は、自民支持層での内閣支持率が前回の59%から52%に減ったこと、全国の4割前後を占める無党派層の内閣支持率が前回12%から8%に低落したこと、などによる。

(174) 就任後の森内閣の支持率はどうなりましたか。

 (A) 少し上がった。
 (B) 変わらない。
 (C) 少し落ちた。
 (D) がた落ちした。

(175) 森内閣の支持率の推移を正しく説明したものはどれですか。

 (A) 就任後下がって、一時回復したが再び低落した。
 (B) 就任後ずっと下がり続けている。
 (C) 就任後上がったが、一時下がり、現在は回復している。
 (D) ずっと変わらない。

(176) 　①　に入る言葉として適当なものはどれですか。

 (A) 上昇
 (B) 低迷
 (C) 変動
 (D) 回復

(177~179)

> レストラン すみれ
>
> アルバイト募集(正社員も可)
> ● 料理の上手な人
> ● 夜遅くまで働ける人
> ● 運転ができる人
> ● 時給:1,200～1,500円
> ● 食事提供
> ● 面接:随時。面接時、履歴書持参の上来店すること。

(177) これは何ですか。

　　(A) 求人広告
　　(B) 商品の広告
　　(C) 求職広告
　　(D) バーゲンの知らせ

(178) 面接を受ける人はどうすればいいですか。

　　(A) 履歴書を持って行けばいい。
　　(B) 履歴書を郵送すればいい。
　　(C) 履歴書と印鑑を持って行けばいい。
　　(D) 電話で申し込めばいい。

(179) 内容と合っているものはどれですか。

　　(A) アルバイトしかできない。
　　(B) 昼食代は自分で払う。
　　(C) 運転ができなくてもいい。
　　(D) 夜遅くまで かなければならない。

(180~182)

　前略　日本にいる間はいろいろとお世話になりました。おかげさまで、今年の夏休みは有益なものになりました。
　今度、授業で日本での体験を発表することになりました。日本語で発表するになっているので、最近はその準備で忙しいです。日本語の勉強のためとはいえ、皆の前で外国語で発表するのは大変です。でも、頑張ってやるつもりです。
　今日は日本で撮った写真を整理しています。本当に楽しかったことばかりで、来年もまた行きたいと思っています。
　では、また会う日を楽しみにしています。季節の変わり目ですので、お体に気をつけてください。

2001年11月11日
洪　吉　童

(180) 何のための手紙ですか。

(A) 世話になった人へのお礼の手紙
(B) 暑中見まい
(C) 発表の報告
(D) 訪問の約束

(181) 筆者は今何を準備していますか。

(A) 来年の訪問
(B) アルバムの整理
(C) 発表
(D) 報告書

(182) 筆者は日本体験をどう思っていますか。

(A) とても楽しかった。
(B) 少しは楽しかった。
(C) 不愉快なこともあった。
(D) 特にない。

(183~185)

　学校の中に慣れきった先生たちに、「社会勉強」を積んでもらおう文部省は来年度から、公立の小、中、高校の教員を長期研修で一般企業に派遣する場合、教育委員会に費用を補助する新たな制度を設ける方針を固めた。ホテルや百貨店、レストランなどで接客にあたることなどを想定している。初回の来年度は小学校を中心に1500人の教員を送り出し、その後も増やしていく方針だ。同省は、地域の人たちに特別非常勤講師として講壇に立ってもらう制度も拡充する考えで、互いの交流を広げることで、学校の閉鎖性を取り払いたいとしている。
　教員の社会研修を進めるという方向性は、教育改革国民会議や教育職員養成審議会で示された。同会議などでは「子どもや父母の気持ちを考えず、社会性のない教員がいる」という指摘があった。また、わいせつ事件など教員による事件が相次いでいることもあり、国として社会研修を制度化することにしたという。
　現場の教員の中には、「校長や教頭にひるまず意見するような教員の『キバ抜き』に利用されるのではないか」という反発もある。これに対して文部省は、「努力を惜しまない一般企業の姿に触れ、平衡感覚を身につけてもらうための制度だ。対人関係の能力を伸ばし、学校運営についても考えてもらうきっかけにしてほしい」としている。

(183) どんな内容ですか。

　　(A) 教員による構内暴力
　　(B) 生徒による構内暴力
　　(C) 教員の社会研修の制度化
　　(D) 文部省による教員研修

(184) 本文の内容と合っているものはどれですか。

　　(A) 研修場所は文部省である。
　　(B) 講師は大学の教授である。
　　(C) 講師は一般企業の人や地域の人である。
　　(D) 教員の反対があれば、この制度は中止する。

(185) 教員研修についてどう思われていますか。

　　(A) 正当なものとしてすなおに受け入れている。
　　(B) 反発する人もいる。
　　(C) 皆、反発している
　　(D) 文部省が補助金を出すならかまわない。

(186~188)

　　拝啓　そろそろ雪の便りが聞こえる季節になりました。いかがお過ごしでしょうか。先日はいろいろとありがとうございました。
　　さて、その後、博士課程に復学するために書類をそろえていますが、保証人にいくつか書いていただかなければならない書類があります。直接うかがわず、郵便で送るのは無礼とは存じますが、書類の保証人欄に先生の住所とお名前を書いて、印鑑を押して、こちらに送り返していただきたいと思いますのでよろしくお願い致します。
　　季節の変わり目に、お体にお気をつけください。
　　　　　　　　　　　　　　　　　　　　　　　　　　　　　　　　　　　　　　敬具

(186) 今、季節は何ですか。

　　(A) 春
　　(B) 夏
　　(C) 晩秋
　　(D) 冬

(187) 手紙を書いた目的は何ですか。

　　(A) 保証人になってもらうため
　　(B) 博士課程の試験のため
　　(C) 査証をもらうため
　　(D) 病気のお見舞いのため

(188) 誰への手紙ですか。

　　(A) 修士課程の先生
　　(B) 博士課程の先生
　　(C) 保証人
　　(D) 学校の職員

(189~191)

　31日午後9時40分ごろ、渋谷区で木造平屋建て住宅が密集する付近から出火し、住宅13棟（延べ480平方メートル）がほぼ全焼した。
　現場は、ＪＲ山の手線の渋谷駅から東へ約700メートルで、高層ビルの間に住宅が密集している。住民からの119番通報で消防署員が駆けつけ、1日午前0時半ごろに鎮火した。
　この火事で、集合住宅に住む佐官業鈴木五郎さん(50)が右手に軽いやけどを負ったほか、無職遠藤次郎さん(73)が煙を吸いこんで重症。消火活動をしていた会社員柴谷三郎さん(51)がガラスの破片で右手親指を切る重症を負った。
　渋谷署では、1日朝から現場を　①　し、原因や詳しい被害状況などを調べている。

(189) 本文の内容と合っているものはどれですか。

　　(A) 火事が起きた住宅は一部残っている。
　　(B) 火事が起きたのは二階建ての住宅である。
　　(C) 火事が起きたのは一階建ての家である。
　　(D) 三人が重傷を負っている。

(190) 鈴木五郎さんの仕事は何ですか。

　　(A) 官僚の補佐官
　　(B) 社長補佐
　　(C) 壁をぬる仕事
　　(D) 家を作る仕事

(191) 　①　に入る言葉として正しいものを選びなさい。

　　(A) 検査
　　(B) 検出
　　(C) 検証
　　(D) 照会

(192~194)

　　陽春の候、保護者の皆様におかれましては、ますますご清栄のこととお喜び申し上げます。常日頃は本校の教育にご協力いただきまして感謝申し上げます。
　　___①___、本校吹奏楽団では、4月になり新入団員を募集しております。対象は4年生以上です。
　　吹奏楽団は、金管楽器・木管楽器・打楽器を中心とした合奏団です。集団による演奏を通し、音楽をつくる喜びを味わい、児童の情操を高めることを目的としております。
　　現在、楽器が吹けなくても定期的な練習をすることにより必ず吹けるようになりますのでご安心ください。
　　本校の吹奏楽団も設立8年目になりました。卒業生は90名を超え、今では、校内の行事はもとより、野方まつり、中野まつり、ふれあいコンサート等地域の行事にも毎年積極的に参加し、多くのファンもおり、年々音楽活動を広げております。

(192) ___①___ に入る適当な言葉を選びなさい。

　　(A) というのは
　　(B) そこで
　　(C) なぜなら
　　(D) さて

(193) 上の文章は何について説明していますか。

　　(A) 吹奏楽団入団希望について
　　(B) おまつりへの参加者希望について
　　(C) 校内の行事の協力者募集について
　　(D) 地域の行事の協力者募集について

(194) 本文の内容と合っていないものを選びなさい。

　　(A) 本校の今までの卒業生は90人を超えた。
　　(B) 本校は設立8年目になった。
　　(C) 吹奏楽団の活動は年々広がっている。
　　(D) 楽器が少しも吹けない人は入団できない。

(195~196)

　　日本シリーズの東京ドーム分(第1、2、6、7回)の入場券前売りが10日から始まったが、午前10時の販売開始から約5時間で完売した。東京ドームでの日本シリーズ開催は1996年以来。当時はドームや店頭での販売で、今回は電話およびインターネットでの予約のみ。ドーム側は「(4年前との)比較は難しいが、これまで開催したイベントの中で1、2を争う反響だろう」と語っている。

(195) どんな内容ですか。

　　(A) 日本シリーズの前売り券の販売状況
　　(B) 1996年の日本シリーズの状況
　　(C) 日本シリーズの前売り券の販売案内
　　(D) セリーグの決勝案内

(196) 本文の内容と合っているものはどれですか。

　　(A) 東京ドームでも日本シリーズは初めてだ。
　　(B) 入場券は球場に行って買わなければならない。
　　(C) 入場券は球場でも買えるが、電話でも買える。
　　(D) 今年の日本シリーズは注目度が高い。

(197~200)

　日本銀行は19日、7月の金融経済月報を発表し、景気判断について「企業利益が改善する中で、設備投資の増加が続くなど、緩やかに回復している」とし、6月の「持ち直しの動きが明確化している」との判断をやや前進させた。先行きについては、「設備投資は今後も増加する可能性が高い」とし、公共事業の落ちこみを民需が補うシナリオを想定しているが、これは事実上の景気回復宣言とも言える内容である。

　日銀は17日の金融政策決定会合で、ゼロ金利解除を見送ったが、解除の条件はほぼ整っていると考えていることが月報で確認された形。

　物価の先行きも「需要の弱さに由来する潜在的な物価低下圧力は大きく後退している」とデフレ懸念が薄らいでいることを指摘し、「ひところに比べ後退している」とした前月から大きく判断を前進させた。

　住宅投資については「ゆるやかに減少している」とした6月の表現を「横ばいで推移している」と改め、下げ止まったとの見方を示した景気の先行きについては、「情報関連等の成長分野への設備投資を中心に緩やかな回復が続く可能性が高い」との見通しを示した。

(197) どんな内容ですか。

　(A) 日本銀行が発表した6月の金融経済月報の内容
　(B) 日本銀行が発表した7月の金融経済月報の内容
　(C) 日本の景気悪化
　(D) 日本の住宅事情

(198) 日本の景気はどうなっていますか。

　(A) やや回復している。　　(B) 変わらない。
　(C) 完全に回復した。　　　(D) 回復の見通しがない。

(199) 物価が下がった原因は何ですか。

　(A) 生産が増えたから　　　(B) 生産が減ったから
　(C) 需要が増えたから　　　(D) 需要が減ったから

(200) 6月以降の景気判断はどうですか。

　(A) 景気の回復する動きが見える。
　(B) 不景気はまだ続く。
　(C) 生産は大きく前進する。
　(D) 景気は変わらない。

＊ 모의테스트 스크립트·해설 및 정답은 p. 385에 있습니다.

스크립트 · 해설 및 정답

パートI スクリプト 및 정답

1. (A) ここは繁華街です。
   (B) ここは住宅街です。
   (C) ここは商店街です。
   (D) ここは中華街です。

   (A) 여기는 번화가입니다.
   (B) 여기는 주택가입니다.
   (C) 여기는 상점가입니다.
   (D) 여기는 차이나타운입니다.

2. (A) この本屋で立ち読みする人がいます。
   (B) この本屋で本を無料で配る人がいます。
   (C) この本屋では雑誌のみ売っています。
   (D) この本屋では歌のテープも売っています。

   (A) 이 책방에서 선 채로 읽는 사람이 있습니다.
   (B) 이 책방에서 책을 무료로 배포하는 사람이 있습니다.
   (C) 이 책방에서는 잡지만 팔고 있습니다.
   (D) 이 책방에서는 노래 테이프도 팔고 있습니다.

3. (A) これは新郎と新婦の結婚を祝う行列です。
   (B) これは観光客の行列です。
   (C) これはお祭りをしている行列です。
   (D) これはお葬式を行う行列です。

   (A) 이것은 신랑과 신부의 결혼을 축하하는 행렬입니다.
   (B) 이것은 관광객 행렬입니다.
   (C) 이것은 축제를 하고 있는 행렬입니다.
   (D) 이것은 장례식을 행하는 행렬입니다.

4. (A) この店では車が安く買えます。
   (B) この店ではコンサートなどのチケットが買えます。
   (C) この店ではデパートの商品を安く売っています。
   (D) この店では物を預けてお金が借りられます。

   (A) 이 가게에서는 차를 싸게 살 수 있습니다.
   (B) 이 가게에서는 콘서트 등의 티켓을 살 수 있습니다.
   (C) 이 가게에서는 백화점 상품을 싸게 팔고 있습니다.
   (D) 이 가게에서는 물건을 맡기고 돈을 빌릴 수 있습니다.

5. (A) 子供がおんぶをしてもらっています。
   (B) 子供が膝枕をしてもらっています。
   (C) 子供がだっこをしてもらっています。
   (D) 子供が肩車をしてもらっています。

   (A) 어린이가 어부바를 해 받고 있습니다.
   (B) 어린이가 무릎 베개를 해 받고 있습니다.
   (C) 어린이가 안기고 있습니다.
   (D) 어린이가 목말을 해 받고 있습니다.

6. (A) この店には今お客さんがあまりいません。
   (B) この店では様々なチケットを安く売っています。
   (C) この店では航空券は扱っていません。
   (D) この店では公演の予約もできます。

   (A) 이 가게에는 지금 손님이 별로 없습니다.
   (B) 이 가게에서는 여러가지 티켓을 싸게 팔고 있습니다.
   (C) 이 가게에서는 항공권은 취급하고 있지 않습니다.
   (D) 이 가게에서는 공연예약도 할 수 있습니다.

7. (A) 男性が公園のベンチでジュースを飲んでいます。
   (B) 女性が公園のベンチでジュースを飲んでいます。
   (C) 男性が公園のベンチで昼寝をしています。
   (D) 女性が公園のベンチで昼寝をしています。

   (A) 남성이 공원 벤치에서 주스를 마시고 있습니다.
   (B) 여성이 공원 벤치에서 주스를 마시고 있습니다.
   (C) 남성이 공원 벤치에서 낮잠을 자고 있습니다.
   (D) 여성이 공원 벤치에서 낮잠을 자고 있습니다.

8. (A) 子供三人がカードゲームをしています。
   (B) 子供三人がボール遊びをしています。
   (C) 子供三人が尻取りゲームをしています。
   (D) 子供三人があやとりをしています。

   (A) 어린이 3명이 카드게임을 하고 있습니다.
   (B) 어린이 3명이 공놀이를 하고 있습니다.
   (C) 어린이 3명이 말잇기 놀이를 하고 있습니다.
   (D) 어린이 3명이 실뜨기를 하고 있습니다.

9. (A) 女性が電車の運転をしています。
   (B) 二人の子供は外を眺めています。
   (C) 電車の運転席の後ろに子供が二人います。
   (D) 電車の運転手は後ろを見ています。

   (A) 여성이 전철운전을 하고 있습니다.
   (B) 두 어린이는 바깥을 바라보고 있습니다.
   (C) 전철 운전석 뒤에 어린이가 두 명 있습니다.
   (D) 전철 운전기사는 뒤를 보고 있습니다.

10. (A) 運動会で人間ピラミットを作っているところです。
    (B) 運動会で騎馬戦の準備をしているところです。
    (C) 運動会で綱引きをしているところです。
    (D) 運動会でかけっこの準備をしているところです。

(A) 운동회에서 인간피라밋을 만들고 있는 중입니다.
(B) 운동회에서 기마전 준비를 하고 있는 중입니다.
(C) 운동회에서 줄다리기를 하고 있는 중입니다.
(D) 운동회에서 달리기 준비를 하고 있는 중입니다.

11. (A) 男性はあぐらをかいています。
(B) 男性は腕を組んでいます。
(C) 男性はギターをひいています。
(D) 男性は両足をあげています。

(A) 남성은 책상다리하고 앉아 있습니다.
(B) 남성은 팔짱을 끼고 있습니다.
(C) 남성은 기타를 치고 있습니다.
(D) 남성은 양다리를 올리고 있습니다.

12. (A) 女の子は鉄棒に片手で捕まえようとしています。
(B) 女の子は鉄棒に片手でぶら下がっています。
(C) 女の子は鉄棒に両手で捕まえようとしています。
(D) 女の子は鉄棒に両手でぶら下がっています。

(A) 여자아이는 철봉을 한손으로 잡으려고 하고 있습니다.
(B) 여자아이는 철봉에 한손으로 매달려 있습니다.
(C) 여자아이는 철봉을 양손으로 잡으려고 하고 있습니다.
(D) 여자아이는 철봉에 양손으로 매달려 있습니다.

13. (A) この女性は左手にトマトを持っています。
(B) この女性は左手にキュウリを三本持っています。
(C) この女性は左手にトマトを、右手にキュウリを持っています。
(D) この女性は右手にキュウリを、左手にトマトを持っています。

(A) 이 여성은 왼손에 토마토를 들고 있습니다.
(B) 이 여성은 왼손에 오이를 세 개 들고 있습니다.
(C) 이 여성은 왼손에 토마토를, 오른손에 오이를 들고 있습니다.
(D) 이 여성은 오른손에 오이를, 왼손에 토마토를 들고 있습니다.

14. (A) ゴミ箱の隣にスカートをはいた女性が立っています。
(B) ゴミ箱の隣に半ズボンををはいた女性が立っています。
(C) ゴミ箱の隣にジーンズをはいた男性が立っています。
(D) ゴミ箱の隣にジーンズをはいた男性が座っています。

(A) 쓰레기통 옆에 치마를 입은 여성이 서 있습니다.
(B) 쓰레기통 옆에 반바지를 입은 여성이 서 있습니다.
(C) 쓰레기통 옆에 청바지를 입은 남성이 서 있습니다.
(D) 쓰레기통 옆에 청바지를 입은 남성이 앉아 있습니다.

15. (A) 店の前には車がとめてあります。
(B) 店の前には自転車がとめてあります。
(C) 店の前にはバイクがとめてあります。
(D) 店の前を自転車に乗った人が通っています。

(A) 가게 앞에는 차가 세워져 있습니다.
(B) 가게 앞에는 자전거가 세워져 있습니다.
(C) 가게 앞에는 오토바이가 세워져 있습니다.
(D) 가게 앞을 자전거를 탄 사람이 지나가고 있습니다.

16. (A) 三人の若い女性が自転車に乗って走っています。
(B) 三人の若い女性が横断歩道の上を歩いています。
(C) 二人の女性と一人の男性が横断歩道の上を歩いています。
(D) 三人ともスカートをはいています。

(A) 세 명의 젊은 여성이 자전거를 타고 달리고 있습니다.
(B) 세 명의 젊은 여성이 횡단보도 위를 걷고 있습니다.
(C) 두 명의 여성과 한 명의 남성이 횡단보도 위를 걷고 있습니다.
(D) 세 사람 다 치마를 입고 있습니다.

17. (A) 男性はベビーカーを押しています。
(B) 男性は歩きながらタバコを吸っています。
(C) 男性と女性は同じ方向を歩いています。
(D) 女性は帽子をかぶっています。

(A) 남자는 유모차를 밀고 있습니다.
(B) 남자는 걸으면서 담배를 피고 있습니다.
(C) 남자와 여자는 같은 방향으로 걷고 있습니다.
(D) 여자는 모자를 쓰고 있습니다.

18. (A) 男性の横にいる女性はまっすぐ立っています。
(B) 交番の隣にパトカーがとめてあります。
(C) 交番の前の男性はズボンのポケットに手を入れています。
(D) お巡りさんと男性は話し合っています。

(A) 남자 옆에 있는 여성은 똑바로 서 있습니다.
(B) 파출소 옆에 순찰차가 세워져 있습니다.
(C) 파출소 앞의 남자는 바지 주머니에 손을 넣고 있

습니다.
(D) 순경 아저씨와 남자는 서로 이야기하고 있습니다.

19. (A) 一人の子供は立ってブランコに乗っています。
(B) 二人の子供は座ってブランコに乗っています。
(C) 二人の子供がブランコに乗っています。
(D) 二個のブランコは壊れています。

(A) 한 명의 어린이는 서서 그네를 타고 있습니다.
(B) 두 명의 어린이는 앉아서 그네를 타고 있습니다.
(C) 두 명의 어린이가 그네를 타고 있습니다.
(D) 두 개의 그네는 부서져 있습니다.

20. (A) 消防署からの出動はほとんど消防のためです。
(B) 消防署から出動して救助したのは１６，９９０回です。
(C) 消防署からの出動はほとんど救急のためです。
(D) 消防署からの出動はほとんど消防と救助のためです。

(A) 소방서로부터의 출동은 거의 소방을 위해서입니다.
(B) 소방서로부터 출동해서 구조한 것은 16,990회입니다.
(C) 소방서로부터의 출동은 거의 구급을 위해서입니다.
(D) 소방서로부터의 출동은 거의 소방과 구조를 위해서입니다.

정답

1. C	2. A	3. A	4. B	5. D
6. B	7. C	8. A	9. C	10. A
11. B	12. D	13. B	14. C	15. B
16. B	17. B	18. C	19. A	20. C

パートⅡ 스크립트 및 정답

1. 今テレビを見てもいいですか。
   (A) だめです。
   (B) 高いです。
   (C) どこにありますか。
   (D) 9時のニュースです。

   지금 텔레비전을 봐도 좋습니까?
   (A) 안 됩니다.
   (B) 비쌉니다.
   (C) 어디에 있습니까?
   (D) 9시의 뉴스입니다.

2. ご職業はなんですか。
   (A) 先生は今電話に出ています。
   (B) 先生をしています。
   (C) 先生になりたいです。
   (D) 先生になりたがっています。

   직업은 무엇입니까?
   (A) 선생님은 지금 전화를 받고 있습니다.
   (B) 선생님을 하고 있습니다.
   (C) 선생님이 되고 싶습니다.
   (D) 선생님이 되고 싶어하고 있습니다.

3. ただいま。
   (A) お帰りください。
   (B) お帰りなさい。
   (C) ごめんください。
   (D) ごめんなさい。

   다녀 왔습니다.
   (A) 〈어법상 안됨〉
   (B) 다녀 오셨어요.
   (C) 실례합니다.
   (D) 죄송합니다.

4. 昨日の日曜日何をしましたか。
   (A) 弟とテニスをするつもりです。
   (B) テレビを見たりラジオを聞いたりします。
   (C) 中野の東京教会に行きました。
   (D) こんどおいしい料理を作ってみます。

   어제 일요일에 무엇을 했습니까?
   (A) 남동생과 같이 테니스를 칠 생각입니다.
   (B) 텔레비전을 보기도 하고 라디오를 듣기도 합니다.
   (C) 나카노에 있는 동경교회에 갔습니다.
   (D) 이번에 맛있는 음식을 만들어 보겠습니다.

5. 李さんは英語ができますか。
   (A) はい、少しできます。
   (B) はい、けっこうです。
   (C) いいえ、だれもできません。
   (D) いいえ、英語の先生はいません。

   이 씨는 영어를 할 줄 압니까?
   (A) 네, 조금 할 줄 압니다.
   (B) 네, 괜찮습니다.
   (C) 아뇨, 아무도 할 줄 모릅니다.
   (D) 아뇨, 영어 선생님은 없습니다.

6. ここでタバコを吸わないでくださいませんか。
   (A) すみません。自動販売機はどこですか。
   (B) いまタバコを買うお金がありません。
   (C) あのう、ここでタバコを吸ってはいけません。
   (D) あっ、どうもすみませんでした。

   여기서 담배를 피우지 말아 주시지 않겠습니까?
   (A) 죄송합니다. 자동판매기는 어디에 있습니까?
   (B) 지금 담배를 살 돈이 없습니다.
   (C) 저, 여기서 담배를 피워서는 안 됩니다.
   (D) 앗, 정말로 죄송했습니다.

7. クーラーをつけましょうか。
   (A) ええ、つけた方がいいですね。
   (B) ええ、つけるかもしれませんね。
   (C) いいえ、消さないでください。
   (D) いいえ、それはたいへんですね。

   에어컨을 켤까요?
   (A) 예, 켜는 편이 좋군요.
   (B) 예, 켤지도 모르겠군요.
   (C) 아뇨, 끄지 말아 주세요.
   (D) 아뇨, 그거 매우 힘들겠군요.

8. 今夜はとても冷えますね。
   (A) ええ、たぶんあしたは雪でしょう。
   (B) ええ、もう夏ですから。
   (C) いいえ、明日は雨でしょう。
   (D) いいえ、今夜じゃなくてゆうべでした。

   오늘 밤은 무척 쌀쌀하군요.
   (A) 예, 아마 내일은 눈이 올 겁니다.
   (B) 예, 벌써 여름이니까요.
   (C) 아뇨, 내일은 비가 올 겁니다.
   (D) 아뇨, 오늘 밤이 아니라 어젯밤이었습니다.

9. 鈴木さんはどの方ですか。
   (A) とても親切でやさしい方です。

(B) あの白いセーターを着ている方ですよ。
(C) 鈴木さんはいま食堂にいますよ。
(D) 鈴木さんは日本の寿司が好きです。

스즈키 씨는 어느 분입니까?
(A) 매우 친절하고 상냥한 분입니다.
(B) 저 흰 스웨터를 입고 있는 분입니다.
(C) 스즈키 씨는 지금 식당에 있습니다.
(D) 스즈키 씨는 일본 초밥을 좋아합니다.

10. そのけがはどうしたんですか。
(A) 体の具合が悪いんです。
(B) きのう病院に行ったんです。
(C) 熱い水でやけどをしたんです。
(D) ちょっと頭が痛いんです。

그 부상은 어떻게 된 거예요?
(A) 몸 상태가 좋지 않습니다.
(B) 어제 병원에 갔습니다.
(C) 뜨거운 물에 화상을 입었어요.
(D) 좀 머리가 아픕니다.

> 주 「どうしたんですか」는 무슨 일이 있었는지를 묻는 표현으로 응답에는 항상 설명·해석을 나타내는 「~んだ(~한 것이다)」를 사용한다.

11. 夜分(やぶん)突然おじゃましました。
(A) はい、ちょうどいいところにきました。
(B) はい、びっくりしましたよ。
(C) いいえ、いつでもどうぞ。
(D) いいえ、こちらこそ。

밤 늦게 갑자기 실례했습니다.
(A) 네, 마침 잘 오셨습니다.
(B) 네, 깜짝 놀랐습니다.
(C) 아뇨, 언제든지 전화하세요.
(D) 아뇨, 저야말로.

12. 本日はお忙しいところをおじゃましまして…。
(A) 今日は本当に忙しいんです。
(B) ええ、忙しそうですね。
(C) いいえ、少しも忙しくないです。
(D) いいえ、こちらこそ。

오늘은 바쁘신데 방해를 해서….
(A) 오늘은 정말로 바쁩니다.
(B) 예, 바쁜 것 같군요.
(C) 아뇨, 조금도 바쁘지 않습니다.
(D) 아뇨, 저야말로.

13. この部屋、少し寒すぎますね。
(A) アイスクリームを食べすぎたから。
(B) 冷蔵庫のドアが開けっ放しだから。
(C) クーラーを強くつけていましたから。
(D) 窓が閉まっていたから。

이 방, 좀 지나치게 춥군요.
(A) 아이스크림을 너무 먹었으니까요.
(B) 냉장고 도어를 연 채로 놔 두었으니까요.
(C) 에어컨 온도를 너무 낮추었으니까요.
(D) 창문이 닫혀 있었으니까요.

14. 田中さん、海外旅行に行っているんだって。
(A) そう。それで、電話してもいなかったんですね。
(B) あした、チケットを取りにいくつもりです。
(C) わたし、日本中を旅行したことがあります。
(D) いいえ、海外旅行どころではありません。

다나카 씨, 해외여행을 갔다던데.
(A) 그래. 그래서 전화를 해도 받지 않았군요.
(B) 내일, 티켓을 찾으러 갈 생각입니다.
(C) 나는 일본 전국을 여행한 적이 있습니다.
(D) 아뇨, 해외여행을 할 상황이 아닙니다.

15. 担任の山田先生はどんな先生ですか。
(A) あそこの眼鏡をかけている方です。
(B) 先生の授業はいつも面白いです。
(C) 先生のお子さまは大学生です。
(D) とてもいい先生です。

담임인 야마다 선생님은 어떤 선생님입니까?
(A) 저기에 안경을 쓴 분입니다.
(B) 선생님 수업은 항상 재미있습니다.
(C) 선생님 자녀는 대학생입니다.
(D) 매우 좋은 선생님입니다.

16. 冷めないうちにめしあがってください。
(A) このうどん、冷たくておいしいですね。
(B) おいしそうなうどんですね。
(C) 私、アイスクリームはきらいです。
(D) 夏は冷たいビールに限りますよ。

식기 전에 드세요.
(A) 이 우동, 차갑고 맛있군요.
(B) 맛있어 보이는 우동이군요.
(C) 나는 아이스크림은 싫어합니다.
(D) 여름에는 찬 맥주가 최고예요.

> 주 「冷めないうちに」는 직역하면 '식지 않는 동안'이라는 뜻이지만, 의역하면 '식기 전에'라는 뜻으로, 다른 표현으로는 「熱いうちに」와 같다.

17. ごめんください。
(A) それはいけませんね。
(B) いいえ、とんでもありません。
(C) それはよかったですね。
(D) はい、どなたですか。

실례합니다.
(A) 그거 안됐군요.
(B) 아뇨, 당치도 않습니다.
(C) 그거 잘됐군요.
(D) 네, 누구십니까?

18. 山田さんは料理が得意ですか。
(A) はい、今料理を作っている最中です。
(B) はい、冷めないうちに召し上がってください。
(C) いいえ、山田さんの趣味は読書です。
(D) いいえ、それほど得意ではありません。

야마다 씨는 요리를 잘 합니까?
(A) 네, 지금 한창 요리를 만들고 있는 중입니다.
(B) 네, 식기 전에 드세요.
(C) 아뇨, 야마다 씨의 취미는 독서입니다.
(D) 아뇨, 그다지 잘하지 못합니다.

19. キムさんはどんなスポーツが好きですか。
(A) 将来作家になりたいです。
(B) サッカーが好きです。
(C) 犬より猫のほうが好きです。
(D) いま大学で野球部のコーチをしています。

김 씨는 어떤 운동을 좋아합니까?
(A) 장래 작가가 되고 싶습니다.
(B) 축구를 좋아합니다.
(C) 개보다 고양이를 좋아합니다.
(D) 지금 대학에서 야구부 코치를 하고 있습니다.

20. お茶を入れましょうか。
(A) ええ、とてもおいしいです。
(B) ええ、お願いします。
(C) いいえ、お茶はありません。
(D) いいえ、お茶を飲んではいけません。

차를 낼까요?
(A) 예, 매우 맛있습니다.
(B) 예, 부탁합니다.
(C) 아뇨, 차는 없습니다.
(D) 아뇨, 차를 마셔서는 안 됩니다.

21. 山田さんは今朝何時に起きましたか。
(A) 8月中旬ごろ戻りました。
(B) 火事は8時半にありました。
(C) 8時半に起きました。
(D) 8時半に人身事故が起きました。

야마다 씨는 오늘 아침 몇 시에 일어났습니까?
(A) 8월 중순경 되돌아왔습니다.
(B) 불은 8시 반에 있었습니다.
(C) 8시 반에 일어났습니다.
(D) 8시 반에 인명사고가 일어났습니다.

22. どうぞ入ってください。
(A) では、また。
(B) ここに住所とお名前を書いてください。
(C) しつれいします。
(D) いただきます。

어서 들어오세요.
(A) 그럼, 또.
(B) 여기에 주소와 성함을 적어 주세요.
(C) 실례합니다.
(D) 잘 먹겠습니다.

23. 昨晩何をしていましたか。
(A) 作文のテーマは環境問題についてです。
(B) 部屋でテレビを見ていました。
(C) ご飯を食べる前に新聞を読みます。
(D) 毎日友だちとサッカーをします。

어젯밤에 무엇을 했습니까?
(A) 작문 테마는 환경문제에 관해서입니다.
(B) 방에서 텔레비전을 봤습니다.
(C) 밥을 먹기 전에 신문을 봅니다.
(D) 매일 친구와 축구를 합니다.

24. 外国人のスピーチコンテストに参加しませんか。
(A) 外国人しか参加できません。
(B) 一度も参加したことがありません。
(C) 参加するかどうか聞いてください。
(D) 私は人前で話すのが苦手です。

외국인 스피치콘테스트에 참가하지 않겠습니까?
(A) 외국인밖에 참가할 수 없습니다.
(B) 한번도 참가한 적이 없습니다.
(C) 참가할지 어떨지 물어 주세요.
(D) 나는 남 앞에서 말하는 것이 서투릅니다.

25. 庭の花はもう咲きましたか。
　(A) 今朝見たらまだ咲いていませんでした。
　(B) 私は毎日庭の花に水をやります。
　(C) 夜になると庭の花は散るでしょう。
　(D) この花は母に送ってもらったんです。

　뜰에 있는 꽃은 벌써 피었습니까?
　(A) 오늘 아침 봤더니 아직 피어 있지 않았습니다.
　(B) 나는 매일 뜰에 있는 꽃에 물을 줍니다.
　(C) 밤이 되면 뜰에 있는 꽃은 질 겁니다.
　(D) 이 꽃은 어머니가 보내 준 겁니다.

26. どうしましょうか。
　(A) ちょっと、頭痛がします。
　(B) 社長にうかがってみたらどうですか。
　(C) 私はコーヒーにします。
　(D) 毎日忙しく過ごしております。

　어떻게 할까요?
　(A) 좀 두통이 납니다.
　(B) 사장님에게 여쭤보는 것이 어떨까요?
　(C) 나는 커피로 하겠습니다.
　(D) 매일 바쁘게 지내고 있습니다.

27. いっしょに帰りませんか。
　(A) ええ、帰りましょう。
　(B) ええ、早く帰ってください。
　(C) いいえ、まだいいんじゃありませんか。
　(D) いいえ、いっしょに帰らないでください。

　같이 가지 않겠어요?
　(A) 예, 갑시다.
　(B) 예, 일찍 가세요.
　(C) 아뇨, 아직 좋지 않습니까?
　(D) 아뇨, 같이 가지 마세요.

28. これ使ってもいいですか。
　(A) ええ、わたしのです。
　(B) ええ、かまいませんよ。
　(C) いいえ、まだ使っていません。
　(D) いいえ、使えるのはこれだけです。

　이것을 사용해도 좋습니까?
　(A) 예, 내 것입니다.
　(B) 예, 상관없습니다.
　(C) 아뇨, 아직 사용하지 않았습니다.
　(D) 아뇨, 사용할 수 있는 것은 이것뿐입니다.

29. 田中さんをご存じですか。
　(A) はい、ご存じです。
　(B) はい、存じていらっしゃいます。
　(C) はい、存じております。
　(D) いいえ、存じていらっしゃいません。

　다나카 씨를 아십니까?
　(A) 네, 아십니다.
　(B) 네, 아시고 계십니다.
　(C) 네, 알고 있습니다.
　(D) 아뇨, 알고 계시지 않습니다.

30. パーティーに出席なさいますか。
　(A) ええ、とても楽しかったです。
　(B) ええ、そうするつもりです。
　(C) いいえ、だれが出席するかわかりません。
　(D) いいえ、パーティーは楽しくなかったです。

　파티에 출석하십니까?
　(A) 예, 매우 즐거웠습니다.
　(B) 예, 그렇게 할 생각입니다.
　(C) 아뇨, 누가 출석할지 모릅니다.
　(D) 아뇨, 파티는 즐겁지 않았습니다.

정답

1. A	**2.** B	**3.** B	**4.** C	**5.** A
6. D	**7.** A	**8.** A	**9.** B	**10.** C
11. C	**12.** D	**13.** C	**14.** A	**15.** D
16. B	**17.** D	**18.** D	**19.** B	**20.** B
21. C	**22.** C	**23.** B	**24.** D	**25.** A
26. B	**27.** A	**28.** B	**29.** C	**30.** B

パートⅢ 스크립트 및 정답

1.

女：この小型のパソコンが２０万円ですか。ちょっと高いですよ。もっと安くなりませんか。
男：これ以上は無理ですよ。
女：そうですか。じゃ、他の店を探します。
男：お客さん、ちょっと待ってください。１０パーセント値引きしますよ。

　女：이 소형 컴퓨터가 20만 엔입니까? 좀 비싸네요. 좀 더 싸게 안됩니까?
　男：더 이상은 힘듭니다.
　女：그래요? 그럼 다른 가게를 찾아보겠습니다.
　男：손님, 잠시만 기다려 주세요. 10% 할인해 드리겠습니다.

▶ 소형 컴퓨터는 얼마가 되었습니까?
　(A) 14만엔
　(B) 16만엔
　(C) 18만엔
　(D) 20만엔

2.

男：キムさん、どうしましたか。
女：友達と約束があったのを思い出しました。
男：えっ、どんな約束ですか。
女：午後６時の映画をみる約束です。

　男：김 씨, 어떻게 된 일이예요?
　女：친구와 약속이 있었던 것이 생각났습니다
　男：옛, 어떤 약속입니까?
　女：오후 6시에 영화를 볼 약속입니다.

▶ 김 씨는 무엇이 생각났습니까?
　(A) 영화를 볼 장소
　(B) 친구와의 영화
　(C) 영화를 볼 시간
　(D) 친구와의 약속

3.

男：キムさんは将来どんな仕事をしたいですか。
女：私は貿易関係の仕事をしたいです。
男：じゃ、大学は経済学部か商学部ですね。
女：はい、商学部に進みたいです。

　男：김 씨는 장래 어떤 일을 하고 싶습니까?
　女：나는 무역관계의 일을 하고 싶습니다.
　男：그럼, 대학은 경제학부나 상학부이군요.
　女：네, 상학부에 진학하고 싶습니다.

▶ 김 씨는 대학교의 어떤 학부에 들어가고 싶다고 생각하고 있습니까?
　(A) 경제학부
　(B) 상학부
　(C) 문학부
　(D) 교육학부

4.

女：山田さんは食事は自分で作っていますか。
男：ええ、ほとんど自炊しています。
女：じゃ、山田さん、お金がないときは…。
男：ぼくはデパートの食品売り場に行って、試食品を食べたりします。

　女：야마다 씨는 식사는 손수 만들고 있습니까?
　男：예, 거의 자취하고 있습니다.
　女：그럼, 야마다 씨, 돈이 없을 때는….
　男：나는 백화점 식품매장에 가서 시식품을 먹거나 합니다.

▶ 야마다 씨는 식사는 어떻게 하고 있습니까?
　(A) 백화점에서 사서 먹고 있습니다.
　(B) 시식품을 받아 먹고 있습니다.
　(C) 도시락을 사서 먹고 있습니다.
　(D) 손수 만들어 먹고 있습니다.

5.

男：キムさん、今日会社を休みましたね。どうしましたか。
女：風邪を引きました。朝からずっと頭が痛いですし、咳も出ます。
男：そうですか。薬は飲みましたか。
女：ええ、今朝薬を飲みましたが、なかなか熱が下がりません。

　男：김 씨, 오늘 회사를 쉬었군요. 어떻게 된 일입니까?
　女：감기에 걸렸어요. 아침부터 죽 머리가 아프고, 기침도 납니다.
　男：그러세요? 약은 먹었습니까?
　女：예, 오늘 아침 약을 먹었습니다만, 좀처럼 열이 내려가지 않습니다.

▶ 김 씨의 감기는 어떻습니까?
　(A) 감기로 약을 먹었더니 바로 나았습니다.
　(B) 감기로 머리가 아플 뿐입니다.
　(C) 감기로 열이 조금 있을 뿐으로 약을 먹었더니 열이 내려갔습니다.

(D) 감기로 머리도 아프고, 기침도 나오고, 열도 있습니다.

6.

男：この店はアジア各国の料理を食べることができます。千円で食べ放題ですから、どんどん食べましょう。ただし、制限時間は１時間ですよ。
女：日本にはこんな食べ放題の店がたくさんありますか。
男：ええ、最近各地にたくさんできましたね。

> 男：이 가게는 아시아각국의 요리를 먹을 수가 있습니다. 천 엔이면 마음껏 먹을 수 있으니까 계속 먹읍시다. 단, 제한시간은 1시간입니다.
> 女：일본에는 이렇게 마음껏 먹을 수 있는 가게가 많이 있습니까?
> 男：예, 최근 각지에 많이 생겼지요.

▶ 이 가게의 특징은 무엇입니까?
 (A) 시간무제한에 천 엔으로 마음껏 먹을 수 있습니다.
 (B) 1시간에 천 엔으로 마음껏 먹을 수 있습니다.
 (C) 시간무제한에 2천 엔으로 마음껏 먹을 수 있습니다.
 (D) 2시간에 천 엔으로 마음껏 먹을 수 있습니다.

7.

女：あのう、ちょっと…。
男：はい、何か。
女：ここでタバコを吸わないでくださいませんか。
男：あっ、どうもすみませんでした。

> 女：저, 좀….
> 男：예, 뭡니까?
> 女：여기서 담배를 피우지 말아 주시지 않겠습니까?
> 男：앗, 정말로 죄송합니다.

▶ 남자는 지금부터 어떻게 합니까?
 (A) 담배를 피웁니다.
 (B) 여자와 싸움을 합니다.
 (C) 담배를 피우지 않습니다.
 (D) 또 한대 담배를 피웁니다.

8.

男：ご相談したいことがあります。
女：はい、何でしょうか。
男：夏になると食欲がなくなります。どうしたらいいでしょうか。
女：でしたら、病院で検査を受けたらどうですか。

> 男：의논드릴 것이 있습니다.
> 女：네, 뭡니까?
> 男：여름이 되면 식욕이 없어집니다. 어떻게 하면 좋을까요?
> 女：그렇다면 병원에서 검사를 받으면 어떨까요?

▶ 남자는 무엇에 관해 의논했습니까?
 (A) 감기
 (B) 식욕
 (C) 습진
 (D) 병

9.

男：あのう、このテープはいくらですか。
女：三本で６５０円です。
男：一本だけほしいんですが。
女：ばら売りになると一本３００円です。

> 男：저, 이 테이프는 얼마입니까?
> 女：3개에 650엔입니다.
> 男：한개만 사고 싶은데요.
> 女：낱개판매가 되면 한개 300엔입니다.

▶ 남자는 무엇을 사고 싶습니까?
 (A) 우산을 사고 싶다.
 (B) 비디오 테이프를 사고 싶다.
 (C) 연필을 사고 싶다.
 (D) 필름을 사고 싶다.

10.

男：キムさんの授業は毎日何時から何時までですか。
女：９時１０分から１２時４０分までです。
男：何曜日から何曜日までですか。
女：月曜日から金曜日までです。

> 男：김 씨의 수업은 매일 몇 시부터 몇 시까지입니까?
> 女：9시 10분부터 12시 40분까지입니다.
> 男：무슨 요일부터 무슨 요일까지입니까?
> 女：월요일부터 금요일까지입니다.

▶ 수업은 매일 몇시부터입니까?
　(A) 5시 10분부터
　(B) 9시 10분부터
　(C) 10시 40분부터
　(D) 12시 40분부터

11.

男：田中さん、将来どんな仕事に就きたいですか。
女：そうですね。私はデスクワークの仕事には向いてないようだから、外回りがいいと思います。
男：へえ、見かけによらないんですね。
女：それに、営業次第でお金もたくさんもらえるし…。

　男：다나카 씨, 장래 어떤 직업에 종사하고 싶습니까?
　女：글쎄요. 나는 사무직에는 맞지 않는 것 같으니까 외근직이 좋다고 생각합니다.
　男：뭐라고요? 보기와는 다르군요.
　女：게다가 영업에 따라서 돈도 많이 받을 수 있으니까.

▶ 다나카 씨에게 맞은 직업은 다음 중 어느 것입니까?
　(A) 보험설계사
　(B) 공무원
　(C) 일본어 교사
　(D) 간호원

12.

女：あっ、しまった。ガスを消し忘れて来ちゃったよ。
男：えっ、もうすぐ入学式が始まるんだよ。
女：でも、帰らなくっちゃ。火事になっちゃうと大変だから。
男：しょうがないなあ。

　女：아, 아뿔사. 가스불을 끄지 않고 와 버렸어.
　男：뭐라고, 이제 곧 입학식이 시작돼.
　女：하지만, 돌아가야 돼. 불이 나버리면 큰 일이니까.
　男：할 수 없지.

▶ 두 사람은 지금 어디에 있습니까?
　(A) 영화관
　(B) 박물관
　(C) 학교
　(D) 도서관

13.

男：もしもし、日本物産の李と申しますが、田中部長をお願いします。
女：はい、ただ今お電話をおつなぎしますので、そのままお待ちください。
男：はい。

　男：여보세요, 일본물산의 이라고 합니다만, 다나카 부장님을 부탁합니다.
　女：네, 지금 전화를 연결해 드릴 테니까 그대로 기다려 주십시오.
　男：네.

▶ 여자는 지금부터 무엇을 합니까?
　(A) 다나카 부장님과 이야기를 한다.
　(B) 다나카 부장님에게 전화를 돌린다.
　(C) 다나카 부장님을 부르러 간다.
　(D) 다나카 부장님을 객실로 안내한다.

14.

女：もしもし、この前貸した本、全部読んだ。
男：少し残ってるんだけど。
女：先生もその本を読みたいとおっしゃいまして。
男：じゃ、読み終わったら僕が直接先生に渡すよ。

　女：여보세요, 요전에 빌린 책, 전부 읽었어?
　男：조금 남아 있는데.
　女：선생님도 그 책을 읽고 싶다고 말씀하셔서.
　男：그럼, 다 읽으면 내가 직접 선생님에게 드릴게.

▶ 남자는 책을 어떻게 합니까?
　(A) 여자에게 돌려준다.
　(B) 선생님에게 돌려준다.
　(C) 도서관에 반환한다.
　(D) 선생님에게 빌린다.

15.

女：本当に頭にきちゃったよ。山田のやつ。
男：そうだね。パーティーに遅れるなんて。
女：遅れたことはともかくとして、何であらかじめ一言言ってくれなかったのよ。
男：それもそうだね。遅れることを前から知っていたのにね。

　女：정말로 화가 치밀어. 야마다 놈.
　男：그래. 파티에 늦다니.

女 : 늦은 일은 어찌되었든간에 왜 미리 한마디 해 주지 않았어.
男 : 그것도 그래. 늦을 것을 전부터 알고 있었는데도말이야.

▶ 여자가 화를 내고 있는 진짜 이유는 무엇입니까?
(A) 야마다 씨가 파티에 지각했기 때문에
(B) 야마다 씨가 파티에 오지 않았기 때문에
(C) 야마다 씨가 사회자인데도 불구하고 늦었기 때문에
(D) 야마다 씨가 지각할 것을 미리 알리지 않았기 때문에

16.
男 : すみません。スポーツ新聞ありますか。
女 : すみません、スポーツ新聞はちょっと。普通の新聞ならありますよ。
男 : じゃ、それでいいです。

男 : 죄송합니다. 스포츠신문 있습니까?
女 : 죄송합니다. 스포츠신문은 없는데요. 보통 신문이라면 있습니다.
男 : 그럼, 그걸로 주세요.

▶ 남자는 어떤 신문을 삽니까?
(A) 스포츠신문
(B) 일간스포츠
(C) 보통 신문
(D) 사지 않는다.

17.
女 : 高原さん、どこに行くんですか。
男 : 皇居に行きます。
女 : じゃ、いっしょにどうですか。私も田舎から両親が来たので、今から皇居に行くところなんです。
男 : そうですか。それはよかったですね。

女 : 다카하라 씨, 어디 갑니까?
男 : 황궁에 갑니다.
女 : 그럼 같이 가지 않겠습니까? 저도 시골에서 부모님이 오셔서 지금 황궁에 가려는 참입니다.
男 : 그래요? 그거 잘 되었군요.

▶ 일행은 어디로 갑니까?
(A) 고교
(B) 항행
(C) 황궁

(D) 공공장소

18.
男 : 金さん、日本語がお上手ですね。日本に来て何年くらいですか。
女 : 今年で3年目ですけど、まだあまりうまく話せません。
男 : そんなことありませんよ。
女 : いいえ、まだまだです。

男 : 김 씨, 일본어를 잘 하시네요. 일본에 온지 몇 년정도 되었습니까?
女 : 올해로 3년째인데, 아직 그다지 잘하지 못합니다.
男 : 그렇지 않습니다.
女 : 아뇨, 아직 멀었습니다.

▶ 김 씨는 몇 년전에 일본에 왔습니까?
(A) 2년
(B) 3년
(C) 4년
(D) 5년

19.
男 : 田中さん、遠藤さんのお見舞いに行ってきたそうですね。
女 : ええ、昨日行ってきました。
男 : 様子はどうでしたか。
女 : だいぶよくなったようですが、まだ1週間は入院しなければならないそうです。

男 : 다나카 씨, 엔도 씨한테 병문안 갔다 왔다면서요?
女 : 네, 어제 갔다 왔습니다.
男 : 상태는 어땠습니까?
女 : 많이 좋아진 것 같지만, 아직 1주일은 더 입원해야 한답니다.

▶ 엔도(遠藤) 씨는 언제 퇴원합니까?
(A) 1일후
(B) 1주일후
(C) 2주일후
(D) 1개월후

20.
男 : このズボンなんかどう。君に似合うと思うけど。
女 : 少し大きすぎるんじゃない?ほら、ダブダブだよ。
男 : 最近は少し大きめの服をゆったり着るのが流行ってるよ。
女 : 私、18歳の娘でもあるまいし…。

男：この ズボンは どう？ 君に 似合うと 思うけど。
女：ちょっと 大きすぎないかしら？ ほら、ぶかぶかじゃない。
男：最近は ちょっと 大きめの 服を 余裕を もって 着るのが 流行って いるよ。
女：私は 18歳の 娘でも ないのに…。

▶ 여자는 이 바지를 어떻게 생각하고 있습니까?
(A) 커서 일하기 쉽다.
(B) 유행하고 있으니까 좋다.
(C) 자기 나이에는 맞지 않다.
(D) 남자가 권하니까 좋다.

21.

男：山田さん、今度の 社員旅行に 参加しますか。
女：まあね、また 箱根でしょ。毎年(まいとし) 代わり映え が しないんですからね。
男：そうですねえ。たまには 目先を 変えて、海外旅行にで も 行けば いいのにね。
女：海外旅行だと、確かに お金の 問題も ありますよね。

男：야마다 씨, 이번 사원여행에 참가합니까?
女：글쎄요. 또 하코네이지요. 매년 전혀 바뀐 것이 없 으니까요.
男：그렇네요. 가끔은 변화를 주어, 해외여행이라도 가면 좋을텐데.
女：해외여행이라면 아마 돈 문제도 있어요.

▶ 여자는 왜 사원여행을 싫어하고 있습니까?
(A) 하쿠네에 가기 때문에
(B) 해외에 가기 때문에
(C) 남자친구가 안 가기 때문에
(D) 돈이 없기 때문에

22.

男：はい、小林で ございます。
女：田中と 申しますが、お母様は いらっしゃいますか。
男：あいにく 買い物に 出ていて、今は おりません。
女：そうですか。では、また 後ほど お電話を さし上げます ので、よろしく お伝えください。

男：네, 고바야시입니다.
女：다나카라고 합니다만, 어머님은 계십니까?
男：공교롭게도 쇼핑을 나가서서 지금은 없습니다.
女：그러세요? 그럼 또 나중에 전화를 드릴테니까 잘 전 해 주세요.

▶ 이 대화의 장소는 어디입니까?
(A) 회사의 접수처
(B) 가정 방문
(C) 백화점에서의 회화
(D) 전화로의 대화

23.

男：米田さん。今週の 土曜日に テニスの 区民大会が あるそ うですね。
女：あ、そうですか。私は 知りませんでした。
男：今回は ダブルスの 団体戦だけだそうですよ。
女：そうですか。で、何組 出ますか。
男：3組 出て、二勝すれば 勝ちです。
女：そうですか。私たちも 出ましょうか。
男：そうですね。

男：요네다 씨. 이번 주 토요일에 테니스 구민대회가 있다 는군요.
女：아, 그래요? 저는 몰랐습니다.
男：이번엔 복식 단체전만 한다던데요.
女：그래요? 그래, 몇조 나옵니까?
男：3개조가 나와서 2승하면 이깁니다.
女：그렇습니까? 우리도 나갈까요?
男：글쎄요.

주) ダブルス(doubles : 더블스 : 테니스・탁구 등에서의 복식 경기)↔シングルス

▶ 테니스대회의 종목은 무엇입니까?
(A) 단식
(B) 단식과 복식
(C) 복식 개인전
(D) 복식 단체전

24.

男：この ビデオデッキ、すごいですね。買ったんですか。
女：はい。でも 再生しか 使ってないんです。
男：えっ、もったいないなあ。マニュアルは あるんでしょ。
女：もちろん ありますよ。しかし、その マニュアルが 理解 できないんです。

男：이 비디오덱, 굉장하네요. 샀습니까?
女：네. 하지만 재생밖에 사용하고 있지 않습니다.
男：엇, 아깝네요. 매뉴얼은 있지요?
女：물론 있어요. 그러나 그 매뉴얼을 이해할 수 없습니다.

▶ 여자는 왜 비디오덱의 재생밖에 사용하고 있지 않습니

까?
(A) 매뉴얼이 어렵기 때문에
(B) 매뉴얼이 없기 때문에
(C) 재생기능밖에 붙어 있지 않기 때문에
(D) 녹화할 것이 없기 때문에

25.

女：前田さん、今晩、暇?
男：ええ? どうして。
女：最近話題の新作映画、知ってるでしょ?
男：ええ。でもまだやってないでしょう。
女：でも、今晩区民会館で試写会があるのよ。ちょうど切符二枚あるんだけど、一緒に行かない?
男：ごめん。せっかくだけど、今日は残業なの。
女：あ、そう? 残念だわね。

女：마에다 씨, 오늘밤 한가해요?
男：네? 왜요?
女：요즘 화제의 신작영화 알지요?
男：네. 하지만 아직 안 하잖아요?
女：하지만, 오늘 밤 구민회관에서 시사회가 있어요. 마침 표가 2장 있는데, 같이 안 갈래요?
男：미안. 모처럼의 기회인데, 오늘은 잔업이에요.
女：아, 그래요? 유감이군요.

▶ 마에다 씨가 구민회관에 갈 수 없는 이유는 무엇입니까?
(A) 선약이 있기 때문에
(B) 돈이 없기 때문에
(C) 몸이 좋지 않기 때문에
(D) 일이 남아 있기 때문에

26.

男：本棚に本がいっぱいだね。もう一つ買おうか。
女：もう一つ入れると、部屋が狭くなりますよ。
男：そうですね。部屋が狭くなるのも困るよね。
女：それより要らない本を少し整理しましょう。

男：책장에 책이 많군요. 또 하나 살까요?
女：또 하나 넣으면 방이 좁아져요.
男：그렇군요. 방이 좁아지는 것도 곤란하군요.
女：그것보다 필요없는 책을 조금 정리합시다.

▶ 두 사람은 지금부터 무엇을 합니까?
(A) 필요없는 책을 버린다.
(B) 필요없는 책장을 버린다.
(C) 책장을 넓은 방으로 옮긴다.
(D) 책장을 하나 산다.

27.

男：すみません。名古屋までお願いします。
女：はい、えーと、乗車券が15,000円で、特急券が5千円で、全部で2万円になります。
男：あの、できれば喫煙席をお願いします。
女：恐れ入りますが、喫煙席はただ今満席となっております。

男：미안합니다. 나고야까지 부탁합니다.
女：네, 어, 승차권이 15,000엔이고, 특급권이 5천으로 전부해서 2만엔입니다.
男：저, 가능하면 흡연석을 부탁합니다.
女：죄송합니다만, 흡연석은 지금 만석입니다.

▶ 남자는 어느 좌석에 앉습니까?
(A) 금연의 지정석
(B) 금연의 자유석
(C) 흡연의 지정석
(D) 흡연의 자유석

28.

男：ぼく、昨日、お父さんと一緒に博物館へ行ってきたんだよ。
女：私は、お父さんとお兄さんと、海へ行ってきたんだ。
男：博物館には恐龍の骨があったんだよ。それから、恐龍の卵もあったんだ。
女：海もすごかったよ。大きな波がよせて来るんだよ。太陽だって、ここらへんのやつよりもずっと大きく見えたんだよ。

男：나, 어제 아버지와 같이 박물관에 다녀 왔어.
女：나는 아버지와 오빠와 같이 바다에 다녀 왔어.
男：박물관에는 공룡뼈가 있었어. 그리고 공룡알도 있었어.
女：바다도 굉장했어. 큰 파도가 밀려왔어. 태양도 여기서 보는 것보다도 훨씬 크게 보였어.

▶ 어제 여자는 무엇을 봤습니까?
(A) 큰 바도와 크게 보이는 태양입니다.
(B) 공룡뼈와 작게 보이는 태양입니다.
(C) 큰 별과 공룡알입니다.
(D) 큰 거인과 큰 배입니다.

29.

男：お前たち、何でそんなに笑ってるの?
女：だって、佐々木君がおかしいこと言うんだもん。
男：佐々木君って、おもしろい奴だよな。
女：そうね。あいつの一発芸は本当におもしろいよね。
男：いっそのこと、お笑い芸人になったほうがいいかもね。
女：まさか。

> 男：너희들 왜 그렇게 웃고 있니?
> 女：사사키 군이 웃기는 소리 하잖아.
> 男：사사키 군은 재미있는 녀석이군.
> 女：그러게 말이야. 그녀석의 깜짝재주는 정말 재미있지.
> 男：차라리, 만담가가 되는 게 좋을지도 몰라.
> 女：설마.

▶ 왜 모두 웃었습니까?
　(A) 사사키 씨가 재미있는 말을 했기 때문에
　(B) 사사키 씨가 이상한 사람이기 때문에
　(C) 사사키 씨가 만담가가 되기 때문에
　(D) 사사키 씨가 텔레비전에 나왔기 때문에

30.

男：おばさん、どちらへいらっしゃるんですか。
女：北海道、娘が先月出産したの、それで出産祝いがてら孫の顔を見て来ようと。
男：それは楽しみですね。じゃ、しばらくはそこにいらっしゃるんですよね。
女：いえ、今主人が入院していて、長くはいられないんですよ。

> 男：아주머니, 어디에 가십니까?
> 女：홋카이도, 딸이 지난 달 출산했어. 그래서 출산축하겸 손녀 얼굴을 보고 오려고.
> 男：그거 좋겠네요. 그럼 며칠은 거기에 계시겠네요.
> 女：아니, 지금 남편이 입원해 있어서 오래는 머물 수 없어.

▶ 아주머니는 지금부터 어떻게 합니까?
　(A) 홋카이도에서 관광을 하고 일찌감치 돌아온다.
　(B) 홋카이도에서 입원중인 딸을 만나 바로 돌아온다.
　(C) 홋카이도에서 손녀 얼굴을 보고 일찌감치 돌아온다.
　(D) 홋카이도에서 입원중인 남편을 만나고 바로 돌아온다.

정답

1. C	2. D	3. B	4. D	5. D
6. B	7. C	8. B	9. B	10. B
11. A	12. C	13. B	14. B	15. D
16. C	17. C	18. B	19. B	20. C
21. A	22. D	23. D	24. A	25. D
26. A	27. A	28. A	29. A	30. C

パートⅣ スクリプト 및 정답

(1~3)

山田さんは、朝早く起きてラジオ体操をしています。それが終わると、ご飯を食べてから学校へ行きます。学校にはおおぜいの友だちがいて、五・六人ずつ集まって、きのうあったことなどを、楽しく話し合っています。それは、ベルが鳴って、先生の姿が見えるまで必ず続くのです。

야마다 씨는 아침 일찍 일어나 라디오체조를 하고 있습니다. 그것이 끝나면 밥을 먹고 나서 학교에 갑니다. 학교에는 많은 친구가 있어, 대여섯명씩 모여 어제 있었던 일 등을 즐겁게 이야기하고 있습니다. 그것은 종이 울려 선생님의 모습이 보일 때까지 반드시 계속됩니다.

1. 야마다 씨는 아침에 일어나서 처음에 무엇을 합니까?
(A) 식사
(B) 양치질
(C) 체조
(D) 목욕

2. 수업이 시작되기 전에 무엇을 합니까?
(A) 숙제를 한다.
(B) 선생님과 서로 의논한다.
(C) 못된 짓을 한다.
(D) 친구와 서로 이야기한다.

3. 야마다 씨의 직업은 무엇입니까?
(A) 학생
(B) 회사원
(C) 경찰관
(D) 선생

(4~6)

下水処理場を作るには、まず大きさや場所を決めて土地を買い、そこに建物やいろいろな設備を作ります。下水処理場の大きさは、集まってくる下水の量によって決められます。下水処理場は、きれいにした水を放流しやすいように、川や海の近くに作られます。

また、周りへの影響も考えなければなりません。臭いがもれることのないようにふたをかぶせます。最近では、下水処理場の上を公園やテニスコートにしたりして、土地を有効に使っています。

하수처리장을 만들려면 우선 크기와 장소를 정해 땅을 사고, 거기에 건물과 여러가지 설비를 만듭니다. 하수처리장의 크기는 모이는 하수량에 따라 정해집니다. 하수처리장은 깨끗하게 만든 물을 방류하기 쉽도록 강과 바다 근처에 만들어집니다.

또한, 주위에 대한 영향도 생각해야 합니다. 냄새가 새는 일이 없도록 뚜껑을 덮습니다. 최근에는 하수처리장 위를 공원과 테니스코트로 만들거나 해서 땅을 유용하게 사용하고 있습니다.

4. 하수처리장은 어디가 가장 좋습니까?
(A) 산
(B) 강과 바다 근처
(C) 도심
(D) 물 속

5. 냄새가 새지 않도록 어떠한 조치를 취하고 있습니까?
(A) 손질을 한다.
(B) 문을 닫는다.
(C) 뚜껑을 덮는다.
(D) 자물쇠를 채운다.

6. 하수처리장 위의 용도로서 생각되는 것은 어느 것입니까?
(A) 테니스코트
(B) 수영장
(C) 주택지
(D) 쓰레기처리장

(7~9)

太郎は、日曜日の朝は、必ず公園に行く。公園には、池もあり、樹木も多い。池の周りを走り、芝生に寝転び、木の間から見える青空を三十分以上もながめていることもあった。ある日曜日の朝、太郎は、一人の少年に会った。青いジョギングスーツを着ていた。彼も、太郎と同じように池の周りを走っていた。最初見たとき、声をかけようと思ったが、なぜか、声をかけることができなかった。

다로는 일요일 아침에는 반드시 공원에 간다. 공원에는 연못도 있고, 수목도 많다. 연못 주위를 달리고, 잔디밭에 뒹굴고, 나무 사이로 보이는 창공을 30분 이상이나 바라보고 있을 때도 있었다. 어느 일요일 아침, 다로는 한 명의 소년을 만났다. 파란 조깅복을 입고 있었다. 그 사람도 다로와 마찬가지로 연못 주위를 달리고 있었다. 처음 봤을 때, 말을 걸려고 했는데, 왠지 말을 걸 수가 없었다.

7. 다로는 일요일 아침에 무엇을 합니까?
(A) 체조
(B) 조깅
(C) 테니스

(D) 골프

8. 어느 날 일요일 아침, 다로는 누구를 만났습니까?
   (A) 한 명의 소녀
   (B) 두 명의 소녀
   (C) 한 명의 소년
   (D) 두 명의 소년

9. 다로는 그 사람을 처음 봤을 때, 무엇을 했습니까?
   (A) 악수를 했다.
   (B) 함께 달렸다.
   (C) 말을 걸었다.
   (D) 아무것도 하지 않았다.

(10~12)

あなたが、わたしの生まれた札幌へいらっしゃって、そうして、そこのホテルで書いてくださったお手紙、身にしみてなつかしく拝見いたしました。あなたは、そのホテルのことを、おそらく東京以北第一でしょうとほめてくださいましたが、残念なことに、わたしは、まだ、そのホテルを存じません。

당신이 내가 태어난 삿포로에 오시고, 그리고 그곳 호텔에서 써 주신 편지, 사무치는 그리움으로 읽었습니다. 당신은 그 호텔을 아마 동경이북 제일일 것이라고 칭찬해 주셨습니다만, 유감스럽게도 나는 아직 그 호텔을 모릅니다.

10. 편지는 어디서 썼습니까?
   (A) 동경의 호텔에서
   (B) 삿포로의 호텔에서
   (C) 집에서
   (D) 도서관에서

11. 묵은 호텔에 관해 어떻다고 말하고 있습니까?
   (A) 홋카이도에서는 제일일 것이라고 말하고 있다.
   (B) 세계에서는 제일일 것이라고 말하고 있다.
   (C) 일본에서는 제일일 것이라고 말하고 있다.
   (D) 동경이북에서는 제일일 것이라고 말하고 있다.

12. 편지를 받은 사람의 고향은 어디입니까?
   (A) 동경(東京)
   (B) 센다이(仙台)
   (C) 삿포로(札幌)
   (D) 오사카(大阪)

(13~15)

新聞やテレビの報道を見ていると、少年少女の特異な殺傷事件が続発しているように思いこんでしまうが、少年少女の殺人は決して近年増加しているわけではない。増加しているのはむしろ、万引きや自転車泥棒のような軽度の非行である。

人を殺すには強い攻撃性の発動が必要であろうが、現代の少年少女にはその強い攻撃性がむしろ失われているのではなかろうか。

신문과 텔레비전의 보도를 보고 있노라면 소년 소녀의 특이한 살해사건이 연속되고 있는 것 처럼 믿어버리지만, 소년 소녀의 살인은 결코 근래 증가하고 있는 것은 아니다. 증가하고 있는 것은 오히려 몰래 살짝 훔치는 것과 자전거 도둑과 같은 가벼운 비행이다.

사람을 죽이려면 강한 공격성의 발동이 필요하지만, 현대의 소년 소녀에게는 그 강한 공격성이 오히려 상실되어 있는 것이 아닐까?

13. 소년 소녀에 의한 살인사건은 어떻다고 말하고 있습니까?
   (A) 해마다 증가하고 있다.
   (B) 해마다 줄어들고 있다.
   (C) 줄어들고 있지 않다.
   (D) 증가하고 있지 않다.

14. 소년 소녀에 의한 가벼운 비행은 무엇입니까?
   (A) 강도
   (B) 강간
   (C) 살짝 훔침
   (D) 살인

15. 사람을 죽이기 위해서는 무엇이 필요하다고 말하고 있습니까?
   (A) 약한 공격성의 발동
   (B) 약한 비공격성의 발동
   (C) 강한 공격성의 발동
   (D) 강한 비공격성의 발동

(16~18)

手芸クラブは、布、フェルト、糸、毛糸など、いろいろな材料を使います。また針やはさみ、ミシン、アイロンなど、たくさんの用具を使います。

これらの道具の後始末をしないと、どうなるでしょうか。針でけがをしたり、アイロンで火事になったり、危険が一杯です。

後片付けは、みんなで交代でやりましょう。グループごとに当番でやっていくのもいいでしょう。

　수예클럽은 헝겊, 펠트, 실, 털실 등, 여러가지 재료를 사용합니다. 또한 바늘과 가위, 미싱, 다리미 등, 많은 도구를 사용합니다.
　이들 도구의 뒷정리를 하지 않으면 어떻게 될까요. 바늘 때문에 부상을 입거나, 다리미 때문에 불이 나거나 해서 위험이 많습니다.
　뒷정리는 다같이 번갈아서 합시다. 그룹마다 당번을 정해 해나가는 것도 좋을 것입니다.

16. 수예클럽의 활동에서 무엇을 강조하고 있습니까?
　(A) 부상
　(B) 불
　(C) 뒷정리
　(D) 당번

17. 불이 나는 도구는 무엇입니까?
　(A) 털실
　(B) 바늘
　(C) 가위
　(D) 다리미

18. 뒷정리의 방법으로서 무엇을 권하고 있습니까?
　(A) 그룹마다 당번을 정해 해나가는 것
　(B) 자기 물건은 자기가 정리하는 것
　(C) 선생님의 지도하에 해나가는 것
　(D) 다같이 신속하게 정리하는 것

(19〜20)

　家庭における、父親、夫としての男の存在感が薄れ、居場所がないという声もあるが、三井ホームが行った調査では、半数以上の夫が専用の個室を持っていた。一方で、家庭でのやすらぎ、といえば「テレビ・ビデオ」という傾向も浮かんでいる。
　この調査は今年3月、首都圏と関西圏に住む男性の世帯主、216人にアンケートし、家庭内の居場所や家で安らぎを感じる所などについて聞いたものである。

　가정에 있어서의, 아버지, 남편으로서의 남자의 존재감이 희미해져 있을 곳이 없다는 소리도 있지만, 미쓰이홈이 행한 조사에서는 절반 이상의 남편이 전용 자기방을 가지고 있었다. 한편 가정에서의 편안함이라고 하면 「텔레비전・비디오」라는 경향도 떠오르고 있다.
　이 조사는 올해 3월, 수도권과 관서권에 사는 남성 세대주, 216명에게 앙케트를 실시해 가정내의 거처와 집에서의 편안함을 느끼는 곳 등에 관해 질문한 것이다.

19. 이 조사에서의 남편 전용의 개인실은 어느 정도입니까?
　(A) 전부
　(B) 절반 이상
　(C) 약간
　(D) 절반 이하

20. 집에서 편안함을 느끼는 것으로써 떠오르고 있는 것은 무엇입니까?
　(A) 텔레비전과 비디오
　(B) 텔레비전과 게임
　(C) 비디오와 컴퓨터
　(D) 비디오와 라디오

1. C	2. D	3. A	4. B	5. C
6. A	7. B	8. C	9. D	10. B
11. D	12. C	13. D	14. C	15. C
16. C	17. D	18. A	19. B	20. A

청해 예상문제 스크립트 및 정답

1. (A) ここは駅の改札口です。
   (B) ここは空港です。
   (C) ここはタクシー乗り場です。
   (D) ここはバスターミナルです。

   (A) 여기는 역개찰구입니다.
   (B) 여기는 공항입니다.
   (C) 여기는 택시정류장입니다.
   (D) 여기는 버스터미널입니다.

2. (A) ここは化粧品店です。
   (B) ここはスーパーです。
   (C) ここは薬屋です。
   (D) ここはコンビニです。

   (A) 여기는 화장품 가게입니다.
   (B) 여기는 슈퍼입니다.
   (C) 여기는 약국입니다.
   (D) 여기는 편의점입니다.

3. (A) これは仏像です。
   (B) これはお寺にあるものです。
   (C) これはお地蔵さまです。
   (D) これは銅像です。

   (A) 이것은 불상입니다.
   (B) 이것은 절에 있는 것입니다.
   (C) 이것은 지장보살입니다.
   (D) 이것은 동상입니다.

4. (A) ここではおでんしか売っていません。
   (B) ビールを飲む客もいます。
   (C) 空いている席が多いです。
   (D) 客はみんな女性です。

   (A) 여기서는 어묵밖에 안 팝니다.
   (B) 맥주를 마시는 손님도 있습니다.
   (C) 비어 있는 자리가 많습니다.
   (D) 손님은 다 여성입니다.

5. (A) 二人の女性と二人の男性が海を見ています。
   (B) 二人の女性が船を見ています。
   (C) 二組の男女がそれぞれお話をしています。
   (D) 四人の男女がいっしょにお話をしています。

   (A) 두 명의 여성과 두 명의 남성이 바다를 보고 있습니다.
   (B) 두 명의 여성이 배를 보고 있습니다.
   (C) 두쌍의 남녀가 각기 이야기를 하고 있습니다.
   (D) 네 명의 남녀가 같이 이야기하고 있습니다.

6. (A) 一人の男性が人力車をひいています。
   (B) 人力車には二人の男性が乗っています。
   (C) 人力車には二人の女性が乗っています。
   (D) 人力車には二人の子供が乗っています。

   (A) 한 명의 남성이 인력거를 끌고 있습니다.
   (B) 인력거에는 두 명의 남성이 타고 있습니다.
   (C) 인력거에는 두 명의 여성이 타고 있습니다.
   (D) 인력거에는 두 명의 어린이가 타고 있습니다.

7. (A) これはお葬式の行列です。
   (B) これは結婚式の模様です。
   (C) ほとんどの人がおみこしを担いでいます。
   (D) みんな鉢巻をしています。

   (A) 이것은 장례식 행렬입니다.
   (B) 이것은 결혼식 모습입니다.
   (C) 대부분의 사람이 오미코시를 짊어지고 있습니다.
   (D) 모두 머리띠를 하고 있습니다.

8. (A) この店にあるものは全部1割引で買えます。
   (B) この店にあるものは全部9割引で買えます。
   (C) 店頭に展示されているものに限って、1割引で買えます。
   (D) 店頭に展示されているものに限って、9割引で買えます。

   (A) 이 가게에 있는 것은 전부 1할 할인으로 살 수 있습니다.
   (B) 이 가게에 있는 것은 전부 9할 할인으로 살 수 있습니다.
   (C) 가게 앞에 전시되어 있는 것에 한하여, 1할 할인으로 살 수 있습니다.
   (D) 가게 앞에 전시되어 있는 것에 한하여, 9할 할인으로 살 수 있습니다.

9. (A) ここはラーメン屋です。
   (B) 一人の客がビールを飲んでいます。
   (C) 二人の客が日本酒を飲んでいます。
   (D) 一人の客が日本酒を飲んでいます。

   (A) 여기는 라면 가게입니다.
   (B) 한 명의 손님이 맥주를 마시고 있습니다.
   (C) 두 명의 손님이 청주를 마시고 있습니다.
   (D) 한 명의 손님이 청주를 마시고 있습니다.

   주 日本酒(にほんしゅ) : 청주(정종)를 가리킴.

10. (A) 学生はみんな女性です。
(B) 学生はみんな男性です。
(C) みんな前を見ています。
(D) 後ろを振り向いている学生もいます。

　　(A) 학생은 모두 여성입니다.
　　(B) 학생은 모두 남성입니다.
　　(C) 모두 앞을 보고 있습니다.
　　(D) 뒤를 돌아보고 있는 학생도 있습니다.

11. (A) この女性は右手でコップを持っています。
(B) この女性は左手でコップを持っています。
(C) この女性は右手に腕時計をしています。
(D) この男性は左手に腕時計をしています。

　　(A) 이 여성은 오른손으로 컵을 들고 있습니다.
　　(B) 이 여성은 왼손으로 컵을 들고 있습니다.
　　(C) 이 여성은 오른손에 손목시계를 차고 있습니다.
　　(D) 이 남성은 왼손에 손목시계를 차고 있습니다.

12. (A) ここでは扇子を売っています。
(B) ここでは筆を売っています。
(C) ここでは文房具を売っています。
(D) ここではおもちゃを売っています。

　　(A) 여기서는 부채를 팔고 있습니다.
　　(B) 여기서는 붓을 팔고 있습니다.
　　(C) 여기서는 문방구를 팔고 있습니다.
　　(D) 여기서는 완구를 팔고 있습니다.

13. (A) 一番前の女性はパーマをかけています。
(B) 前から二番目の女性は帽子をかぶっています。
(C) 前から三番目の女性は眼鏡をかけています。
(D) 前から四番目の男性はひげをはやしています。

　　(A) 제일 앞의 여성은 퍼머를 했습니다.
　　(B) 앞에서 두 번째 여성은 모자를 쓰고 있습니다.
　　(C) 앞에서 세 번째 여성은 안경을 쓰고 있습니다.
　　(D) 앞에서 네 번째 남성은 수염을 기르고 있습니다.

14. (A) 一人の子供がアイスクリームを買っています。
(B) 二人の子供がアイスクリームを買っています。
(C) 一人の子供がアイスクリームを食べています。
(D) 二人の子供がアイスクリームを食べています。

　　(A) 한 명의 어린이가 아이스크림을 사고 있습니다.
　　(B) 두 명의 어린이가 아이스크림을 사고 있습니다.
　　(C) 한 명의 어린이가 아이스크림을 먹고 있습니다.
　　(D) 두 명의 어린이가 아이스크림을 먹고 있습니다.

15. (A) 二人の女性が歩いています。
(B) 二人の女性がアイスクリームを食べています。
(C) 帽子をかぶっている女性はハンドバッグを首にかけています。
(D) 帽子をかぶっている女性はジーパンをはいています。

　　(A) 두 명의 여성이 걷고 있습니다.
　　(B) 두 명의 여성이 아이스크림을 먹고 있습니다.
　　(C) 모자를 쓰고 있는 여성은 핸드백을 목에 걸고 있습니다.
　　(D) 모자를 쓰고 있는 여성은 청바지를 입고 있습니다.

16. (A) ここでは浮きを売っています。
(B) ここでは浮世絵を売っています。
(C) ここでは絵葉書を売っています。
(D) ここでは便せんを売っています。

　　(A) 여기서는 튜브를 팔고 있습니다.
　　(B) 여기서는 우키요에를 팔고 있습니다.
　　(C) 여기서는 그림엽서를 팔고 있습니다.
　　(D) 여기서는 편지지를 팔고 있습니다.

　주 浮世絵(うきよえ) : 에도(江戸)시대에 성행한 유녀(遊女)나 연극을 다룬 풍속화.

17. (A) 花嫁の隣にお父さんとお母さんがいます。
(B) 花嫁はウェディングドレスを着ています。
(C) 新郎はネクタイをしめています。
(D) 花嫁は伝統衣装を着ています。

　　(A) 신부 옆에 아버지와 어머니가 있습니다.
　　(B) 신부는 웨딩드레스를 입고 있습니다.
　　(C) 신랑은 넥타이를 매고 있습니다.
　　(D) 신부는 전통의상을 입고 있습니다.

18. (A) 前の二人は髪が短いです。
(B) 一番前の女性はミニスカートをはいています。
(C) 一番前の女性はブーツをはいています。
(D) 一番前の女性はジーンズをはいています。

　　(A) 앞의 두 사람은 머리가 짧습니다.
　　(B) 제일 앞의 여성은 미니스커트를 입고 있습니다.
　　(C) 제일 앞의 여성은 부츠를 신고 있습니다.
　　(D) 제일 앞의 여성은 청바지를 입고 있습니다.

19. (A) 着物を着ている女性はみんな眼鏡をかけています。
(B) 着物を着ている女性はみんなパーマをかけています。
(C) 着物を着ている女性はみんな泣いています。

(D) 着物を着ている女性は一人も眼鏡をかけていません。
　(A) 기모노를 입고 있는 여성은 모두 안경을 쓰고 있습니다.
　(B) 기모노를 입고 있는 여성은 모두 퍼머를 하고 있습니다.
　(C) 기모노를 입고 있는 여성은 모두 울고 있습니다.
　(D) 기모노를 입고 있는 여성은 한 사람도 안경을 안 쓰고 있습니다.

20. (A) 資源ゴミの量は年々増えつつあります。
(B) 資源ゴミの量は年々減りつつあります。
(C) 1990年に資源ゴミの量がピークに達しています。
(D) 資源ゴミの量は燃やすゴミほど多くありません。
　(A) 자원쓰레기의 양은 해마다 늘어나고 있습니다.
　(B) 자원쓰레기의 양은 해마다 줄어들고 있습니다.
　(C) 1990년에 자원쓰레기의 양이 피크에 달해 있습니다.
　(D) 자원쓰레기의 양은 타는 쓰레기만큼 많지 않습니다.

🟥 동사의 ます형+つつある : ~하는 중이다.

---

21. ああ、鈴木さん、お出かけですか。
(A) ええ、ちょっと、そこまで。
(B) ええ、出かけたいと思います。
(C) はい、お出かけです。
(D) はい、出かけます。
　아, 스즈키 씨, 어디 나가십니까?
　(A) 예, 어디 좀.
　(B) 예, 나가고 싶습니다.
　(C) 예, 나가십니다.
　(D) 예, 나갑니다.

22. それじゃ、これで失礼します。
(A) ああ、いいよ。
(B) どうぞ、お気をつけて。
(C) いいえ、まだです。
(D) いいえ、だめです。
　그럼, 이만 실례하겠습니다.
　(A) 아, 좋아.
　(B) 조심해 가십시오.
　(C) 아뇨, 아직입니다.
　(D) 아뇨, 안 됩니다.

23. 今日はどうもありがとうございました。
(A) ええ、本当に。
(B) はい、そうです。
(C) いいえ、違います。
(D) いいえ、どういたしまして。
　오늘은 정말 감사했습니다.
　(A) 네, 정말로.
　(B) 네, 그렇습니다.
　(C) 아뇨, 아닙니다.
　(D) 아뇨, 천만에요.

24. 久しぶりですね。お元気ですか。
(A) はい、とても元気です。
(B) はい、とてもお元気です。
(C) ええ、おかげさまで。
(D) いいえ、違います。
　오래간만이군요. 별고 없으시지요?
　(A) 네, 아주 건강합니다.
　(B) 네, 아주 건강하십니다.
　(C) 네, 덕분에.
　(D) 아뇨, 아닙니다.

25. ご趣味は何ですか。
(A) はい、私のご趣味は野球です。
(B) 私のご趣味はサッカーです。
(C) テニスです。
(D) いいえ、趣味はありません。
　취미는 무엇입니까?
　(A) 네, 제 취미는 야구입니다.
　(B) 제 취미는 축구입니다.
　(C) 테니스입니다.
　(D) 아뇨, 취미는 없습니다.

🟥 (A) (B) 는 경어법이 맞지 않음.

26. 失礼ですが、お名前は何とおっしゃいますか。
(A) 吉村とおっしゃいます。
(B) はい、木村と申します。
(C) 田中と申します。
(D) 近藤と申されます。
　실례지만 성함은 어떻게 되십니까?
　(A) 요시무라라고 하십니다.
　(B) 네, 기무라라고 하십니다.
　(C) 다나카라고 합니다.
　(D) 곤도라고 하십니다.

27. おところとお名前をどうぞ。
(A) 神田香代子です。

(B) 福岡からいらっしゃいました木村です。
(C) 村岡です。
(D) 東京から参りました金田芳子です。

　　어디 사는 누구신가요?
　　(A) 간다 가요코(神田香代子)입니다.
　　(B) 후쿠오카(福岡)에서 오신 기무라(木村)입니다.
　　(C) 무라오카(村岡)입니다.
　　(D) 동경에서 온 가네다 요시코(金田芳子)입니다.

28. あの方はどなたですか。
(A) その方は英文科の教授で大平先生です。
(B) あの方は鈴木さんです。
(C) はい、上尾さんです。
(D) いいえ、分かりません。

　　저 분은 누구십니까?
　　(A) 그 분은 영문과 교수인 오다이라(大平)선생님입니다.
　　(B) 저 분은 스즈키 씨입니다.
　　(C) 네, 가미오(上尾) 씨입니다.
　　(D) 아뇨, 모르겠습니다.

29. 金さんの靴はどれですか。
(A) 金の靴はあそこにあります。
(B) はい、これです。
(C) はい、金さんのです。
(D) はい、そうです。

　　김 씨의 구두는 어느 것입니까?
　　(A) 김의 구두는 저기에 있습니다.
　　(B) 네, 이것입니다.
　　(C) 네, 김 씨 것입니다.
　　(D) 네, 그렇습니다.

30. すみません。新宿駅はどこですか。
(A) この道をまっすぐ行って、右に曲がってください。
(B) はい、タクシーに乗ってください。
(C) はい、電車に乗ってください。
(D) はい、分かりません。

　　저기요. 신주쿠역은 어디지요?
　　(A) 이 길을 똑바로 가서 오른쪽으로 돌아 주세요.
　　(B) 네, 택시를 타세요.
　　(C) 네, 전철을 타세요.
　　(D) 네, 모르겠습니다.

31. もしもし、吉田部長はいらっしゃいますでしょうか。
(A) はい、いらっしゃいます。

(B) ただいま、部長は会議に出ていらっしゃいます。
(C) 部長はただいま外出しております。
(D) 部長さまは席をはずしております。

　　여보세요, 요시다 부장님 계시는지요?
　　(A) 네, 계십니다.
　　(B) 지금 부장님은 회의에 들어가셨는데요.
　　(C) 부장님은 지금 외출했습니다.
　　(D) 부장님은 자리를 비우셨습니다.

　　🅥 경어법의 문제이므로 해석만으로는 정오(正誤)를 가리기 어렵다. 우리말은 상대에 상관없이 윗사람에게는 항상 존경어를 쓰는「절대경어」인데 대해서, 일본어는 상대에 따라 변하는「상대경어」이다. 그러므로 외부사람에 대해서 자기 회사쪽의 사람을 가리킬 때는「いらっしゃいます」라고 해서는 안 되며「おります」라고 해야 한다. 또한, 호칭도「～様」를 붙여서는 안 된다.

32. まあ、かわいい。これどこで買われましたか。
(A) 1万円で買いました。
(B) 1万円で買われました。
(C) 駅前のスーパーで買われました。
(D) 駅前のデパートで買いました。

　　어머, 귀여워. 이거 어디서 사셨어요?
　　(A) 만 엔에 샀습니다.
　　(B) 만 엔에 사셨습니다.
　　(C) 역앞에 있는 슈퍼에서 사셨습니다.
　　(D) 역앞에 있는 백화점에서 샀습니다.

33. 明日から台風が通るそうですね。
(A) そうですか。それはいけませんね。
(B) それはよかったですね。
(C) 大きな被害がなければいいですね。
(D) 心配してもしようがないですよ。

　　내일부터 태풍이 지나간다는데요.
　　(A) 그래요? 그건 안 되겠는데요.
　　(B) 그것 참 잘 됐군요.
　　(C) 큰 피해가 없으면 좋겠군요.
　　(D) 걱정해 봤자 소용없어요.

34. 暑いですね。何か冷たいものでも飲みませんか。
(A) そうですね。そうしましょうか。
(B) そうですか。どうも。
(C) いや、いけません。
(D) どうもありがとうございました。

덥군요. 뭐 찬 음료라도 마시지 않겠습니까?
(A) 네, 그럴까요?
(B) 그래요? 감사합니다.
(C) 아뇨, 안 됩니다.
(D) 대단히 감사합니다.

35. おかわりはいかがですか。
(A) はい、いります。
(B) はい、どうぞ。
(C) いいえ、要りません。
(D) もう結構です。

더 드시지 않겠습니까?
(A) 네, 필요합니다.
(B) 네, 어서.
(C) 아뇨, 필요없습니다.
(D) 이제 됐습니다.

36. これは誰の家ですか。
(A) 高い家です。
(B) 安い家です。
(C) 関さんの家です。
(D) 近い家です。

이것은 누구의 집입니까?
(A) 비싼 집입니다.
(B) 싼 집입니다.
(C) 세키 씨의 집입니다.
(D) 가까운 집입니다.

37. お仕事は何ですか。
(A) 部長です。
(B) 課長です。
(C) 社長です。
(D) 電気屋です。

하시는 일은 무엇입니까?
(A) 부장입니다.
(B) 과장입니다.
(C) 사장입니다.
(D) 전파사입니다.

38. いつもお一人で寝ますか。
(A) ええ、本当に。
(B) はい、違います。
(C) いいえ、子供と二人で寝ます。
(D) いいえ、どういたしまして。

항상 혼자서 잡니까?
(A) 네, 정말로.
(B) 네, 아닙니다.
(C) 아뇨, 아이와 둘이서 잡니다.
(D) 아뇨, 천만에요.

39. これはあなたのですか。
(A) はい、あれは私のです。
(B) はい、彼のです。
(C) ええ、おかげさまで。
(D) いいえ、違います。

이것은 당신 것입니까?
(A) 네, 저것은 내 것입니다.
(B) 네, 그 사람 것입니다.
(C) 네, 덕분에.
(D) 아뇨, 아닙니다.

40. 明日の予定はどうですか。
(A) 映画を見に行きます。
(B) 友だちと図書館へ行きました。
(C) 仕事をしています。
(D) 飲みに行きましょう。

내일 예정은 어떻습니까?
(A) 영화를 보러 갑니다.
(B) 친구와 함께 도서관에 갔습니다.
(C) 일을 하고 있습니다.
(D) 술 마시러 갑시다.

41. それ、私にも貸してくれませんか。
(A) ええ、あげます。
(B) はい、どうも。
(C) いいえ、どういたしまして。
(D) ええ、いいですよ。

그거, 저한테도 빌려주지 않겠습니까?
(A) 네, 주겠습니다.
(B) 네, 감사합니다.
(C) 아뇨, 천만에요.
(D) 네, 좋습니다.

42. 彼女とはうまくいってますか。
(A) ええ、たまに行きます。
(B) いいえ、あまり行きません。
(C) ええ、まあ。
(D) ええ、すみません。

그녀하고는 잘 되어갑니까?
(A) 네, 가끔 갑니다.
(B) 아뇨, 별로 안 갑니다.
(C) 네, 뭐 그럭저럭.
(D) 네, 미안합니다.

43. 1万円札でよろしいですか。
(A) ええ、かまいません。
(B) はい、どうも。
(C) はい、よくないです。
(D) いいえ、分かりません。

만 엔 짜리도 괜찮습니까?
(A) 네, 괜찮습니다.
(B) 네, 감사합니다.
(C) 네, 좋지 않습니다.
(D) 아뇨, 모르겠습니다.

44. お飲み物は何にしますか。
(A) 私はお酒にします。
(B) ビールしかありません。
(C) はい、おいしいものです。
(D) はい、そうです。

술은 뭘로 하시겠습니까?
(A) 저는 청주로 하겠습니다.
(B) 맥주밖에 없습니다.
(C) 네, 맛있는 것입니다.
(D) 네, 그렇습니다.

45. 練習、頑張ってください。
(A) いいえ、けっこうです。
(B) はい、もちろん。
(C) はい、一生懸命がんばります。
(D) いいえ、分かりません。

연습 열심히 하세요.
(A) 아뇨, 됐습니다.
(B) 네, 물론.
(C) 네, 열심히 하겠습니다.
(D) 아뇨, 모르겠습니다.

46. もっと安いのはありませんか。
(A) これは、いけません。
(B) はい、どうも。
(C) いいえ、だめです。
(D) では、これはいかがですか。

더 싼 것은 없습니까?
(A) 이것은 안 됩니다.
(B) 네, 감사합니다.
(C) 아뇨, 안 됩니다.
(D) 그럼, 이건 어떻습니까?

47. お茶でも入れましょうか。
(A) すみません、お願いします。
(B) はい、入れてください。
(C) いいえ、入りません。
(D) どうぞ、入れてください。

녹차라도 드시겠습니까?
(A) 감사합니다. 그럼 부탁합니다.
(B) 네, 타 주세요.
(C) 아뇨, 안 들어갑니다.
(D) 어서 타 주세요.

🈑 어법 문제이므로 원문으로 이해할 것.

48. 今日も帰りが遅いですか。
(A) ええ、今日も残業です。
(B) はい、よかったです。
(C) いいえ、だめです。
(D) はい、遅かったです。

오늘도 늦게 돌아오십니까?
(A) 네, 오늘도 잔업입니다.
(B) 네, 잘 됐습니다.
(C) 아뇨, 안 됩니다.
(D) 네, 늦었습니다.

49. ごちそうさまでした。
(A) いいえ、違います。
(B) いいえ、お粗末さまでした。
(C) はい、ごちそうでした。
(D) どうもありがとうございました。

잘 먹었습니다.
(A) 아뇨, 아닙니다.
(B) 아뇨, 변변치 못했습니다.
(C) 네, 진수성찬이었습니다.
(D) 대단히 감사했습니다.

50. 明日は何時にお出かけですか。
(A) 7時に出かけます。
(B) 8時に出かけようじゃないですか。
(C) 9時に帰ります。

(D) 9時に帰ってきます。

내일은 몇 시에 나가십니까?
(A) 7시에 나갑니다.
(B) 8시에 나가지 않겠습니까?
(C) 9시에 돌아옵니다.
(D) 9시에 돌아옵니다.

51.

女：いらっしゃいませ。何にしましょうか。
男：焼き鳥を三本ください。
女：お飲み物は何にしましょうか。
男：生ビールください。

女：어서 오세요. 뭘로 하시겠습니까?
男：닭꼬치 3개 주세요.
女：마실 것은 뭘로 하시겠습니까?
男：생맥주 주세요.

▶ 손님이 주문한 것은 무엇입니까?
(A) 닭꼬치
(B) 닭꼬치와 병맥주
(C) 닭꼬치와 생맥주
(D) 생맥주

52.

女：加藤さんは毎朝早いですか。
男：いいえ、そうでもありません。たいてい7時半頃起きます。
女：会社は何時まで行きますか。
男：9時半までです。

女：가토 씨는 매일 아침 일찍 일어납니까?
男：아뇨, 그렇지도 않습니다. 대개 7시 반경에 일어납니다.
女：회사는 몇 시까지 갑니까?
男：9시 반까지입니다.

▶ 가토 씨는 몇 시까지 회사에 가야 합니까?
(A) 7시
(B) 7시 반
(C) 9시
(D) 9시 반

53.

女：ニュースによると、台風が近づいているそうですよ。
男：台風ですか。いやだなあ。

女：今日は早く帰ったほうがよさそうですね。
男：そうですね。

女：뉴스에 의하면 태풍이 다가오고 있다는군요.
男：태풍이요? 싫다 싫어.
女：오늘은 일찍 집에 가는 것이 좋을 것 같군요.
男：그렇군요.

▶ 왜 일찍 집에 갑니까?
(A) 태풍이 지나갔기 때문에
(B) 태풍이 다가오고 있기 때문에
(C) 홍수가 났기 때문에
(D) 몸이 좋지 않아서

54.

男：斎藤さんのことですが。
女：ええ、何ですか。
男：斎藤さん、来月アメリカに行くそうですよ。
女：本当ですか、それは知りませんでした。

男：사이토 씨 말인데요.
女：네, 뭡니까?
男：사이토 씨, 다음 달에 미국에 간다는군요.
女：정말입니까? 그건 몰랐습니다.

▶ 사이토 씨는 언제 미국에 갑니까?
(A) 이번 달
(B) 다음 달
(C) 다다음 달
(D) 지난 달

55.

男：これ何の写真ですか。
女：両親の結婚式の写真ですよ。
男：王さんのお母さん、今の王さんと瓜二つですね。
女：よく言われますよ。

男：이거 무슨 사진입니까?
女：부모님 결혼식 사진이에요.
男：왕 씨의 어머님, 지금 왕 씨하고 판박인데요.
女：종종 그런 말을 듣습니다.

▶ 왕 씨는 어느쪽을 닮았습니까?
(A) 어머니
(B) 아버지
(C) 반씩
(D) 닮지 않았다.

56.

女：吉野さん、今日は早いですね。
男：ええ、月曜日は道が込んでるから早めに家を出ました。
女：そうですか。私も家が遠いから1時間早く出ましたが、思ったより早く着きました。
男：早く着いたのはいいんだけど、ちょっと眠いですね。

女：요시노 씨, 오늘은 일찍 나오셨네요.
男：네, 월요일은 길이 막혀서 일찍 집을 나섰습니다.
女：그래요. 저도 집이 멀어서 1시간 일찍 나왔는데, 생각보다 일찍 도착했습니다.
男：일찍 도착한 것은 좋지만, 좀 졸리군요.

▶ 요시노 씨는 왜 일찍 집을 나섰습니까?
(A) 집이 멀어서
(B) 길이 막혀서
(C) 일찍 눈이 뜨여서
(D) 화요일이라서

57.

男：鈴木さんはギターをひくことができますか。
女：はい、少しならできます。
男：いいですね。いつごろ習いましたか。
女：高校の時、クラブで習いました。
男：そうですか。ぼくも習っておけばよかったなあ。
女：今からでも遅くありませんよ。

男：스즈키 씨는 기타를 칠 수 있습니까?
女：네, 조금은 칠 줄 압니다.
男：좋겠군요. 언제쯤 배웠습니까?
女：고등학교 때, 동아리에서 배웠습니다.
男：그렇습니까? 저도 배워둘 걸 그랬네요.
女：지금부터 배워도 늦지 않아요.

▶ 스즈키 씨는 언제 기타를 배웠습니까?
(A) 초등학교 때
(B) 중학교 때
(C) 고등학교 때
(D) 대학 때

58.

男：あの女の人はどなたですか。
女：どの人ですか。
男：あの背が高くて黒い眼鏡をかけている人です。
女：ああ、あの人ですか。あの人は近藤さんです。

男：저 여자는 누구입니까?
女：누구말입니까?
男：저기 키가 크고 검은 안경을 쓴 사람입니다.
女：아아, 저 사람 말입니까? 저 사람은 곤도 씨입니다.

▶ 곤도 씨는 어떤 사람입니까?
(A) 키가 작고 검은 안경을 쓴 사람
(B) 키가 작고 금색 안경을 쓴 사람
(C) 키가 크고 검은 안경을 쓴 사람
(D) 키가 크고 빨간 안경을 쓴 사람

59.

男：すみません。明日の予定はどうなりますか。
女：明日は奈良の東大寺を見学します。
男：じゃ、何時まで集合すればいいですか。
女：8時までにホテルのロビーにお集まりください。

男：죄송합니다만, 내일 예정은 어떻게 됩니까?
女：내일은 나라의 동대사를 견학합니다.
男：그럼, 몇 시까지 집합하면 됩니까?
女：8시까지 호텔로비에 모여 주십시오.

▶ 내일은 몇시까지 집합하면 됩니까?
(A) 7시
(B) 7시 반
(C) 8시
(D) 9시

60.

男：すいませんが、窓側の席をお願いします。
女：窓側の席は喫煙席になりますが、よろしいですか。
男：喫煙席ですか。じゃ、通路側でもいいですから、禁煙席をお願いします。
女：はい、かしこまりました。

男：죄송합니다만, 창쪽 좌석을 부탁합니다.
女：창쪽 좌석은 흡연석인데, 괜찮습니까?
男：흡연석입니까? 그럼, 통로쪽이라도 좋으니까 금연석을 부탁합니다.
女：예, 알겠습니다.

▶ 손님은 어떤 좌석으로 정했습니까?
(A) 창쪽 금연석
(B) 창쪽 흡연석
(C) 통로쪽 금연석
(D) 통로쪽 흡연석

61.

男: お客様、ここに印鑑を押してください。
女: 印鑑を忘れてきましたが、サインはだめですか。
男: サインはちょっと困りますね。
女: そうですか。じゃ、取りに行ってこなければいけないんですか。
男: 申し訳ございませんが、そうしてください。

　　男: 손님, 여기에 인감을 찍어 주십시오.
　　女: 인감을 안 갖고 왔는데, 사인은 안 됩니까?
　　男: 사인은 안 되는데요.
　　女: 그래요? 그럼, 가지러 갔다 와야 합니까?
　　男: 죄송합니다만, 그렇게 해 주십시오.

▶ 손님은 어떻게 하면 됩니까?
　(A) 사인을 하면 된다.
　(B) 가지고 온 도장을 찍으면 된다.
　(C) 도장을 가지러 가야 한다.
　(D) 어쩔 수가 없다.

62.

女: ここで犬を飼ってもいいですか。
男: それはいけません。アパートではペットは禁止ですから。
女: でも、小さい犬ならいいんじゃないですか。
男: いくら小さくても犬は犬ですからね。
女: そうですか。困ったなあ。

　　女: 여기서 개를 키워도 됩니까?
　　男: 그건 안 됩니다. 아파트에서는 애완동물은 금지니까요.
　　女: 하지만, 작은 개는 괜찮지 않습니까?
　　男: 아무리 작아도 개는 개니까요.
　　女: 그래요. 어떡하지.

▶ 아파트에서는 개를 키워도 좋습니까?
　(A) 개를 키워도 좋다.
　(B) 작은 개는 괜찮다.
　(C) 개를 키워서는 안 된다.
　(D) 예방접종을 하면 상관없다.

63.

女: 金さんは今下宿ですね。下宿はどうですか。
男: 日当たりがいいし安いですけど、駅からちょっと遠いので不便です。
女: それくらい、我慢しなければいけませんね。
男: まあ、そうですけどね。

　　女: 김 씨는 지금 하숙하고 계시지요? 하숙은 어떻습니까?
　　男: 햇볕이 잘 들어오고 싸지만, 역에서 좀 멀기 때문에 불편합니다.
　　女: 그 정도는 참아야 하지 않아요.
　　男: 뭐, 그렇긴 하지만요.

▶ 김 씨의 하숙은 어떤 곳입니까?
　(A) 역에서 가깝다.
　(B) 햇볕이 잘 안 들어온다.
　(C) 방세가 비싸다.
　(D) 역에서 멀다.

64.

女: どうしましたか。
男: 体がだるくて熱があるんですけど。
女: 注射をうっておきますから、薬を飲んでゆっくり休んでください。
男: はい、分かりました。ありがとうございます。
女: お大事に。

　　女: 무슨 일입니까?
　　男: 몸이 나른하고 열이 있는데요.
　　女: 주사를 놓아 드릴테니 약을 먹고 푹 쉬세요.
　　男: 네, 알았습니다. 감사합니다.
　　女: 몸조리 잘 하세요.

▶ 여기는 어디입니까?
　(A) 회사
　(B) 미용실
　(C) 병원
　(D) 약국

65.

女: 金さん、どこに入りましょうか。
男: そうですね。中華にしませんか。
女: 中華ですか。
男: 中華は嫌いですか。
女: ええ、中華はちょっと…。
男: じゃ、和食はどうですか。
女: いいですよ。

　　女: 김 씨, 어디 들어갈까요?
　　男: 글쎄요. 중화요리로 할까요?
　　女: 중화요리요?

男：중화요리는 싫어합니까?
女：네, 중화요리는 좀….
男：그럼, 일식은 어떻습니까?
女：좋습니다.

▶ 두 사람은 무엇을 먹기로 했습니까?
　(A) 중화요리
　(B) 양식
　(C) 일식
　(D) 한국요리

66.

男：すみません。たい焼き3個ください。
女：あんことチーズがありますが。
男：うーん。じゃ、あんこ一つとチーズ二つください。
女：はい、分かりました。それじゃ、あんこが一個60円、チーズが90円だから、240円です。
男：はい、これでお願いします。
女：はい、千円お預かりします。

　男：여기요. 붕어빵 세 개만 주세요.
　女：팥하고 치즈가 있는데요.
　男：음. 그럼, 팥 한 개하고 치즈 두 개 주세요.
　女：네. 알았습니다. 그러면, 팥이 한 개에 60엔 치즈가 90엔이니까 240엔입니다.
　男：네. 이걸로 계산해 주세요.
　女：네. 천 엔 받았습니다.

▶ 손님은 거스름돈을 얼마 받을 수 있습니까?
　(A) 240엔
　(B) 760엔
　(C) 1000엔
　(D) 받을 수 없다.

67.

男：テニス習ってるんだって。
女：ええ、2年前からラケットは持ってるけど、レッスンを受けるのは初めてなの。
男：僕は7年ぐらい前からやってるんだよ。
女：じゃ、うまいでしょ？今度教えてよ。
男：いいよ。

　男：테니스 배우고 있다면서?
　女：네. 2년전부터 라켓을 잡고 있지만, 레슨을 받는 것은 처음이에요.
　男：난 7년쯤 전부터 하고 있어.
　女：그럼 잘 하겠네요. 다음에 가르쳐 줘요.
　男：좋아.

▶ 남자의 테니스 경력은?
　(A) 2년
　(B) 3년
　(C) 7년
　(D) 8년

68.

男：いやだな。
女：どうしたの?
男：1週間前に梅雨明け宣言してるのに、また三日続いて雨なんだから。
女：今度のは台風の影響でしょう。
男：そうか。今度は台風か。
女：そうよ。

　男：아휴 지겨워.
　女：왜 그래?
　男：일주일 전에 장마가 끝났다고 했는데, 또 3일간 계속해서 비가 오니말이야.
　女：이번 비는 태풍 영향이잖아.
　男：그래? 이번에는 태풍인가?
　女：그래.

▶ 장마는 언제 끝났습니까?
　(A) 1주일 전
　(B) 2주일 전
　(C) 3일 전
　(D) 아직 계속되고 있다.

69.

男：斎藤さん、私のボールペン見なかった？。
女：ううん、見なかった。
男：あれ？おかしいな。さっきまで机の上にあったけど、どこいっちゃったのかな。
女：あ！その手に持ってるのは、何？
男：あれ？ここにあったのか。いけねえな。もうぼけかな。

　男：사이토 씨, 내 볼펜 못봤어?
　女：아니, 못봤어.
　男：음? 이상한데. 아까까지 책상 위에 있었는데, 어디 갔지?
　女：아! 그 손에 들고 있는 건 뭐야?
　男：어? 여기 있었나? 안 되겠는데, 벌써 치매인가.

▶ 사이토 씨가 찾고 있는 볼펜은 어디서 발견되었습니까?
　(A) 책상 위
　(B) 책상 밑
　(C) 사이토 씨의 손

(D) 못 찾았다.

70.

女:高橋さん、どうですか、サムゲタンの味は?
男:うーん、なかなかおいしいですね。でも、高いでしょう、これ?
女:ううん。この店は安いですよ。
男:なるほど。だから平日なのにこんなに客が多いんですね。

　女:다카하시 씨, 어때요. 삼계탕 맛은?
　男:음. 꽤 맛있는데요. 하지만, 비싸지 않아요 이거?
　女:아뇨. 이 가게는 싸요.
　男:역시. 그래서 평일인데도 이렇게 사람이 많군요.

▶ 삼계탕은 어떻습니까?
　(A) 맛있지만, 좀 비싸다.
　(B) 맛있고 싸다.
　(C) 싸지만, 맛없다.
　(D) 비싸고 맛없다.

71.

A:チョウさん、きのうのサッカー、どっちが勝ったの?
B:韓国対中国定期戦のことでしょう。1:0で韓国勝ち。
A:やっぱりそう?中国の韓国恐怖症はまだまだ続くわね。
B:でも、中国の実力もだいぶよくなったよ。
A:そりゃそうね。これからは油断ならないよね

　A:조 씨, 어제 축구 어디가 이겼어요?
　B:한・중 정기전말이죠? 1대 0으로 한국승리.
　A:역시 그래? 중국의 공한증(恐韓症)은 아직 계속 되는군.
　B:하지만, 중국의 실력도 많이 좋아졌어요.
　A:그건 그렇지. 앞으론 방심할 수 없지.

▶ 축구는 어떻게 되었습니까?
　(A) 한국이 1:0으로 이겼다.
　(B) 한국이 2:1로 이겼다.
　(C) 중국이 1:0으로 이겼다.
　(D) 1:1로 무승부.

72.

女:お客様、申し訳ございませんが、ここは禁煙席ですのでおたばこはご遠慮くださいませんか。
男:あ、すみません。じゃ、2階は大丈夫ですか。
女:申し訳ございません。当店は全館禁煙席となっておりますので…。

男:そうですか。困ったな。
女:손님, 죄송하지만, 여기는 금연석이니까 담배는 삼가주시겠습니까?
男:아, 죄송합니다. 그럼, 2층은 괜찮습니까?
女:죄송합니다. 저희 가게는 전관 금연석으로 되어 있어서….
男:그래요. 곤란한데.

▶ 흡연석은 어디입니까?
　(A) 1층
　(B) 2층
　(C) 전관 금연
　(D) 전관 흡연가

73.

女:わー、この車かっこいい。買ったの?
男:いや、友だちから借りたよ。
女:そう?その友だち、金持ち?
男:ああ、おやじが大きな会社やってるんだよ。

　女:와, 이 차 멋있다. 샀어?
　男:아니, 친구한테 빌렸어.
　女:그래? 그 친구 부자야?
　男:아, 아버지가 큰 회사를 하고 있어.

▶ 두 사람의 관계는?
　(A) 부녀
　(B) 연인 사이
　(C) 선생님과 학생
　(D) 모자

74.

男:ああ、疲れた。もういやだな、仕事は。
女:八代さん、働きすぎですよ。ちょっと息抜きでもしたら?
男:そうですよね。たまには息抜きも必要ですよね。
女:てっとりばやく今夜はカラオケなんか、どうですか。
男:いいですね。

　男:아, 피곤해. 이제 지긋지긋해 일은.
　女:야시로씨, 너무 일을 많이 해요. 기분전환이라도 좀 하는 게 어때요?
　男:그렇지요. 가끔은 기분전환도 필요하죠.
　女:손쉬운 방법으로 오늘밤 노래방은 어때요?
　男:좋지요.

▶ 두 사람은 오늘 어디로 가기로 했습니까?
   (A) 선술집
   (B) 노래방
   (C) 스낵바
   (D) 커피숍

75.

女：吉田さん、うわさ聞きましたか。
男：何のうわさですか。
女：総務課のチェさん、今度東京支社に行くそうですよ。
男：そうなんですか。でも、彼女はまだ入社したばかりでしょう。
女：彼女の日本語の実力が認められたんでしょうね。
男：そうですね。

女：요시다 씨, 소문 들었어요?
남：무슨 소문말입니까?
여：총무과 최 씨, 이번에 동경지사에 간대요.
남：그래요. 하지만, 그녀는 입사한지 얼마 안 되었잖아요.
여：그녀의 일본어 실력이 인정되었겠지요.
남：그렇군요.

▶ 최씨는 어디에 갑니까?
   (A) 서울지사
   (B) 동경본사
   (C) 동경지사
   (D) 오사카지사

76.

男：石橋さん、誕生日おめでとう、乾杯！
女：どうもありがとうございます。
男：今日は誕生日祝いにおれのおごりだ。どんどん飲んでよ。
女：すみません、木村さん。じゃ、遠慮なくいただきます。

남：이시바시 씨, 생일 축하합니다. 건배!
여：감사합니다.
남：오늘은 생일 축하하는 의미에서 내가 한턱 낼게. 많이들 마셔요.
여：감사합니다. 기무라 씨, 그럼 사양않고 먹겠습니다.

▶ 술값은 누가 냅니까?
   (A) 이시바시 씨.
   (B) 기무라 씨.
   (C) 각자부담으로 낸다.
   (D) 외상으로 마신다.

77.

女：どうしたんですか、江夏さん。さっきからぼうっとして。
男：すみません。実はゆうべ徹夜して全然寝てないんですよ。
女：まさか、徹夜でお酒でも飲んだんじゃないでしょうね。
男：いや、違いますよ。出張報告書を明日までに書かなければならないんで。
女：そうですか。じゃ、今日は早く帰った方がいいですよ。

여：무슨 일입니까? 에나쓰 씨, 아까부터 멍하니.
남：미안합니다. 실은 어젯밤에 철야를 해서 전혀 못 잤어요.
여：설마, 밤새도록 술 마신 건 아니겠죠?
남：아뇨. 아닙니다. 출장보고서를 내일까지 써야 하기 때문에.
여：그래요. 그럼, 오늘은 일찍 들어가는 게 좋아요.

▶ 에나쓰 씨는 왜 철야를 했습니까?
   (A) 잠이 안 와서
   (B) 술을 마셔서
   (C) 보고서를 쓰기 위해서
   (D) 오늘 일찍 들어가기 위해서

78.

男：お母さん。お父さん、今日も遅いの。
女：今日も残業って、さっき電話があったのよ。
男：どうして最近毎日残業なの。
女：最近同僚が急に辞めてしまったんですって。
男：そうだったの。

남：엄마, 아빠 오늘도 늦어?
여：오늘도 잔업한다고 아까 전화가 왔었어.
남：왜 요즘 매일 잔업이야?
여：요즘 동료가 갑자기 그만두었대.
남：그랬어?

▶ 아버지는 왜 매일 잔업입니까?
   (A) 잔업을 좋아하기 때문에
   (B) 동료가 그만두었기 때문에
   (C) 집에 일찍 가기 싫어서
   (D) 잔업수당을 받기 위해서

79.

女 ：金さん、遅いね。どうしたんだろう。
男1：9時頃家を出たというから、もうすぐ来ると思います

よ。
女：あっ、金さん！
男2：すみません。途中で地下鉄の事故があって…。
女：いや、気にしないでください。

女：김씨 늦는군. 무슨 일이지?
男1：9시경 집을 나섰다니까 곧 오겠지요.
女：아, 김 씨!
男2：죄송합니다. 도중에 지하철 사고가 있어서….
女：아뇨, 신경쓰지 마세요.

▶ 김 씨는 왜 늦었습니까?
　(A) 늦잠을 잤기 때문에
　(B) 버스 사고가 있었기 때문에
　(C) 택시 사고가 있었기 때문에
　(D) 지하철 사고가 있었기 때문에

80.
男：加藤さん、ちょっと。
女：何ですか。
男：加藤さんは、フランス語が分かりますか。
女：いいえ、全然だめですよ。旅行したとき、片言ぐらいは覚えましたが、もう全部忘れました。
男：そうですか。

男：가토 씨, 잠깐만.
女：무슨 일입니까?
男：가토 씨는 프랑스어를 압니까?
女：아뇨, 전혀 못 합니다. 여행 갔을 때, 몇 마디는 외웠지만, 벌써 전부 잊어버렸습니다.
男：그래요.

▶ 가토 씨는 프랑스어를 압니까?
　(A) 안다.
　(B) 조금이라면 안다.
　(C) 전혀 알지 못한다.
　(D) 아주 잘한다.

(81～82)

　7月14日、東名高速道路で玉突き事故がありました。事故は大雨の中を猛スピードで走っていた大型トラックが、ガードレールにぶつかって転倒し、その後を続いていた2台のバスと1台の乗用車が次々と追突して起った模様です。この事故でトラックと乗用車のドライバーを含め、乗客ら15人が死亡、35人が怪我をしました。

　7월 14일, 도메이(東名)고속도로에서 연쇄 충돌사고가 있었습니다. 사고는 큰 빗속을 과속으로 달리고 있던 대형트럭이 가드레일을 들이받고 전복되어 그 뒤를 따르던 2대의 버스와 1대의 승용차가 계속해서 추돌하여 일어난 것 같습니다. 이 사고로 트럭과 승용차의 운전자를 포함하여 승객 15명이 사망하고, 35명이 부상을 입었습니다.

81. 사고를 일으킨 차는 몇 대입니까?
　(A) 3대
　(B) 4대
　(C) 5대
　(D) 6대

82. 최초로 사고를 일으킨 것은 무엇입니까?
　(A) 버스
　(B) 승용차
　(C) 트럭
　(D) 오토바이

(83～86)

　本日は新幹線をご利用くださいまして、誠にありがとうございます。この列車はのぞみ313号、仙台行きです。途中宇都宮と福島に停車致します。到着の時刻は宇都宮10時40分、福島11時20分、そして終着駅の仙台には13時10分に到着の予定です。
　なお、この列車は1号車から4号車までが禁煙車となっておりますので、おたばこはご遠慮ください。また、5号車が食堂車となっておりますので、どうぞご利用ください。

　오늘도 신칸센을 이용해 주셔서 감사합니다. 이 열차는 노조미 313호, 센다이(仙台)행입니다. 도중에 우쓰노미야(宇都宮)와 후쿠시마(福島)에서 정차합니다. 도착시각은 우쓰노미야 10시 40분, 후쿠시마 11시 20분, 그리고 종착역인 센다이(仙台)에는 13시 10분에 도착할 예정입니다.
　한편, 이 열차는 1호차부터 4호차까지가 금연차로 되어 있사오니, 담배는 삼가 주시기 바랍니다. 또, 5호차가 식당차이오니, 많이 이용해 주시기 바랍니다.

83. 도중에 정차하는 역은 몇 군데입니까?
 (A) 한 군데
 (B) 두 군데
 (C) 세 군데
 (D) 네 군데

84. 종착역은 어디입니까?
 (A) 센다이(仙台)
 (B) 후쿠오카(福島)
 (C) 우쓰노미야(宇都宮)
 (D) 동경(東京)

85. 식당차는 몇 호차입니까?
 (A) 2호차
 (B) 3호차
 (C) 4호차
 (D) 5호차

86. 담배를 피울 수 있는 것은 몇 호차입니까?
 (A) 2호차
 (B) 3호차
 (C) 4호차
 (D) 6호차

87. 후쿠오카 씨가 결혼한 것은 한국에 와서 몇 년 지나서입니까?
 (A) 1年
 (B) 2年
 (C) 3年
 (D) 4年

88. 후쿠오카 씨는 어디에 살고 있습니까?
 (A) 부산
 (B) 서울
 (C) 경주
 (D) 대구

89. 설날에 누구와 고국에 돌아갑니까?
 (A) 아내
 (B) 친구
 (C) 아내와 아들
 (D) 아들

90. 후쿠오카 씨의 직업은?
 (A) 건축가
 (B) 상사원
 (C) 자영업
 (D) 은행원

(87~90)

　福岡さんは商社マンです。5年前に韓国に来て今はソウルに住んでいます。3年前に韓国人の女性と結婚して、男の子を一人もうけています。最初のうちは韓国の生活に慣れず、大変苦労しましたが、今はもうすっかり韓国の習慣に慣れて、韓国生活を楽しんでいます。これもみんなやさしい奥さんのおかげだといつも言っています。お正月には家族そろって日本の実家に帰ります。福岡さんの実家は札幌なのでとても寒いですが、おじいさんとおばあさんは韓国人の嫁とかわいい孫をいつもあたたかく迎えてくれます。

　후쿠오카 씨는 상사원입니다. 5년전에 한국에 와서 지금은 서울에 살고 있습니다. 3년전에 한국인 여성과 결혼하여 남자 아이를 한 명 두고 있습니다. 처음에는 한국생활에 익숙치 않아 매우 고생을 했지만, 지금은 완전히 한국의 관습에 익숙해져서 한국생활을 즐기고 있습니다. 이것도 모두 상냥한 부인 덕분이라고 늘 말하고 있습니다. 설날에는 가족 모두 일본의 본가에 갑니다. 후쿠오카 씨의 본가는 삿포로(札幌)이기 때문에 매우 춥지만, 할아버지와 할머니는 한국인 며느리와 귀여운 손자를 항상 따뜻하게 맞아 주십니다.

(91~94)

　台風情報です。気象庁の発表によると、台風5号は20日正午現在、八丈島の南東約400キロにあって、1時間に約20キロの速さで北に進んでいます。中心の気圧は992ヘクトパスカルで、中心付近の最大風速は20メートルです。中心の東側170キロ以内と西側110キロ以内では風速15メートル以上の強い風が吹いています。台風の中心は、21日正午には八丈島の南東270キロに達する見こみなので、気象庁では今後の台風情報に注意するよう呼び掛けています。

　태풍정보입니다. 기상청의 발표에 의하면 태풍 5호는 20일 정오현재, 하치조시마(八丈島)의 남동쪽 약 400킬로지점에 있어, 1시간에 약 20킬로의 속도로 북으로 움직이고 있습니다. 중심 기압은 992헥토파스칼로, 중심부근의 최대풍속은 20미터입니다. 중심의 동쪽 170킬로 이내와 서쪽 110킬로 이내에서는 풍속 15미터 이상의 강한 바람이 불고 있습니다. 태풍의 중심은 21일 정오에는 하치조시마의 남동 270킬로에 이를 전망이어서 기상청에서는 앞으로의 태풍정보에 주의하도록 당부하고 있습니다.

91. 이번 태풍은 몇 호입니까?
(A) 1호
(B) 2호
(C) 5호
(D) 6호

92. 20일 정오 현재의 태풍속도는?
(A) 시속 10킬로미터
(B) 시속 15킬로미터
(C) 시속 20킬로미터
(D) 시속 25킬로미터

93. 중심부근 최대풍속은?
(A) 10미터
(B) 20미터
(C) 30미터
(D) 40미터

94. 중심의 기압은?
(A) 992헥토파스칼
(B) 995헥토파스칼
(C) 998헥토파스칼
(D) 999헥토파스칼

(95~96)

続いて、株と為替です。１９日の東京外国為替市場の円相場は、午後3時現在1ドル－１０８円2銭から5銭と、前日に比べて8銭の円安、ドル高となりました。

이어서 주식과 외환시세입니다. 19일의 동경외환시장의 엔환율은 오후 3시현재 1달러=108엔 2전에서 5전으로, 전일에 비해서 8전 엔약세, 달러 강세를 보이고 있습니다.

95. 어떤 내용입니까?
(A) 뉴욕외환시장의 주식과 환율
(B) 런던외환시장의 주식과 환율
(C) 동경외환시장의 주식과 환율
(D) 서울외환시장의 주식과 환율

96. 환율은 어제에 비해서 어떻게 되었습니까?
(A) 5전 엔약세 달러 강세
(B) 8전 엔약세 달러 강세
(C) 5전 엔강세 달러 약세
(D) 8전 엔강세 달러 약세

(97~100)

山梨県明野村でヒマワリが満開を迎えました。日本で最も日照時間が長く、「太陽の村」として売り出しているこの村が、イメージ作りのために8年前に植え始めましたが、現在、約2万本が見ごろになっており、大勢の観光客が訪れています。8月いっぱいまでは、約２２万本が、相次ぎ花咲く予定です。

야마나시현 아케노무라(山梨県明野村)에서 해바라기가 만개하였습니다. 일본에서 가장 일조시간이 길어 「태양의 마을」로 알려져 있는 이 마을이, 이미지를 만들기 위해 8년전에 심기 시작했는데, 현재 약 2만 그루가 한창 피어 있어 많은 관광객이 찾고 있습니다. 8월말까지는 약 22만 그루가 잇따라 꽃을 피울 예정입니다.

97. 아케노무라에서 만개를 맞이한 것은 무엇입니까?
(A) 나팔꽃
(B) 해바라기
(C) 코스모스
(D) 벚꽃

98. 이 마을이 태양의 마을로 알려지게 된 이유는?
(A) 꽃이 많기 때문에
(B) 관광객이 많기 때문에
(C) 일조시간이 길기 때문에
(D) 태양이 가깝기 때문에

99. 꽃은 언제부터 심기 시작했습니까?
(A) 7년전
(B) 8년전
(C) 9년전
(D) 10년전

100. 8월 말에는 몇 그루의 꽃이 핍니까?
(A) 2만 그루
(B) 5만 그루
(C) 12만 그루
(D) 22만 그루

정답

Part I
1. A   2. C   3. C   4. B   5. C
6. A   7. C   8. C   9. D   10. D
11. A   12. A   13. D   14. B   15. C
16. B   17. D   18. B   19. D   20. A

Part II
21. A   22. B   23. D   24. C   25. C
26. C   27. D   28. B   29. B   30. A
31. C   32. D   33. C   34. A   35. D
36. C   37. D   38. C   39. D   40. A
41. D   42. C   43. A   44. A   45. C
46. D   47. A   48. A   49. B   50. A

Part III
51. C   52. D   53. B   54. B   55. A
56. B   57. C   58. C   59. C   60. C
61. C   62. C   63. D   64. C   65. C
66. B   67. C   68. A   69. C   70. B
71. A   72. C   73. B   74. B   75. C
76. B   77. C   78. B   79. D   80. C

Part IV
81. B   82. C   83. B   84. A   85. D
86. D   87. B   88. B   89. C   90. B
91. C   92. C   93. B   94. A   95. C
96. B   97. B   98. C   99. B   100. D

모의테스트 스크립트·해설 및 정답

聞き取りの問題

では、パート I の問題を始めます。

1. (A) ここは居酒屋です。
   (B) ここは寿司屋です。
   (C) ここはふぐ料理店です。
   (D) ここはラーメン屋です。

   주 居酒屋(いざかや) : 선술집

   (A) 여기는 선술집입니다.
   (B) 여기는 초밥가게입니다.
   (C) 여기는 복어요리점입니다.
   (D) 여기는 라면가게입니다.

2. (A) これはおみこしです。
   (B) これは人力車です。
   (C) これは人形です。
   (D) これはおもちゃです。

   주 お御輿(みこし) : 제례 때 신위를 모시고 메는 가마

   (A) 이것은 오미코시입니다.
   (B) 이것은 인력거입니다.
   (C) 이것은 인형입니다.
   (D) 이것은 장난감입니다.

3. (A) ここは洋服屋です。
   (B) ここは靴屋です。
   (C) ここにはセーターがたくさんかけてあります。
   (D) ここにはズボンしかありません。

   (A) 여기는 양복점입니다.
   (B) 여기는 구두가게입니다.
   (C) 여기에는 스웨터가 많이 걸려 있습니다.
   (D) 여기에는 바지밖에 없습니다.

4. (A) 人混みの向こうに銀行が見えます。
   (B) 道は空いています。
   (C) 道は車でいっぱいです。
   (D) 道は自転車でいっぱいです。

   (A) 인파 건너편에 은행이 보입니다.
   (B) 도로는 비어 있습니다.
   (C) 도로는 차로 가득합니다.
   (D) 도로는 자전거로 가득합니다.

5. (A) セーラー服を着ている学生は長袖を着ています。
   (B) セーラー服を着ている学生は半ズボンを着ています。
   (C) セーラー服を着ている学生と話している人はズボンをはいています。
   (D) セーラー服を着ている学生と話しているのは女の人です。

   (A) 세일러복을 입고 있는 학생은 긴소매의 옷을 입고 있습니다.
   (B) 세일러복을 입고 있는 학생은 반바지를 입고 있습니다.
   (C) 세일러복을 입고 있는 학생과 이야기를 하고 있는 사람은 바지를 입고 있습니다.
   (D) 세일러복을 입고 있는 학생과 이야기를 하고 있는 사람은 여자입니다.

6. (A) 一人の女の人が太鼓を押しています。
   (B) 眼鏡をかけている男の人が太鼓を押しています。
   (C) 眼鏡をかけている二人の子供が太鼓を押しています。
   (D) 太鼓の隣には女の子が一人います。

   주 太鼓(たいこ)を押(お)す : 북을 밀다.

   (A) 한 명의 여자가 북을 밀고 있습니다.
   (B) 안경을 쓴 남자가 북을 밀고 있습니다.
   (C) 안경을 쓴 두 명의 어린이가 북을 밀고 있습니다.
   (D) 북 옆에는 여자아이가 한 명 있습니다.

7. (A) この車は火を消すのに使います。
   (B) この車は人を乗せるのに使います。
   (C) この車はパトロールカーです。
   (D) この車は交通安全施設を設置するのに使います。

   (A) 이 차는 불을 끄는 데 씁니다.
   (B) 이 차는 사람을 태우는 데 씁니다.
   (C) 이 차는 순찰차입니다.
   (D) 이 차는 교통안전시설을 설치하는 데 씁니다.

8. (A) 右手をあげている女性のほうが背が高いです。
   (B) 右手をあげている女性のほうが背が低いす。
   (C) 二人は身長が同じです。
   (D) 二人はお年よりです。

   (A) 오른손을 들고 있는 여성이 키가 큽니다.
   (B) 오른손을 들고 있는 여성이 키가 작습니다.
   (C) 두 사람은 키가 같습니다.
   (D) 두 사람은 노인입니다.

9. (A) ここは旅行会社です。
   (B) ここは空港です。
   (C) ここは電車駅です。
   (D) ここでは宿泊券しか買えません。

   (A) 여기는 여행회사입니다.
   (B) 여기는 공항입니다.
   (C) 여기는 전철역입니다.
   (D) 여기에서는 숙박권밖에 살 수 없습니다.

10. (A) ここにはいろいろな形のうちわがあります。
    (B) ここには扇子もあります。
    (C) ここには絵葉書もあります。
    (D) ここにはたこもあります。

    주 扇子(せんす) : 쥘부채
      たこ : 연

    (A) 여기에는 여러 가지 모양의 부채가 있습니다.
    (B) 여기에는 쥘부채도 있습니다.
    (C) 여기에는 그림엽서도 있습니다.
    (D) 여기에는 연도 있습니다.

11. (A) 駐車場の前にトラックがとめてあります。
    (B) 駐車場の中にトラックがとめてあります。
    (C) 駐車場の中に乗用車がとめてあります。
    (D) 駐車場の外にコインランドリーがあります。

    (A) 주차장 앞에 트럭이 세워져 있습니다.
    (B) 주차장 안에 트럭이 세워져 있습니다.
    (C) 주차장 안에 승용차가 세워져 있습니다.
    (D) 주차장 밖에 빨래방이 있습니다.

12. (A) スーツを着た三人の女性がお話をしています。
    (B) 浴衣を着た三人の女性がお話をしています。
    (C) 着物を着た三人の女性がお話をしています。
    (D) スーツを着た三人の男性がけんかをしています。

    (A) 양복을 입은 세 명의 여성이 이야기를 하고 있습니다.
    (B) 유카타를 입은 세 명의 여성이 이야기를 하고 있습니다.
    (C) 기모노를 입은 세 명의 여성이 이야기를 하고 있습니다.
    (D) 양복을 입은 세 명의 남성이 싸움을 하고 있습니다.

13. (A) この店ではトラックを売っています。
    (B) この店では化粧品のみを売っています。
    (C) この店では事務用品を売っています。
    (D) この店では薬を売っています。

    (A) 이 가게에서는 트럭을 팔고 있습니다.
    (B) 이 가게에서는 화장품만을 팔고 있습니다.
    (C) 이 가게에서는 사무용품을 팔고 있습니다.
    (D) 이 가게에서는 약을 팔고 있습니다.

14. (A) 男の人は右手に二つの荷物を持っています。
    (B) 男の人は左手に一つの荷物を持っています。
    (C) 女の人は右手に二つの荷物を持っています。
    (D) 男の人は右手に一つ、左手に二つの荷物を持っています。

    (A) 남자는 오른손에 두 개의 짐을 들고 있습니다.
    (B) 남자는 왼손에 한 개의 짐을 들고 있습니다.
    (C) 여자는 오른손에 두 개의 짐을 들고 있습니다.
    (D) 남자는 오른손에 한 개, 왼손에 두 개의 짐을 들고 있습니다.

15. (A) 一人の客がお守りを見ています。
    (B) 二人の客がお守りを見ています。
    (C) 一人の女性がお祈りをしています。
    (D) 一人の男性がお祈りをしています。

    (A) 한 명의 손님이 부적을 보고 있습니다.
    (B) 두 명의 손님이 부적을 보고 있습니다.
    (C) 한 명의 여성이 기도를 하고 있습니다.
    (D) 한 명의 남성이 기도를 하고 있습니다.

16. (A) ここでは合いかぎを作ることができます。
    (B) ここではかばんの修理は出来ません。
    (C) ここでは傘の修理しか出来ません。
    (D) ここではかぎを作ることしか出来ません。

    (A) 여기서는 여벌열쇠를 만들 수가 있습니다.
    (B) 여기서는 가방 수리는 할 수 없습니다.
    (C) 여기서는 우산 수리밖에 할 수 없습니다.
    (D) 여기서는 열쇠를 만드는 일밖에 할 수 없습니다.

17. (A) 門の前にたいまつが一つあります。
    (B) 門の前に門松が一つあります。
    (C) 門の前にたいまつが二つあります。
    (D) 門の前に門松が二つあります。

    주 門松(かどまつ) : 새해에 문 앞에 세우는 장식 소나무

    (A) 문 앞에 횃불이 하나 있습니다.
    (B) 문 앞에 장식 소나무가 하나 있습니다.
    (C) 문 앞에 횃불이 두 개 있습니다.
    (D) 문 앞에 장식 소나무가 두 개 있습니다.

18. (A) 女性の前に子供が一人います。
(B) 女性の前に子供が二人います。
(C) 女性の後ろに子供が一人います。
(D) 女性の後ろに子供が二人います。

　　(A) 여성 앞에 어린이가 한 명 있습니다.
　　(B) 여성 앞에 어린이가 두 명 있습니다.
　　(C) 여성 뒤에 어린이가 한 명 있습니다.
　　(D) 여성 뒤에 어린이가 두 명 있습니다.

19. (A) 大勢の人が踏み切りを渡っています。
(B) 大勢の人が横断歩道を渡っています。
(C) たくさんの車が踏み切りを渡っています。
(D) たくさんの車が横断歩道を走っています。

　　(A) 많은 사람이 건널목을 건너고 있습니다.
　　(B) 많은 사람이 횡단보도를 건너고 있습니다.
　　(C) 많은 차가 건널목을 건너고 있습니다.
　　(D) 많은 차가 횡단보도를 달리고 있습니다.

20. (A) この市では毎年水不足で困っています。
(B) 水の使用量は年々少しずつ減っています。
(C) 市では水をどんどん使うように勧めています。
(D) 水の使用量は年々急激に増えています。

　　(A) 이 시에서는 매년 식수난으로 어려움을 겪고 있습니다.
　　(B) 물의 사용량은 매년 조금씩 줄어들고 있습니다.
　　(C) 시에서는 물을 자꾸자꾸 사용하도록 권장하고 있습니다.
　　(D) 물의 사용량은 매년 급격하게 늘어나고 있습니다.

では、パートIIの問題を始めます。

21. かばんの中に何かありますか。
(A) はい、本があります。
(B) はい、何もありません。
(C) いいえ、ノートがあります。
(D) いいえ、本しかありません。

　　가방 안에 뭔가 있습니까?
　　(A) 네, 책이 있습니다.
　　(B) 네, 아무것도 없습니다.
　　(C) 아뇨, 노트가 있습니다.
　　(D) 아뇨, 책밖에 없습니다.

22. 明日誰が来ますか。
(A) 友だちが来ます。
(B) はい、そうです。
(C) いいえ、違います。
(D) いいえ、そんなことありません。

　　내일 누가 옵니까?
　　(A) 친구가 옵니다.
　　(B) 네, 그렇습니다.
　　(C) 아뇨, 아닙니다.
　　(D) 아뇨, 그렇지 않습니다.

23. 今日は秋晴れですね。
(A) はい、秋だからです。
(B) ええ、本当に。
(C) いいえ、そうじゃありません。
(D) いいえ、いけません。

　　오늘 참 맑은 가을날씨군요.
　　(A) 네, 가을이니까요.
　　(B) 네, 정말 그렇군요.
　　(C) 아뇨, 그렇지 않습니다.
　　(D) 아뇨, 안 됩니다.

24. 新幹線に乗ったことがありますか。
(A) はい、乗ります。
(B) いいえ、乗りません。
(C) はい、もちろんです。
(D) いいえ、だめです。

　　신칸센을 탄 적이 있습니까?
　　(A) 네, 타겠습니다.
　　(B) 아뇨, 안 타겠습니다.
　　(C) 네, 물론입니다.
　　(D) 아뇨, 안 됩니다.

25. 何をご覧になりましたか。
(A) 映画をご覧になりました。
(B) 映画をご覧になりませんでした。
(C) 演劇を見ました。
(D) 演劇を見ます。

　　무엇을 보셨습니까?
　　(A) 영화를 보셨습니다.
　　(B) 영화를 보시지 않았습니다.
　　(C) 연극을 보았습니다.
　　(D) 연극을 보겠습니다.

26. 地図がなくても大丈夫ですか。
(A) いいえ、なくてもいいです。
(B) はい、なくてもいいです。
(C) いいえ、結構です。

(D) いいえ、ないです。

지도가 없어도 괜찮습니까?
(A) 아뇨, 없어도 됩니다.
(B) 예, 없어도 됩니다.
(C) 아뇨, 괜찮습니다.
(D) 아뇨, 없습니다.

27. 弟さんの誕生日祝いに何を買ってあげましたか。
(A) ネクタイを買ってくれました。
(B) 本を買ってもらいました。
(C) 帽子を買ってやりました。
(D) 何も買ってあげました。

남동생의 생일 선물로 무엇을 사 주었습니까?
(A) (동생이) 넥타이를 사 주었습니다.
(B) (동생이) 책을 사 주었습니다.
(C) 모자를 사 주었습니다.
(D) 아무것도 사 주었습니다. 〈어법상 틀림〉

28. 日本語の勉強、頑張ってください。
(A) はい、一生懸命頑張ります。
(B) はい、頑張ってください。
(C) はい、頑張ってあげます。
(D) いいえ、分かりません。

일본어공부 열심히 하세요.
(A) 네, 열심히 하겠습니다.
(B) 네, 열심히 하세요.
(C) 네, 열심히 해 드리겠습니다.
(D) 아뇨, 모르겠습니다.

29. この部屋はちょっと暗くありませんか。
(A) そうですね。ちょっと明るいですね。
(B) そうですね。ちょっと暗いですね。
(C) そうですね。あまり暗くありませんね。
(D) そうですね。あまり明るくてだめですね。

이 방은 좀 어둡지 않습니까?
(A) 글쎄요. 좀 밝군요.
(B) 글쎄요. 좀 어둡군요.
(C) 글쎄요. 별로 어둡지 않군요.
(D) 글쎄요. 너무 밝아서 안 되겠군요.

30. すみません。この雑誌いくらですか。
(A) 一冊100円です。
(B) 一枚100円です。
(C) 一皿100円です。
(D) 一本100円です。

여기요. 이 잡지 얼마예요?
(A) 한 권에 100엔입니다.
(B) 한 장에 100엔입니다.
(C) 한 접시에 100엔입니다.
(D) 한 개에 100엔입니다.

31. 電気を消してもいいですか。
(A) はい、消してはいけません。
(B) はい、どうも。
(C) ええ、かまいません。
(D) はい、消してあげます。

전기를 꺼도 됩니까?
(A) 네, 꺼서는 안 됩니다.
(B) 네, 감사합니다.
(C) 예, 괜찮습니다.
(D) 네, 꺼 드리겠습니다.

32. すみません、お勘定お願いします。
(A) はい、1万5千円です。
(B) はい、高いです。
(C) いいえ、要りません。
(D) 2万円もしません。

여기요, 계산해 주세요.
(A) 네, 만 5천엔입니다.
(B) 네, 비쌉니다.
(C) 아뇨, 필요없습니다.
(D) 2만엔도 안 합니다.

33. 木村さん、吉田さんからお電話です。
(A) はい、お電話代えました。木村です。
(B) はい、お電話代わりました。木村です。
(C) はい、電話を代えました。木村です。
(D) はい、どうも。

기무라 씨, 요시다 씨한테서 전화왔습니다.
(A) 네, 전화 교환했습니다. 기무라입니다.
(B) 네, 전화 바꿨습니다. 기무라입니다.
(C) 네, 전화를 교환했습니다. 기무라입니다.
(D) 네, 감사합니다.

34. 明日引っ越しをするんですが、手伝ってもらえませんか。
(A) いいですよ。
(B) それはいけませんね。
(C) それはおめでとう。

(D) 残念ですね。

내일 이사를 하는데요, 도와 주시지 않겠습니까?
(A) 좋습니다.
(B) 그건 안 되겠는데요.
(C) 축하합니다.
(D) 유감이군요.

35. 田中部長は何時ごろお戻りになりますか。
(A) はい、確かに承りました。
(B) 今出張で大阪に行っております。
(C) 戻ったら私のところへお電話ください。
(D) さっきの電話では十分後に到着すると言っておりました。

다나카 부장님은 몇 시경에 돌아오십니까?
(A) 네, 분명히 예약을 받았습니다.
(B) 지금 출장으로 오사카에 가 있습니다.
(C) 돌아오면 저에게 전화 주세요.
(D) 조금 전의 전화로는 10분 뒤에 도착한다고 말했습니다.

36. 田中さんのかばんはどれですか。
(A) はい、これじゃないです。
(B) はい、小さいです。
(C) いいえ、私のじゃありません。
(D) あれです。

다나카 씨의 가방은 어느 것입니까?
(A) 네, 이것이 아닙니다.
(B) 네, 작습니다.
(C) 아뇨, 내 것이 아닙니다.
(D) 저것입니다.

37. あの人を知っていますか。
(A) はい、知ります。
(B) はい、知っています。
(C) いいえ、知っていません。
(D) いいえ、そんなことありません。

저 사람을 아십니까?
(A) 네, 압니다.
(B) 네, 알고 있습니다.
(C) 아뇨, 알고 있지 않습니다.
(D) 아뇨, 그렇지 않습니다.

㈜ 「知っていますか」에 대한 대답은 「はい、知っています」 또는 「いいえ、知りません」이라고 해야 한다.

38. 新しいアパートはどうですか。
(A) 日当たりが良くてきれいです。
(B) 駅が近くて不便です。
(C) スーパーが遠くて便利です。
(D) 高くていいです。

새 아파트는 어떻습니까?
(A) 햇볕이 잘 들어오고 깨끗합니다.
(B) 역이 가까워서 불편합니다.
(C) 수퍼가 멀어서 편리합니다.
(D) 비싸서 좋습니다.

39. お久しぶりですね。
(A) はい、そうです。
(B) いいえ、そんなことありません。
(C) やあ、あなたもごぶさたですか。
(D) ごぶさたしています。

오랫만이군요.
(A) 네, 그렇습니다.
(B) 아뇨, 그렇지 않습니다.
(C) 야, 당신도 오래간만입니까?
(D) 격조했습니다.

40. 何を食べたんですか。
(A) カレーライスを食べました。
(B) チャーハンをお食べになりました。
(C) ホルモン焼きを召し上がりました。
(D) 何も食べました。

무엇을 먹었습니까?
(A) 카레라이스를 먹었습니다.
(B) 볶음밥을 먹으셨습니다.
(C) 곱창볶음을 잡수셨습니다.
(D) 아무것도 먹었습니다.〈어법상 틀림〉

41. 金さん、韓国の冬はどうですか。
(A) とても寒かったんです。
(B) はい、とても暑かったんです。
(C) とても寒いです。
(D) いいえ、あまり寒くありません。

김 씨, 한국의 겨울은 어떻습니까?
(A) 매우 추웠습니다.
(B) 네, 매우 더웠습니다.
(C) 매우 춥습니다.
(D) 아뇨, 별로 춥지 않습니다.

42. 木村さんはコーヒーと紅茶とどちらがよろしいですか。

(A) どちらでもよろしいです。
(B) どちらがよろしいです。
(C) どちらでもけっこうです。
(D) どちらがいいです。

　　기무라 씨는 커피와 홍차 중 어느 쪽이 좋습니까?
　　(A) 어느 쪽이라도 좋으십니다.
　　(B) 어느 쪽이 좋으십니다.
　　(C) 어느 쪽이라도 괜찮습니다.
　　(D) 어느 쪽인가 좋습니다.

43. すみません。失礼ですけど、日本の方ですか。
　　(A) はい、そうですけど。
　　(B) はい、違います。
　　(C) いいえ、そうです。
　　(D) いいえ、分かりません。

　　미안합니다. 실례지만, 일본분입니까?
　　(A) 네, 그렇습니다만.
　　(B) 네, 아닙니다.
　　(C) 아뇨, 그렇습니다.
　　(D) 아뇨, 모르겠습니다.

44. どうもいろいろお世話になりました。ありがとうございました。
　　(A) はい、そうです。
　　(B) そうですね。ちょっと世話になりましたね。
　　(C) いいえ。違います。
　　(D) いいえ、とんでもない。またいつでもどうぞ。

　　여러모로 신세를 많이 졌습니다. 감사합니다.
　　(A) 네, 그렇습니다.
　　(B) 글쎄요. 좀 신세를 졌군요.
　　(C) 아뇨. 아닙니다.
　　(D) 아뇨, 당치도 않아요. 언제라도 또 와요.

45. これは日本語で何といいますか。
　　(A) 新聞とおっしゃいます。
　　(B) 鉛筆といいます。
　　(C) 消しゴムになります。
　　(D) 本ではありません。

　　이것은 일본어로 뭐라고 합니까?
　　(A) 신문이라고 하십니다.
　　(B) 연필이라고 합니다.
　　(C) 지우개가 됩니다.
　　(D) 책이 아닙니다.

46. すみません。今度のバスは何分に出発しますか。

(A) 15分に出発しました。
(B) 2分前に出発しました。
(C) 35分に出発します。
(D) はい、出発しません。

　　실례합니다. 이번 버스는 몇 분에 출발합니까?
　　(A) 15분에 출발했습니다.
　　(B) 2분 전에 출발했습니다.
　　(C) 35분에 출발합니다.
　　(D) 네, 출발하지 않습니다.

47. 金さん、エイプリル・フールはいつですか。
　　(A) 4月4日です。
　　(B) 4月1日です。
　　(C) 4月10日です。
　　(D) 4月20日です。

　　김 씨, 만우절은 언제입니까?
　　(A) 4월 4일입니다.
　　(B) 4월 1일입니다.
　　(C) 4월 10일입니다.
　　(D) 4월 20일입니다.

48. 斎藤さん、今週の土曜日の合宿に行きますか。
　　(A) はい、行きましょうか。
　　(B) すみません。ちょっと用事があって。
　　(C) いいえ、行きたくありません。
　　(D) はい、どうも。

　　사이토 씨, 이번 주 토요일에 M.T(합숙)에 갑니까?
　　(A) 네, 갈까요?
　　(B) 미안합니다. 좀 볼 일이 있어서.
　　(C) 아뇨, 가고 싶지 않습니다.
　　(D) 네, 감사합니다.

49. 大平さん。お誕生日はいつですか。
　　(A) 1月2日です。
　　(B) 5日です。
　　(C) 1960年です。
　　(D) 分かりません。

　　오다이라 씨. 생일은 언제입니까?
　　(A) 1월 2일입니다.
　　(B) 5일입니다.
　　(C) 1960년입니다.
　　(D) 모릅니다.

50. すみません。電気カミソリありますか。
　　(A) はい、います。

(B) はい、品切れじゃありません。
(C) 申し訳ございません。あいにく切らしております。
(D) はい、よく分かりません。

　　미안합니다. 전기면도기 있습니까?
　　(A) 네, 있습니다.
　　(B) 네, 품절이 아닙니다.
　　(C) 죄송합니다. 마침 떨어졌습니다.
　　(D) 네, 잘 모르겠습니다.

では、パートⅢの問題を始めます。

51.

女：どうしたんですか、長谷川さん。
男：急にお腹が痛くなって…。
女：いつからですか。
男：ええ、昼ご飯食べてから少しお腹の調子がよくないんですよ。
女：食あたりかもしれませんね。早く病院に行った方がいいですよ。

　　女：무슨 일입니까? 하세가와 씨.
　　男：갑자기 배가 아파서….
　　女：언제부터 아픕니까?
　　男：네, 점심을 먹고나서 조금 배가 이상합니다.
　　女：식중독일지도 모르겠군요. 빨리 병원에 가보는 게 좋습니다.

▶ 하세가와 씨는 왜 배가 아프다고 생각합니까?
　(A) 설사 때문에
　(B) 식중독 때문에
　(C) 체했기 때문에
　(D) 맹장염 때문에

52.

男：山田さん、僕明日音楽会に行くんだけど、一緒に行かない?
女：わーい、うれしい。ぜひ行きたいわ。
男：じゃ、場所と時間を決めなくちゃ。
女：そうね。うーん。じゃ、午後6時に渋谷のハチ公前はどう?
男：ああ、いいよ。

　　男：야마다 씨, 나 내일 음악회에 가는데, 같이 안 갈래요?
　　女：와, 좋아요. 꼭 가고 싶어요.
　　男：그럼, 장소와 시간을 정해야죠.
　　女：그렇죠. 음, 그럼, 오후 6시에 시부야에 있는 하치코 앞은 어때요?
　　男：아, 좋아요.

▶ 두 사람은 몇 시에 만납니까?
　(A) 오전 6시
　(B) 오후 6시
　(C) 오후 7시
　(D) 오후 8시

53.

女：私、子供のころよく家の仕事を手伝わされました。
男：どんなことをさせられましたか。
女：掃除に洗濯、それに皿洗いまで…。
男：それは大変でしたね。
女：吉田さんはどうでしたか。
男：私も家事はしましたよ。でも、私はそんな仕事が好きだったから。
女：珍しいですね。

　　女：나는 어렸을 때 종종 집안 일을 도와야 했습니다.
　　男：어떤 일을 도와야 했습니까?
　　女：청소에 빨래, 게다가 접시닦는 일까지….
　　男：그것 참 힘들었겠네요.
　　女：요시다 씨는 어땠습니까?
　　男：나도 집안 일은 했습니다. 하지만, 저는 그런 일을 좋아했기 때문에.
　　女：별일이 다 있군요.

▶ 요시다 씨는 집안 일을 싫어했습니까?
　(A) 매우 싫어했다.
　(B) 조금 싫어했다.
　(C) 좋아했다.
　(D) 그저그랬다.

54.

男：はじめまして、ブラウンです。
女：はじめまして、ソンです。ブラウンさん、お国はどちらですか。
男：アメリカです。ソンさんは?
女：私は韓国です。

　　男：처음 뵙겠습니다. 브라운입니다.
　　女：처음 뵙겠습니다. 손입니다. 브라운 씨, 어디서 오셨습니까?
　　男：미국에서 왔습니다. 손 씨는요?
　　女：저는 한국에서 왔습니다.

▶ 브라운 씨의 국적은?
　(A) 미국
　(B) 영국
　(C) 중국
　(D) 프랑스

55.

女：これ、私の家族です。こちらは父です。
男：お若いですね。これは誰ですか。
女：妹です。
男：そうですか。美人ですね。今何をしてますか。
女：日本の商社に勤めています。
男：そうですか。

　女：이거 제 가족입니다. 이 분은 아버지입니다.
　男：젊으시군요. 이 사람은 누굽니까?
　女：여동생입니다.
　男：그렇습니까? 미인이군요. 지금 뭘 합니까?
　女：일본상사에 근무하고 있습니다.
　男：그래요.

▶ 여동생의 직업은?
　(A) 회사원
　(B) 학생
　(C) 은행원
　(D) 공무원

56.

男：すみません、新宿行きは何番線ですか。
女：3番線ですよ。
男：急行に乗ればいいんですか。
女：いいえ、この駅は急行は停りませんので、各駅に乗ってください。
男：そうですか。どうも。

　男：죄송합니다, 신주쿠행은 몇 번홈에서 탑니까?
　女：3번홈입니다.
　男：급행을 타면 됩니까?
　女：아뇨, 이 역은 급행은 서지 않기 때문에, 완행(各駅)을 타세요.
　男：그렇습니까? 감사합니다.

▶ 신주쿠에 가려면 어떻게 하면 됩니까?
　(A) 급행을 탄다.
　(B) 특급을 탄다.
　(C) 완행을 탄다.
　(D) 준급을 탄다.

57.

男：森さんはよくスポーツをしますか。
女：ええ、よくします。
男：そうですか。何をしますか。
女：ゴルフをします。
男：週何回ぐらいしますか。
女：2回ぐらいします。

　男：모리 씨는 종종 운동을 합니까?
　女：네, 종종 합니다.
　男：그래요? 뭘 합니까?
　女：골프를 합니다.
　男：일주일에 몇 번 정도 합니까?
　女：2번정도 합니다.

▶ 모리 씨는 무엇을 합니까?
　(A) 골프
　(B) 골프와 축구
　(C) 축구
　(D) 골프와 수영

58.

女：山田さん、こんにちは。
男：あ、こんにちは。
女：おでかけですか。
男：ええ、ちょっと秋葉原まで、買い物に行きます。金さんは?
女：私は成田まで。韓国から友だちが来るので、迎えに行きます。

　女：야마다 씨, 안녕하세요?
　男：아, 안녕하십니까?
　女：어디 나가십니까?
　男：네, 아키하바라에 뭐 좀 사러 갑니다. 김 씨는요?
　女：나는 나리타에 갑니다. 한국에서 친구가 오기 때문에 마중하러 갑니다.

▶ 김 씨는 어디에 무슨 일로 갑니까?
　(A) 아키하바라에 쇼핑하러
　(B) 신주쿠에 쇼핑하러
　(C) 나리타에 쇼핑하러
　(D) 나리타에 친구를 마중하러

59.

男：鈴木さんのうちから学校までどのぐらいかかりますか。
女：バスで10分ぐらいです。

男：そうですか。近いですね。それじゃ、歩いてもそれほどかからないでしょうね。
女：ええ、30分ぐらいかかります。
男：それは便利ですね。

> 男：스즈키 씨 집에서 학교까지 어느 정도 걸립니까?
> 女：버스로 10분 정도 걸립니다.
> 男：그래요. 가깝군요. 그럼 걸어도 그다지 걸리지 않겠군요?
> 女：네, 30분 정도 걸립니다.
> 男：그거 편리하군요.

▶ 스즈키 씨의 집에서 학교까지 어느 정도 걸립니까?
   (A) 걸어서 10분
   (B) 버스로 10분
   (C) 버스로 30분
   (D) 자전거로 30분

60.
女：すみません。銀行は何時から何時までですか。
男：銀行ですか。銀行は午前9時から午後3時までですよ。
女：そうですか。じゃ、今から行ってももう遅いですね。
男：いや、まだ10分ありますから、急いでいけば間に合うと思います。

> 女：실례합니다. 은행은 몇 시부터 몇 시까지 합니까?
> 男：은행말입니까? 은행은 오전 9시부터 오후 3시까지예요.
> 女：그래요? 그럼, 지금 가도 이미 늦겠군요?
> 男：아뇨, 아직 10분 있으니까 서둘러 가면 될 겁니다.

▶ 지금은 몇 시입니까?
   (A) 오전 8시 50분
   (B) 오전 9시 10분
   (C) 오후 2시 50분
   (D) 오후 3시 10분

61.
女：中西さんはお酒を飲みますか。
男：ええ、飲みます。
女：どんなお酒を飲みますか。
男：ビールと日本酒を飲みます。
女：焼酎は飲みませんか。
男：ええ、焼酎はちょっと苦手です。

> 女：나카니시 씨는 술을 마십니까?
> 男：네, 마십니다.

女：어떤 술을 마십니까?
男：맥주와 청주를 마십니다.
女：소주는 안 마십니까?
男：네, 소주는 잘 못 마십니다.

▶ 나카니시 씨는 어떤 술을 마십니까?
   (A) 소주
   (B) 청주와 소주
   (C) 맥주와 소주
   (D) 맥주와 청주

62.
女：河野さん、野球好きですか。
男：ええ、好きです。
女：そうですか。東京ドームで野球の試合がありますが、一緒に行きませんか。
男：ああ、いいですよ。ところで、名波さんは巨人ファンですか。
女：いいえ、アンチ巨人です。巨人が負けるのを楽しみにしています。

> 女：고노 씨, 야구 좋아합니까?
> 男：네, 좋아합니다.
> 女：그래요? 동경돔에서 야구시합이 있는데, 같이 가지 않겠습니까?
> 男：네, 좋습니다. 그런데, 나나미 씨는 자이언트팬입니까?
> 女：아뇨, 앤티자이언트입니다. 자이언트가 지는 것을 바라고 있습니다

▶ 나나미 씨는 어느 팀을 응원합니까?
   (A) 자이언트(巨人)
   (B) 한신(阪神)
   (C) 야쿠르트
   (D) 자이언트만 지면 된다

63.
男：グリーンさんはいつ日本へ来られましたか。
女：1993年4月に来ました。
男：それじゃ、もう8年目ですね。
女：ええ、そうです。
男：長いですね。

> 男：그린 씨는 언제 일본에 오셨습니까?
> 女：1993년 4월에 왔습니다.
> 男：그럼, 벌써 8년째이군요.
> 女：네, 그렇습니다.
> 男：오래 되셨군요.

▶ 현재는 서기 몇 년입니까?
 (A) 1993년
 (B) 1994년
 (C) 2000년
 (D) 2001년

64.

女：金さん、昨日は欠席でしたね。
男：ええ、気分が悪かったんです。
女：ああ、そうですか。それは大変でしたね。今日は大丈夫ですか。
男：ええ、もうよくなりました。

女：김 씨, 어제는 결석했지요?
男：네, 몸이 좋지 않았습니다.
女：아, 그래요? 고생하셨겠네요. 오늘은 괜찮습니까?
男：네, 이제 좋아졌습니다.

▶ 김 씨는 어제 왜 결석했습니까?
 (A) 늦잠을 자서
 (B) 몸이 좋지 않아서
 (C) 감기에 걸려서
 (D) 사고가 있어서

65.

男：大平さん、どこかへ旅行に行きましたか。
女：去年の夏、慶州へ行きました。
男：そうですか。慶州で何をしましたか。
女：古いお墓を見たりお寺を見たりしました。
男：それはよかったですね。

男：오다이라 씨, 어딘가 여행을 다녀 왔습니까?
女：작년 여름에 경주에 갔습니다.
男：그래요? 경주에서 무엇을 했습니까?
女：오래된 무덤을 보기도 하고 절을 보기도 했습니다.
男：그거 잘 되었군요.

▶ 오다이라 씨는 어디에 무슨 목적으로 갔습니까?
 (A) 경주에 일로
 (B) 경주에 관광으로
 (C) 서울에 일로
 (D) 부산에 관광으로

66.

男：ソンさん、どうしたんですか。
女：すみません、遅くなって。電車を乗り間違えたんです。

男：そうですか。大変でしたね。

男：손 씨, 무슨 일입니까?
女：미안합니다, 늦어서. 전철을 잘못 탔습니다.
男：그래요? 고생하셨겠네요.

▶ 손 씨가 늦어진 이유는 무엇입니까?
 (A) 길을 잘 몰랐기 때문에
 (B) 늦잠을 잤기 때문에
 (C) 교통사고가 있었기 때문에
 (D) 전철을 잘못 탔기 때문에

67.

女：はい、富士ホテルでございます。
男：あのう、予約をお願いしたいんですが。
女：いつお泊まりでしょうか。
男：12月31日です。
女：はい、12月31日ですね。何名様ですか。
男：一人です。
女：申し訳ございませんが、あいにくシングルは全部予約が入っておりますが、
   ツインでよろしいでしょうか。
男：はい、かまいません。
女：かしこまりました。

女：네, 후지호텔입니다.
男：저, 예약을 하려고 하는데요.
女：언제 묵으십니까?
男：12월 31일입니다.
女：네, 12월 31일이요? 몇 분이십니까?
男：혼자입니다.
女：죄송하지만, 마침 싱글은 전부 예약이 되어 있는데, 트윈이라도 괜찮겠습니까?
男：네, 상관없습니다.
女：알겠습니다.

▶ 손님은 어떤 방에 묵습니까?
 (A) 싱글 룸
 (B) 트윈 룸
 (C) 더블 룸
 (D) 가족 룸

68.

男：すみません。藤井さんはどの人ですか。
女：藤井さんですか。あそこで踊っている人ですよ。
男：ああ、あそこで歌いながら踊っている人ですか。
女：いいえ、彼は野中さんです。そのとなりの人です。

男:ああ、そうですか。

男:미안합니다. 후지이 씨는 누구입니까?
女:후지이 씨요? 저기서 춤추고 있는 사람입니다.
男:아, 저기서 노래를 부르면서 춤추고 있는 사람말입니까?
女:아뇨, 그 사람은 노나카 씨입니다. 그 옆 사람입니다.
男:아, 그렇습니까?

▶ 노나카 씨는 누구입니까?
  (A) 노래를 부르고 있는 사람
  (B) 노래를 부르면서 춤추고 있는 사람
  (C) 춤을 추고 있는 사람
  (D) 술을 마시고 있는 사람

69.

女:チェさん、このごろ忙しいようですね。
男:ええ、今住んでいるアパートが12月いっぱいで契約が終わるので、毎日部屋探しです。
女:どこかいいアパートが見つかりましたか。
男:いいえ。それが、なかなか見つからないんです。
女:どうしてですか。
男:せっかくいい部屋を見つけても、外国人だからって、断られるんです。
女:そうですか。それはいけませんね。

女:최 씨, 요즘 바쁜 모양이군요.
男:네, 지금 살고 있는 집이 12월말로 계약이 끝나기 때문에 매일 방을 구하러 다니고 있습니다.
女:어디 좋은 방을 구했습니까?
男:아뇨. 그게 좀처럼 구하기 힘드네요.
女:왜요?
男:모처럼 좋은 방을 구해도 외국인이라고 거절당합니다.
女:그래요? 그거 안됐군요.

▶ 최 씨가 집주인으로부터 입주를 거절당하는 이유는 무엇입니까?
  (A) 집세를 못냈기 때문에
  (B) 일본어를 못하기 때문에
  (C) 외국인이기 때문에
  (D) 영주권이 없기 때문에

70.

女:朴です。よろしくお願いします。
男:朴さんは日本語が話せますか。

女:ええ、話せます。
男:パソコンは使えますか。
女:ワープロとエクセル位なら使えます。
男:そうですか。週何日働けますか。
女:月曜と水曜日以外は大丈夫です。

女:박입니다. 잘 부탁합니다.
男:박 씨는 일본어를 할 줄 압니까?
女:네, 할 줄 합니다.
男:컴퓨터는 다룰 줄 압니까?
女:워드프로세서와 엑셀 정도라면 할 줄 압니다.
男:그렇습니까? 주 며칠 일할 수 있습니까?
女:월요일과 수요일 이외는 괜찮습니다.

▶ 박 씨는 일주일에 며칠간 일할 수 있습니까?
  (A) 2일간
  (B) 3일간
  (C) 4일간
  (D) 5일간

71.

男:すみません。この近くに郵便局はありますか。
女:郵便局ですか。駅の東口を出ると右側にあります。
男:そうですか。ありがとうございます。
女:いいえ。

男:실례합니다. 이 근처에 우체국이 있습니까?
女:우체국이요? 역 동쪽 출구를 나가면 오른쪽에 있습니다.
男:그렇습니까? 감사합니다.
女:아뇨.

▶ 우체국은 어디에 있습니까?
  (A) 역 동쪽 출구를 나가서 왼쪽
  (B) 역 동쪽 출구를 나가서 오른쪽
  (C) 역 서쪽 출구를 나가서 왼쪽
  (D) 역 서쪽 출구를 나가서 오른쪽

72.

男:インフルエンザですね。今回のインフルエンザはかなり高熱が出ますから、家で安静にしてください。3日分の薬を出します。これは毎食後に飲んでください。
女:はい、わかりました。どうもありがとうございました。
男:いいえ。じゃ、お大事に。

男:유행성 감기군요. 이번 감기는 꽤 고열이 나니까 집에서 안정을 취하세요. 3일분 약을 지어 드리겠습니다. 이것은 매번 식사후에 드세요.

女 : 네, 알겠습니다. 대단히 고맙습니다.
男 : 아뇨. 그럼 몸조리 잘 하세요.

▶ 약은 언제 먹습니까?
　(A) 일어난 뒤
　(B) 식사 전
　(C) 자기 전
　(D) 식사 후

73.

女 : 山本さんはスポーツでは何が一番好きですか。
男 : そうですね。いろいろありますけど、卓球が一番好きですね。
女 : そうですか。サッカーはやりませんか。
男 : ええ、昔はよくやりましたけど、今は体力が落ちて体をぶつけ合うのが怖いです。
女 : そうですね。やっぱりネットを挟んでやるのがいいですね。

女 : 야마모토 씨는 운동 중에서 무엇을 제일 좋아합니까?
男 : 글쎄요. 여러 가지를 좋아하지만, 탁구를 가장 좋아합니다.
女 : 그렇습니까? 축구는 안 합니까?
男 : 네, 옛날에는 종종 했었지만, 지금은 체력이 떨어져서 서로 몸을 부딪치는 게 무섭습니다.
女 : 그래요? 역시 네트를 사이에 두고 하는 게 좋지요.

▶ 야마모토 씨가 축구를 안 하는 이유는 무엇입니까?
　(A) 탁구를 좋아하기 때문에
　(B) 체력이 떨어졌기 때문에
　(C) 몸을 움직이는 것이 귀찮아서
　(D) 네트가 없기 때문에

74.

女 : 東京とソウルとどっちのほうが交通事故が多いですか。
男 : そうですね。件数はあまり変わらないと思いますが。
女 : でも、事故率は韓国のほうが高いと聞いていますが。
男 : ええ、事故率は東京のほうが低いですが、東京は車が多いですからね。
女 : そりゃそうですね。

女 : 동경과 서울 중 어느 쪽이 교통사고가 많습니까?
男 : 글쎄요. 건수는 별 차이가 없는 것 같은데요.
女 : 하지만, 사고율은 한국이 높다고 들었는데요.
男 : 네, 사고율은 동경 쪽이 낮지만, 동경은 차가 많으니까요.
女 : 그건 그렇지요.

▶ 동경과 서울 중 어느 쪽이 교통사고가 많습니까?
　(A) 동경
　(B) 서울
　(C) 건수는 차이가 없다.
　(D) 사고율은 차이가 없다.

75.

男 : 野村さん、日本の人口はどのくらいですか。
女 : そうですね。1億2千万人くらいだと思います。
男 : そうですか。じゃ、韓国より8千万人くらい多いですね。
女 : そうですね、韓国の3倍くらいですね。

男 : 노무라 씨, 일본의 인구는 얼마나 됩니까?
女 : 글쎄요. 1억 2천만명 정도 됩니다.
男 : 그래요? 그럼, 한국보다 8천만명 정도 많군요.
女 : 그렇죠. 한국의 3배쯤 되죠.

▶ 한국의 인구는 얼마나 됩니까?
　(A) 8천만명
　(B) 4천만명
　(C) 4천 5백만명
　(D) 5천만명

76.

男 : 中村さんはマンションと一戸建てとどっちのほうが好きですか。
女 : そうですね。私は一戸建てのほうが好きです。
男 : どうしてですか。
女 : マンションは狭い空間に閉じ込められているような気がするので、あまり好きじゃありません。
男 : そうですか。私はやっぱりマンションですね。何よりも便利ですから。

男 : 나가무라 씨는 아파트와 단독주택 중 어느 쪽을 좋아합니까?
女 : 글쎄요. 저는 단독주택 쪽을 좋아합니다.
男 : 왜 그렇습니까?
女 : 아파트는 좁은 공간에 갇혀 있는 것 같은 느낌이 들기 때문에 별로 좋아하지 않습니다.
男 : 그렇습니까? 전 아무래도 아파트가 좋습니다. 무엇보다도 편리하니까요.

▶ 나가무라 씨는 어떤 집을 좋아합니까?
　(A) 단독주택
　(B) 맨션
　(C) 목조 연립주택
　(D) 어느 쪽이라도 상관없다.

77.

女：河野さん。今度の学園祭の時、何かやりますか。
男：ええ、焼きそば屋をやろうと思っています。金さんは?
女：私は何もやりません。得意な料理もありませんし。
男：そんなことないですよ。例のキムチがあるじゃないですか。
女：キムチですか。うーん、それじゃ、キムチでも作って皆に食べてもらおうかな。
男：そうしてくださいよ。

　女：고노 씨. 이번 축제 때 뭔가 하십니까?
　男：네, 야끼소바집을 하려고 합니다. 김 씨는요?
　女：저는 아무것도 안 합니다. 잘하는 요리도 없고 해서.
　男：그렇지 않습니다. 그 유명한 김치가 있지 않습니까?
　女：김치요? 음, 그럼 김치라도 만들어서 여러사람에게 맛을 보일까요.
　男：그렇게 하세요.

▶ 김 씨는 축제 때 무엇을 합니까?
　(A) 야끼소바집.
　(B) 갈비집.
　(C) 김치를 만든다.
　(D) 아무것도 하지 않는다.

78.

男：遠藤さんの夢は何ですか。
女：ええ、定年したら、世界中を旅行したいと思います。
男：そうですか。でも、そのためにはお金がたくさん要るでしょうね。
女：ええ。それで、10年前からお金をためています。

　男：엔도 씨의 꿈은 뭐예요?
　女：네, 정년퇴직하면 전세계를 여행하고 싶습니다.
　男：그래요? 하지만 그러기 위해서는 돈이 많이 필요하지요?
　女：네. 그래서 10년 전부터 돈을 모으고 있습니다.

▶ 엔도 씨의 꿈은 무엇입니까?
　(A) 돈을 모아서 부자가 되는 것
　(B) 일을 그만두고 세계일주하는 것
　(C) 정년후, 전세계를 여행하는 것
　(D) 정년후, 가족과 행복하게 사는 것

79.

女：吉岡さん、お住まいはどちらですか。
男：池袋です。清水さんは。
女：私は、川越です。
男：じゃ、ここから遠いですね。
女：ええ。でも特急に乗れば40分しかかかりませんよ。
男：そうですか。じゃ、それほどかかりませんね。

　女：요시오카 씨, 댁은 어디십니까?
　男：이케부쿠로입니다. 시미즈 씨는요?
　女：저는 가와고에입니다.
　男：그럼, 여기서 멀군요.
　女：네. 하지만 특급을 타면 40분밖에 안 걸립니다.
　男：그래요? 그럼, 그다지 멀지 않군요.

▶ 시미즈 씨의 집까지 어느 정도 걸립니까?
　(A) 급행으로 30분
　(B) 특급으로 40분
　(C) 완행으로 40분
　(D) 완행으로 1시간

80.

男：太田さん、東京日本語学校をご存じですか。
女：ええ。
男：あの学校、授業料高いですか。
女：ええ、他に比べると、少し高いですよ。でも、月曜日から金曜日まで授業があるし、出席のほうも厳しいので、勉強にはいいと思いますよ。

　男：오타(太田)씨, 동경일본어학교를 아십니까?
　女：네.
　男：그 학교, 수업료 비쌉니까?
　女：네, 다른 곳과 비교하면 조금 비쌉니다. 하지만, 월요일부터 금요일까지 수업이 있고, 출석도 엄격하기 때문에 공부에는 좋다고 생각합니다.

▶ 동경일본어학교는 어떻습니까?
　(A) 수업료가 싸다.
　(B) 수업료가 비싸고 출석은 안 해도 좋다.
　(C) 수업료가 비싸고 출석은 엄격하다.
　(D) 수업료가 비싸고 월요일부터 토요일까지 수업이 있다.

では、パートⅣの問題を始めます。

(81〜84)

　今年に入ってからの交通事故死亡者数が全国で5,000人を超えたことが1日、警察庁の全国集計で分かりました。これは昨年より3日早いペースになります。
　警察庁によりますと先月31日の交通事故死亡者数は40人で、累計で5,010人となりました。愛知県がもっとも多く266人、次いで北海道の264人、千葉県の234人、埼玉県の227人、東京都の224人となっています。

　올해 들어서 교통사고 사망자수가 전국에서 5천명을 넘은 것이 1일, 경찰청의 전국집계로 알게 되었습니다. 이는 작년보다 3일 빠른 페이스입니다.
　경찰청에 의하면 지난달 31일의 교통사고 사망자수는 40명으로, 누계 5,010명이 되었습니다. 아이치현이 가장 많은 266명, 다음이 홋카이도가 264명, 치바현이 234명, 사이타마현이 227명, 동경도가 224명입니다.

81. 어떤 내용입니까?
　(A) 작년의 교통사고 사망자수
　(B) 올해의 교통사고 사망자수
　(C) 작년의 인구증가율
　(D) 올해의 인구증가율

82. 지난달 31일의 교통사고 사망자수는 몇 명입니까?
　(A) 30명
　(B) 35명
　(C) 40명
　(D) 45명

83. 교통사고 사망자수가 가장 많은 것은?
　(A) 치바(千葉)현
　(B) 아이치(愛知)현
　(C) 사이타마(埼玉)현
　(D) 동경도(東京都)

84. 교통사고 사망자수가 5천명을 돌파한 시기는 작년과 비교해서 어떻습니까?
　(A) 3일 빠르다.
　(B) 5일 빠르다.
　(C) 3일 늦다.
　(D) 5일 늦다.

(85〜86)

　それは五月の休日続きのことでした。地方の親類の娘たちが来て、みんなで箱根へ遊びに行きました。いいお天気で、箱根はどの山もどの丘も浅みどりや濃みどりに装われ、眼が覚めるような美しさでした。

　그것은 5월 연휴의 일이었습니다. 지방에 있는 친척 딸이 와서 모두 하코네에 놀러 갔습니다. 날씨가 좋아서 하코네는 모든 산과 모든 언덕이 연두색과 짙은 녹색으로 뒤덮여 있어 눈이 새로워진 듯한 아름다움이었습니다.

85. 모두 간 곳은 어디입니까?
　(A) 닛코(日光)
　(B) 하코네(箱根)
　(C) 미토(水戸)
　(D) 아타미(熱海)

86. 그 날의 날씨는 어떠했습니까?
　(A) 맑음
　(B) 흐림
　(C) 비
　(D) 눈

(87〜90)

　次は下高井戸、下高井戸です。お出口は左側です。この駅はホームと電車の間が広く開いていますので、お降りの際は足下に十分気をつけてください。なお、この電車は次の桜上水で急行の待ち合わせを致します。終点の八王子までお急ぎの方は桜上水で急行に乗り換えてください。

　다음은 시모타카이도, 시모타카이도입니다. 내리실 문은 왼쪽입니다. 이 역은 승강장과 전차 사이가 넓으므로 내리실 때는 발이 빠지지 않도록 조심하시기 바랍니다. 또한, 이 전철은 사쿠라조스이에서 급행을 기다리겠습니다. 종점인 하치오지까지 빨리 가실 분은 사쿠라조스이에서 급행으로 갈아타시기 바랍니다.

　주) 사쿠라조스이(桜上水)　　하치오지(八王子)
　　　시모타카이도(下高井戸)　신주쿠(新宿)

87. 어떤 내용입니까?
　(A) 전철의 도착역 안내
　(B) 급행전철의 출발안내
　(C) 버스의 도착안내
　(D) 버스의 출발안내

88. 이 전철의 종점은 어디입니까?
 (A) 사쿠라조스이(桜上水)
 (B) 하치오지(八王子)
 (C) 시모타카이도(下高井戸)
 (D) 신주쿠(新宿)

89. 왜 내릴 때 주의해야 합니까?
 (A) 계단이 있으니까
 (B) 미끄러우니까
 (C) 홈이 붐비니까
 (D) 전철과 홈 사이가 넓으니까

90. 종점까지 빨리 가려면 어떻게 하면 됩니까?
 (A) 이 전철로 간다.
 (B) 시모타카이도에서 급행으로 갈아 탄다.
 (C) 사쿠라조스이에서 급행으로 갈아 탄다.
 (D) 하치오지에서 급행으로 갈아 탄다.

(91～94)

　　ノーベル化学賞受賞の発表から一夜明けた十一日、筑波大学名誉教授の白川英樹博士（６４）は、横浜市の自宅玄関前に受賞後初めて姿をみせ、驚きと喜びを控え目な表情で一時間半にわたって語りました。
　　薄緑のシャツにベージュのズボン、サンダル履きのラフなスタイルで、午前七時二十分ごろに現れた白川博士は、集まった約四十人の報道陣に一瞬驚きながらも、「ありがとうございます」と深・と頭を下げ、穏やかな笑顔でこたえました。

　　노벨화학상 수상발표로부터 하룻밤이 지난 11일, 쓰쿠바(筑波)대 명예교수인 시라가와 히데키(白川 英樹)박사(６４)는 요코하마시에 있는 자택 현관 앞에 수상후 처음 모습을 보이고, 놀라움과 기쁨을 감추는 듯한 표정으로 1시간 반에 걸쳐 이야기했습니다.
　　옅은 녹색 바지에 샌달을 신은 편한 스타일로 오전 7시 20분경에 나타난 시라가와 박사는 그 곳에 모인 약 40명의 보도진에 한 순간 놀라면서도「감사합니다」하고 깊이 머리숙여 온화한 미소로 대답했습니다.

91. 어떤 내용입니까?
 (A) 노벨평화상 수상
 (B) 노벨화학상 수상
 (C) 노벨물리학상 수상
 (D) 노벨의학상 수상

92. 수상자의 직업은 무엇입니까?
 (A) 동경대학 교수
 (B) 교토대학 교수
 (C) 쓰쿠바대학 교수
 (D) 쓰쿠바대학 명예교수

93. 수상자는 어떤 모습으로 나타났습니까?
 (A) 정장으로
 (B) 일본전통의상으로
 (C) 평상복으로
 (D) 속옷바람으로

94. 수상자의 자택은 어디입니까?
 (A) 도쿄(東京)
 (B) 교토(京都)
 (C) 오사카(大阪)
 (D) 요코하마(横浜)

(95～97)

　　セ・リーグは１１日、東京都銀座の連盟会議室で理事会を開き、来シーズンの順位決定方式を決めました。勝利数を最優先とし、勝利数が同じ球団が複数出た場合は勝率が上の球団が上位となり、さらに勝利数、勝率とも同じケースでは3試合のプレーオフを実施することになりました。2位以下で同率のケースが起きた場合の処置については次回理事会で検討することになりました。

　　센트럴 리그는 11일, 동경도 신쥐(銀座)의 연맹회의실에서 이사회를 열어, 다음 시즌의 순위 결정방식을 정했습니다. 승리수를 최우선으로 하고, 승리수가 같은 구단이 복수 나온 경우는 승률이 높은 구단이 상위가 되고, 또한 승리수, 승률이 같은 경우에는 3경기 플레이 오프를 실시하게 되었습니다. 2위 이하에서 동률이 생긴 경우의 조치에 대해서는 다음 이사회에서 검토하게 되었습니다.

95. 어떤 내용입니까?
 (A) 이번 시즌의 센트럴 리그의 순위 결정방식
 (B) 다음 시즌의 센트럴 리그의 순위 결정방식
 (C) 일본시리즈의 순위 결정방식
 (D) 축구의 J리그의 순위 결정방식

96. 순위 결정 때 최우선으로 하는 것은 무엇입니까?
 (A) 승리수
 (B) 승률
 (C) 패전수
 (D) 홈런수

97. 플레이 오프는 몇 시합입니까?
- (A) 1시합
- (B) 3시합
- (C) 5시합
- (D) 7시합

(98〜100)

続いて明日の空模様です。ここしらばく秋晴れが続きましたが、今夜から明日・明後日にかけて、日本海側を中心に天気がくずれそうです。大陸から低気圧が発達し、日本海に進んでいます。このため西日本は明日の午後から雨になるところが多くなるでしょう。関東地方は明後日の午前から雨になるでしょう。

이어서 내일 날씨입니다. 요즘 며칠 동안 맑은 가을 날씨가 이어졌습니다만, 오늘밤부터 내일과 모레에 걸쳐서 동해(日本海)쪽을 중심으로 날씨는 나빠질 것 같습니다. 대륙으로부터 저기압이 발달하여 동해로 진행되고 있습니다. 이 때문에 서일본은 내일 오후부터 비가 오는 곳이 많아지겠습니다. 관동지방은 모레 오전부터 비가 오겠습니다.

98. 오늘까지의 날씨는 어떠했습니까?
- (A) 비가 왔다.
- (B) 눈이 왔다.
- (C) 맑았다.
- (D) 맑고 때때로 구름이 끼었다.

99. 관서지방의 내일 날씨는 어떻게 됩니까?
- (A) 비가 오는 곳이 많다.
- (B) 맑음 뒤 흐림.
- (C) 눈이 오는 곳이 많다.
- (D) 태풍이 강하게 분다.

100. 관동지방의 모레 날씨는 어떻게 됩니까?
- (A) 오전중은 맑음, 오후부터 흐림
- (B) 오전중은 맑음, 오후부터 비
- (C) 오전부터 비
- (D) 오전부터 눈

読解問題

101. 이런 무리들에게 정권을 잡게 해서는 곤란하다
- 連中(れんちゅう・れんじゅう)…무리
- 政権(せいけん)を握(にぎ)られる…정권을 잡게 하다
- * 일본어적인 표현으로, 그 행위로 인해 불특정 다수가 피해를 본다는 뜻을 내포하고 있다.

102. 강약을 붙여서 노래한다
- 強弱(きょうじゃく)をつける…강약을 붙이다
- 歌(うた)う…노래하다

103. 지진으로 해일이 덮쳤다
- 津波(つなみ)…해일
- 地震(じしん)で…지진으로
- 襲(おそ)う…덮치다

104. 새로운 작업에 착수하다
- 作業(さぎょう)…작업
- とりかかる…착수하다

105. 일의 중지를 통고하다
- 通告(つうこく)する…통고하다
- 仕事(しごと)…일, 작업
- 中止(ちゅうし)…중지

106. 샤워를 하고 나서 밥을 먹습니다
- シャワーを浴(あ)びる…샤워를 하다
- *「シャワーをする」라고 쓰지 않도록.
- 〜てから…〜하고 나서
- ご飯(はん)を食(た)べる…밥을 먹다

107. 한 송이의 꽃이 피어 있다
- 〜輪(りん)…〜송이 〈꽃을 세는 말〉
- 花(はな)が咲(さ)く…꽃이 피다

108. 마침내 그의 정체가 탄로났다
- しょうたい : 正体(정체)
  - 招待(초대)
  - 小隊(소대))
- とうとう…마침내, 결국
- ばれる…탄로나다

109. 그는 강적을 물리쳤다
- 破(やぶ)る…격파하다, 이기다
- 破(やぶ)れる…지다, 패하다
- 薮(やぶ)…덤불, 대숲
- 部屋(へや)…방
- 強敵(きょうてき)…강적

110. 10년전에 헤어진 친구와 재회했다
- さいかい : 再会(재회)
  　　　　　再開(재개)
  　　　　　最下位(최하위)
  　　　　　西海(서해))

111. 문제문과 (B)의 「ない」는 형용사로 '없다'는 뜻을 나타내고, 나머지 (A),(C),(D)는 조동사로 '~하지 않다'의 뜻.

112. 문제문과 (A)는 존재 장소, (B)는 상태의 변화, (C)는 형용동사의 동사 연결형, (D)는 대상

113. 무척 신기한 시계입니다
- たいへん…매우, 무척
- 珍(めずら)しい…신기하다
- 時計(とけい)…시계
- あまり ~ない…그다지 ~하지 않다
- なかなかいい…제법 좋다
- とても…매우, 아주
- 高(たか)い…비싸다

114. 어쩐지 기분이 나쁩니다
- 何(なん)だか…어쩐지, 웬일인지
- 気分(きぶん)が悪(わる)い…기분이 나쁘다
- 天気(てんき)…날씨
- 体(からだ)の調子(ちょうし)…몸의 컨디션
- 何(なん)となく…왠지 모르게
- 寂(さび)しい…허전하다
- 歯(は)が痛(いた)い…이가 아프다
- とても…매우, 무척

115. (불의)부주의로 화재가 났다
문제문과 (A)는 원인・이유・근거(遠因), (B)는 변화전 상태, (C)てもらう문의 동작주, (D)는 기점・시간

116. 그녀는 이번 달로 교사를 사임합니다
문제문과 (C)는 「辞(や)める」(사직하다, 사임하다), 나머지는 「止(や)める」(하던 짓, 행위 등을)중지하다, 그만두다

117. 나는 일을 무척 좋아합니다
- 仕事(しごと)…일
- ~が大好(だいす)きだ…~을 무척 좋아하다
- 働(はたら)く…일하다
- 遊(あそ)ぶ…놀다
- 学(まな)ぶ…배우다
- 休(やす)む…쉬다

118. 「ごめんください」는 문 앞에서 사람을 부를 때 쓰는 말. 「すみません」은 사죄의 말 등 쓰이는 용도가 다양하며, 사람을 부를 때도 사용. 그리고 「ごめんなさい」는 사죄의 말로 '미안합니다'의 뜻.

119. 그녀는 그와 결혼하기로 했습니다
- ~と結婚(けっこん)する…~와 결혼하다
- ~ことにする…~하기로 하다
- ~(よ)うと思(おも)う…~하려고 생각하다
- 気(き)がない…마음이 없다

120. 그는 술만 마시고 있습니다
문제문과 (D)의 「~ばかり」는 '~뿐, ~만'의 뜻을 나타내고, (A),(C)는 「동사의 과거형+ばかり」의 꼴로 '~한지 얼마 안됨', (B)는 '~정도'의 뜻.

121. 저는 졸업하면 저 회사에 들어가고 싶습니다
入るたい→入りたい
　~たら…~하면
* 조건표현 중에서 「前件이 끝나고 後件이 일어날 때」는 「たら」를 쓴다. 위의 예에서 「卒業する」가 前件이고,「会社に入る」가 後件이므로 「卒業すると」나 「卒業すれば」라고 하지 않고 「卒業したら」라고 해야 한다.

122. 저는 다나카입니다. 지금 집을 비우고 있습니다
- ~てあります→~ております(~하고 있습니다)
- ただ今(いま)…지금
- 留守(るす)…부재중

123. 선생님은 야마다 씨에게 방과후 연구실로 오도록 말했다
~ことに→~ように(~하도록)
- 放課後(ほうかご)…방과후
- 研究室(けんきゅうしつ)…연구실

124. 그녀가 지금 무엇을 가장 갖고 싶어하는지 가르쳐 주십시오
何が→何を(무엇을)
- 欲(ほ)しがっている…갖고 싶어하다
- 教(おし)える…가르치다

125. 외국인에게 있어서 한자를 외우는 것은 매우 힘듭니다
~にあって→~にとって(~에게 있어서)
- 外国人(がいこくじん)…외국인
- 漢字(かんじ)を覚(おぼ)える…한자를 외우다
- ~の…것<준체 명사 역할>
- 大変(たいへん)だ…매우 힘들다

126. 후지산에 간 일을 잊을 수가 없습니다
忘れることを→忘れることが
- 忘(わす)れる…잊다
- ~ことができない…~할 수가 없다<동사 사전형 접속>

127. 내가 외출한 사이에 친구가 찾아 왔습니다
~間(あいだ)で→~間に(~사이에)
- 出(で)かける…외출하다
- 訪(たず)ねる…방문하다, 찾다

128. 일본에서는 전철이 매우 편리한 모양입니다
便利なみたい→便利みたい(편리한 모양이다)
* 「~みたいだ」가 形容動詞에 붙을 때는 「語幹」에 붙는다. 예) あそこは静かみたいだ。
- 日本(にほん)では…일본에서는
- 便利(べんり)だ…편리하다
- ~みたいだ…~한 모양이다

129. 잠옷을 입은 채로 밖에 나가지 않는 것이 좋습니다
着るまま→着たまま(입은 채)<동사 과거형 접속>
- 寝巻(ねま)きを着(き)る…잠옷을 입다
- 外(そと)へ出(で)る…밖에 나가다
- ~ないほうがいい…하지 않는 것이 좋다<동사 부정 현재형 접속>

130. 나중에 먹을 테니까 그대로 놔두세요
そのままでして→そのままにして
- 後(あと)で…나중에
- そのままにする…그대로 하다
- ~ておく…~해 두다

131. 오늘은 바쁘니까 내일 다시 오세요
忙(いそが)しいので→忙しいから(바쁘니까)
* 원인, 이유를 나타내는 데는 「ので」「から」등이 쓰이는데, 이 중 「ので」는 객관적인 사항을 나타낼 때, 「から」는 주관적인 사항을 나타낼 때 주로 쓰인다.
예) 韓国の冬は寒いので、過ごしにくい。
今日は寒いから早く帰りましょう。

132. 긴 겨울이 끝나고 봄이 오면 꽃이 핀다
なったら→なると(되면)
* 조건표현에는 「と」「ば」「たら」등이 있다. 이 중 객관적인 사실이나 진리를 나타낼 때는 「と」를 쓰고, 前件이 끝난 후에 後件이 일어날 때는 「たら」를 쓴다. 따라서 봄이 오면 꽃이 피는 것은 객관적인 사실이므로 「と」를 써야 한다.
- 長(なが)い…길다
- 冬(ふゆ)が終(お)わる…겨울이 끝나다
- 春(はる)になる…봄이 되다
- 花(はな)が・(さ)く…꽃이 피다

133. 약속장소에 도착하니 모두 모여 있었다
つけば→ついたら(도착하니)
- 約束(やくそく)の場所(ばしょ)…약속 장소
- 着(つ)く…도착하다
- みんな…모두
- 集(あつ)まる…모이다

134. 자상하고 친절한 그가 설마 그런 태도를 취할 리가 없다
とらまい→とるまい(취할 리가 없다)
* 「~하지 않을 것이다<부정 추측>」를 나타낼 때는 「동사 종지형+まい」를 써야 한다. 그러므로 「とらまい」라 아니라 「とるまい」라고 해야 한다. 단, 1단 동사는 동사 연용형에 접속하는 경우도 있다.
- やさしい…자상하다
- 親切(しんせつ)な…친절한
- まさか…설마
- 態度(たいど)をとる…태도를 취하다

135. 이 그림을 그린 것은 7살쯤 되는 여자 아이라고 합니다
~だけ→~ばかり(~쯤)
*「~ばかり」의 용법 중의 하나는 수량을 나타내는 말에 붙어서 「~정도, ~쯤」의 뜻을 나타낸다.
- 絵(え)を描(か)く…그림을 그리다
- 女(おんな)の子(こ)…여자 아이
- ~そうだ…~라고 한다〈활용어의 종지형 접속〉

136. 그의 훌륭한 재주에 모두 놀랄 뿐이었습니다
驚(おどろ)いたばかり→驚くばかり(놀랄 뿐)
*「ばかり」의 용법 중의 하나는 동사 사전형(종지형)에 붙어서 「~할 뿐이다」의 뜻을 나타낸다.
- 素晴(すば)らしい…멋지다, 훌륭하다
- 芸(げい)…재주

137. 이 빵은 지금 막 만들어서 아주 맛있습니다
~だけ→~ばかり(막 ~함)〈동사 과거형 접속〉
- 出来(でき)る…만들다
- ~ので…~하므로
- とても…매우, 무척
- おいしい…맛있다

138. 여자 아이에게 그런 장난을 하면 선생님한테 야단맞아요
叱れる→叱られる(야단맞다, 혼나다)
- いたずらをする…장난을 하다
- ~と…~하면

139. 내일은 당번이기 때문에 6시에 일어나지 않으면 학교에 늦는다
起きないば→起きなければ(일어나지 않으면)
- 明日(あした・あす)…내일
- 当番(とうばん)…당번
- ~に遅(おく)れる…~에 늦다

140. 선생님이 내가 쓴 작문을 칭찬해 주었습니다
~てあげました→~てくれました(~해 주었습니다)
〈한국어의 영향〉
*「내가 남에게 ~해 주다」는 「~てやる・~てあげる・~て差し上げる」라고 하며,「남이 나에게 ~해 주다」는 「~てくれる・~てくださる」라고 한다.
- 作文(さくぶん)…작문
- 褒(ほ)める…칭찬하다

141. 여기는 좀 이상한 냄새가 난다
- 臭(にお)いがする…냄새가 나다
- 少(すこ)し…조금
- 変(へん)な…이상한
- 出(で)る…나오다, 나가다
- 出(で)かける…외출하다
- 入(はい)る…들어가다, 들어오다

142. 옷에서 핸드백, 신발에 이르기까지 게이코가 새것을 사용하고 있는 일은 거의 없었다
- ~に至るまで(~에 이르기까지)
- 靴(くつ)…신발
- ほとんどない…거의 없다

143. 오늘 배운 것은 될 수 있는 대로 잊지 않도록 하십시오
- なるべく…되도록
- とても…매우, 무척
- 非常(ひじょう)に…상당히
- ほとんど…거의
- 習(なら)う…배우다
- ~ようにする…~하도록 하다
- ~ないようにする…~하지 않도록 하다

144. 만일 길을 모르면 파출소에서 물으십시오
- もし…만일
- もしもし…여보세요
- ひょっとすると…어쩌면
- たとえば…예를 들면
- 交番(こうばん)…파출소
- 聞(き)く…묻다

145. 아무리 노력해도 일본어가 좀처럼 늘지 않습니다
- なかなか ~ない…좀처럼 ~하지 않다
- なかでも…그 중에서도
- 果(は)たして…과연
- いろいろ…여러 가지
- いくら ~ても…아무리 ~해도
- 頑張(がんば)る…노력하다
- 上手(じょうず)になる…능숙해지다, 늘다

146. 인생을 살아가는 동안에 실패는 항상 있는 법이다
- 常(つね)に…항상
- つまり…즉, 결국
- 遂(つい)に…마침내, 드디어
- 専(もっぱ)ら…오로지
- 人生(じんせい)…인생
- 失敗(しっぱい)…실패
- ~ものだ…~하는 법이다

147. 언덕 위에서 풍차가 빙빙 돌고 있다
- ぐるぐる…빙빙
- ぐんぐん…부쩍부쩍
- ぐらぐら…흔들흔들
- くりくり…획획, 빙빙〈작은 물건이 가볍게 돌아가는 모양〉
- 風車(ふうしゃ)…풍차
- 回(まわ)る…돌다

148. 나는 어머니의 사고 방식에 찬성이 아니다
- 必(かなら)ずしも ~ない…반드시 ~하지 않다
- ぜひ…꼭
- もっぱら…오로지
- つくづく…절실히
- 考(かんが)え方(かた)…사고 방식
- 賛成(さんせい)…찬성

149. 전직을 생각하지만, 월급이 싸므로 망설이고 있다
- 二(に)の足(あし)を踏(ふ)む…주저하다, 망설이다
- 転職(てんしょく)を考(かんが)える…전직을 생각하다
- 給料(きゅうりょう)が安(やす)い…월급이 싸다

150. 그 사건에 검찰청도 손들어 버렸다
- 音(ね)を上(あ)げる…감당하기 힘들어 우는 소리를 하다, 손들다
- 事件(じけん)…사건
- 検察庁(けんさつちょう)…검찰청

151. 아이들이 공부를 잘 하므로 어머니까지 우쭐해한다
- 鼻(はな)が高(たか)い…우쭐해하다
- 耳(みみ)が痛(いた)い…귀가 따갑다
- 歯(は)が立(た)たない…당해낼 수 없다
- 目(め)がない…사족을 못쓴다
- ~まで…~까지, ~마저

152. 비싼 것이나 가치있는 것을 주어도 그 가치를 모르는 것을 「돼지에게 진주」라고 한다
- 豚(ぶた)に真珠(しんじゅ)…돼지에게 진주
* 같은 뜻으로 「猫(ねこ)に小判(こばん)」
- 猫(ねこ)の額(ひたい)…손바닥만함
- 借(か)りてきた猫(ねこ)…꾸어다 놓은 보릿자루
- 値打(ねう)ち…값어치
- 価値(かち)…가치

153. 요즘에는 너무 바빠서 고양이 손이라도 빌리고 싶을 정도이다
- 猫(ねこ)の手(て)も借(か)りたいほど…고양이 손이라도 빌리고 싶을 정도로
- 最近(さいきん)は…요즘에는
- あまりにも…너무나도
- 忙(いそが)しい…바쁘다

154. 나중에 후회하지 않도록 젊을 때에 배워라
- ~よう(に)(~하도록, ~하기를)
- 後(あと)で…나중에
- 後悔(こうかい)する…후회하다
- 若(わか)いうちに…젊을 때에
- 学(まな)ぶ…배우다

155. 국내외를 불문하고, 환경문제는 피할 수 없는 정책과제가 되고 있다
- ~を問わず(~을 불문하고)
- 国(くに)の内外(ないがい)…국내외
- 環境問題(かんきょうもんだい)…환경 문제
- 避(さ)ける…피하다
- 通(とお)る…통하다
- 政策課題(せいさくかだい)…정책 과제

156. 금년은 일기가 불순하기 때문에 작황이 좋지 않다
- 不順(ふじゅん)…불순함
- 不純(ふじゅん)…불순
- 変動(へんどう)…변동
- 未知(みち)…미지
- 天候(てんこう)…날씨
- ~ために…~때문에
- 作物(さくもつ)の出来(でき)…작황

157. 헤어스타일을 규제하는 것은 시대의 흐름에 역행하고 있다
- 逆行(ぎゃっこう)する…역행하다
- 呼応(こおう)…호응
- 巡航(じゅんこう)…순항
- 同行(どうこう)…동행
- 規制(きせい)する…규제하다
- 時代(じだい)の流(なが)れ…시대의 흐름

158. 속어를 함부로 쓰는 것은 좋지 않은 일이다
- むやみに…함부로
- 一斉(いっせい)に…일제히
- なるべく…되도록
- 丹念(たんねん)に…정성껏
- 俗語(ぞくご)…속어
- 使(つか)う…사용하다

159. 이 길은 대로이기 때문에 자동차가 끊임없이(쉴새없이) 지나고 있다
- ひっきりなしに…끊임없이, 쉴새없이
- たまに…가끔
- むやみに…함부로
- 一斉(いっせい)に…일제히
- 大通(おおどお)り…대로

160. 생일 만찬에 모두 입맛을 다시고 있다
- 舌鼓(したつづみ)をうつ…입맛을 다시다
- 鼻(はな)を高(たか)くする…우쭐거리다, 의기양양해 하다
- 口(くち)を出(だ)す…간섭하다
- 誕生日(たんじょうび)のごちそう…생일 만찬

161. 신인을 스타로 만들려면 TV광고를 빼고는 생각할 수 없습니다
- ～を抜きにして(は)…～을 빼고(는)
- 新人(しんじん)…신인
- ～にする…～로 만들다
- ～には…～하려면, ～하기 위해서는
- 考(かんが)える…생각하다

162. 그는 몰라볼 정도로 홀쭉하게 말라버렸다
- げっそり…홀쭉하게
- ふっくらと…통통하게
- きっちり…꼭, 꽉
- けらけら…깔깔
- 見違(みちが)えるほど…몰라볼 정도로
- やせる…마르다
- ～てしまう…～해 버리다

163. 놀랍게도 진범은 피해자의 아내였다
- ～ことに(は)…～하게도
- 驚(おどろ)く…놀라다
- 真犯人(しんはんにん)…진범
- 被害者(ひがいしゃ)…피해자

164. 병은 회복되고 있으므로, 안심하십시오
- ～つつある…～하고 있는 중이다〈동사 연용형 접속〉
- 病状(びょうじょう)…병상
- 回復(かいふく)に向(む)かう…회복되다
- 安心(あんしん)…안심

165. 섣달 그믐날 12시에는 제야의 종이 디~잉하고 울린다
- ごーん…디~잉
- かんかん…땡땡
- かちかちん…쨍그랑
- ごーごー…쾅
- 大晦日(おおみそか)…섣달 그믐날
- 除夜(じょや)の鐘(かね)…제야의 종
- 鳴(な)る…울리다

166. 그는 능력이 있지만, 협조성이 없어 내게는 다루기 힘든 존재이다
- ～かねる(～하기 어렵다)〈동사 연용형 접속〉
- 能力(のうりょく)…능력
- 協調性(きょうちょうせい)がない…협조성이 없다
- 扱(あつか)う…다루다
- 存在(そんざい)…존재

167. 아버지는 오랜만에 맛있는 요리를 만들려고 솜씨를 발휘하고 있다
- 腕(うで)によりをかける…솜씨를 발휘하다
- 久(ひさ)しぶりに…오랜만에
- 料理(りょうり)を作(つく)る…요리를 만들다

168. 자네에게 협력 못할 것도 없지만, 단 몇 가지 조건이 있다
- ～ないことはない(～하지 않을 것은 없다)

- 協力(きょうりょく)する…협력하다
- 但(ただ)し…단
- 条件(じょうけん)がある…조건이 있다

169. 오이 줄기에 가지는 열리지 않는다

瓜(うり)のつるにはなすびはならぬ(평범한 부모에게서는 평범한 자식 밖에 태어나지 않는다는 뜻의 속담)
- かぼちゃ…호박
- きゅうり…오이
- メロン…멜론

나머지는 속담으로서의 의미가 성립되지 않음.

170. 신인상 획득을 계기로, 그 젊은 소설가는 눈에 띄게 두각을 나타내게 되었다
- ～をきっかけに(して)／～をきっかけとして…～을 계기로
- 新人賞(しんじんしょう)…신인상
- 獲得(かくとく)…획득
- 小説家(しょうせつか)…소설가
- めきめきと…눈에 띄게
- 頭角(とうかく)を現(あらわ)す…두각을 나타내다

(171～173)

전국 20개 활화산의 활동상황을 24시간 태세로 집중감시하기 위해 기상대는 금년도 중에 삿포로(札幌), 센다이(仙台), 동경(東京), 후쿠오카(福岡)의 4군데에 「화산감시・정보센터」를 설치할 방침을 굳혔다. 아울러, 지하의 마그마의 움직임을 포착하는 전지구측위시스템(GPS)등의 관측망도 충실하게 할 방침이다. 각 지방기상대와 측후소에서의 화산감시나 대학 등 연구기관의 관측데이터 등을 동센터에 집약함으로써 분화예지와 방재정보의 정확도 향상을 꾀한다. 금년은 홋카이도(北海道)의 우스산, 이즈제도, 미야케지마의 오야마 분화하는 등 화산활동이 활발해지고 있어, 관측태세의 강화가 급선무라고 판단했다.

일본에는 현재 86개의 활화산이 있는데, 이 가운데 기상대가 상시 관측하고 있는 것은 20개에 지나지 않는다.

게다가, 많은 측후소와 지방기상대에서는 화산활동을 감시하는 화산담당자는 한 사람밖에 없는 것이 현실이다. 감시센터의 신설로 시간대에 따라서는 담당자 부재라는 「공백」이 해소된다.

■어구해설
- 急務(きゅうむ) : 급선무
- 精度(せいど) : 기계 등이 얼마나 정확한가 하는 정도, 정확도

171. 어떤 내용입니까?
(A) 화산활동의 정보
(B) 지진발생을 알림
(C) 화산활동을 감시하는 기구의 설치
(D) 지진예방센터의 설치

172. 본문의 내용과 맞는 것은 어느 것입니까?
(A) 활화산은 모두 기상대가 상시 감시하고 있다.
(B) 관측소에 따라서는 화산활동을 감시하는 담당자가 한 명도 없을 때도 있다.
(C) 금년에 들어서 화산활동은 소강상태가 되었다.
(D) 일본의 화산활동의 관측체제는 충분히 갖추어져 있다.

173. (　　)속에 들어갈 말로서 적당한 것은 어느 것입니까?
(A) 게다가
(B) 그러나
(C) 그래서
(D) 그리고

(174～176)

다이이치신문사는 15일, 전화에 의한 전국 여론조사를 실시했다. 모리내각의 지지율은 21%로 지난 번 조사(7월)의 29%에서 하락했다. 반대로 부지지율은 56%(지난 번 51%)로 늘었다. 취임으로부터 4개월 남짓 지난 모리수상의 존재감은 「늘었다」가 15%에 그쳤고, 「그렇게는 생각하지 않는다」가 73%로 크게 상회했다. 또, 모리내각에 대해서 「오래갈 것 같지는 않다」는 76%로 높아, 유권자의 냉엄한 시선을 엿볼 수 있게 한다.

모리내각의 지지율은 발족 직후인 4월조사는 41%였지만, 주변국에 파문을 일으킨 「신의 나라」발언 후인 5월조사에서는 19%로 급락했다. 총선거 직후인 지난 번은 29%로 조금 호전되긴 했지만, 이번에 다시 저하된 것이다.

내각지지율이 저조한 요인은 자민 지지층에서의 내각 지지율이 지난 번의 59%에서 52%로 줄은 점, 전국의 4할 전후를 차지하는 무소속층의 내각 지지율이 지난 번에 12%였던 것이 8%로 하락한 점 등에 의한 것이다.

■어구해설
- 世論(よろん) : 「輿論(よろん)」을 「世論」으로 쓰기도 한다. 원래 의도와는 다르게 「せろん」으로 읽혀졌으나, 최근에는 다시 「よろん」으로 읽히고 있다.
- 上回(うわまわ)る : 상회하다(웃돌다). 「하회하다(밑돌다)」는 「下回(したまわ)る」.
- 波紋(はもん)を起(お)こす : 파문을 일으키다.
- 低迷(ていめい) : 나쁜 상태에서 벗어나지 못하고 있는 것, 저조함.

174. 취임후의 모리내각의 지지율은 어떻게 되었습니까?
(A) 조금 올랐다.
(B) 변함없다.
(C) 조금 떨어졌다.
(D) 급락했다.

- がた落ちする : 뚝 떨어지다, 폭락하다

175. 모리내각의 지지율의 추이를 바르게 설명한 것은 어느 것입니까?
(A) 취임후 내려갔고 한 때 회복되었지만, 다시 떨어졌다.
(B) 취임후 계속 내려가고 있다.
(C) 취임후 올라갔지만, 한 때 내려갔고 현재는 회복되고 있다.
(D) 쭉 변함없다.

176. (   )에 들어갈 말로서 적당한 것은 어느 것입니까?
(A) 상승
(B) 저조
(C) 변동
(D) 회복

(177~179)

레스토랑 스미레
아르바이트모집(정사원도 가능)
- 요리를 잘 하는 사람
- 밤늦게까지 일할 수 있는 사람
- 운전이 가능한 사람
- 시급 : 1,200~1,500엔
- 식사제공
- 면접 : 수시
  면접시, 이력서 지참하여 직접 방문할 것.

177. 이것은 무엇입니까?
(A) 구인광고
(B) 상품광고
(C) 구직광고
(D) 바겐세일을 알리는 글

178. 면접을 받을 사람은 어떻게 하면 됩니까?
(A) 이력서를 가지고 가면 된다.
(B) 이력서를 우송하면 된다.
(C) 이력서와 도장을 가지고 가면 된다.
(D) 전화로 신청하면 된다.

179. 본문의 내용과 맞는 것은 어느 것입니까?
(A) 아르바이트밖에 할 수 없다.
(B) 점심값은 자기가 지불한다.
(C) 운전을 못해도 된다.
(D) 밤늦게까지 일해야 한다.

(180~182)

전략 일본에 있는 동안에는 여러모로 신세를 졌습니다. 덕분에 올 여름방학은 유익한 시간이 되었습니다.

이번에 수업에서 일본에서의 체험을 발표하게 되었습니다. 일본어로 발표하기로 되어 있기 때문에 요즘은 그 준비 때문에 바쁩니다. 일본어 공부를 위해서라고는 하나, 여러 사람 앞에서 외국어로 발표하는 것은 무척 힘듭니다. 하지만 열심히 할 생각입니다.

오늘은 일본에서 찍은 사진을 정리하고 있습니다. 정말로 즐거운 일 뿐이어서 내년에도 또 가고 싶습니다.

그럼, 또 만날 날을 기대하겠습니다. 환절기에 몸조심하십시오.

2001년 11월 11일
홍 길 동

■어구해설
- ~を楽(たの)しみにする : 관용적이고 의례적인 표현으로, 「~하는 것을 기대하다(낙으로 삼다)」.
- 季節(きせつ)の変(か)わり目(め) : 환절기.

180. 무엇을 위한 편지입니까?
(A) 신세를 진 사람에게 보내는 감사 편지
(B) 복중문안
(C) 발표보고
(D) 방문약속

181. 필자는 지금 무엇을 준비하고 있습니까?
  (A) 내년의 방문
  (B) 앨범정리
  (C) 발표
  (D) 보고서

182. 필자는 일본체험을 어떻게 생각하고 있습니까?
  (A) 무척 즐거웠다.
  (B) 조금은 즐거웠다.
  (C) 불쾌한 일도 있었다.
  (D) 특별한 것은 없다.

(183~185)

　학교 속에 몹시 익숙해진 선생님들에게 「사회공부」를 쌓아주자. 문부성은 내년도부터 공립의 초, 중, 고교의 교원을 장기연수로 일반기업에 파견할 경우, 교육위원회에 비용을 보조하는 새로운 제도를 신설할 방침을 굳혔다. 호텔과 백화점, 레스토랑 등에서 접객을 하는 것 등을 상정하고 있다. 첫 회인 내년도는 초등학교를 중심으로 1,500명의 교원을 배출하고, 그 후도 늘려나갈 방침이다. 문부성은 지역사람들에게 특별비상근강사로서 강단에 서는 제도도 확충할 생각으로, 상호 교류를 넓히는 일로, 학교의 폐쇄성을 없애려고 하고 있다.
　교원의 사회연수를 추진한다는 방향성은 교육개혁국민회의와 교육직원양성심의회에서 제시했다. 동회의 등에서는 「어린이와 부모의 기분을 생각하지 않고 사회성이 없는 교원이 있다」라는 지적이 있었다. 또한, 외설사건 등 교원에 의한 사건이 잇다르고 있는 일도 있고, 국가로서 사회연수를 제도화하기로 했다고 한다.
　현장의 교원 중에는 「교장과 교감에게 기가 꺽이지 않고 의견을 말하는 교원의 『엄니 제거』에 이용되는 것이 아닌가?」라는 반발도 있다. 이것에 대해 문부성은 「노력을 아끼지 않은 일반기업의 모습을 언급하고 평형감각을 습득하기 위한 제도이다. 대인관계의 능력을 늘리고, 학교운영에 대해서도 생각하는 계기가 되었으면 한다」고 말하고 있다.

183. 어떤 내용입니까?
  (A) 교원에 의한 구내폭력
  (B) 학생에 의한 구내폭력
  (C) 교원의 사회연수의 제도화
  (D) 문부성에 의한 교원연수

184. 본문의 내용과 맞는 것은 어느 것입니까?
  (A) 연수장소는 문부성이다.
  (B) 강사는 대학교 교수이다.
  (C) 강사는 일반기업의 사람과 지역사람이다.
  (D) 교원의 반대가 있으면, 이 제도는 중지한다.

185. 교원연수에 대해 어떻게 생각되고 있습니까?
  (A) 정당한 것으로서 순수하게 받아들이고 있다.
  (B) 반발하는 사람도 있다.
  (C) 모두 반발하고 있다.
  (D) 문부성이 보조금을 낸다면 상관없다.

(186~188)

　이제 곧 눈소식이 들려오는 계절이 되었습니다. 어떻게 지내시는지요? 지난 번엔 여러 가지로 고마웠습니다.
　다름이 아니오라, 그 후 박사과정에 복학하기 위해서 서류를 갖추고 있습니다만, 보증인이 몇 가지 써 주셔야 할 서류가 있습니다. 직접 찾아뵙지 못하고 우편으로 보내는 것은 무례한 줄은 알고 있습니다만, 서류의 보증인란에 선생님의 주소와 성함을 쓰시고 도장을 찍어서 저에게 다시 보내주셨으면 하오니 부탁드립니다.
　환절기에 몸조심하십시오.

■ **어구해설**

· 便(たよ)り : 편지, 소식.

186. 지금 계절은 뭡니까?
  (A) 봄
  (B) 여름
  (C) 늦가을
  (D) 겨울

187. 편지를 쓴 목적은 무엇입니까?
  (A) 보증인이 되어 달라기 위해
  (B) 박사과정 시험 때문에
  (C) 사증을 받기 위해
  (D) 병 문안을 위해

188. 누구에게 보내는 편지입니까?
  (A) 석사과정 때의 선생님
  (B) 박사과정 때의 선생님
  (C) 보증인
  (D) 학교직원

· 修士(しゅうし) : 석사

(189~191)

31일 오후 9시 40분경, 시부야구에서 목조 단층주택이 밀집된 부근에서 불이 나서, 주택 13동(연 480평방미터)이 거의 전소되었다.

현장은 JR야마노테(山の手)선 시부야역에서 동쪽으로 약 700미터로 고층빌딩 사이에 주택이 밀집해 있다. 주민으로부터의 １１９신고로 소방시대원이 달려가, 1일 오전 0시 반경에 진화되었다.

이 불로 집합주택에 사는 미장업을 하는 스즈키 고로(鈴木五郎) 씨(50)가 오른손에 가벼운 화상을 입은 것 외에, 무직 엔도 지로(遠藤次郎) 씨(73)가 연기를 들이마셔 중상이다. 소화활동을 하고 있던 회사원 시바타니 사부로(柴谷三郎) 씨(51)가 유리파편에 오른손 엄지손가락을 베는 중상을 입었다.

시부야서에서는 1일 아침부터 현장을 검증하고, 원인과 상세한 피해상황 등을 조사하고 있다.

■ 어구해설
- 平屋建(ひらやだ)て : 단층건물.
- 駆(か)け付(つ)ける : 달려가다.
- 左官業(さかんぎょう) : 미장업.

189. 본문의 내용과 맞는 것은 어느 것입니까?
(A) 불이 난 주택은 일부 남아 있다.
(B) 불이 난 것은 2층짜리 주택이다.
(C) 불이 난 것은 1층집이다.
(D) 3명이 중상을 입고 있다.

190. 스즈키 고로(鈴木五郎) 씨의 일은 무엇입니까?
(A) 관료의 보좌관
(B) 사장보좌
(C) 벽을 바르는 일
(D) 집을 짓는 일

191. (　　)에 들어갈 적당한 말을 고르시오.
(A) 검사
(B) 검출
(C) 검증
(D) 조회

(192~194)

양춘 계절에 보호자 여러분께서 날로 번영하심을 더 없이 경사스럽게 생각합니다.

항상 본교의 교육에 협력해 주셔서 감사말씀드립니다.

그건 그렇고, 본교 취주악단에서는 4월이 되어 신입단원을 모집하고 있습니다. 대상은 4학년생이상입니다.

취주악단은 금관악기・목관악기・타악기를 중심으로 한 합주단입니다. 집단에 의한 연주를 통해 음악을 만드는 기쁨을 맛보고, 아동의 정조를 높이는 것을 목적으로 하고 있습니다.

현재 악기를 불지 못해도 정기적인 연습을 함으로써 반드시 불 수 있게 되므로 안심하여 주십시오.

본교의 취주악단도 설립 8년째가 되었습니다. 졸업생은 90명을 넘어 지금은 교내 행사는 물론, 노가타축제, 나카노 축제, 교류콘서트 등 지역 행사에도 매년 적극적으로 참가해 많은 팬도 있으며 해마다 음악활동을 넓히고 있습니다.

■ 어구해설
- 常日頃(つねひごろ) : 평상시.

192. ①　　에 들어갈 적당한 말을 고르시오.
(A) 왜냐하면
(B) 그래서
(C) 왜냐하면
(D) 그건 그렇고

193. 위 문장은 무엇에 관해서 설명하고 있습니까?
(A) 취주악단 입단희망에 관해서
(B) 축제에 대한 참가자희망에 관해서
(C) 교내행사의 협력자모집에 관해서
(D) 지역행사의 협력자모집에 관해서

194. 본문의 내용과 맞지 않은 것을 고르시오.
(A) 본교의 지금까지의 졸업생은 90명을 넘었다.
(B) 본교는 설립 8년째가 되었다.
(C) 취주악단 활동은 해마다 넓어지고 있다.
(D) 악기를 조금도 불 수 없는 사람은 입단할 수 없다.

(195~196)

일본시리즈 동경 돔분(제1, 2, 6, 7회)의 입장권 예매가 １０일부터 시작되었는데, 오전 １０시 판매개시로부터 약 5시간만에 매진되었다. 동경 돔에서의 일본시리즈개최는 １９９６년 이후의 일. 당시는 돔과 판매점에서, 이번엔 전화 및 인터넷에서의 예약뿐이다. 돔측은 「(4년전과의)비교는 어렵지만, 지금까지 개최된 이벤트 중에서 1, 2위를 다투는 반향일 것이다」라고 말하고 있다.

■ 어구해설
- 前売(まえう)り : 예매.
- 店頭(てんとう) : 상점입구, 판매점.

195. 어떤 내용입니까?
   (A) 일본시리즈 예매권의 판매상황
   (B) 1996년의 일본시리즈 상황
   (C) 일본시리즈의 예매권 판매 안내
   (D) 센트럴 리그의 결승안내

196. 본문의 내용과 맞는 것은 어느 것입니까?
   (A) 동경 돔에서도 일본시리즈는 처음이다.
   (B) 입장권은 구장에 가서 사야 한다.
   (C) 입장권은 구장에서도 살 수 있지만, 전화로도 살 수 있다.
   (D) 금년의 일본시리즈는 주목도가 높다.

(197~200)

　일본은행은 19일, 7월의 금융경제월보를 발표하여, 경기판단에 대해서「기업이익이 개선되는 가운데, 설비투자의 증가가 계속되는 등, 완만하게 회복되고 있다」고 하여, 6월의「회복될 움직임이 명확해지고 있다」라는 판단을 조금 전진시켰다. 앞날에 대해서는「설비투자는 앞으로도 증가할 가능성이 높다」고 하여, 공공사업의 후퇴를 민수(民需)가 보충하는 시나리오를 상정하고 있는데, 이것은 사실상의 경기회복선언이라고 해도 좋을 내용이다.
　일본은행은 17일의 금융정책결정회합에서, 제로금리 해제를 유보했지만, 해제의 조건은 거의 갖추어져 있다고 생각하고 있다는 것이 월보에서 확인된 꼴이다.
　물가의 향방도「수요의 취약함에 유래하는 잠재적인 물가저하압력은 크게 후퇴하고 있다」고 해 디플레 걱정이 엷어진 점을 지적하고,「한 때에 비해서 후퇴하고 있다」고 말한 지난 달로부터 크게 판단을 전진시켰다.
　주택투자에 대해서는「완만하게 감소하고 있다」고 말한 6월의 표현을「답보 상태로 추이하고 있다」고 고쳐, 내려가는 것이 멈추었다는 견해를 나타냈다.
　경기의 향방에 대해서는「정보관련 등의 성장분야에 대한 설비투자를 중심으로 완만한 회복이 계속될 가능성이 높다」는 전망을 보였다.

■ 어구해설
- ～について : ～에 대해서(관해서).
- 持(も)ち直(なお)し :「持ち直す(회복되다)」의 연용형이 명사화한 것.
- デフレ :「デフレーション(deflation)」의 약어, 디플레이션.
- 薄(うす)らぐ : 엷어지다, 옅어지다.
- 横(よこ)ばい : (물가,성적 등이) 오르지도 내리지도 않고 그대로 있는 것.

197. 어떤 내용입니까?
   (A) 일본은행이 발표한 6월의 금융경제월보 내용
   (B) 일본은행이 발표한 7월의 금융경제월보 내용
   (C) 일본의 경기악화
   (D) 일본의 주택사정

198. 일본의 경기는 어떻게 되고 있습니까?
   (A) 조금 회복되고 있다.
   (B) 변함없다.
   (C) 완전이 회복되었다.
   (D) 회복할 전망이 없다.

199. 물가가 내려간 원인은 무엇입니까?
   (A) 생산이 늘었기 때문에
   (B) 생산이 줄었기 때문에
   (C) 수요가 늘었기 때문에
   (D) 수요가 줄었기 때문에

200. 6월 이후의 경기판단은 어떻습니까?
   (A) 경기가 회복될 움직임이 보인다.
   (B) 불경기는 아직 계속된다.
   (C) 생산은 크게 전진한다.
   (D) 경기는 변함없다.

정답

Part I
1. C   2. A   3. A   4. A   5. D
6. B   7. D   8. B   9. A   10. A
11. C 12. C 13. D 14. D 15. A
16. A 17. D 18. B 19. B 20. D

Part II
21. A 22. A 23. B 24. C 25. C
26. B 27. C 28. A 29. B 30. A
31. C 32. A 33. B 34. A 35. D
36. D 37. B 38. A 39. D 40. A
41. C 42. C 43. A 44. D 45. B
46. C 47. B 48. B 49. A 50. C

Part III
51. B 52. B 53. C 54. A 55. A
56. C 57. A 58. D 59. B 60. C
61. D 62. D 63. D 64. B 65. B
66. D 67. B 68. B 69. C 70. D
71. B 72. D 73. B 74. C 75. B
76. A 77. C 78. C 79. B 80. C

Part IV
81. B 82. C 83. B 84. A 85. B
86. A 87. A 88. B 89. D 90. C
91. B 92. D 93. C 94. D 95. B
96. A 97. B 98. C 99. A 100. C

Part V
101. C 102. A 103. A 104. C 105. B
106. D 107. B 108. B 109. A 110. D
111. B 112. A 113. A 114. B 115. A
116. C 117. A 118. C 119. C 120. D

Part VI
121. C 122. D 123. D 124. B 125. A
126. D 127. C 128. C 129. B 130. C
131. B 132. C 133. C 134. D 135. B
136. C 137. B 138. D 139. C 140. D
141. A 142. D 143. C 144. B 145. B

146. A 147. A 148. D 149. B 150. B

Part VII
151. D 152. B 153. C 154. D 155. C
156. B 157. D 158. B 159. A 160. C
161. A 162. A 163. B 164. C 165. D
166. A 167. D 168. B 169. C 170. C

Part VIII
171. C 172. B 173. A 174. D 175. A
176. B 177. A 178. A 179. D 180. A
181. C 182. A 183. C 184. C 185. B
186. C 187. A 188. C 189. C 190. C
191. C 192. D 193. A 194. D 195. A
196. D 197. B 198. A 199. D 200. A

저자
이치우(李致雨)
- 인하대학교 문과대학 일어일문학과 졸업
- 日本 横浜国立大学 教育学部 研究生 수료
- 駐日韓國大使館 韓國文化院 근무
- 日本 와세다대학 객원연구원
- 現 일본유학연구소 대표

저서: 『신공략 일본어능력시험 1·2급/3·4급』(다락원 刊, 편저)
『일본어능력시험 한 권으로 끝내기 1급/2급/3·4급』(다락원 刊, 공저)
『일본어 표현문형사전』(동양문고 刊, 공저) 外 다수

최종훈(崔鍾勳)
- 한국외국어대 동양어대학 일본어과 졸업
- 日本大学大学院 文学研究科 国文学 (일본어학)專攻 碩士課程 졸업
- (日本)中央大学大学院 文学研究科 国文学 (일본어학)專攻 博士課程 수료
- 前 한국외국어대학교, 고려대학교, 인하대학교 강사
- 現 영산대학교 국제학부 교수

저서: 『목표달성 JPT700/990』(사람in 刊)
『잘못쓰는 일본어 관용일본어』(다락원 刊, 공저)
『SBS파워 일본어』 JPT모의시험 집필(2000.4~)

JPT의 달인이 되는 법 - 완전공략 800점

저자	이치우 · 최종훈 공저
초판발행일	2002년 04월 01일
8쇄발행일	2008년 05월 16일
발행인	박효상
편집	장은영 · 신제찬 · 김진아
마케팅	이종선 · 이태호
표지디자인	선영숙
본문디자인	글사랑(2278-3053)
출판등록	제10-1835호
발행처	사람in
주소	121-839 서울시 마포구 서교동 379-10
전화	(02)338-3555(代)
팩스	(02)338-3545
e-mail	saramin@netsgo.com
homepage	www.saramin.com
	lcw6663@hanmail.net 이치우

* 책값은 표지 뒷면에 있습니다.
* 파본은 바꾸어 드립니다.
* 저자와의 협약에 따라 인지는 생략했습니다.

ⓒ 이치우 · 최종훈 2002

ISBN 978-89-89540-17-5

JPT 모의테스트 해답용지

청해 문제 (PART I~PART IV)

No	ANSWER	No	ANSWER	No	ANSWER	No	ANSWER	No	ANSWER
1	A B C D	18	A B C D	35	A B C D	52	A B C D	69	A B C D
2	A B C D	19	A B C D	36	A B C D	53	A B C D	70	A B C D
3	A B C D	20	A B C D	37	A B C D	54	A B C D	71	A B C D
4	A B C D	21	A B C D	38	A B C D	55	A B C D	72	A B C D
5	A B C D	22	A B C D	39	A B C D	56	A B C D	73	A B C D
6	A B C D	23	A B C D	40	A B C D	57	A B C D	74	A B C D
7	A B C D	24	A B C D	41	A B C D	58	A B C D	75	A B C D
8	A B C D	25	A B C D	42	A B C D	59	A B C D	76	A B C D
9	A B C D	26	A B C D	43	A B C D	60	A B C D	77	A B C D
10	A B C D	27	A B C D	44	A B C D	61	A B C D	78	A B C D
11	A B C D	28	A B C D	45	A B C D	62	A B C D	79	A B C D
12	A B C D	29	A B C D	46	A B C D	63	A B C D	80	A B C D
13	A B C D	30	A B C D	47	A B C D	64	A B C D	81	A B C D
14	A B C D	31	A B C D	48	A B C D	65	A B C D	82	A B C D
15	A B C D	32	A B C D	49	A B C D	66	A B C D	83	A B C D
16	A B C D	33	A B C D	50	A B C D	67	A B C D	84	A B C D
17	A B C D	34	A B C D	51	A B C D	68	A B C D	85	A B C D
								86	A B C D
								87	A B C D
								88	A B C D
								89	A B C D
								90	A B C D
								91	A B C D
								92	A B C D
								93	A B C D
								94	A B C D
								95	A B C D
								96	A B C D
								97	A B C D
								98	A B C D
								99	A B C D
								100	A B C D

JPT 모의테스트 해답용지

독해 문제 (PART V~PART VIII)

No	ANSWER	No	ANSWER	No	ANSWER	No	ANSWER	No	ANSWER
101	Ⓐ Ⓑ Ⓒ Ⓓ	118	Ⓐ Ⓑ Ⓒ Ⓓ	135	Ⓐ Ⓑ Ⓒ Ⓓ	152	Ⓐ Ⓑ Ⓒ Ⓓ	169	Ⓐ Ⓑ Ⓒ Ⓓ
102	Ⓐ Ⓑ Ⓒ Ⓓ	119	Ⓐ Ⓑ Ⓒ Ⓓ	136	Ⓐ Ⓑ Ⓒ Ⓓ	153	Ⓐ Ⓑ Ⓒ Ⓓ	170	Ⓐ Ⓑ Ⓒ Ⓓ
103	Ⓐ Ⓑ Ⓒ Ⓓ	120	Ⓐ Ⓑ Ⓒ Ⓓ	137	Ⓐ Ⓑ Ⓒ Ⓓ	154	Ⓐ Ⓑ Ⓒ Ⓓ	171	Ⓐ Ⓑ Ⓒ Ⓓ
104	Ⓐ Ⓑ Ⓒ Ⓓ	121	Ⓐ Ⓑ Ⓒ Ⓓ	138	Ⓐ Ⓑ Ⓒ Ⓓ	155	Ⓐ Ⓑ Ⓒ Ⓓ	172	Ⓐ Ⓑ Ⓒ Ⓓ
105	Ⓐ Ⓑ Ⓒ Ⓓ	122	Ⓐ Ⓑ Ⓒ Ⓓ	139	Ⓐ Ⓑ Ⓒ Ⓓ	156	Ⓐ Ⓑ Ⓒ Ⓓ	173	Ⓐ Ⓑ Ⓒ Ⓓ
106	Ⓐ Ⓑ Ⓒ Ⓓ	123	Ⓐ Ⓑ Ⓒ Ⓓ	140	Ⓐ Ⓑ Ⓒ Ⓓ	157	Ⓐ Ⓑ Ⓒ Ⓓ	174	Ⓐ Ⓑ Ⓒ Ⓓ
107	Ⓐ Ⓑ Ⓒ Ⓓ	124	Ⓐ Ⓑ Ⓒ Ⓓ	141	Ⓐ Ⓑ Ⓒ Ⓓ	158	Ⓐ Ⓑ Ⓒ Ⓓ	175	Ⓐ Ⓑ Ⓒ Ⓓ
108	Ⓐ Ⓑ Ⓒ Ⓓ	125	Ⓐ Ⓑ Ⓒ Ⓓ	142	Ⓐ Ⓑ Ⓒ Ⓓ	159	Ⓐ Ⓑ Ⓒ Ⓓ	176	Ⓐ Ⓑ Ⓒ Ⓓ
109	Ⓐ Ⓑ Ⓒ Ⓓ	126	Ⓐ Ⓑ Ⓒ Ⓓ	143	Ⓐ Ⓑ Ⓒ Ⓓ	160	Ⓐ Ⓑ Ⓒ Ⓓ	177	Ⓐ Ⓑ Ⓒ Ⓓ
110	Ⓐ Ⓑ Ⓒ Ⓓ	127	Ⓐ Ⓑ Ⓒ Ⓓ	144	Ⓐ Ⓑ Ⓒ Ⓓ	161	Ⓐ Ⓑ Ⓒ Ⓓ	178	Ⓐ Ⓑ Ⓒ Ⓓ
111	Ⓐ Ⓑ Ⓒ Ⓓ	128	Ⓐ Ⓑ Ⓒ Ⓓ	145	Ⓐ Ⓑ Ⓒ Ⓓ	162	Ⓐ Ⓑ Ⓒ Ⓓ	179	Ⓐ Ⓑ Ⓒ Ⓓ
112	Ⓐ Ⓑ Ⓒ Ⓓ	129	Ⓐ Ⓑ Ⓒ Ⓓ	146	Ⓐ Ⓑ Ⓒ Ⓓ	163	Ⓐ Ⓑ Ⓒ Ⓓ	180	Ⓐ Ⓑ Ⓒ Ⓓ
113	Ⓐ Ⓑ Ⓒ Ⓓ	130	Ⓐ Ⓑ Ⓒ Ⓓ	147	Ⓐ Ⓑ Ⓒ Ⓓ	164	Ⓐ Ⓑ Ⓒ Ⓓ	181	Ⓐ Ⓑ Ⓒ Ⓓ
114	Ⓐ Ⓑ Ⓒ Ⓓ	131	Ⓐ Ⓑ Ⓒ Ⓓ	148	Ⓐ Ⓑ Ⓒ Ⓓ	165	Ⓐ Ⓑ Ⓒ Ⓓ	182	Ⓐ Ⓑ Ⓒ Ⓓ
115	Ⓐ Ⓑ Ⓒ Ⓓ	132	Ⓐ Ⓑ Ⓒ Ⓓ	149	Ⓐ Ⓑ Ⓒ Ⓓ	166	Ⓐ Ⓑ Ⓒ Ⓓ	183	Ⓐ Ⓑ Ⓒ Ⓓ
116	Ⓐ Ⓑ Ⓒ Ⓓ	133	Ⓐ Ⓑ Ⓒ Ⓓ	150	Ⓐ Ⓑ Ⓒ Ⓓ	167	Ⓐ Ⓑ Ⓒ Ⓓ	184	Ⓐ Ⓑ Ⓒ Ⓓ
117	Ⓐ Ⓑ Ⓒ Ⓓ	134	Ⓐ Ⓑ Ⓒ Ⓓ	151	Ⓐ Ⓑ Ⓒ Ⓓ	168	Ⓐ Ⓑ Ⓒ Ⓓ	185	Ⓐ Ⓑ Ⓒ Ⓓ
								186	Ⓐ Ⓑ Ⓒ Ⓓ
								187	Ⓐ Ⓑ Ⓒ Ⓓ
								188	Ⓐ Ⓑ Ⓒ Ⓓ
								189	Ⓐ Ⓑ Ⓒ Ⓓ
								190	Ⓐ Ⓑ Ⓒ Ⓓ
								191	Ⓐ Ⓑ Ⓒ Ⓓ
								192	Ⓐ Ⓑ Ⓒ Ⓓ
								193	Ⓐ Ⓑ Ⓒ Ⓓ
								194	Ⓐ Ⓑ Ⓒ Ⓓ
								195	Ⓐ Ⓑ Ⓒ Ⓓ
								196	Ⓐ Ⓑ Ⓒ Ⓓ
								197	Ⓐ Ⓑ Ⓒ Ⓓ
								198	Ⓐ Ⓑ Ⓒ Ⓓ
								199	Ⓐ Ⓑ Ⓒ Ⓓ
								200	Ⓐ Ⓑ Ⓒ Ⓓ

일본어 시험 시리즈

JPT의 달인이 되는 법 – 완전공략 600점 / 800점 / 990점

- 저자 : 최종훈 / 이치우
- 가격 : 16,800원 / 17,800원 / 18,300원 (테이프 각 3개 포함)

출제경향 분석, 문제 푸는 요령에서부터 시험에 꼭 나오는 문법사항, 중요표현, 품사별, 분야별 어휘에 이르기까지 시험대비에 필요한 사항을 빠짐없이 총 정리해 놓았습니다.
각 권별로 연습문제(200문항) / 예상문제(200문항) / 문법보강문제(200문항) / 실전모의테스트(200문항)를 자세한 해설과 함께 실었습니다.

목표달성 JPT 700점 / 990점 (문제집)

- 저자 : 최종훈
- 가격 : 12,600원 / 12,800원

목표달성 JPT시리즈는 학습자들의 효과적 점수향상을 위하여 저자의 다년간의 현장교육 경험과 연구 경력, 다수의 문제출제 경험을 바탕으로 시험 출제경향을 분석하고 보다 다양하고 폭넓은 문제를 실어 학습자의 목표달성 기간을 확실히 단축할 수 있고 어떤 종류의 TOEIC 방식 일본어능력 검정시험에도 대비할 수 있도록 하였습니다. 목표달성 JPT 770점은 500 - 700점대를 목표로 하는 초·중급자, 목표달성 JPT 990점은 700 -만점을 목표로 하는 중·상급자 대상입니다. 각각 3회분의 예상문제가 수록되어 있습니다.

점수upJPT 문법·독해 / 청해

- 서사 : (문법·독해) 심기범 (청해) 김유영 / 김기빔 / 다카하시 하루고
- 가격 : (문법·독해) 10,800원 (청해) 15,600원 (테이프 3개 포함)

고도의 집중력과 빠른 스피드가 필요한 JPT시험에서 실력을 향상시키고 요령을 습득시켜 점수를 확끌어올리게 하는 파트별 트레이닝 시리즈 점수upJPT!
문법·독해(오문정정 100문제 / 최신 예상문제 3회분)와 청해(질의응답 10회분 / 실전모의고사)를 집중적으로 훈련하여 실력 향상에 도움을 줍니다. 최신경향에 맞춘 철저한 문제분석과 각 파트별 문제풀이 요령, 청해 스크립트 해설을 통해 자신감을 높이고 실력을 탄탄히 만들어 줍니다. 어려웠던 취약부분만을 골라 실력을 트레이닝 시키는 실전을 위한 훈련서! 이제 까다로운 JPT 파트에 자신 있게 도전해 보십시오.

급소적중 JPT 실전문제집 / 문제풀이 비법과 해설

- 저자 : 이장우 김유영 / 다카하시 하루코
- 가격 : 13,800원 / 19,500원 (테이프 각 3개 포함)

실전에 가장 근접한 패턴의 JPT 문제집은 각 PART별로 실전문제 3회분 600문제를 다양하게 수록하였습니다. 또한, JPT 시험이 요구하고 있는 종합적 능력과 집중력, 순발력을 동시에 향상시켜 나갈 수 있도록 실전에 가까운 문제를 엄선했습니다. 문제풀이 비법과 해설에서는 실전문제들을 쉽고 자세하게 설명해 놓았으며, 문제풀이 비법을 수록하여 JPT 점수 향상에 도움이 되도록 하였습니다. 본 문제집의 일부 해설은 JEI 재능방송의 「완전정복 JPT 일본어」라는 프로그램을 통해 들으실 수 있습니다.

일본어 시험 시리즈

JPT 파트 1·2 / 3·4 / 5·6 / 7·8을 지배하는 법

- 저자 : 이장우
- 가격 : 파트 1·2 / 3·4 각 21,000원
  파트 5·6 / 7·8 각 15,000원

JPT를 파트별로 완벽하게 분석하여 다양한 예상 문제들과 빈출어휘를 수록한 JPT 파트별 공략서입니다. 각 파트별로 출제방식에 걸맞은 문제를 수록하고 바른 예문도 제시하였습니다. 「파트5」에서는 다양한 한자의 구별법을 빈출어휘와 함께 정리하고, 「파트6」에서는 기초적인 문법, 어휘의 뉘앙스, 접속 형태 등을 분야별로 정리하였습니다. 「파트7」에서는 다양한 문제와 함께 자주 쓰이는 숙어와 중요어휘, 문법을 알기 쉽게 정리, 「파트8」에서는 생활, 문화, 시사 관련의 충실한 지문으로 구성하고, 속독속해를 위한 포인트와 풀기요령을 첨가하였습니다.

일본어 능력시험의 달인이 되는 법 1급 / 2급 / 3·4급

- 저자 : (1급·2급) 신현정 (3·4급) 김지민
- 가격 : (1급·2급) 16,000원 / 15,500원 (3·4급) 17,400원

지난 10여년 간의 시험문제 완전분석, 출제 경향, 출제 유형 분석과 아울러 시험 대비에 필요한 분야별, 문제별 필수 어휘 / 청해표현 / 필수문형 / 부사분석 / 기타 조사 조동사·관용구·경어 등의 총정리는 물론 최근 2개년의 기출문제와 해설, 청해 스크립트 등, 일본어 능력시험 고득점 합격에 필요한 모든 것을 담았습니다.

일본어 능력시험 1급 / 2급 / 3·4급에 꼭 나오는 핵심 정리

- 저자 : (1급·2급) 강성광 / 신상윤 / 다카하시 하루코 (3급·4급) 강성광 / 신상윤
- 가격 : (1급·2급) 11,000원 / 12,000원 (3급·4급) 11,500원

일본어 능력시험을 대비한 핵심 정리집으로, 출제 가능성이 있는 내용을 총정리 하였습니다. 시험과 동일하게 '문자·어휘' '청해' '문법·독해' 로 파트를 나누어 각각의 구성방식을 설명하고 문제 해결을 위한 공략방법을 상세한 설명과 함께 수록하였습니다. 또한 회화체 문장을 예문으로 제시하여, 시험대비는 물론 일상 회화를 위한 실용적인 측면도 보충하였습니다.

일본어를 지배하는 핵심어휘와 예문

- 저자 : 황인영 / 카네다 아키노리
- 가격 : 17,600원

일본의 정치, 경제, 사회, 문화 등 각 분야를 이해하기 충분한 2,378개의 핵심어휘와 6,000여개의 예문을 수록한 일본어 어휘 책입니다. 일본어 특유의 표현과 단어로 이루어진 예문을 통해 적절한 일본어 표현을 익힐 수 있으며, 존경어, 겸양어, 속어, 남성어, 여성어 등으로 표현된 살아있는 예문으로 다양한 표현법과 적절한 어휘 사용법을 배울 수 있습니다.
부록으로 831개의 기본어휘표를 별도 편집해 놓아 일본어 학습에 필요한 기본어휘를 확인 학습할 수 있습니다.